こうぶん エデュ

プレ漢字ワーク 2年

読み書きが苦手な子どもに 漢字を楽しむ1冊を！

JN085766

【監修】

小池 敏英 特別支援教育

尚絅学院大学教授
東京学芸大学名誉教授

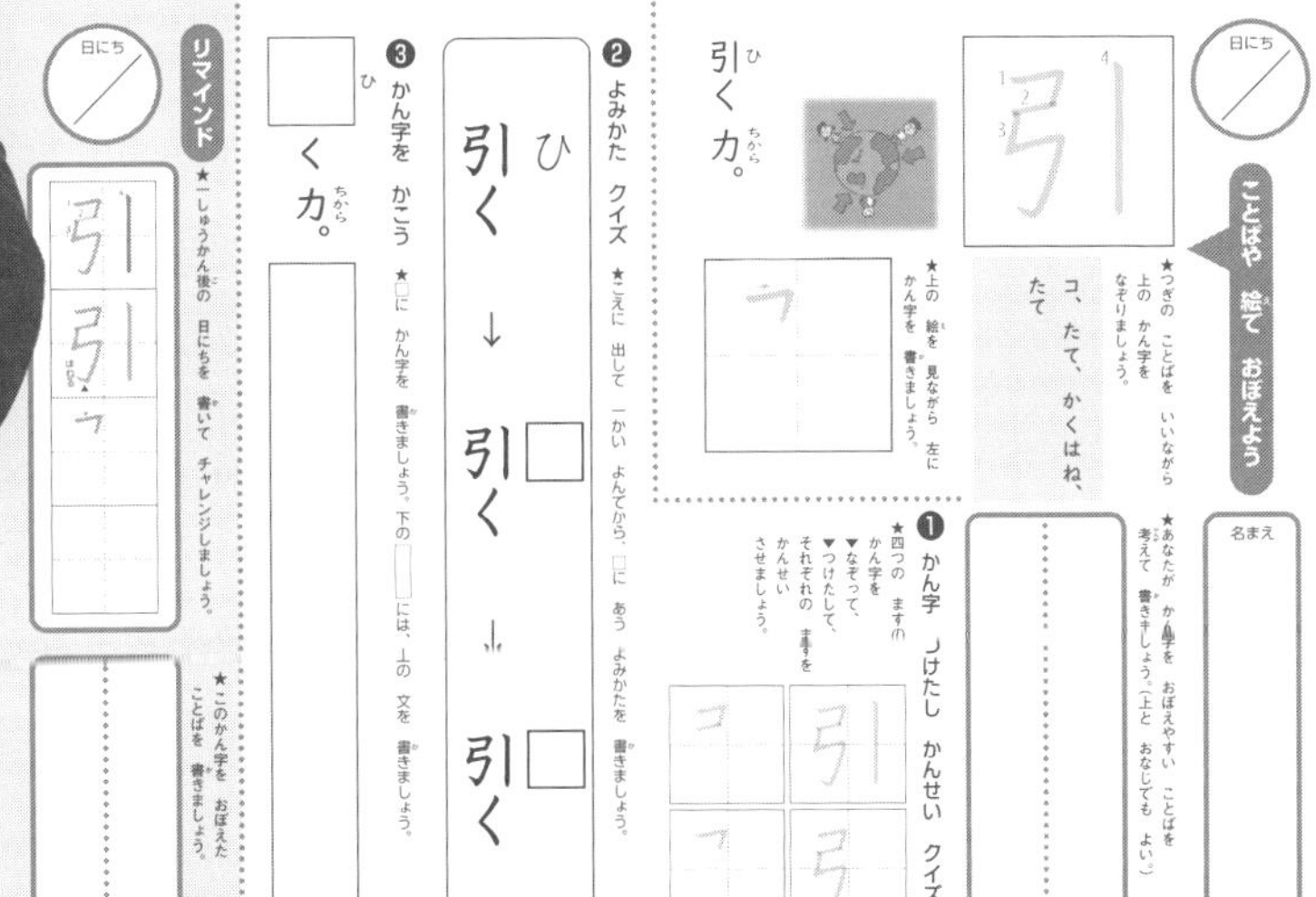

3大ポイント

- 何度でも使える **コピーフリー！**
- 負担のない **1漢字で1枚〜！**
- 楽しみながら取り組める **クイズ形式！**

学ぶことが好きになる。
光文書院

はじめに

漢字の書き取りは、子どもにとって大切な学習課題です。はじめて読む文でも、漢字単語を読むだけで、何について書いているのか、すぐに知ることができます。それだけ大切な学習なので、努力して繰り返し練習することを、子どもに求めてきました。

しかし、繰り返し練習だけでは、うまく習得できない場合があります。うまく習得できない場合には、はじめは積極的に練習しても、すぐにドリルを放り出してしまいます。

そのような子どもの中には、「読み間違いが多く、教科書の音読が苦手」という子どもがいます。また、「読むことは苦手でないが、書くことが苦手」という子どもや「漢字の小テストが半分もできない」という子どもがいます。「ノートの文字がぐちゃぐちゃで、後で読むことができない」という子どももいます。

苦手の原因や背景には、「学習障害（ＬＤ）」だけではなく、読み書きの発達の偏りがあります。また、注意の困難、社会性の困難も関係します。背景はさまざまですが、支援する上で共通して大切なことは、子どもが取り組むことのできる教材を通して、読み書きに対する苦手意識の軽減を図ることです。

この「プレ漢字ワーク」では、子どもがチャレンジできて、読み書きの基礎スキルを伸ばすことができるような課題を作りました。「部品を意識し、視覚的に慣れる課題」や、「書字の手がかりとなる言葉を覚えたりする課題」を含むワークを通して、読み書きの基礎スキルを伸ばします。これらのワークは、「漢字をすぐに書き始めて反復練習する」段階の前段階にある漢字ワーク（プレ漢字ワーク）として位置づけました。また、漢字書字の手がかりをリマインドできるように、ワークの構成を工夫しました。学習努力に応じた定着を経験する中で、子どもの注意力と学習に向かう力を促します。

【プレ漢字ワークの目的と期待される効果】

漢字学習が苦手な子どもでは、注意力の維持に配慮した課題の中で、読み書きの基礎スキルの形成を促すことが効果的です。また、学習努力に応じて、学習漢字が定着できるように配慮することが大切です。

「プレ漢字ワーク」は、読み書きの基礎スキルを促す中で、読み書きの力を伸ばすことを目的としました。また、リマインドの手続きを通して、学習漢字の定着をはかることを目的としました。

期待される効果は、次の３つです。

①**読み書きの基礎スキルを促し、漢字学習を改善します。**

文字をまとまりとして読むスキルを促す課題により、漢字を読む力の基礎を育てます。また、漢字の部品を意識して組み立てるスキルを促すことにより、複雑な漢字を意識して書く力を育てます。

②**リマインドの手続きにより、漢字の定着をはかります。**

漢字書字の手がかりを無理なくリマインドできるように、ワークの構成を工夫しました。これにより、学習努力に応じた定着を経験する中で、子どもの注意力と学習に向かう力を促します。

③**「くりかえし」による漢字ドリルの学習に、無理なくつなげます。**

漢字の読み書きの基礎スキルを身につけ、漢字の部品を組み立てる力が育つことを通して、「くりかえし」による漢字ドリルでも、効果的に学習できるようになります。

【監修：小池敏英】

低学年（一・二年生）の読み書き

ここでは、小学校低学年で読み書きの苦手を示す子どものうちで、代表的な事例や、その支援について考えます。また、そのなかで、本ワークブックが効果的な事例について述べます。

【1】一年生のAさんは、国語の教科が苦手で、一学期の時点で、ひらがな文字は約20文字読めるのみです。ひらがな単語の読みが難しいために、教科書の音読にとても苦労しています。

◆◆支援の考え方◆◆

ひらがな文字の読み習得が難しい子どもに対しては、「いぬ」の「い」のように、文字と関連をもつキーワードを用いた指導が効果的であると報告されています。

例えば、キーワードを表すイラストと「い」を提示し、「「いぬ」の「い」」を提示し、しだいに、「い」のみで〝「いぬ」の「い」〟と言わせ、「い」のみ言うように指導します。（図1）

【2】二年生のBさんは、教科書の音読に強い苦手を示します。音読では、一文字ずつ読む様子が見られます。はじめて読むときには、間違えて読むことが多いために、意味を理解することが難しくなります。音読の練習に対して拒否的です。

◆◆支援の考え方◆◆

読ませたい文章中にある単語をターゲット単語とします（図2）。ターゲット単語を短時間提示し読む練習をします。また、ターゲット単語の一文字にシールをはり、単語をまとめて読む練習をします（図3）。

ターゲット単語と無意味単語を含むリストを作成し、決められた時間で、できるだけ多くのターゲット単語を見つける練習をします（図4）。

このような練習を行うとターゲット単語を含む文章の音読が、明瞭に改善します。教科書に合わせてターゲット単語を用意したい場合には、スマイル・プラネットからダウンロードできるプリント教材が利用できます。

NPO法人スマイル・プラネットWebサイト

スマイルプラネット　検索

スマイル式　読み書き・計算の苦手克服教材　活用実績紹介

小学校で一般的に使われている読み書き・計算教材では、学習が困難な児童を支援する目的で開発した教材です。無理やりドリルで反復練習させるのでなく、その児童に合った手立てとして、認知特性に配慮するなどした多様なプリントをご用意しました。

小池敏英
東京学芸大学教授

読み書きスキル簡易アセスメント

・20～30分程度の課題に取り組み、具体的な教育支援につなげるためのアセスメントをご用意しました。
・読み書きの達成の程度と、読み書きを支える基礎スキルについて評価します。

「読書力」サポートアプリ

・読書の苦手な小学生向けの「読み改善アプリ」国語の教科書に載っている教材が読めるようになるためのコンテンツをご用意しました。

教科書準拠版　プレ漢字プリント

(得意・不得意)に応じて、6種類のプリントから選んでお使いいただけます。授業の前に取り組んでおくと、授業にスムーズに入ることができます。

標準版　プレ漢字プリント(1～3年)

・「1漢字1プリント」で構成しており、どの教科書をお使いでも手軽にご利用いただけます。

九九プリント

・九九は、数の関係を記憶したり、計算の意味を理解したりすることが大切です。九九の苦手の背景に対応した支援を反映したプリントをご用意しました。

【教科書準拠別プレ漢字プリント】
プリント教材がダウンロードできます。

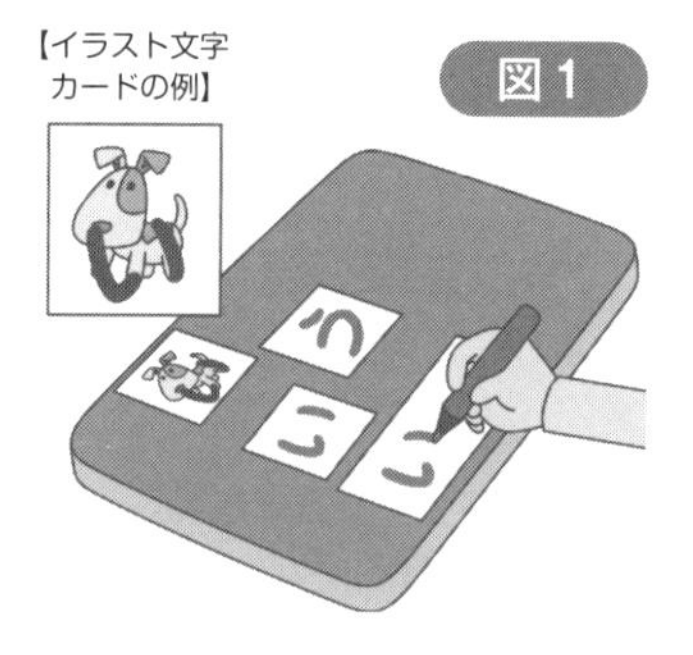

【3】二年生のCさんは、教科書の音読に苦手を示しますが、漢字の書字の習得にも強い苦手を示します。また、同じ二年生のDさんは、教科書の音読に苦手を示すことはないのですが、反復書字の練習では、書字を習得することが困難です。このような子どもでは、筆順に従って書くことが苦手で、子どもによっては、絵のように書字する子どももいます。

◆◆支援の考え方◆◆

本ワークブックは、このような漢字の書字の苦手を示す子どもが、効果的に書字習得できるように作成しました。その背景について述べます。

漢字の書字習得を促す方法として、部品を絵で表し、その絵を手がかりとする方法と、部品を表す言葉を利用する方法があります。図5は、絵を手がかりとする方法の例で、手がかりとして用いられた「雪」を表す絵です。

部品を表す言葉を利用する方法では、子どもの認知スキルによって、部品を表す言葉が違うことが分かってきました。

言語記憶が苦手な子どもでは、視覚的表現を言葉の手がかりとして利用します。例えば「雪」であれば、「上から雨のように降ってきて、下に雪だるまがある」というような表現をします。また、言語記憶が比較的良好な子どもでは、「雨の下に、カタカナのヨ」のような表現をします。

私たちの取り組みから、学習してから一週間と二週間目に、その言葉の手がかりについて、思い出させるということ（リマインド）をしました。その結果、リマインドから四週間でもよく保持できていることが分かりました（図6）。

本ワークブックでは、運筆での覚え言葉や部品を意識した覚え言葉など、子どもにとって覚えやすい言葉を決めて、その言葉を手がかりに書字練習するとともに、リマインドを行うことで保持を促すという方法を用いて、漢字の書字の促進を図っています。

図5

図6

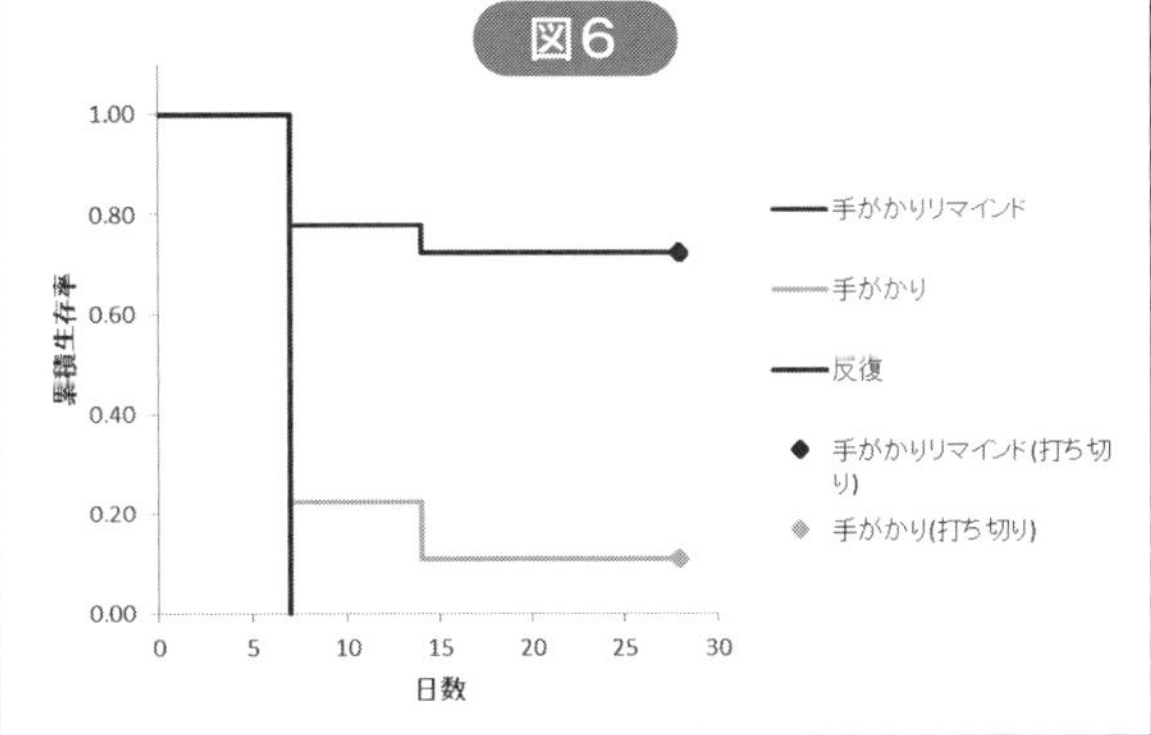

二年「光」の例

光
1 2 3 4 5 6

★つぎの　ことばを　いいながら　上の　かん字を　なぞりましょう。

たてのりょうわきにソ、よこ、ノ、たてよこはね

おススメの覚え言葉を提示しています。まず，この言葉で，「光」をなぞって，漢字の形に馴染みます。

★あなたが　かん字を　おぼえやすい　ことばを　考えて　書きましょう。（上と　おなじでも　よい。）

たて、ウルトラマンの目に、よこ一、ノ、シュワッチ

子どもたちなりに，この漢字を覚えやすい言葉を考えて書きます。漢字のイメージを言葉に置き換えることで，保持・定着が進みます。

リマインドの際も，この覚え方で，漢字を思い出せるようになります。

目次……⑥

止 …… 77
市 …… 78
矢 …… 79
姉 …… 80
思 …… 81
紙 …… 82
寺 …… 83
自 …… 84
時 …… 85
室 …… 86
社 …… 87
弱 …… 88
首 …… 89
秋 …… 90
週 …… 91
春 …… 92
書 …… 93
少 …… 94
場 …… 95
色 …… 96
食 …… 97
心 …… 98
新 …… 99
親 …… 100
図 …… 101
数 …… 102
西 …… 103
声 …… 104
星 …… 105
晴 …… 106
切 …… 107
雪 …… 108
船 …… 109

線 …… 110
前 …… 111
組 …… 112
走 …… 113
多 …… 114
太 …… 115
体 …… 116
台 …… 117
地 …… 118
池 …… 119
知 …… 120
茶 …… 121
昼 …… 122
長 …… 123
鳥 …… 124
朝 …… 125
直 …… 126
通 …… 127
弟 …… 128
店 …… 129
点 …… 130
電 …… 131
刀 …… 132
冬 …… 133
当 …… 134
東 …… 135
答 …… 136
頭 …… 137
同 …… 138
道 …… 139
読 …… 140
内 …… 141
南 …… 142

【三漢字一まい】

【六漢字一まい】

使い方❶ ことばや 絵で おぼえよう

視覚的イメージや言葉のてがかりを大切に

【本プリントの意図】

漢字の読みの定着は、漢字の書きの学習のためにも大切です。読みの習得を促進する上で、読みの視覚的イメージを高める方法はとても効果的です。視覚的イメージを高めるために、このプリントでは、絵を利用しています（❶）。また、言葉の手がかりの例を示し、言葉の手がかりを言いながら書くことを促しています（❷）。そして、漢字の画要素をおぎないながら書字する課題（❸）は、取り組みやすく、まちがえた字で練習することを防ぎます。

このプリントでは、さらに、1週間後に、思い出す手続き（リマインド）を取り入れました（❹）。リマインドにより、漢字の定着が促進されます。

※ ▒ の言葉の手がかりには，正しい漢字の形と同じではない場合があるので，注意しましょう。

❹
・右上の日にちから，一週間後の日にちを書きましょう。
・一週間後に忘れずに，もう一度，この漢字を書きましょう。

❶
・左上の絵を見ながら，▒の言葉を声に出して読み，上の漢字を書き順通りなぞりましょう。次に，絵を見ながら，絵の下の□に書きましょう。

取り組んだ日の、日づけを書きましょう。

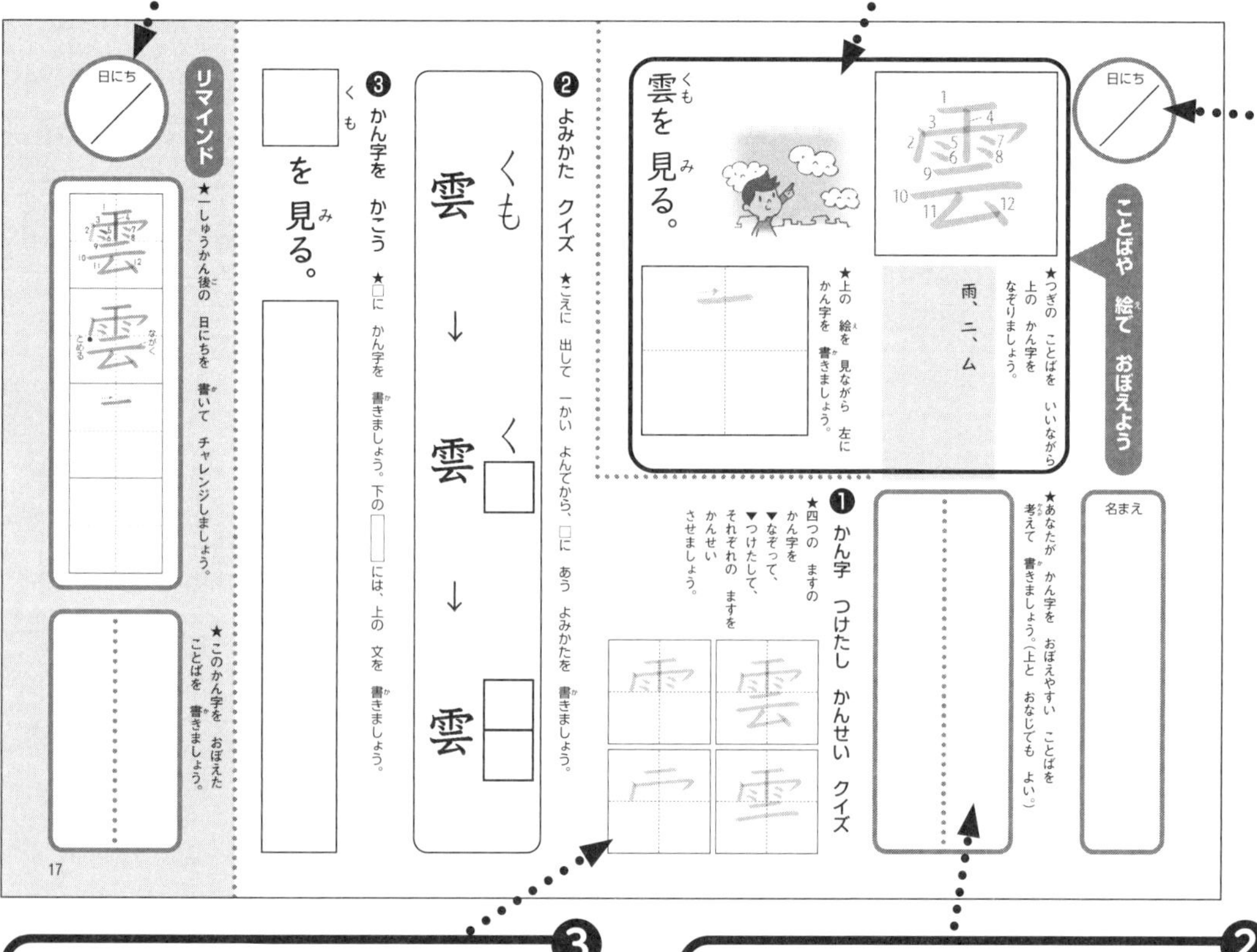

❸
・うすいところもなぞりながら，漢字を完成させましょう。
・完成させるときに，右上の書き順も確かめながら書きましょう。

❷
・ここには，この漢字を覚えやすい言葉を自分なりに考えて，書きましょう。
・上と同じでもよいです。

使い方❷ ぶぶん(ぶひん)で、おぼえよう

部品のたし算は能動的な学習に役立つ

【本プリントの意図】

漢字が部品からできていることを、部品のたし算で確認することで、書きの定着が促進されます。

手がかり（漢字の部品）が示されている中で、必要な部品を選んで組み立てるという活動は、子どもにとって取り組みやすく、学習に対する能動的な気持ちを維持するのに効果的です。漢字の書き順に従って、部品の足し算を行うように、教示します。

この方法は複数の漢字の書きのリマインドに効果的です。今まで学習してきた漢字についても、この形式のプリントを作成して用いると、能動的な学習を促すことができます。

・3つの漢字について，部品が並べられています。漢字の形がわかると，部品を早く探すことができます。部品を早く探してみましょう。

学習漢字

取り組んだ日の、日づけを書きましょう。

・上の囲みから，学習漢字の部品を選んで，□に１つずつ書き入れましょう。
・書き順に従って，部品を書きましょう。
・□の部品をたしてできる漢字を，右の⊞に書きましょう。

使い方③ ぐるぐる かん字・文づくり

経験を手がかりにした文作りを大切に

【本プリントの意図】

漢字の意味を考えながら書くことで、書きの定着が促進されます。このプリントでは、漢字の意味を考える手がかりとして、「生活の中で、どんなことに使うか」「どんな絵でこの漢字を覚えたか、思い出す」という手続きを、お勧めしています。子どもが文を思いつくことがむずかしい場合には、大人が見本を示して、望ましい文を作って見せてあげてください。「話し合いながら、子どもと一緒に考えること」そのものが、楽しいエピソードになり、漢字の書きの定着を促します。

このプリントでは、ぐるぐる漢字で部品の位置情報を示すことで、子どもが「ていねいに書くこと」を、容易にしています。

・上に6つある，「ぐるぐる漢字」の　ゆがんだ形を正しくして，下のマスに書きましょう。
・ぐるぐる漢字をてがかりに、正しい漢字の形を思い出しましょう。部品の位置に注意をして，正しい漢字を書きましょう。

取り組んだ日の、日づけを書きましょう。

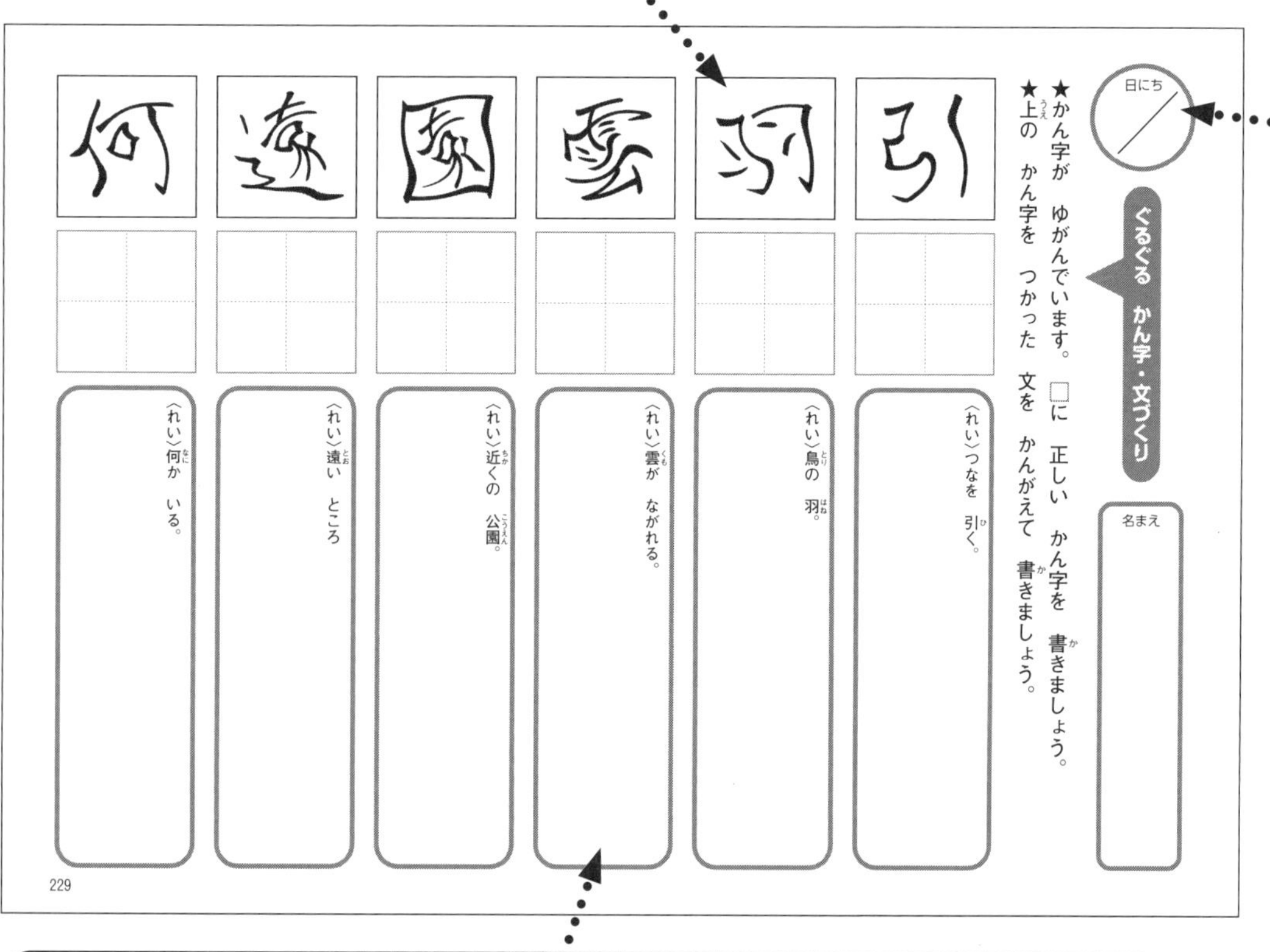

・それぞれの漢字の下には，その漢字を使った文を，考えて書きましょう。
・生活の中で，どんなことに使うか，どんな絵でこの漢字を覚えたか，思い出すのもよいでしょう。
・よい文が思いつかなかったら，＜れい＞をもう一度，書きましょう。

日にち

名まえ

ことばや 絵で おぼえよう

★つぎの ことばを いいながら 上の かん字を なぞりましょう。

コ、たて、かくはね、たて

★あなたが かん字を おぼえやすい ことばを 考えて 書きましょう。（上と おなじでも よい。）

引く力。

★上の 絵を 見ながら 左に かん字を 書きましょう。

❶ かん字 つけたし かんせい クイズ

★四つの ますの かん字を
▼なぞって、
▼つけたして、
それぞれの ますを かんせい させましょう。

❷ よみかた クイズ

★こえに 出して 一かい よんでから、□に あう よみかたを 書きましょう。

ひ
引く
↓
□
引く
↓
□
引く

❸ かん字を かこう

★□に かん字を 書きましょう。下の □には、上の 文を 書きましょう。

□く力。

リマインド

日にち

★一しゅうかん後の 日にちを 書いて チャレンジしましょう。

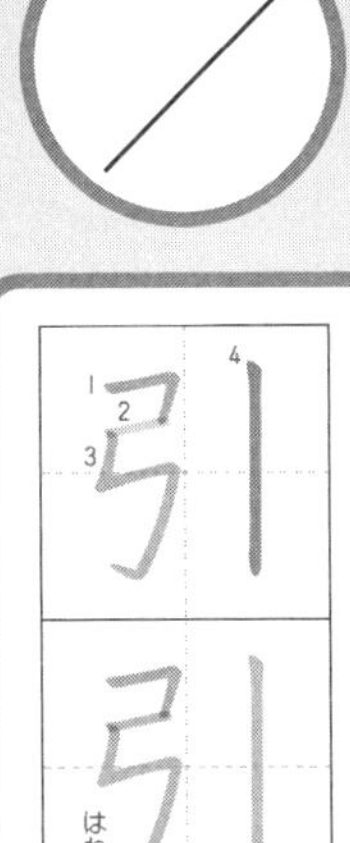

★このかん字を おぼえた ことばを 書きましょう。

日にち　／

ことばや　絵で　おぼえよう

★つぎの　ことばを　いいながら　上の　かん字を　なぞりましょう。

かくはね、ンが、二つ

★あなたが　かん字を　おぼえやすい　ことばを　考えて　書きましょう。（上と　おなじでも　よい。）

名まえ

とりの　羽。

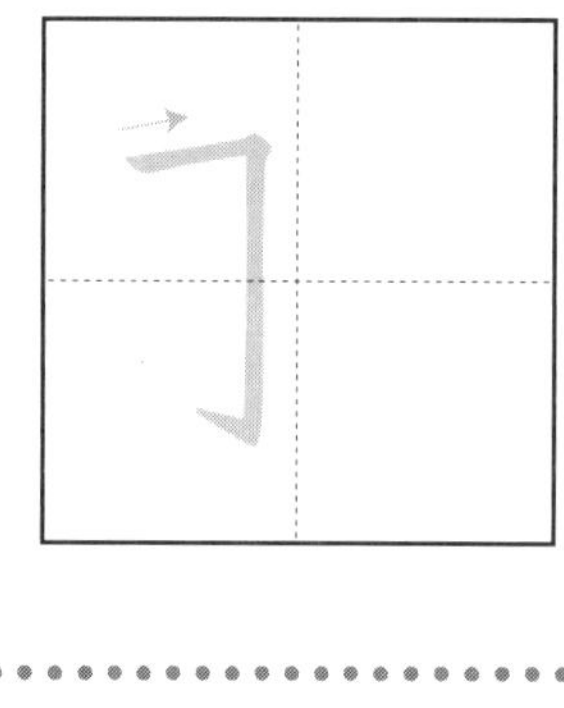

★上の　絵を　見ながら　左に　かん字を　書きましょう。

❶ かん字　つけたし　かんせい　クイズ

★四つの　ますの　かん字を
▼なぞって、
▼つけたして、
それぞれの　ますを　かんせい　させましょう。

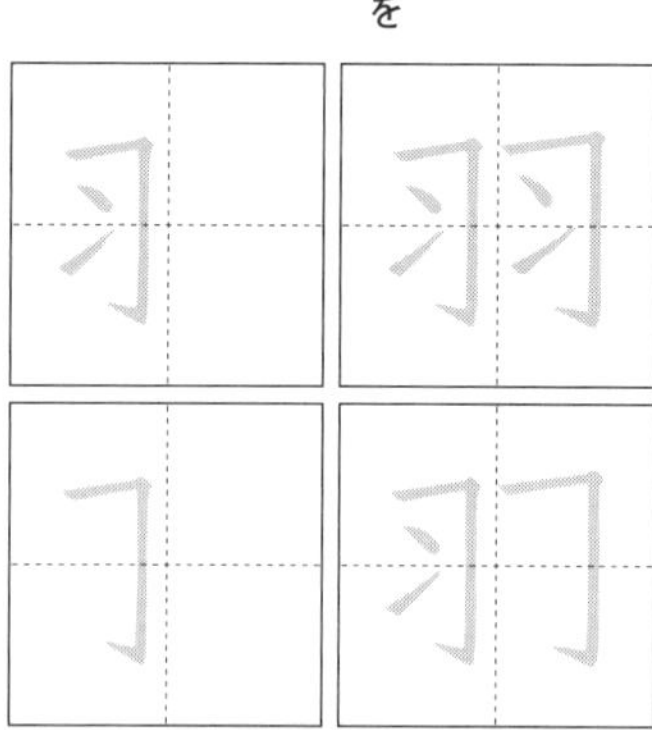

❷ よみかた　クイズ

★こえに　出して　一かい　よんでから、□に　あう　よみかたを　書きましょう。

羽　はね
↓
羽　は□
↓
羽　□□

❸ かん字を　かこう

★□に　かん字を　書きましょう。下の　□　には、上の　文を　書きましょう。

とりの　□（はね）。

リマインド

日にち　／

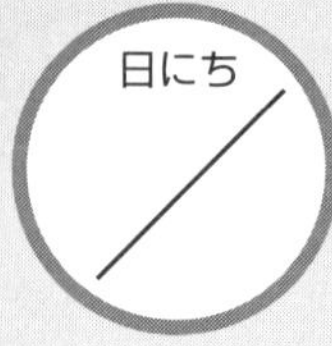

★一しゅうかん後の　日にちを　書いて　チャレンジしましょう。

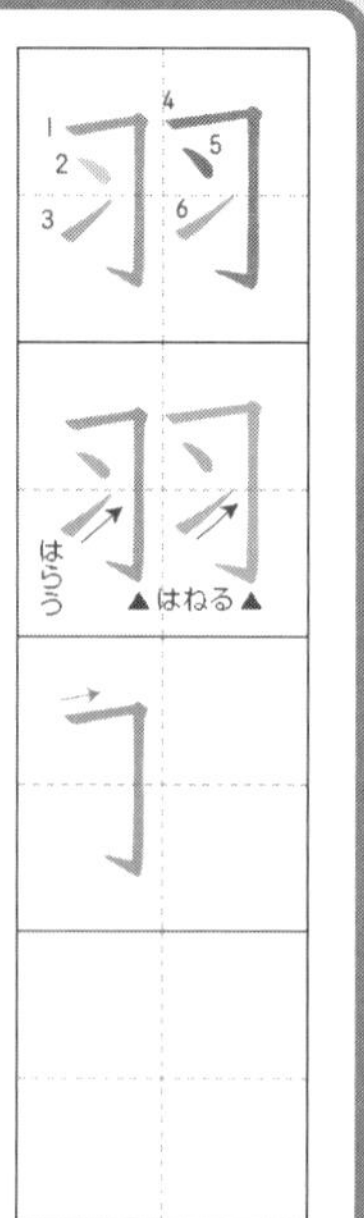

★このかん字を　おぼえた　ことばを　書きましょう。

日にち ／

ことばや 絵で おぼえよう

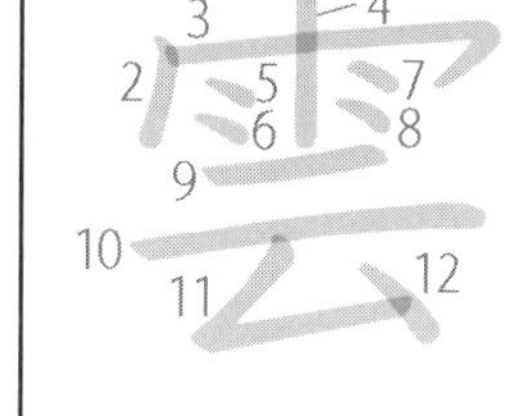

★つぎの ことばを いいながら 上の かん字を なぞりましょう。

雨、二、ム

名まえ

★あなたが かん字を おぼえやすい ことばを 考えて 書きましょう。（上と おなじでも よい。）

雲を見る。

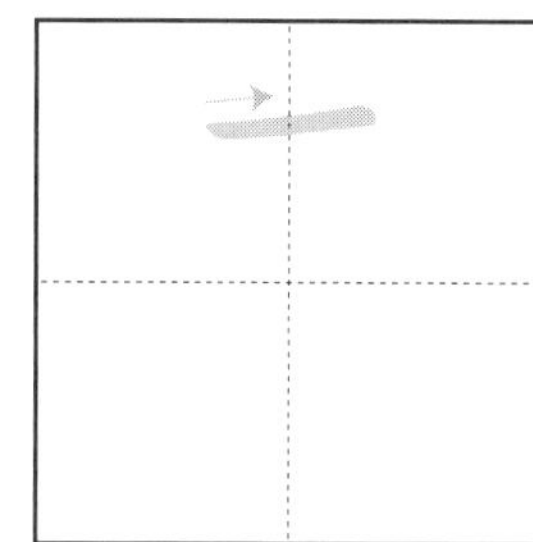

★上の 絵を 見ながら 左に かん字を 書きましょう。

❶ かん字 つけたし かんせい クイズ

★四つの ますの かん字を
▼なぞって、
▼つけたして、
それぞれの ますを かんせい させましょう。

❷ よみかた クイズ

★こえに 出して 一かい よんでから、□に あう よみかたを 書きましょう。

くも
雲
↓
雲 く□
↓
雲 □□

❸ かん字を かこう

★□に かん字を 書きましょう。下の □には、上の 文を 書きましょう。

□（くも）を見る。

リマインド

日にち ／

★一しゅうかん後の 日にちを 書いて チャレンジしましょう。

雲 とめる ながく

★このかん字を おぼえた ことばを 書きましょう。

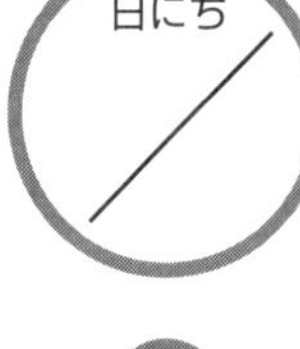

日にち

名まえ

ことばや 絵で おぼえよう

★つぎの ことばを いいながら 上の かん字を なぞりましょう。

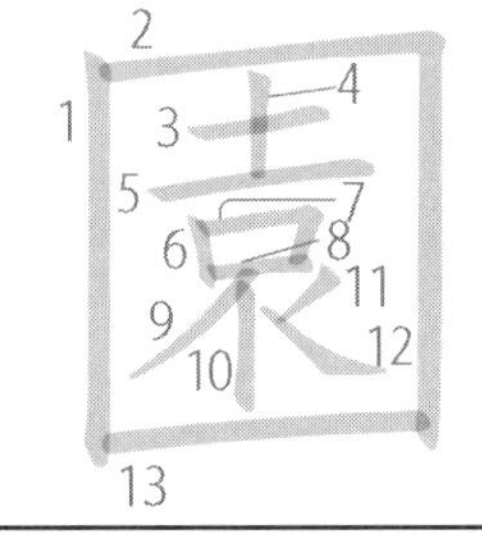

口の中に、土、口、ノ、たて、ノ、ななめ

★あなたが かん字を おぼえやすい ことばを 考えて 書きましょう。（上と おなじでも よい。）

こう園に 行く。

★上の 絵を 見ながら 左に かん字を 書きましょう。

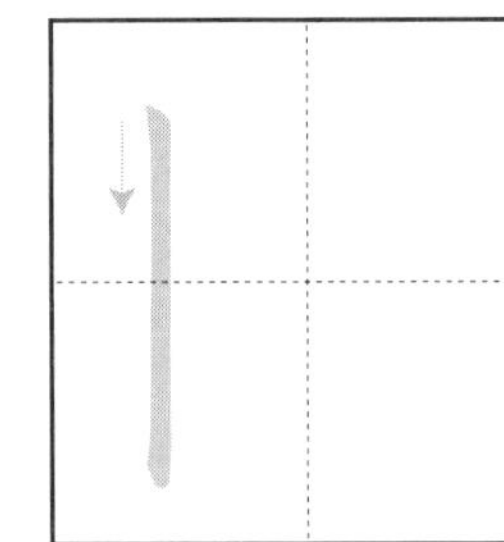

❶ かん字 つけたし かんせい クイズ

★四つの ますの かん字を
▼なぞって、
▼つけたして、
それぞれの ますを かんせい させましょう。

❷ よみかた クイズ

★こえに 出して 一かい よんでから、□に あう よみかたを 書きましょう。

こう園（えん） → こう園（え□） → こう園（□□）

❸ かん字を かこう

★□に かん字を 書きましょう。下の □には、上の 文を 書きましょう。

こう□（えん）に 行く。

リマインド

日にち

★一しゅうかん後の 日にちを 書いて チャレンジしましょう。

★このかん字を おぼえた ことばを 書きましょう。

日にち

名まえ

ことばや 絵で おぼえよう

★つぎの ことばを いいながら 上の かん字を なぞりましょう。

土、ロ、ノ、たて、ノ、ななめ、しんにょう

★あなたが かん字を おぼえやすい ことばを 考えて 書きましょう。（上と おなじでも よい。）

遠(とお)くの いえ。

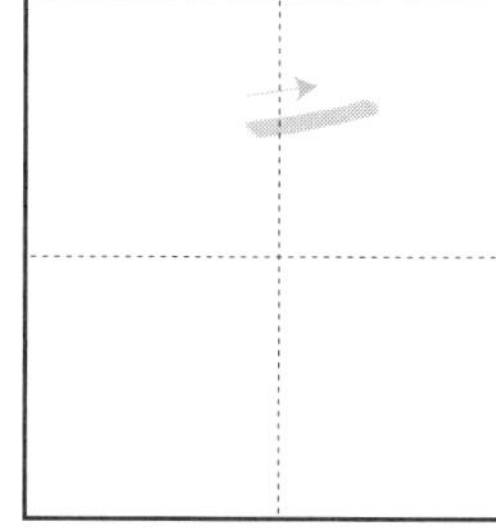

★上の 絵を 見ながら 左に かん字を 書きましょう。

❶ かん字 つけたし かんせい クイズ

★四つの ますの かん字を
▼なぞって、
▼つけたして、
それぞれの ますを かんせい させましょう。

❷ よみかた クイズ

★こえに 出して 一かい よんでから、□に あう よみかたを 書きましょう。

とお 遠く → と□ 遠く → □□ 遠く

❸ かん字を かこう

★□に かん字を 書きましょう。下の □には、上の 文を 書きましょう。

とお □くの いえ。

リマインド

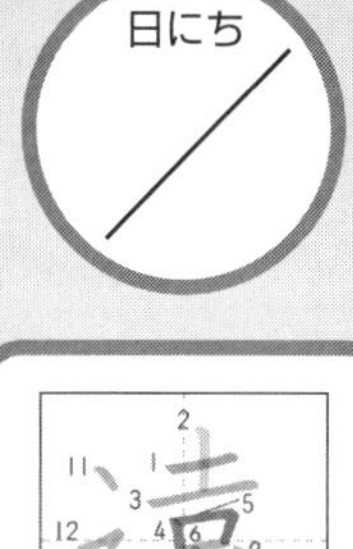

日にち

★一しゅうかん後の 日にちを 書いて チャレンジしましょう。

★このかん字を おぼえた ことばを 書きましょう。

日にち

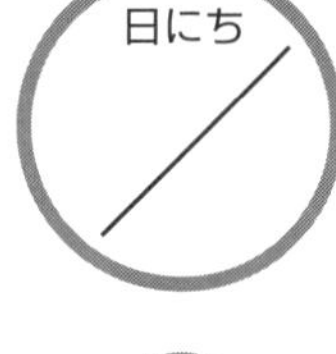

ことばや 絵で おぼえよう

★つぎの ことばを いいながら 上の かん字を なぞりましょう。

イ、よこ、口、たてはね

★上の 絵を 見ながら 左に かん字を 書きましょう。

それは 何だ。

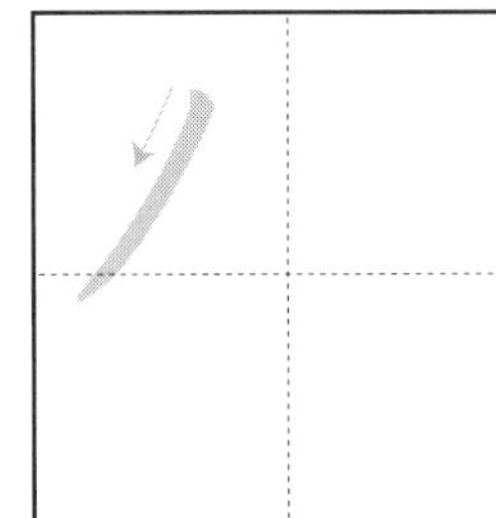

名まえ

★あなたが かん字を おぼえやすい ことばを 考えて 書きましょう。（上と おなじでも よい。）

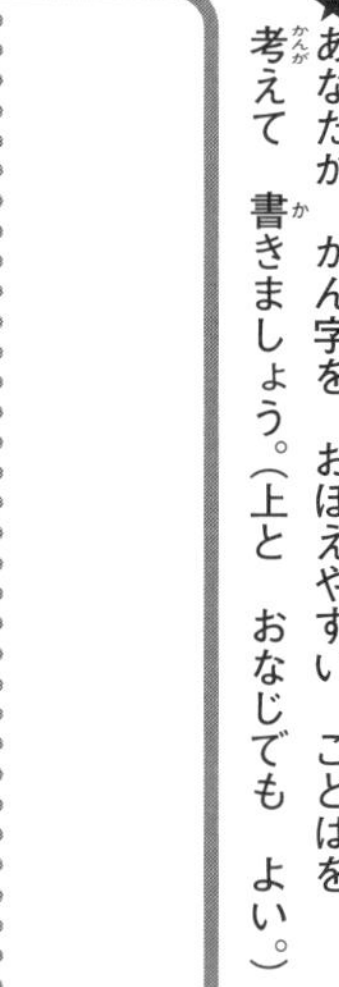

❶ かん字 つけたし かんせい クイズ

★四つの ますの かん字を
▼なぞって、
▼つけたして、
それぞれの ますを かんせい させましょう。

❷ よみかた クイズ

★こえに 出して 一かい よんでから、□に あう よみかたを 書きましょう。

何だ → 何だ → 何だ

❸ かん字を かこう

★□に かん字を 書きましょう。下の □には、上の 文を 書きましょう。

それは □ だ。

リマインド

日にち

★一しゅうかん後の 日にちを 書いて チャレンジしましょう。

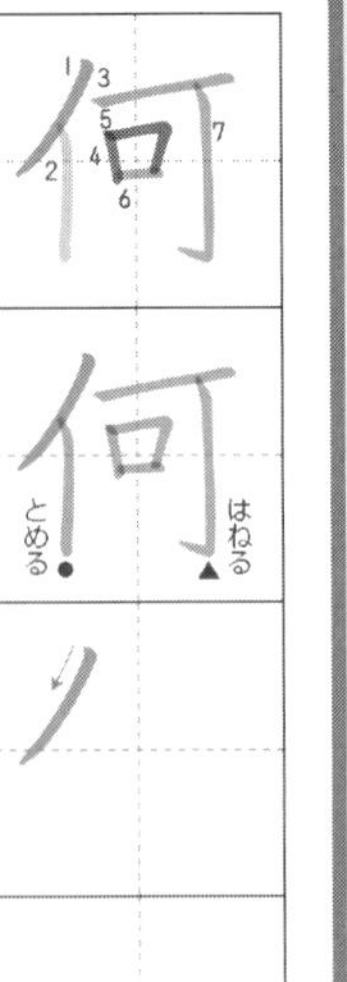

★このかん字を おぼえた ことばを 書きましょう。

日にち ／

ことばや 絵で おぼえよう

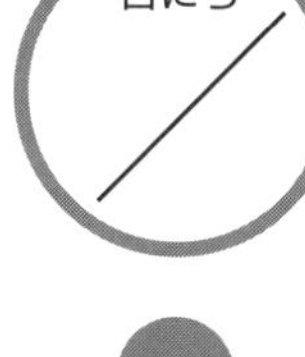

科

★つぎの ことばを いいながら 上の かん字を なぞりましょう。

ノに木、てんてん、よこ、たて

科学のじっけん。

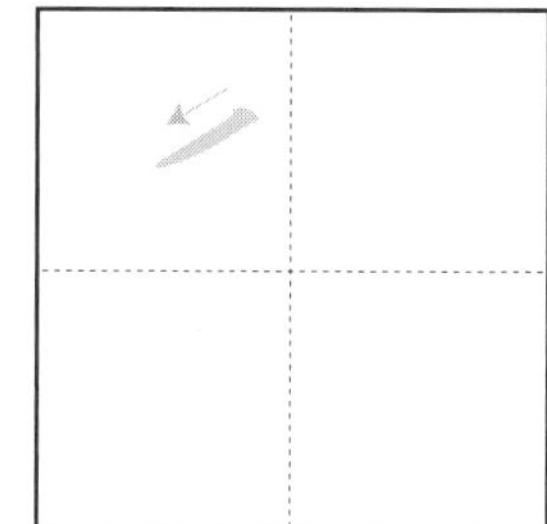

★上の 絵を 見ながら 左に かん字を 書きましょう。

名まえ

★あなたが かん字を おぼえやすい ことばを 考えて 書きましょう。（上と おなじでも よい。）

❶ かん字 つけたし かんせい クイズ

★四つの ますの かん字を ▼なぞって、▼つけたして、それぞれの ますを かんせい させましょう。

禾 科 二 和

❷ よみかた クイズ

★こえに 出して 一かい よんでから、□に あう よみかたを 書きましょう。

科学 → 科□学 → 科□学

❸ かん字を かこう

★□に かん字を 書きましょう。下の □には、上の 文を 書きましょう。

□学のじっけん。

リマインド

日にち ／

★一しゅうかん後の 日にちを 書いて チャレンジしましょう。

★このかん字を おぼえた ことばを 書きましょう。

日にち　／

ことばや 絵(え)で おぼえよう

★つぎの ことばを いいながら 上の かん字を なぞりましょう。

よこ、ノ、目、ノ、フ、右はらい

名まえ

★あなたが かん字を おぼえやすい ことばを 考(かんが)えて 書(か)きましょう。(上と おなじでも よい。)

夏(なつ)のうみ。

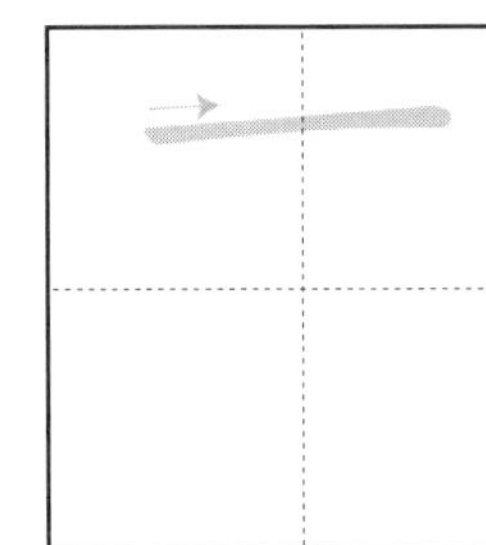

★上の 絵(え)を 見ながら 左に かん字を 書(か)きましょう。

❶ かん字 つけたし かんせい クイズ

★四つの ますの かん字を
▼なぞって、
▼つけたして、
それぞれの ますを かんせい させましょう。

❷ よみかた クイズ

★こえに 出して 一かい よんでから、□に あう よみかたを 書(か)きましょう。

夏　なつ
↓
夏　な□
↓
夏　□□

❸ かん字を かこう

★□に かん字を 書(か)きましょう。下の □には、上の 文を 書(か)きましょう。

□(なつ)のうみ。

日にち　／

リマインド

★一しゅうかん後(ご)の 日にちを 書(か)いて チャレンジしましょう。

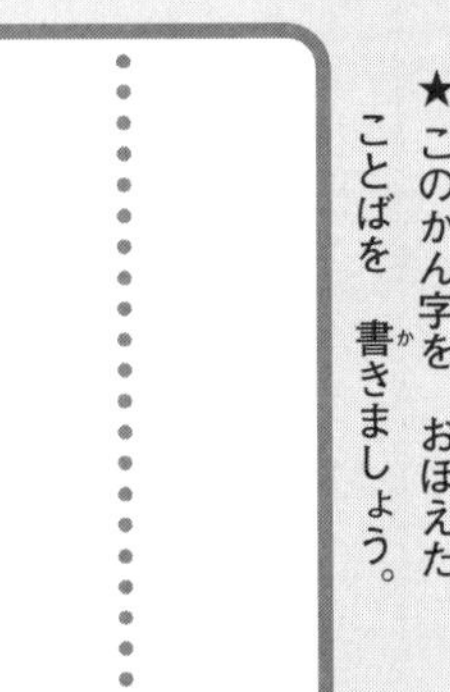

★このかん字を おぼえた ことばを 書(か)きましょう。

名まえ

日にち ／

ことばや　絵で　おぼえよう

★つぎの　ことばを　いいながら　上の　かん字を　なぞりましょう。

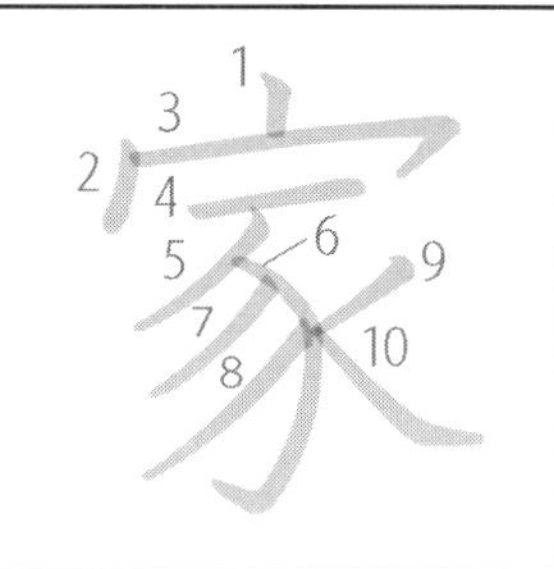

ウのかんむりに、よこ、ノ、たてはね、ノ、ノ、ノ、水の右がわ

★あなたが　かん字を　おぼえやすい　ことばを　考えて　書きましょう。（上と　おなじでも　よい。）

一つの　家。

★上の　絵を　見ながら　左に　かん字を　書きましょう。

❶ かん字　つけたし　かんせい　クイズ

★四つの　ますの　かん字を
▼なぞって、
▼つけたして、
それぞれの　ますを　かんせい　させましょう。

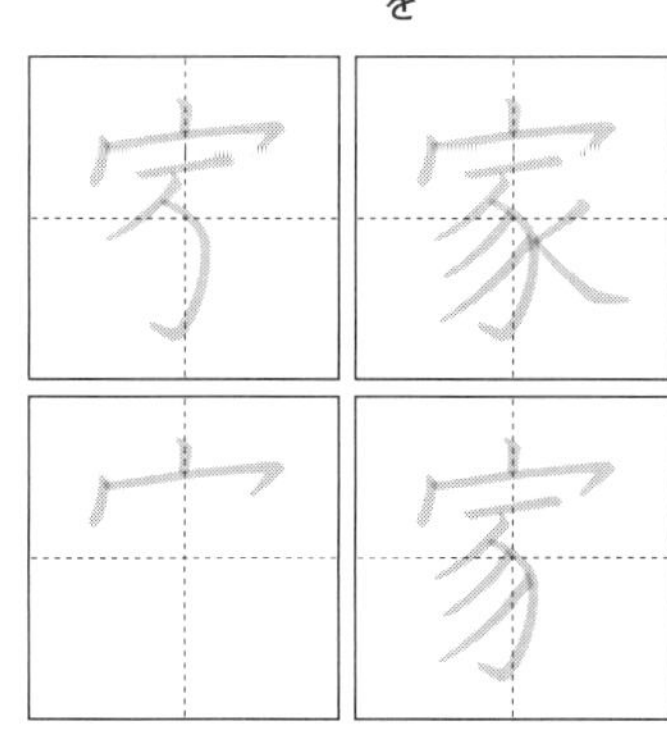

❷ よみかた　クイズ

★こたえに　出して　一かい　よんでから、□に　あう　よみかたを　書きましょう。

家（いえ）→ 家（い□）→ 家（□□）

❸ かん字を　かこう

★□に　かん字を　書きましょう。下の　□には、上の　文を　書きましょう。

一つの　□（いえ）。

リマインド

日にち ／

★一しゅうかん後の　日にちを　書いて　チャレンジしましょう。

はねる　はらう

★このかん字を　おぼえた　ことばを　書きましょう。

日にち ／

ことばや 絵で おぼえよう

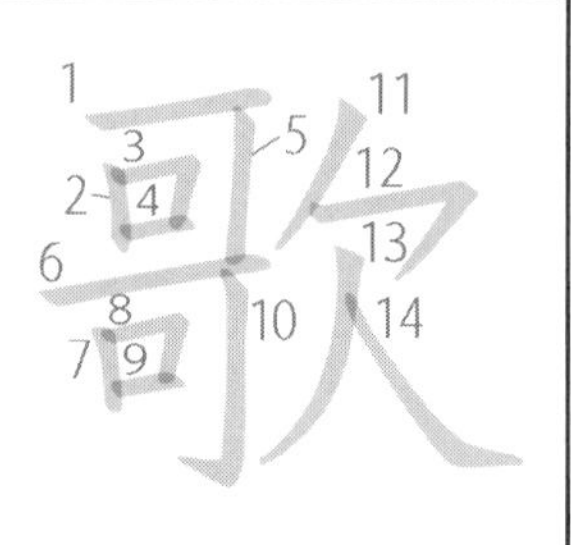

★つぎの ことばを いいながら 上の かん字を なぞりましょう。

よこ、口、たて、よこ、口、たてはね＋ノ、よこはね、人

★あなたが かん字を おぼえやすい ことばを 考えて 書きましょう。（上と おなじでも よい。）

名まえ

歌を うたう。

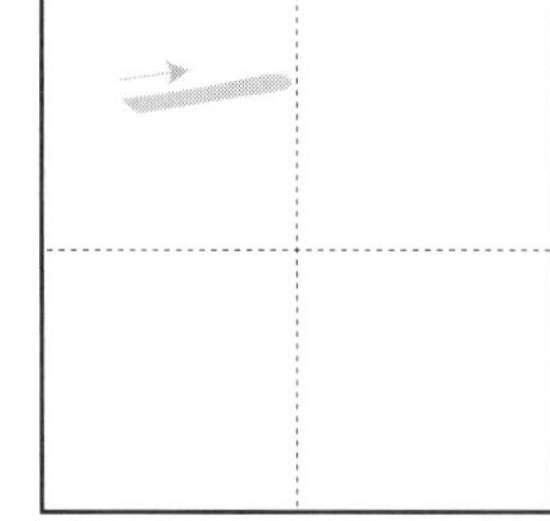

★上の 絵を 見ながら 左に かん字を 書きましょう。

❶ かん字 つけたし かんせい クイズ

★四つの ますの かん字を
▼なぞって、
▼つけたして、
それぞれの ますを かんせい させましょう。

可 哥 歌

❷ よみかた クイズ

★こえに 出して 一かい よんでから、□に あう よみかたを 書きましょう。

歌（うた）
↓
歌（う□）
↓
歌（□□）

❸ かん字を かこう

★□に かん字を 書きましょう。下の  には、上の 文を 書きましょう。

□（うた）を うたう。

リマインド

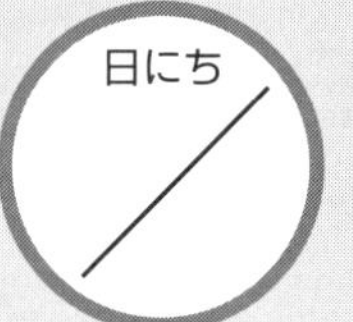

日にち ／

★一しゅうかん後の 日にちを 書いて チャレンジしましょう。

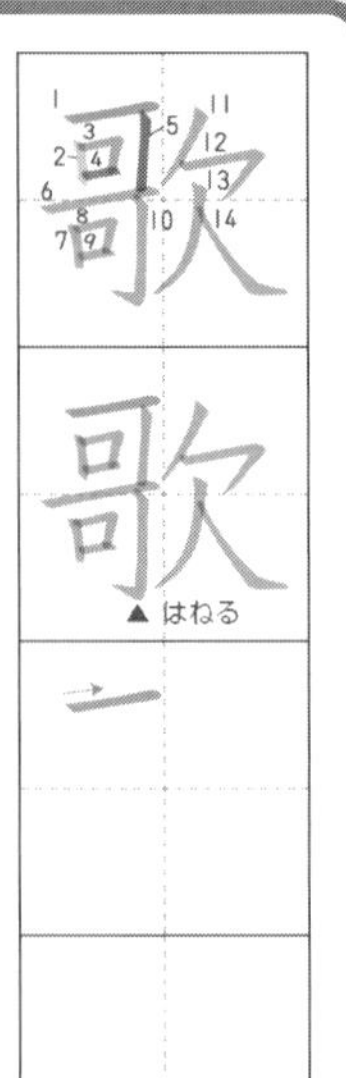

★このかん字を おぼえた ことばを 書きましょう。

日にち

ことばや 絵で おぼえよう

★つぎの ことばを いいながら 上の かん字を なぞりましょう。

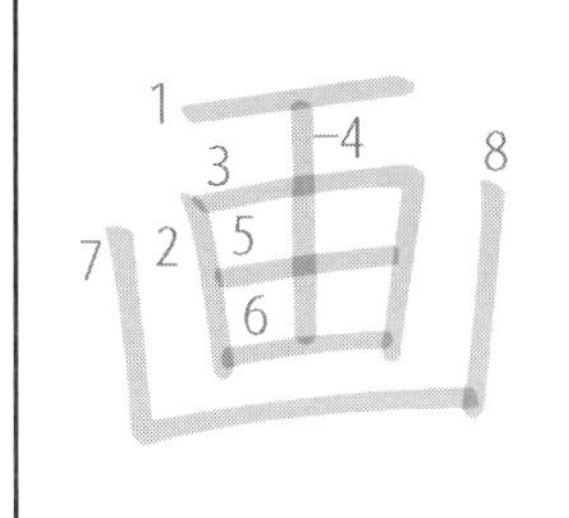

よこ、たてぼうの出た 田＋下かく、たて

★上の 絵を 見ながら 左に かん字を 書きましょう。

図画（ずが） こうさく。

名まえ

★あなたが かん字を おぼえやすい ことばを 考えて 書きましょう。（上と おなじでも よい。）

❶ かん字 つけたし かんせい クイズ

★四つの ますの かん字を ▼なぞって、▼つけたして、それぞれの ますを かんせい させましょう。

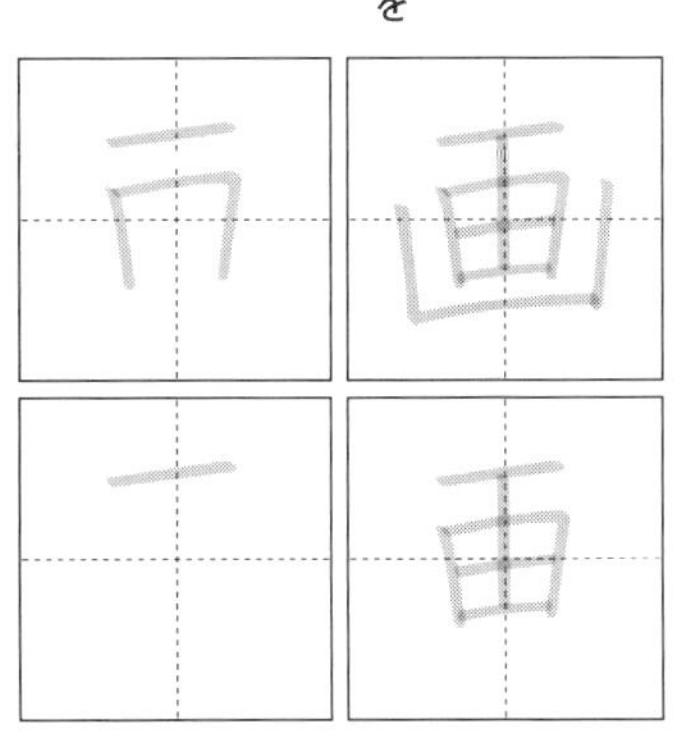

❷ よみかた クイズ

★こえに 出して 一かい よんでから、□に あう よみかたを 書きましょう。

ずが 図画 → □が 図画 → □が 図画

❸ かん字を かこう

★□に かん字を 書きましょう。下の □には、上の 文を 書きましょう。

図（ず）□（が） こうさく。

日にち

リマインド

★一しゅうかん後の 日にちを 書いて チャレンジしましょう。

★このかん字を おぼえた ことばを 書きましょう。

日にち　／

ことばや 絵で おぼえよう

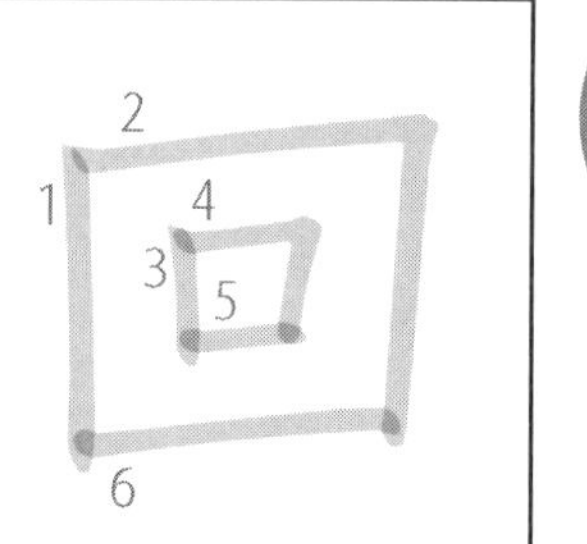

★つぎの ことばを いいながら 上の かん字を なぞりましょう。

ロの中にロ

★あなたが かん字を おぼえやすい ことばを 考えて 書きましょう。（上と おなじでも よい。）

名まえ

こまを 回（まわ）す。

★上の 絵を 見ながら 左に かん字を 書きましょう。

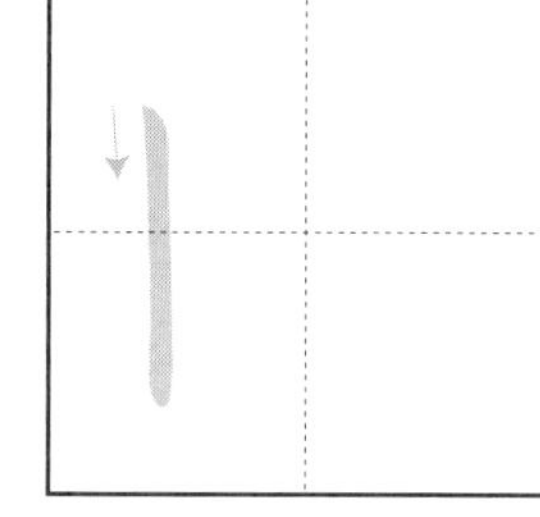

❶ かん字 つけたし かんせい クイズ

★四つの ますの かん字を
▼なぞって、
▼つけたして、
それぞれの ますを かんせいさせましょう。

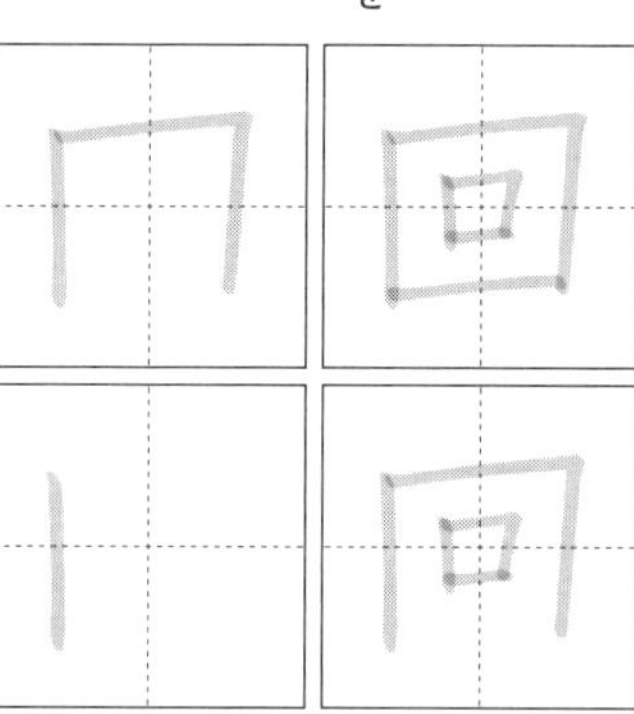

❷ よみかた クイズ

★こえに 出して 一かい よんでから、□に あう よみかたを 書きましょう。

回（まわ）す
↓
回（ま□）す
↓
回□□す

❸ かん字を かこう

★□に かん字を 書きましょう。下の □には、上の 文を 書きましょう。

こまを □（まわ）す。

リマインド

日にち　／

★一しゅうかん後の 日にちを 書いて チャレンジしましょう。

★このかん字を おぼえた ことばを 書きましょう。

日にち

ことばや 絵(え)で おぼえよう

★つぎの ことばを いいながら 上の かん字を なぞりましょう。

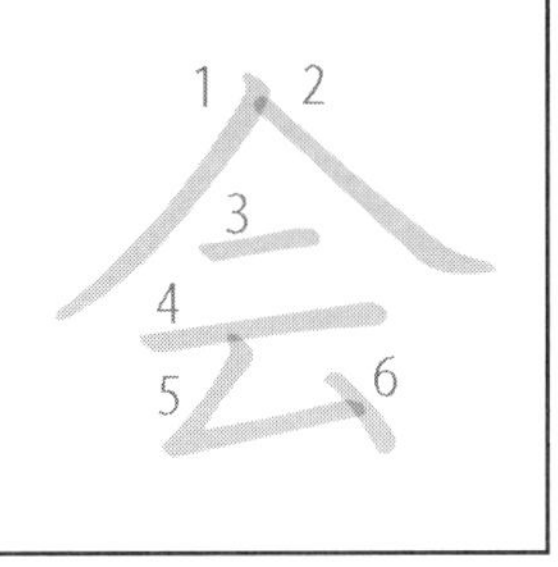

やね、ニ、ム

道(みち)で 会(あ)う。

★上の 絵(え)を 見ながら 左に かん字を 書(か)きましょう。

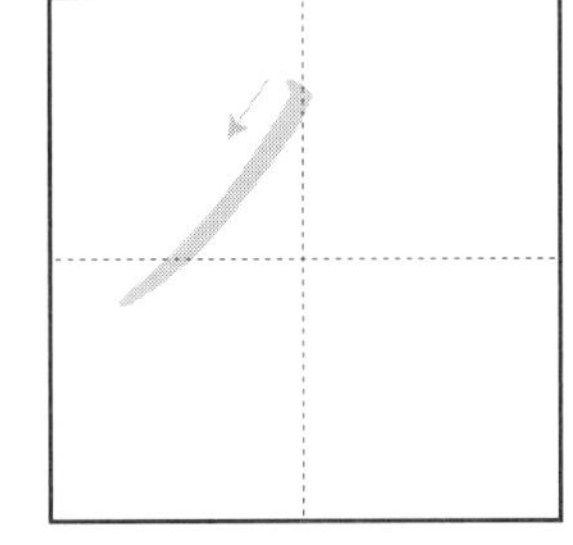

名まえ

★あなたが かん字を おぼえやすい ことばを 考(かんが)えて 書(か)きましょう。(上と おなじでも よい。)

❶ かん字 つけたし かんせい クイズ

★四つの ますの かん字を
▼なぞって、
▼つけたして、
それぞれの ますを かんせい させましょう。

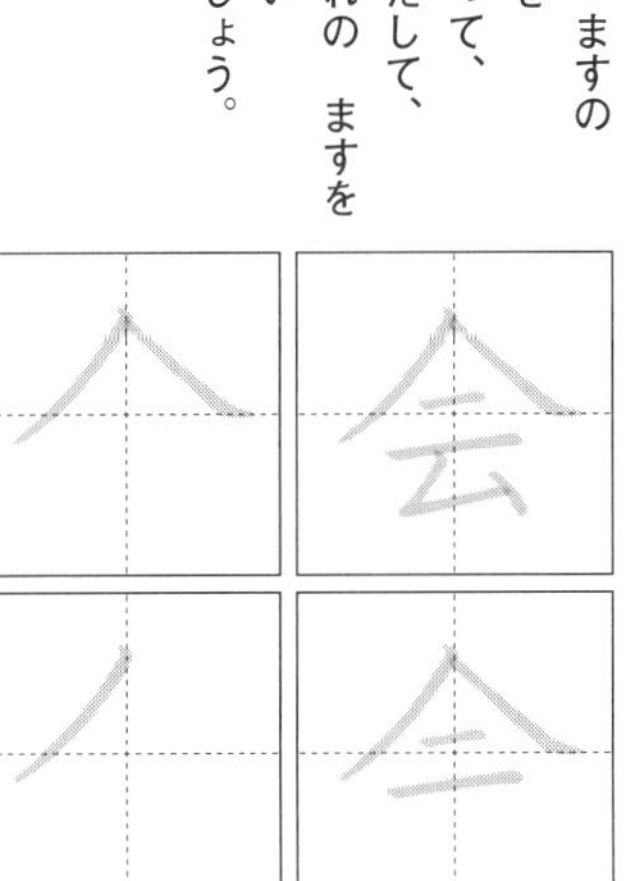

❷ よみかた クイズ

★これに 出して 一かい よんでから、□に あう よみかたを 書(か)きましょう。

あ 会う
↓
□ 会う
↓
□ 会う

❸ かん字を かこう

★□に かん字を 書(か)きましょう。下の □ には、上の 文を 書(か)きましょう。

道(みち)で □(あ)う。

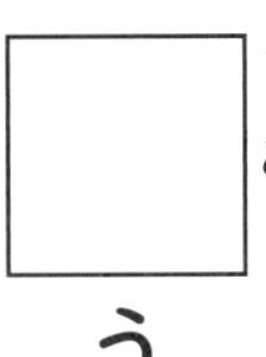

リマインド

日にち

★一しゅうかん後(ご)の 日にちを 書(か)いて チャレンジしましょう。

1 2 3 4 5 6
はらう はらう

★このかん字を おぼえた ことばを 書(か)きましょう。

日にち

ことばや 絵で おぼえよう

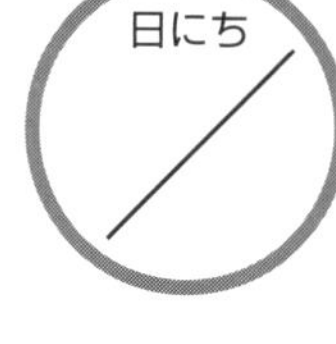

★つぎの ことばを いいながら 上の かん字を なぞりましょう。

シ、ノ、よこ＋く、かくはね、ノ、よこ

海に 行く。

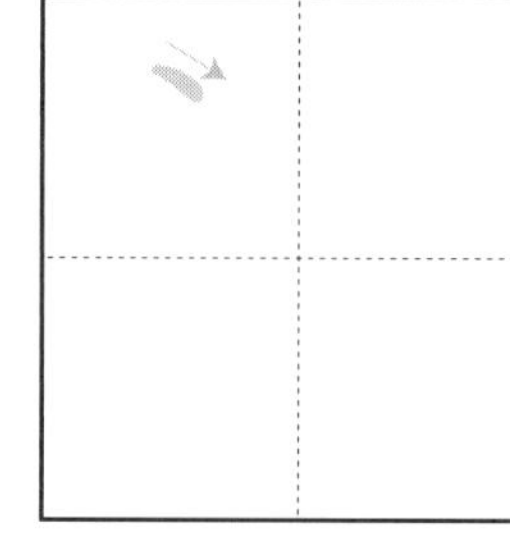

★上の 絵を 見ながら 左に かん字を 書きましょう。

名まえ

★あなたが かん字を おぼえやすい ことばを 考えて 書きましょう。（上と おなじでも よい。）

❶ かん字 つけたし かんせい クイズ

★四つの ますの かん字を
▼なぞって、
▼つけたして、
それぞれの ますを かんせい させましょう。

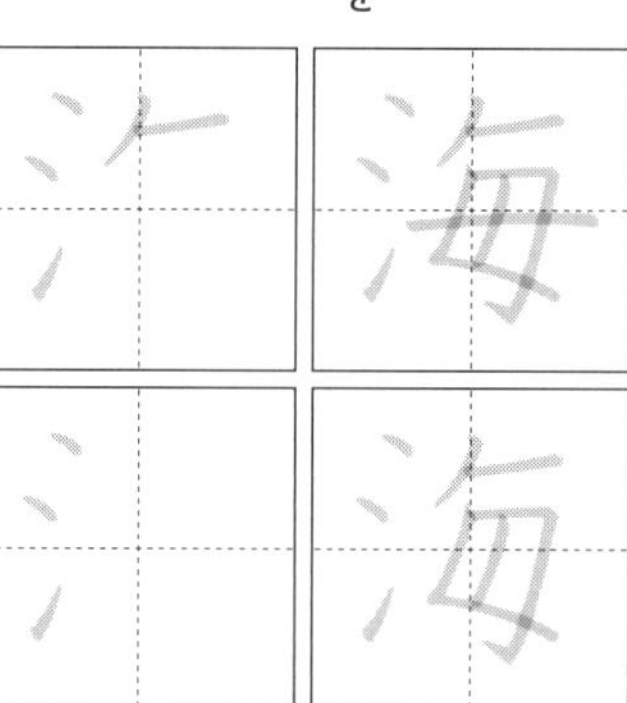

❷ よみかた クイズ

★これに 出して 一かい よんでから、□に あう よみかたを 書きましょう。

海 うみ

↓

海 う□

↓

海 □□

❸ かん字を かこう

★□に かん字を 書きましょう。下の □には、上の 文を 書きましょう。

□（うみ）に 行く。

□

リマインド

日にち

★一しゅうかん後の 日にちを 書いて チャレンジしましょう。

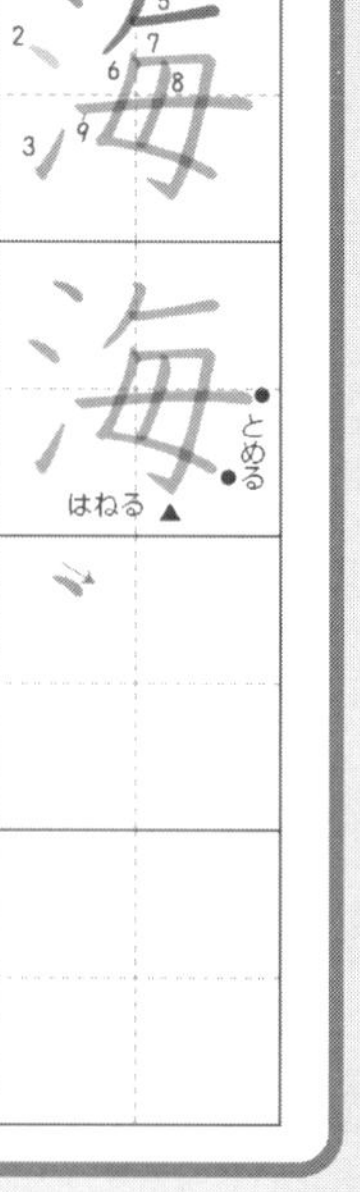

★このかん字を おぼえた ことばを 書きましょう。

ことばや　絵で　おぼえよう

名まえ

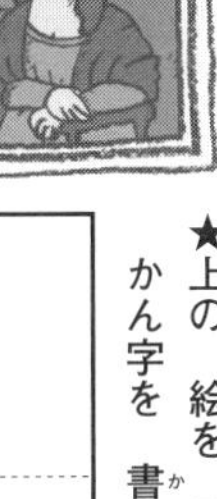

★つぎの　ことばを　いいながら
上の　かん字を
なぞりましょう。

糸、やね、二、ム

★あなたが　かん字を　おぼえやすい　ことばを
考えて　書きましょう。（上と　おなじでも　よい。）

絵を　見る。

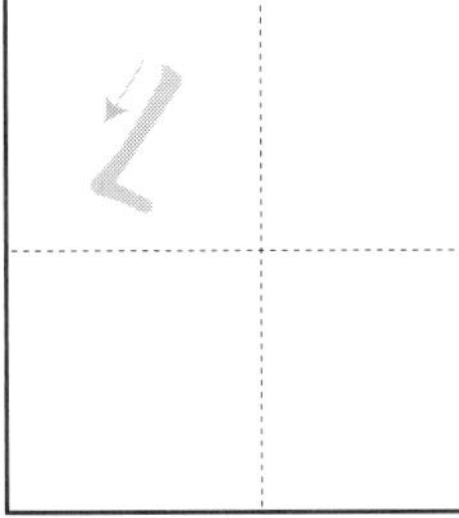

★上の　絵を　見ながら　左に
かん字を　書きましょう。

❶ かん字　つけたし　かんせい　クイズ

★四つの　ますの
かん字を
▼なぞって、
▼つけたして、
それぞれの　ますを
かんせい
させましょう。

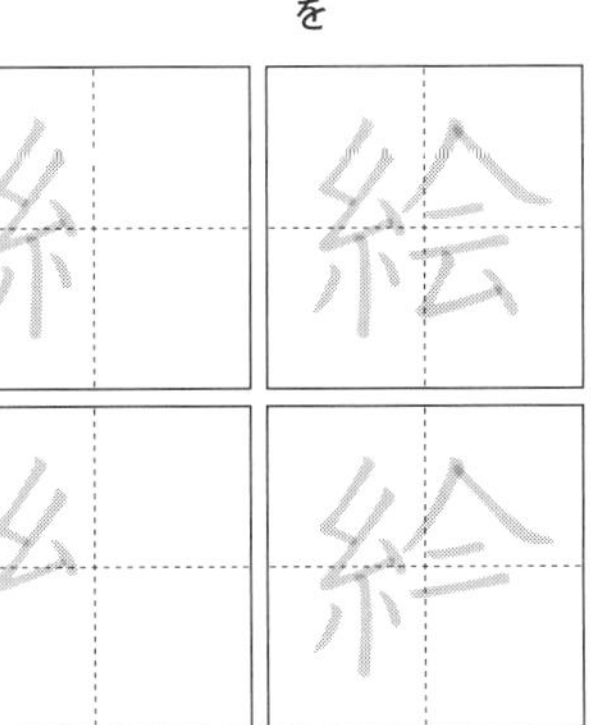

❷ よみかた　クイズ

★こえに　出して　一かい　よんでから、□に　あう　よみかたを　書きましょう。

絵（え）
↓
絵□
↓
絵□

❸ かん字を　かこう

★□に　かん字を　書きましょう。下の□には、上の　文を　書きましょう。

□（え）を見る。

リマインド

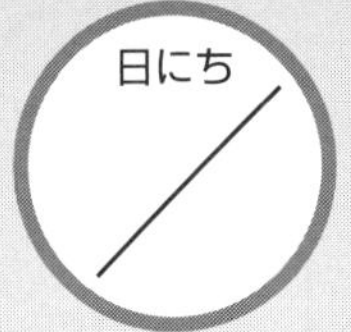

★一しゅうかん後の　日にちを　書いて　チャレンジしましょう。

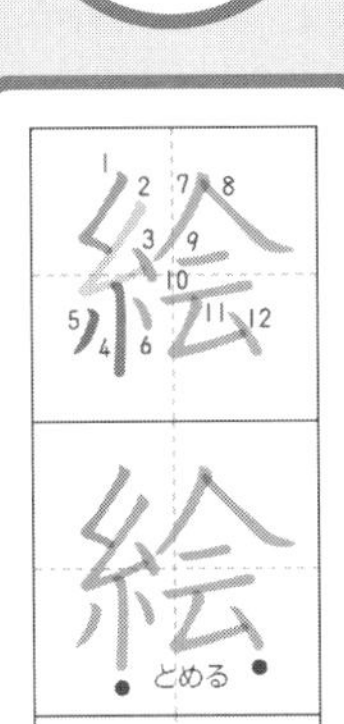

★このかん字を　おぼえた
ことばを　書きましょう。

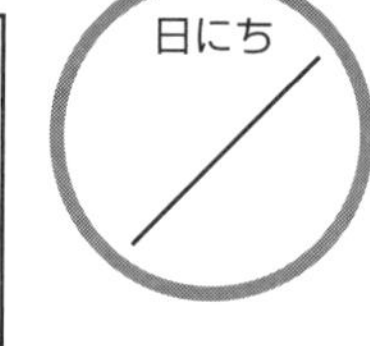

日にち　／

名まえ

ことばや 絵で おぼえよう

★つぎの ことばを いいながら 上の かん字を なぞりましょう。

夕にト

外に 出る。

★上の 絵を 見ながら 左に かん字を 書きましょう。

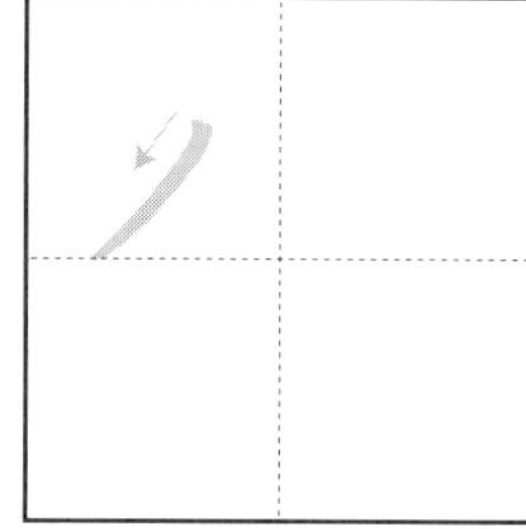

★あなたが かん字を おぼえやすい ことばを 考えて 書きましょう。（上と おなじでも よい。）

❶ かん字 つけたし かんせい クイズ

★四つの ますの かん字を ▼なぞって、▼つけたして、それぞれの ますを かんせい させましょう。

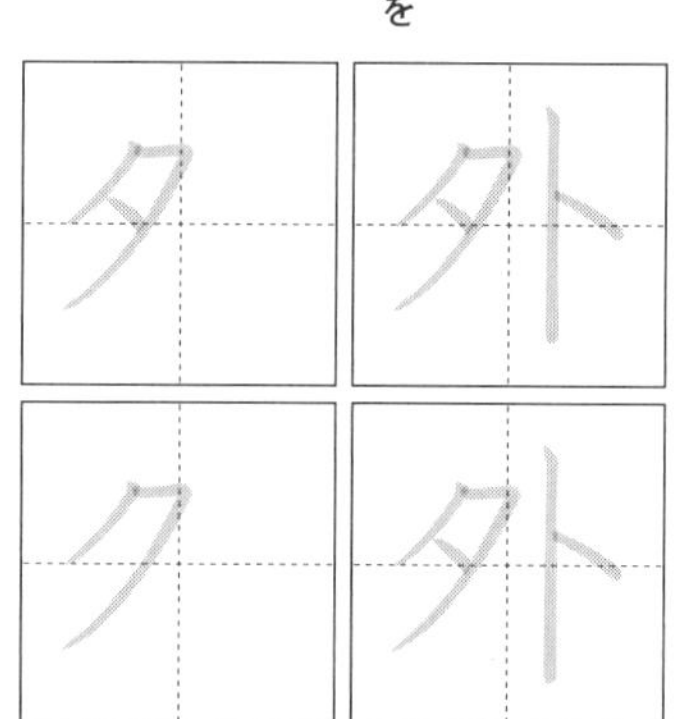

❷ よみかた クイズ

★こえに 出して 一かい よんでから、□に あう よみかたを 書きましょう。

外 そと
↓
外 そ□
↓
外 □□

❸ かん字を かこう

★□に かん字を 書きましょう。下の □には、上の 文を 書きましょう。

□（そと）に 出る。

リマインド

日にち　／

★一しゅうかん後の 日にちを 書いて チャレンジしましょう。

とめる　出さない

★このかん字を おぼえた ことばを 書きましょう。

日にち

名まえ

ことばや 絵で おぼえよう

★あなたが かん字を おぼえやすい ことばを 考えて 書きましょう。（上と おなじでも よい。）

角

★つぎの ことばを いいながら 上の かん字を なぞりましょう。

ノ、フ、はらい、かくはね、たて、よこ、よこ

三角（さんかく）じょうぎ。

★上の 絵を 見ながら 左に かん字を 書きましょう。

❶ かん字 つけたし かんせい クイズ

★四つの ますの かん字を
▼なぞって、
▼つけたして、
それぞれの ますを かんせい させましょう。

❷ よみかた クイズ

★こえに 出して 一かい よんでから、□に あう よみかたを 書きましょう。

三角（さんかく）
↓
三角（さんか□）
↓
三角（さん□□）

❸ かん字を かこう

★□に かん字を 書きましょう。下の □ には、上の 文を 書きましょう。

三（さん）□（かく） じょうぎ。

リマインド

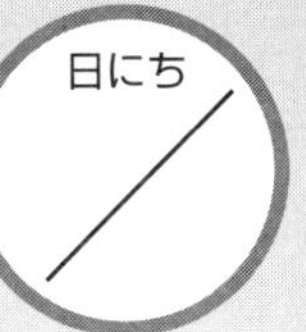

★一しゅうかん後の 日にちを 書いて チャレンジしましょう。

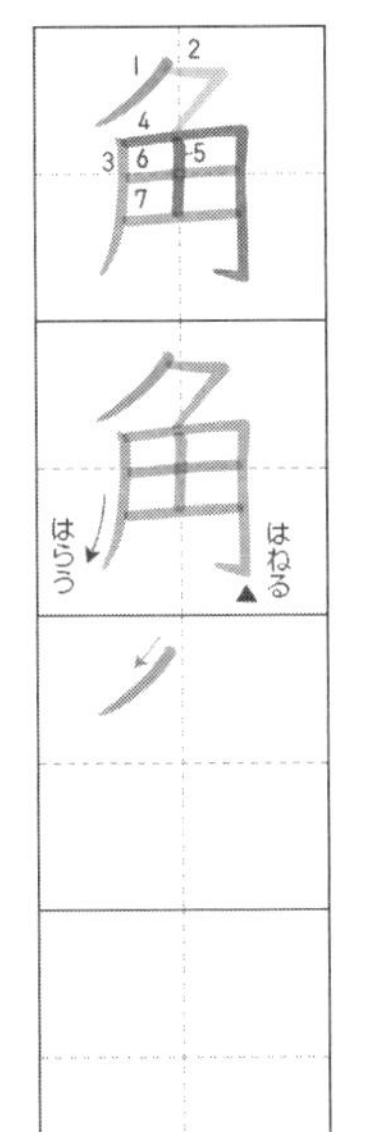

★このかん字を おぼえた ことばを 書きましょう。

日にち

ことばや 絵で おぼえよう

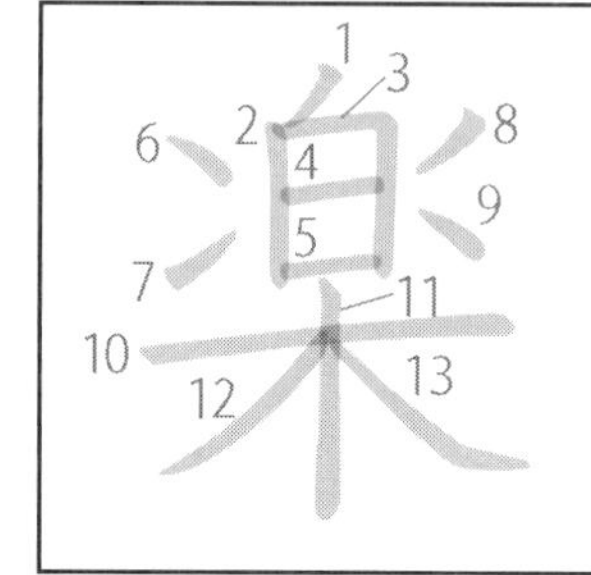

★つぎの ことばを いいながら 上の かん字を なぞりましょう。

白のまわりにてん四つ、下に木

★上の 絵を 見ながら 左に かん字を 書きましょう。

楽しいとき。

名まえ

★あなたが かん字を おぼえやすい ことばを 考えて 書きましょう。(上と おなじでも よい。)

❶ かん字 つけたし かんせい クイズ

★四つの ますの かん字を
▼なぞって、
▼つけたして、
それぞれの ますを かんせい させましょう。

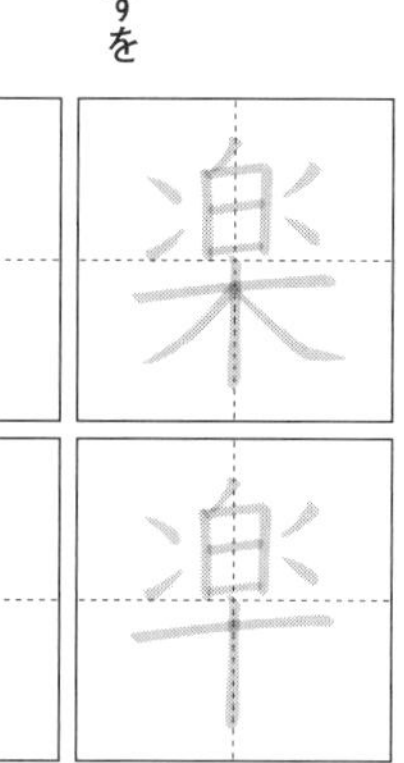

❷ よみかた クイズ

★こえに 出して 一かい よんでから、□に あう よみかたを 書きましょう。

楽しい → 楽しい → 楽しい

❸ かん字を かこう

★□に かん字を 書きましょう。下の □ には、上の 文を 書きましょう。

□しいとき。

日にち

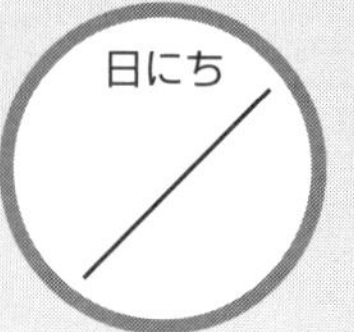

リマインド

★一しゅうかん後の 日にちを 書いて チャレンジしましょう。

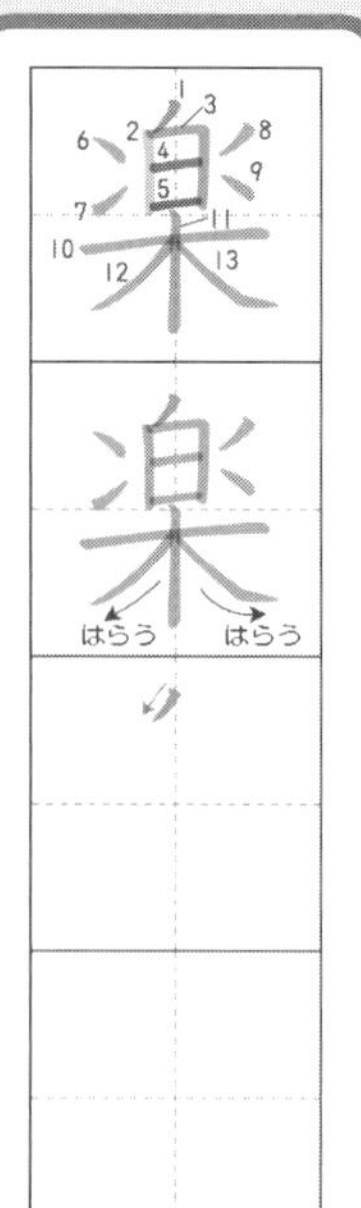

★このかん字を おぼえた ことばを 書きましょう。

名まえ

ことばや　絵で　おぼえよう

★つぎの　ことばを　いいながら
上の　かん字を
なぞりましょう。

シ、ノ、よこ、たて、
ロ

★あなたが　かん字を　おぼえやすい　ことばを
考えて　書きましょう。（上と　おなじでも　よい。）

クラブ（くらぶ）
活（かつ）どう。

★上の　絵を　見ながら　左に
かん字を　書きましょう。

❶ かん字　つけたし　かんせい　クイズ

★四つの　ますの
かん字を
▼なぞって、
▼つけたして、
それぞれの　ますを
かんせい
させましょう。

❷ よみかた　クイズ

★こえに　出して　一かい　よんでから、□に　あう　よみかたを　書きましょう。

活（かつ）どう
↓
活□（か）どう
↓
活□□どう

❸ かん字を　かこう

★□に　かん字を　書きましょう。下の□には、上の　文を　書きましょう。

クラブ（くらぶ）
□（かつ）どう。

リマインド

★一しゅうかん後の　日にちを　書いて　チャレンジしましょう。

日にち

★このかん字を　おぼえた
ことばを　書きましょう。

日にち

ことばや 絵で おぼえよう

★つぎの ことばを いいながら 上の かん字を なぞりましょう。

たて、かく、二、たて、かくはね、二、中に、日

★上の 絵を 見ながら 左に かん字を 書きましょう。

ふたりの 間。

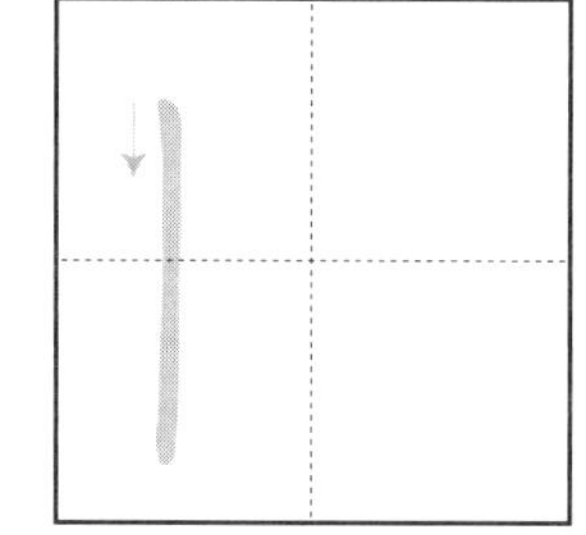

名まえ

★あなたが かん字を おぼえやすい ことばを 考えて 書きましょう。（上と おなじでも よい。）

❶ かん字 つけたし かんせい クイズ

★四つの ますの かん字を
▼なぞって、
▼つけたして、
それぞれの ますを かんせい させましょう。

❷ よみかた クイズ

★こたえに 出して 一かい よんでから、□に あう よみかたを 書きましょう。

あいだ 間 → 間 あ□□ → 間 □□□

❸ かん字を かこう

★□に かん字を 書きましょう。下の □ には、上の 文を 書きましょう。

ふたりの □（あいだ）。

リマインド

日にち

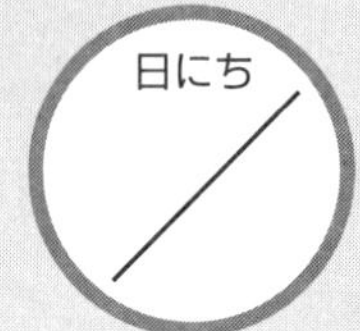

★一しゅうかん後の 日にちを 書いて チャレンジしましょう。

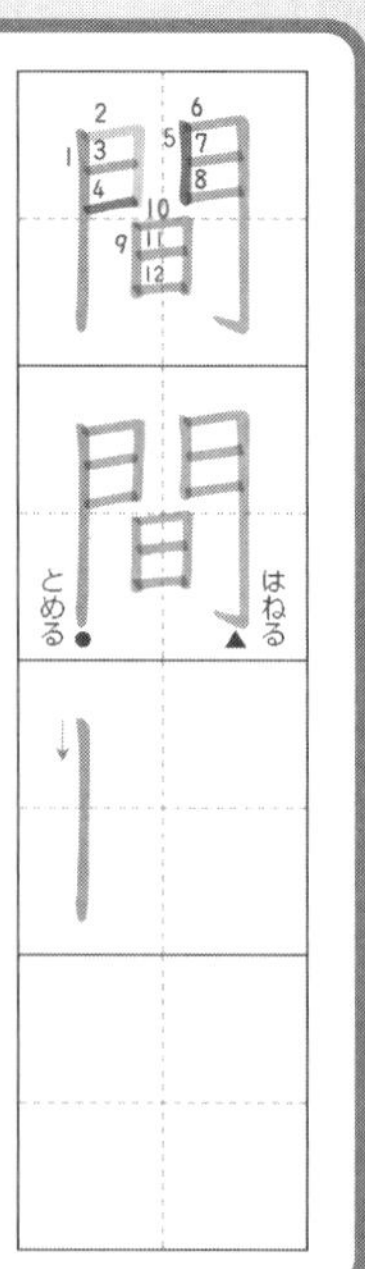

★このかん字を おぼえた ことばを 書きましょう。

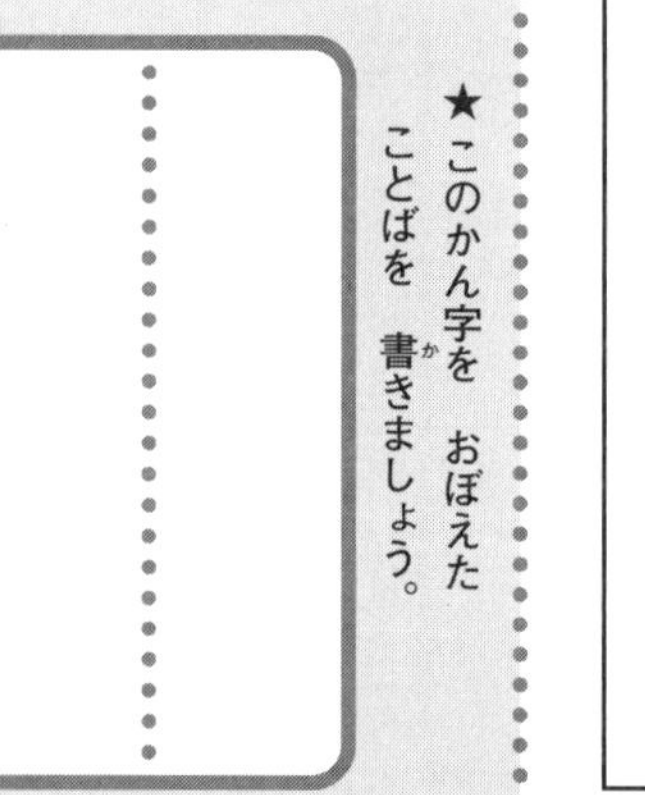

名まえ

ことばや　絵で　おぼえよう

★つぎの　ことばを　いいながら
上の　かん字を
なぞりましょう。

九に、てん

★上の　絵を　見ながら　左に
かん字を　書きましょう。

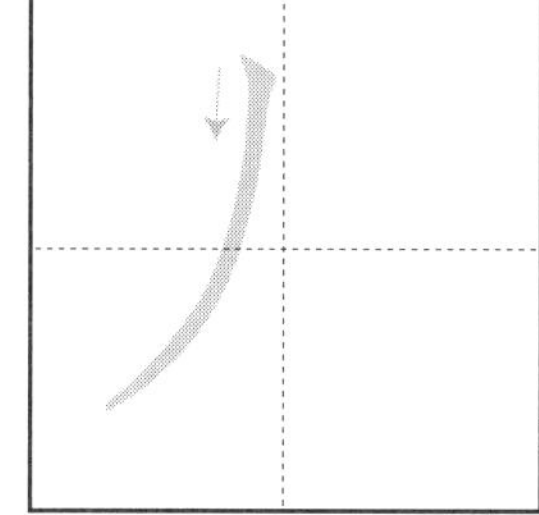

丸い
おかし。

★あなたが　かん字を　おぼえやすい　ことばを
考えて　書きましょう。（上と　おなじでも　よい。）

❶ かん字　つけたし　かんせい　クイズ

★四つの　ますの
かん字を
▼なぞって、
▼つけたして、
それぞれの　ますを
かんせい
させましょう。

❷ よみかた　クイズ

★こえに　出して　一かい　よんでから、□に　あう　よみかたを　書きましょう。

まる
丸い
↓
ま□
丸い
↓
□□
丸い

❸ かん字を　かこう

★□に　かん字を　書きましょう。下の　□　には、上の　文を　書きましょう。

まる
□い　おかし。

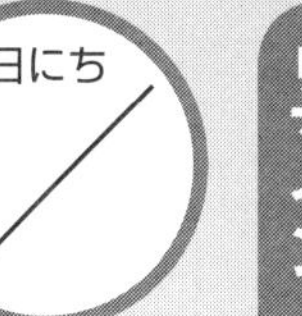

リマインド

★一しゅうかん後の　日にちを　書いて　チャレンジしましょう。

★このかん字を　おぼえた
ことばを　書きましょう。

ことばや　絵で　おぼえよう

日にち　／

名まえ

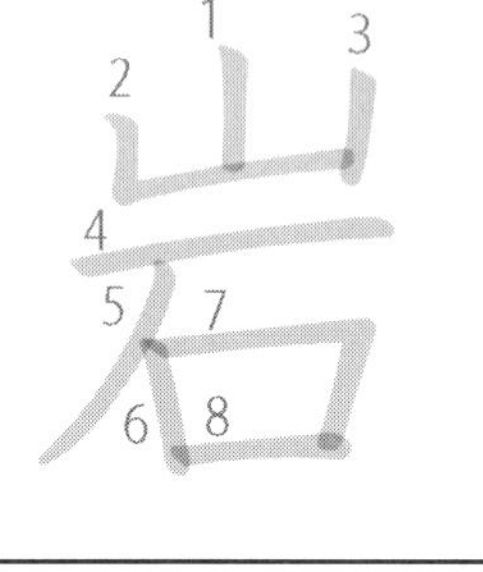

★つぎの　ことばを　いいながら　上の　かん字を　なぞりましょう。

山に石

★あなたが　かん字を　おぼえやすい　ことばを　考えて　書きましょう。（上と　おなじでも　よい。）

大きい　岩。

★上の　絵を　見ながら　左に　かん字を　書きましょう。

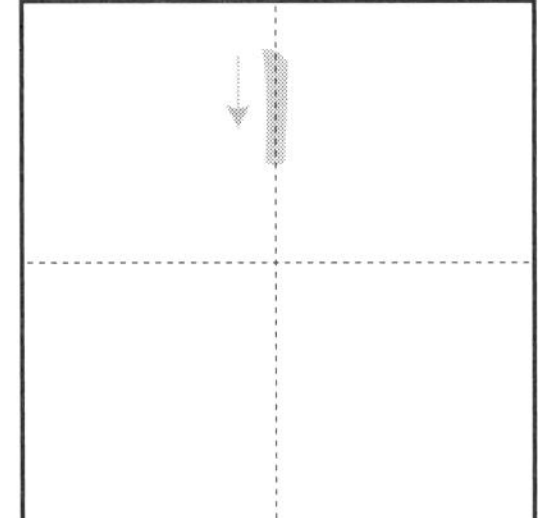

❶ かん字　つけたし　かんせい　クイズ

★四つの　ますの　かん字を
▼なぞって、
▼つけたして、
それぞれの　ますを　かんせい　させましょう。

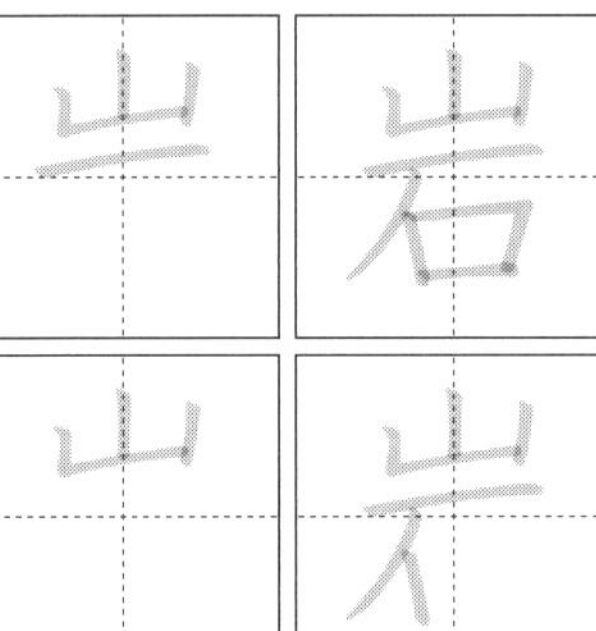

❷ よみかた　クイズ

★こえに　出して　一かい　よんでから、□に　あう　よみかたを　書きましょう。

岩（いわ）
↓
岩（い□）
↓
岩（□□）

❸ かん字を　かこう

★□に　かん字を　書きましょう。下の　□　には、上の　文を　書きましょう。

大きい　□（いわ）。

リマインド

日にち　／

★一しゅうかん後の　日にちを　書いて　チャレンジしましょう。

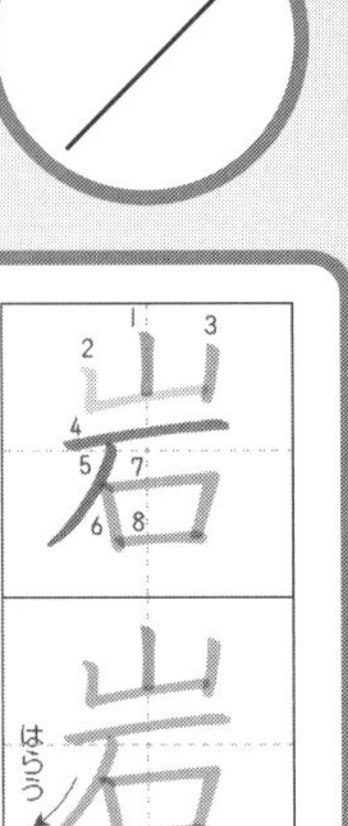

★このかん字を　おぼえた　ことばを　書きましょう。

ことばや 絵で おぼえよう

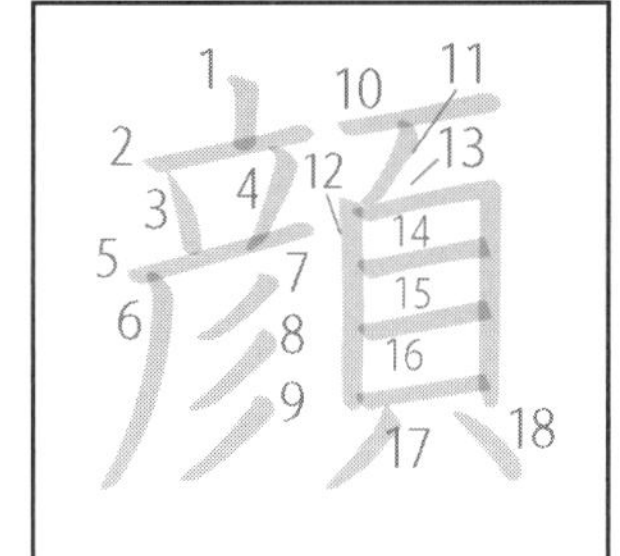

★つぎの ことばを いいながら 上の かん字を なぞりましょう。

立つにはらい、ななめ
三つ十よこ、ななめ、
目、てんてん

わらい顔(がお)。

★上の 絵を 見ながら 左に かん字を 書きましょう。

名まえ

★あなたが かん字を 考えて 書きましょう。(上と おなじでも よい。)

❶ かん字 つけたし かんせい クイズ

★四つの ますの かん字を
▼なぞって、
▼つけたして、
それぞれの ますを かんせい させましょう。

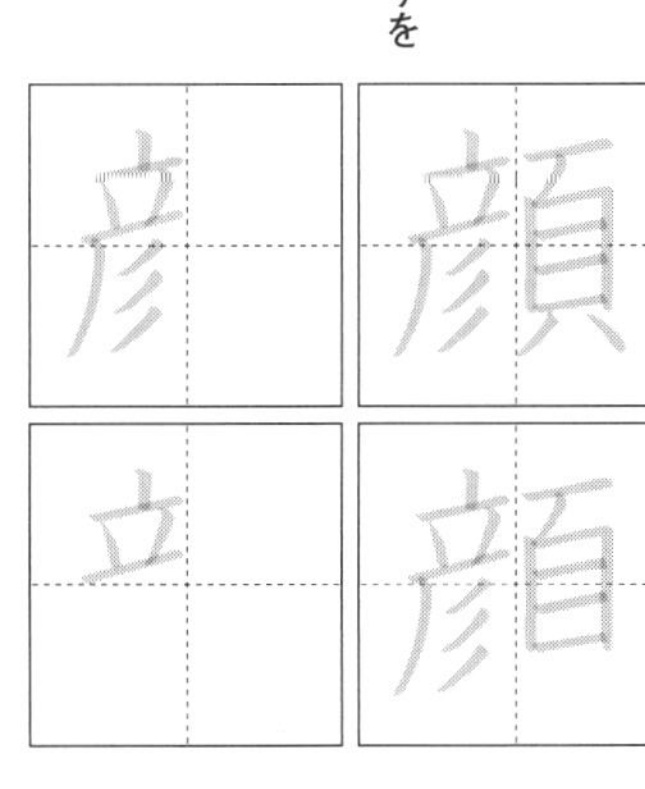

❷ よみかた クイズ

★こえに 出して 一かい よんでから、□に あう よみかたを 書きましょう。

顔 かお
↓
顔 か□
↓
顔 □□

❸ かん字を かこう

★□に かん字を 書きましょう。下の □ には、上の 文を 書きましょう。

わらい□(がお)。

日にち

リマインド

★一しゅうかん後の 日にちを 書いて チャレンジしましょう。

はらう　とめる

★このかん字を おぼえた ことばを 書きましょう。

日にち ／

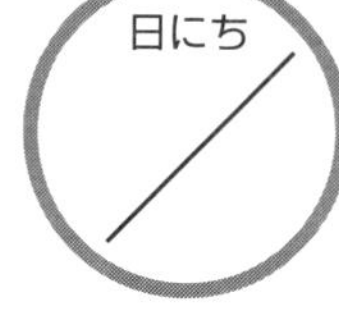

ことばや 絵で おぼえよう

★つぎの ことばを いいながら 上の かん字を なぞりましょう。

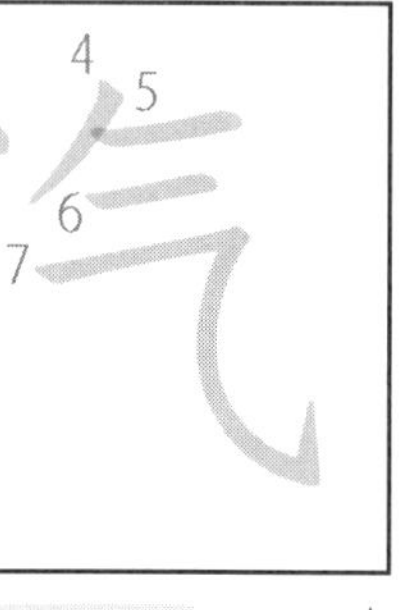

シに気のメぬき

汽車が はしる。

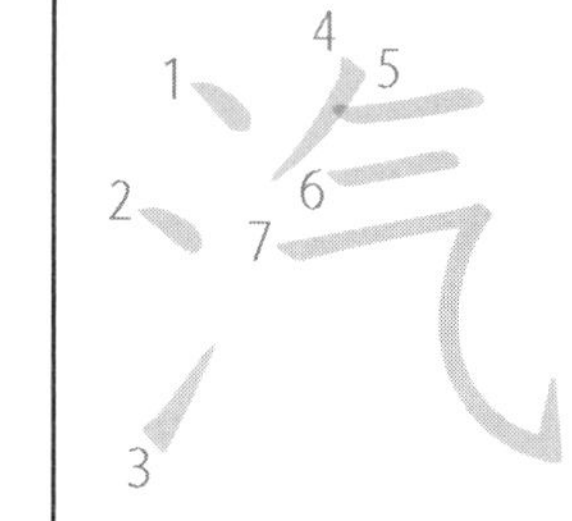

★上の 絵を 見ながら 左に かん字を 書きましょう。

名まえ

★あなたが かん字を おぼえやすい ことばを 考えて 書きましょう。（上と おなじでも よい。）

❶ かん字 つけたし かんせい クイズ

★四つの ますの かん字を
▼なぞって、
▼つけたして、
それぞれの ますを かんせい させましょう。

❷ よみかた クイズ

★こたえに 出して 一かい よんでから、□に あう よみかたを 書きましょう。

き
汽車
↓
汽□車
↓
汽□車

❸ かん字を かこう

★□に かん字を 書きましょう。下の □ には、上の 文を 書きましょう。

□（き）車（しゃ）が はしる。

リマインド

日にち ／

★一しゅうかん後の 日にちを 書いて チャレンジしましょう。

はねる▲

★このかん字を おぼえた ことばを 書きましょう。

日にち

名まえ

ことばや 絵で おぼえよう

★つぎの ことばを いいながら 上の かん字を なぞりましょう。

記

てん、よこぼう三つに
口＋コ、たてよこはね

記ろくする。

★上の 絵を 見ながら 左に かん字を 書きましょう。

★あなたが かん字を おぼえやすい ことばを 考えて 書きましょう。（上と おなじでも よい。）

❶ かん字 つけたし かんせい クイズ

★四つの ますの かん字を
▼なぞって、
▼つけたして、
それぞれの ますを かんせい させましょう。

言　記
言　記

❷ よみかた クイズ

★こえに 出して 一かい よんでから、□に あう よみかたを 書きましょう。

記（き）ろく
↓
記□ろく
↓
記□ろく

❸ かん字を かこう

★□に かん字を 書きましょう。下の □ には、上の 文を 書きましょう。

□（き）ろくする。

日にち

リマインド

★一しゅうかん後の 日にちを 書いて チャレンジしましょう。

記　記（はねる）

★このかん字を おぼえた ことばを 書きましょう。

日にち ／

名まえ

ことばや 絵（え）で おぼえよう

帰

★つぎの ことばを いいながら 上の かん字を なぞりましょう。

リ、ヨ、ワ、たて、たて、かくはね、たて

★あなたが かん字を おぼえやすい ことばを 考（かんが）えて 書（か）きましょう。（上と おなじでも よい。）

帰（かえ）る あいさつ。

★上の 絵（え）を 見ながら 左に かん字を 書（か）きましょう。

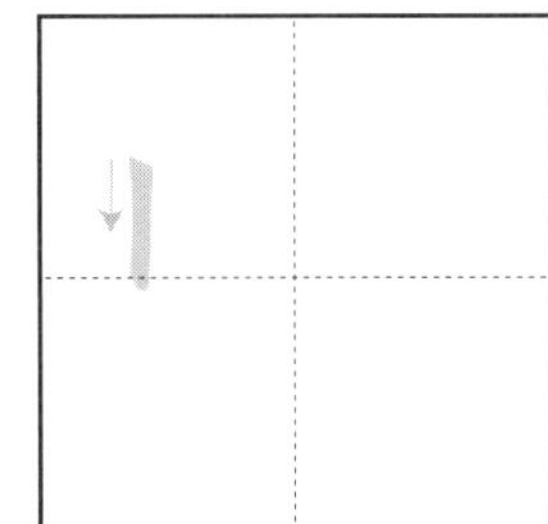

❶ かん字 つけたし かんせい クイズ

★四つの ますの かん字を
▼なぞって、
▼つけたして、
それぞれの ますを かんせい させましょう。

❷ よみかた クイズ

★こえに 出して 一かい よんでから、□に あう よみかたを 書（か）きましょう。

帰る（かえ）
↓
帰る（か□）
↓
帰る（□□）

❸ かん字を かこう

★□に かん字を 書（か）きましょう。下の □には、上の 文を 書（か）きましょう。

□（かえ）る あいさつ。

リマインド

日にち ／

★一しゅうかん後（ご）の 日にちを 書（か）いて チャレンジしましょう。

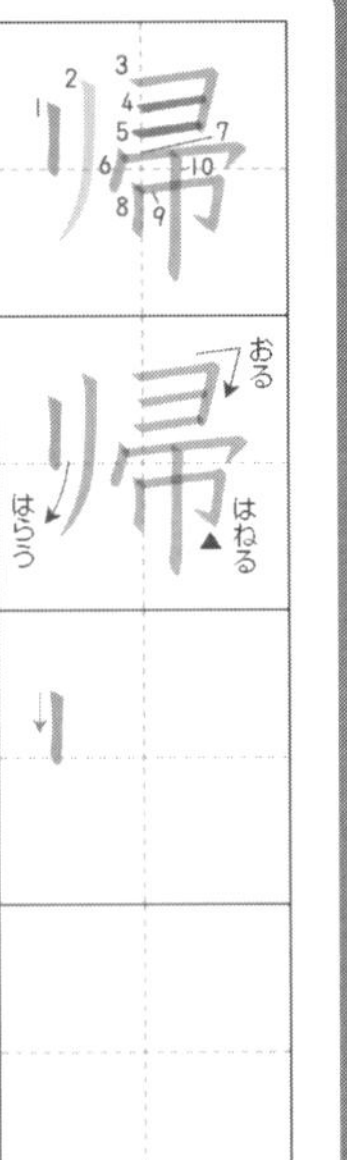

★このかん字を おぼえた ことばを 書（か）きましょう。

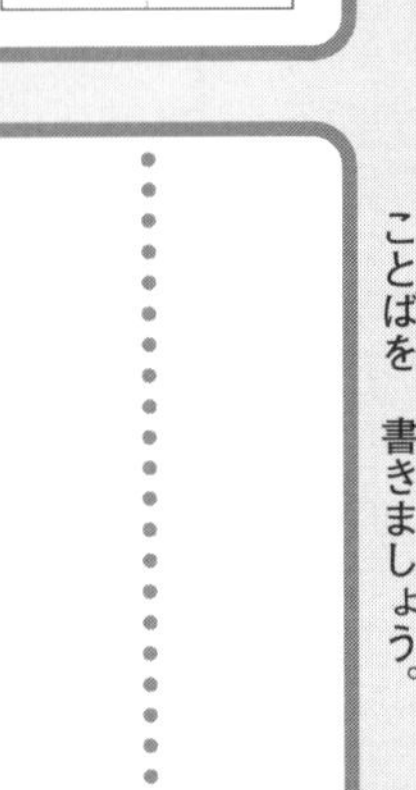

ことばや 絵で おぼえよう

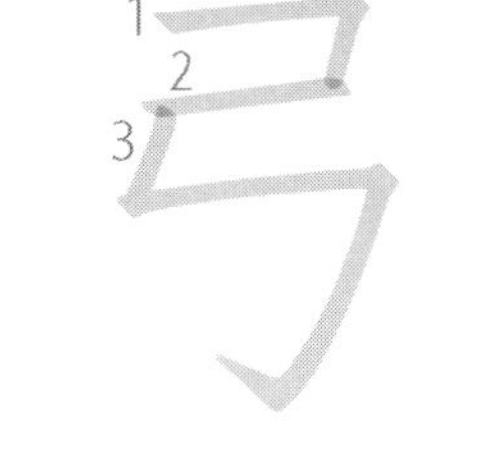

★つぎの ことばを いいながら 上の かん字を なぞりましょう。

コ、たて、かくはね

弓（ゆみ）を 引（ひ）く。

★上の 絵（え）を 見ながら 左に かん字を 書（か）きましょう。

名まえ

★あなたが かん字を おぼえやすい ことばを 考（かんが）えて 書（か）きましょう。（上と おなじでも よい。）

❶ かん字 つけたし かんせい クイズ

★四つの ますの かん字を
▼なぞって、
▼つけたして、
それぞれの ますを かんせい させましょう。

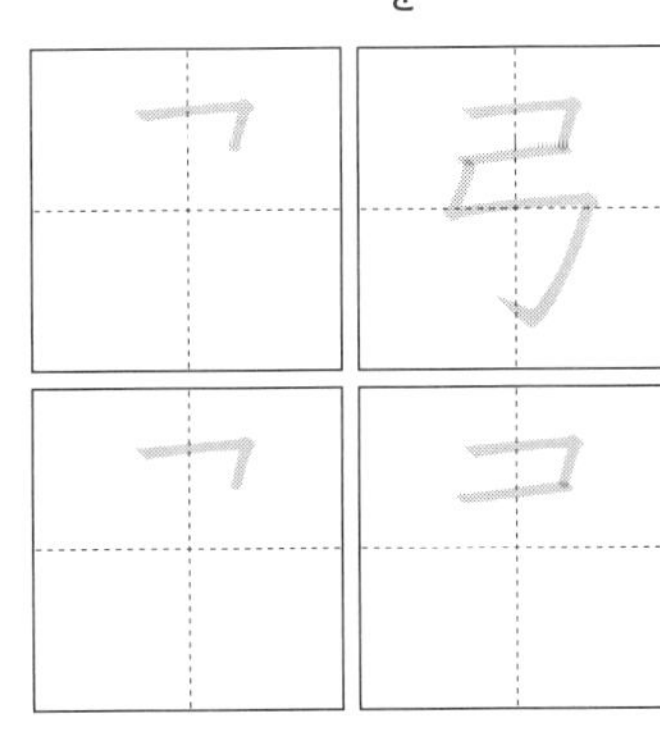

❷ よみかた クイズ

★こえに 出して 一かい よんでから、□に あう よみかたを 書（か）きましょう。

弓（ゆみ）
↓
弓（ゆ□）
↓
弓（□□）

❸ かん字を かこう

★□に かん字を 書（か）きましょう。下の □には、上の 文を 書（か）きましょう。

□（ゆみ）を 引（ひ）く。

リマインド

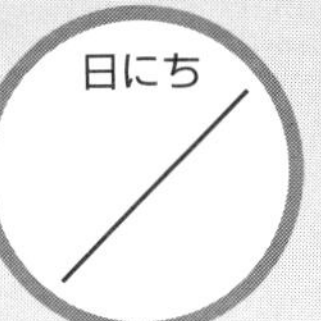

★一しゅうかん後（ご）の 日にちを 書（か）いて チャレンジしましょう。

はねる

★このかん字を おぼえた ことばを 書（か）きましょう。

日にち ／

名まえ

ことばや 絵で おぼえよう

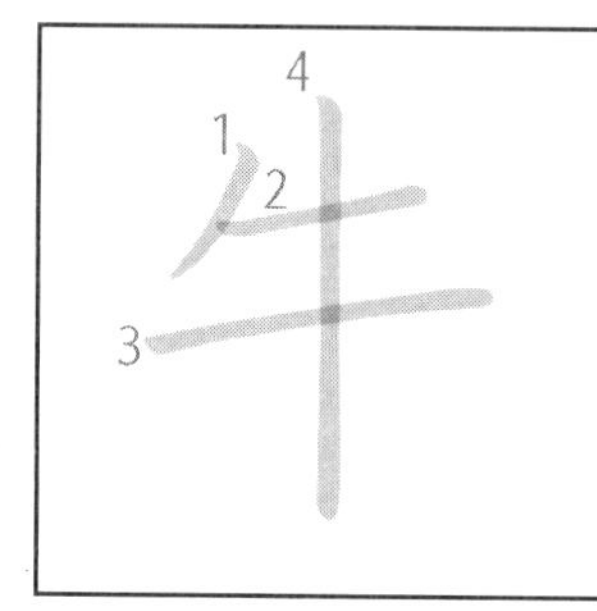

★つぎの ことばを いいながら 上の かん字を なぞりましょう。

ノ、よこ、よこ、たて

★あなたが かん字を おぼえやすい ことばを 考えて 書きましょう。（上と おなじでも よい。）

牛を見る。

★上の 絵を 見ながら 左に かん字を 書きましょう。

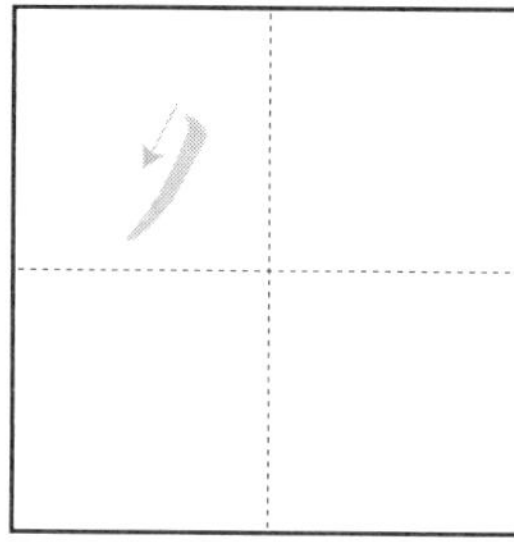

❶ かん字 つけたし かんせい クイズ

★四つの ますの かん字を
▼なぞって、
▼つけたして、
それぞれの ますを かんせい させましょう。

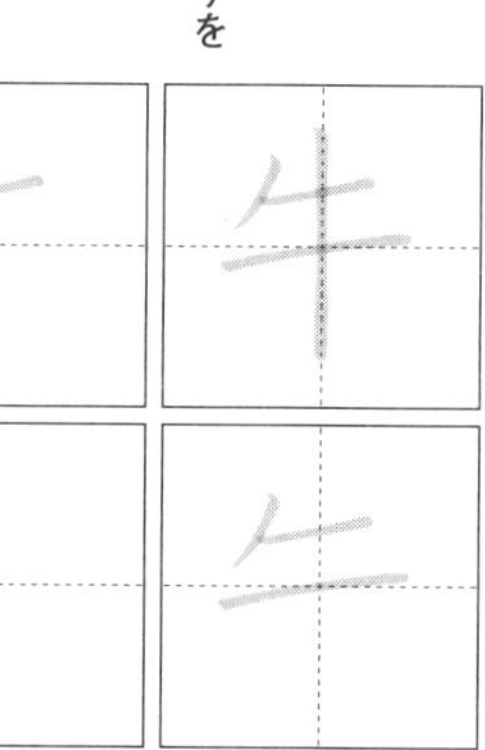

❷ よみかた クイズ

★こえに 出して 一かい よんでから、□に あう よみかたを 書きましょう。

牛（うし）
↓
牛（う□）
↓
牛（□□）

❸ かん字を かこう

★□に かん字を 書きましょう。下の □には、上の 文を 書きましょう。

□（うし）を見る。

リマインド

日にち ／

★一しゅうかん後の 日にちを 書いて チャレンジしましょう。

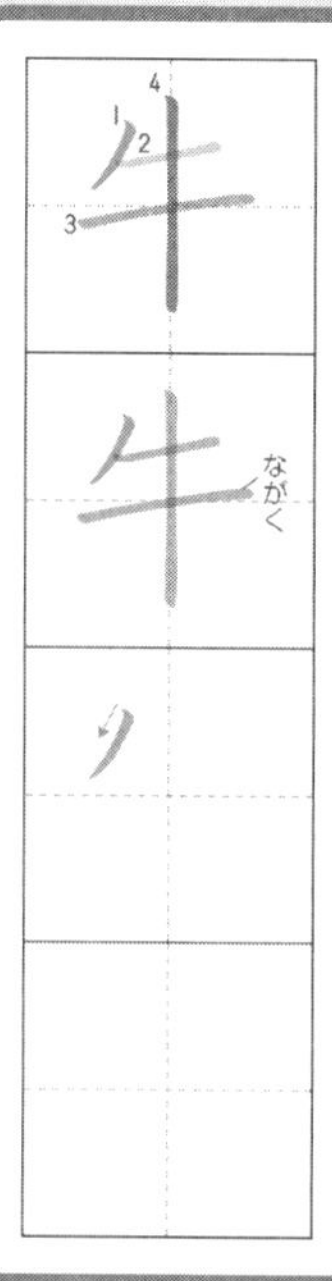

★このかん字を おぼえた ことばを 書きましょう。

日にち ／

ことばや 絵で おぼえよう

名まえ

★つぎの ことばを いいながら 上の かん字を なぞりましょう。

ノ、フ、田に てん四つ

★あなたが かん字を おぼえやすい ことばを 考えて 書きましょう。（上と おなじでも よい。）

魚を かう。

★上の 絵を 見ながら 左に かん字を 書きましょう。

❶ かん字 つけたし かんせい クイズ

★四つの ますの かん字を
▼なぞって、
▼つけたして、
それぞれの ますを かんせい させましょう。

❷ よみかた クイズ

★こえに 出して 一かい よんでから、□に あう よみかたを 書きましょう。

さかな 魚 → 魚（さ□□） → 魚（□□□）

❸ かん字を かこう

★□に かん字を 書きましょう。下の □には、上の 文を 書きましょう。

□（さかな）を かう。

リマインド

★一しゅうかん後の 日にちを 書いて チャレンジしましょう。

日にち ／

はらう　とめる

★このかん字を おぼえた ことばを 書きましょう。

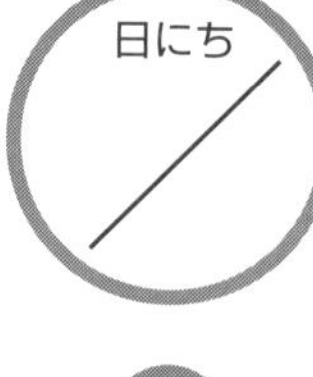

日にち　／

ことばや　絵で　おぼえよう

★つぎの　ことばを　いいながら　上の　かん字を　なぞりましょう。

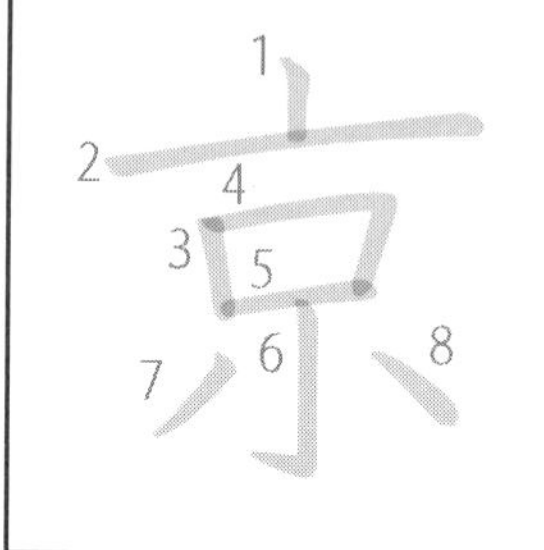

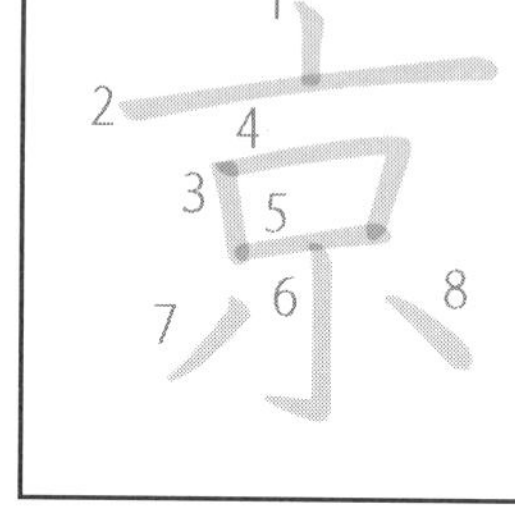

なべぶたに口、小

★上の　絵を　見ながら　左に　かん字を　書きましょう。

京（きょう）とに　行（い）く。

名まえ

★あなたが　かん字を　おぼえやすい　ことばを　考えて　書きましょう。（上と　おなじでも　よい。）

❶ かん字　つけたし　かんせい　クイズ

★四つの　ますの　かん字を
▼なぞって、
▼つけたして、
それぞれの　ますを　かんせい　させましょう。

❷ よみかた　クイズ

★こえに　出して　一かい　よんでから、□に　あう　よみかたを　書きましょう。

京（きょう）と
↓
京（き□□）と
↓
京（□□□）と

❸ かん字を　かこう

★□に　かん字を　書きましょう。下の□には、上の　文を　書きましょう。

□（きょう）とに　行（い）く。

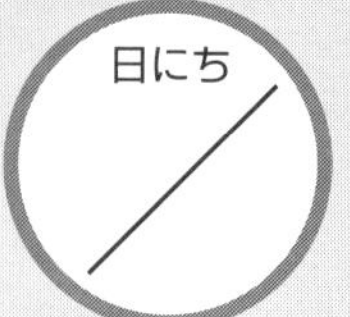

日にち　／

リマインド

★一しゅうかん後（ご）の　日にちを　書（か）いて　チャレンジしましょう。

とめる　はらう　はねる

★このかん字を　おぼえた　ことばを　書（か）きましょう。

ことばや 絵で おぼえよう

★つぎの ことばを いいながら 上の かん字を なぞりましょう。

強

コ、たて、かくはね、ム、虫

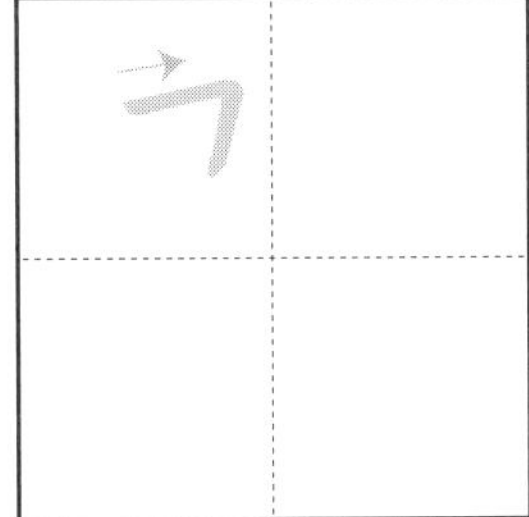

★上の 絵を 見ながら 左に かん字を 書きましょう。

強い いきもの。

★あなたが かん字を おぼえやすい ことばを 考えて 書きましょう。（上と おなじでも よい。）

名まえ

❶ かん字 つけたし かんせい クイズ

★四つの ますの かん字を
▼なぞって、
▼つけたして、
それぞれの ますを かんせい させましょう。

弘 強 弓 弶

❷ よみかた クイズ

★こえに 出して 一かい よんでから、□に あう よみかたを 書きましょう。

強い（つよ）
↓
強□い（つ）
↓
強□□い

❸ かん字を かこう

★□に かん字を 書きましょう。下の □ には、上の 文を 書きましょう。

□（つよ）い いきもの。

リマインド

★一しゅうかん後の 日にちを 書いて チャレンジしましょう。

日にち

強 強（はねる）

★このかん字を おぼえた ことばを 書きましょう。

日にち

ことばや 絵で おぼえよう

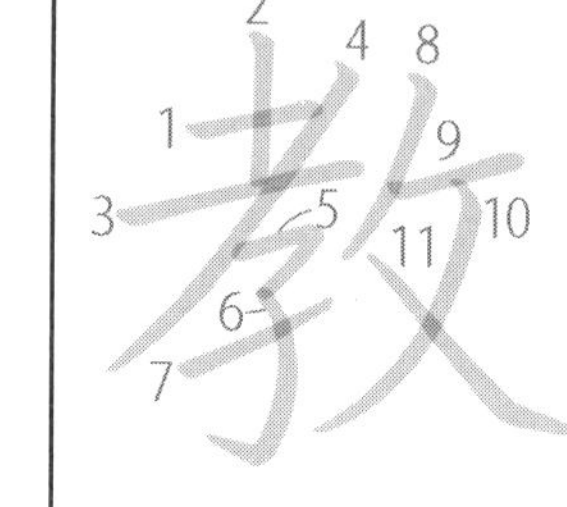

★つぎの ことばを いいながら 上の かん字を なぞりましょう。

土、ノ、子＋ノ、よこ、ノ、右はらい

名まえ

★あなたが かん字を おぼえやすい ことばを 考えて 書きましょう。（上と おなじでも よい。）

教える人。

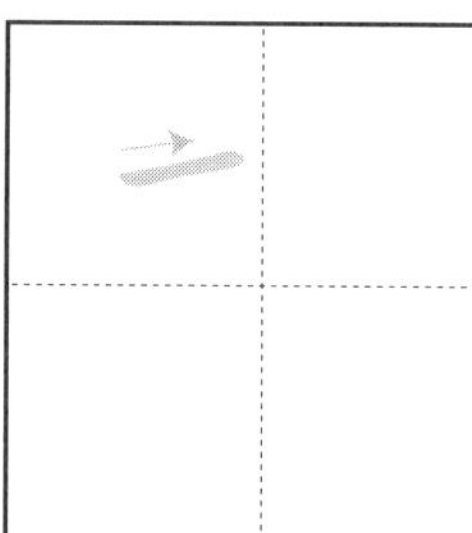

★上の 絵を 見ながら 左に かん字を 書きましょう。

❶ かん字 つけたし かんせい クイズ

★四つの ますの かん字を
▼なぞって、
▼つけたして、
それぞれの ますを かんせい させましょう。

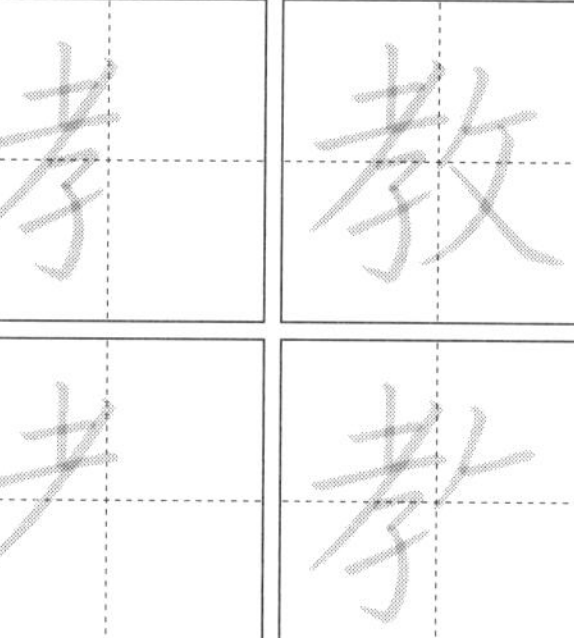

❷ よみかた クイズ

★こえに 出して 一かい よんでから、□に あう よみかたを 書きましょう。

教える（おし）
↓
教える（お□）
↓
教える（□□）

❸ かん字を かこう

★□に かん字を 書きましょう。下の □には、上の 文を 書きましょう。

□（おし）える 人。

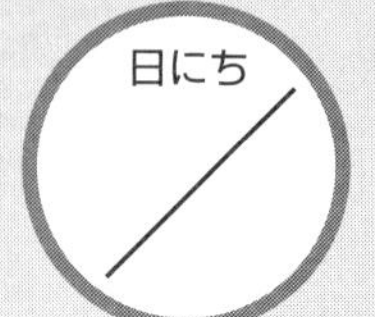

日にち

リマインド

★一しゅうかん後の 日にちを 書いて チャレンジしましょう。

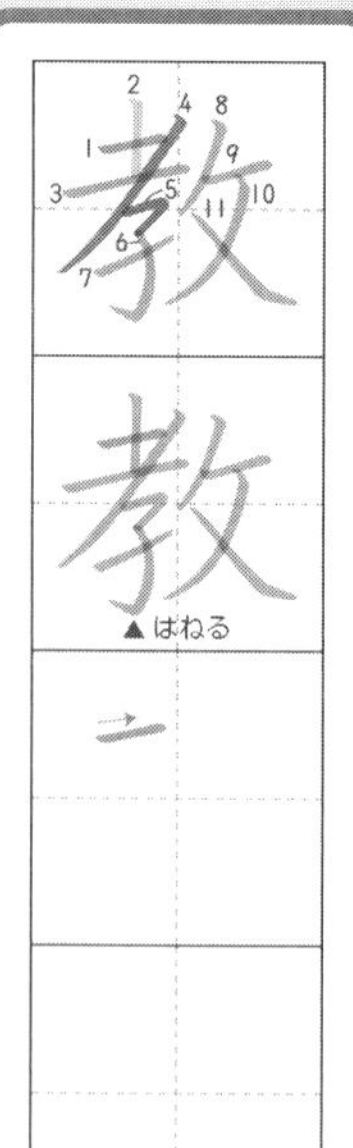

▲はねる

★このかん字を おぼえた ことばを 書きましょう。

日にち

名まえ

ことばや　絵で　おぼえよう

★つぎの　ことばを　いいながら　上の　かん字を　なぞりましょう。

ノ、ノ、よこ、たて、しんにょう

★あなたが　かん字を　おぼえやすい　ことばを　考えて　書きましょう。（上と　おなじでも　よい。）

近く（ちか）の　家（いえ）。

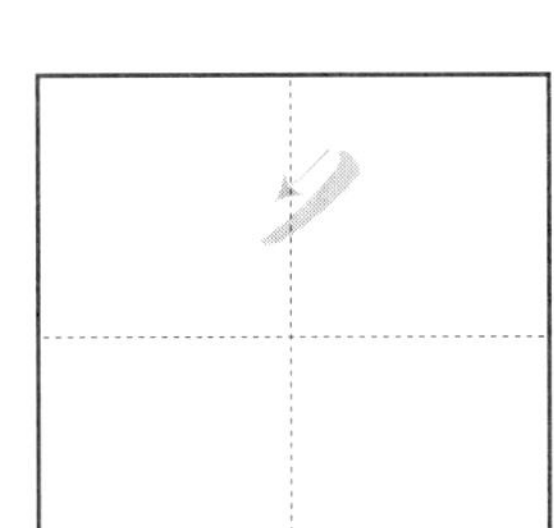

★上の　絵を　見ながら　左に　かん字を　書きましょう。

❶ かん字　つけたし　かんせい　クイズ

★四つの　ますの　かん字を　▼なぞって、▼つけたして、それぞれの　ますを　かんせい　させましょう。

❷ よみかた　クイズ

★こえに　出して　一かい　よんでから、□に　あう　よみかたを　書きましょう。

近く（ちか）→　近く（ち□）→　近く（□□）

❸ かん字を　かこう

★□に　かん字を　書きましょう。下の　には、上の　文を　書きましょう。

□（ちか）くの　家（いえ）。

リマインド

日にち

★一しゅうかん後の　日にちを　書いて　チャレンジしましょう。

はらう

★このかん字を　おぼえた　ことばを　書きましょう。

日にち　／

名まえ

ことばや　絵で　おぼえよう

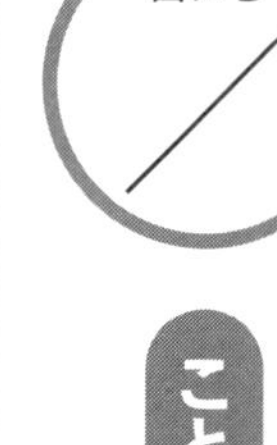

★つぎの　ことばを　いいながら　上の　かん字を　なぞりましょう。

ロ、ノ、たてよこはね

★あなたが　かん字を　おぼえやすい　ことばを　考えて　書きましょう。（上と　おなじでも　よい。）

高い　兄。

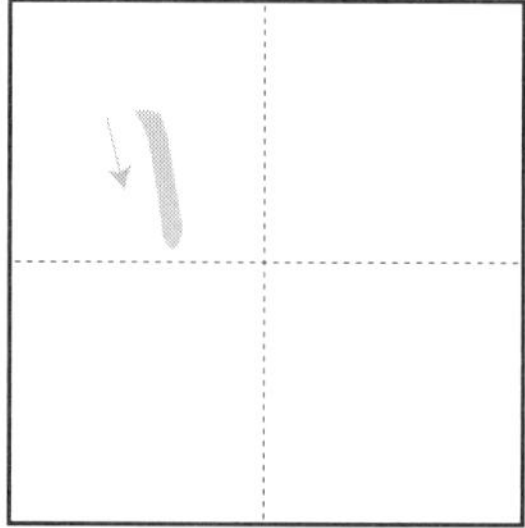

★上の　絵を　見ながら　左に　かん字を　書きましょう。

❶ かん字　つけたし　かんせい　クイズ

★四つの　ますの　かん字を
▼なぞって、
▼つけたして、
それぞれの　ますを　かんせい　させましょう。

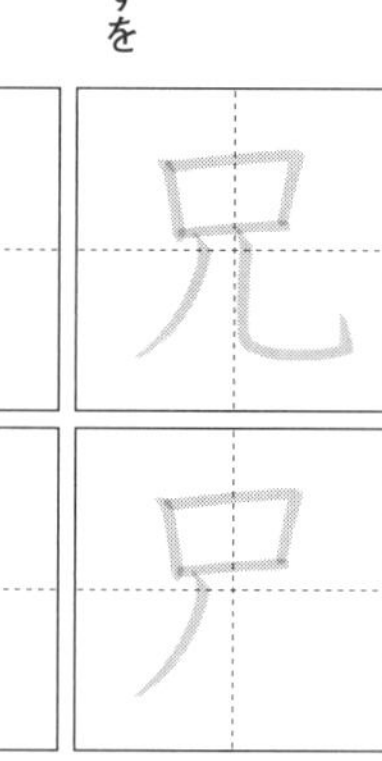

❷ よみかた　クイズ

★こえに　出して　一かい　よんでから、□に　あう　よみかたを　書きましょう。

兄（あに）
↓
兄（あ□）
↓
兄（□□）

❸ かん字を　かこう

★□に　かん字を　書きましょう。下の　□　には、上の　文を　書きましょう。

高い　□（あに）。

リマインド

日にち　／

★一しゅうかん後の　日にちを　書いて　チャレンジしましょう。

★このかん字を　おぼえた　ことばを　書きましょう。

日にち

ことばや 絵で おぼえよう

★つぎの ことばを いいながら 上の かん字を なぞりましょう。

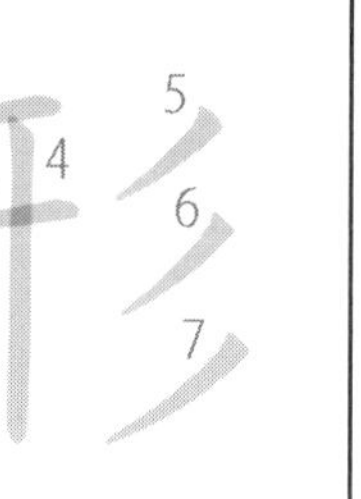

とりいに ノを 三つ

いろいろな 形。（かたち）

★上の 絵を 見ながら 左に かん字を 書きましょう。

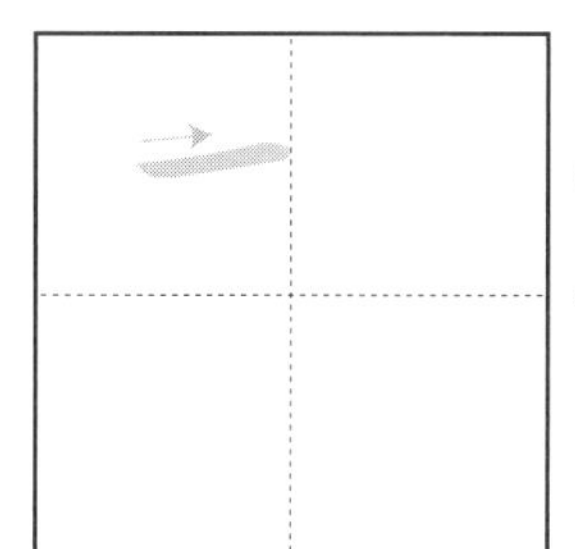

名まえ

★あなたが かん字を おぼえやすい ことばを 考えて 書きましょう。（上と おなじでも よい。）

❶ かん字 つけたし かんせい クイズ

★四つの ますの かん字を
▼なぞって、
▼つけたして、
それぞれの ますを かんせい させましょう。

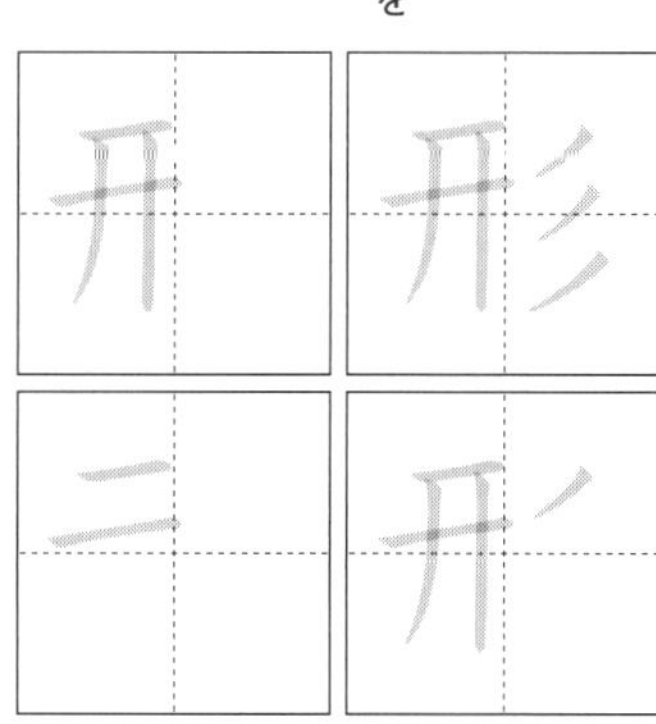

❷ よみかた クイズ

★こえに 出して 一かい よんでから、□に あう よみかたを 書きましょう。

かたち　形

↓

か□□　形

↓

□□□　形

❸ かん字を かこう

★□に かん字を 書きましょう。下の □には、上の 文を 書きましょう。

いろいろな □（かたち）。

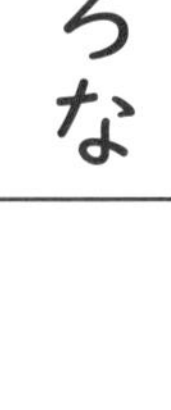

リマインド

日にち

★一しゅうかん後の 日にちを 書いて チャレンジしましょう。

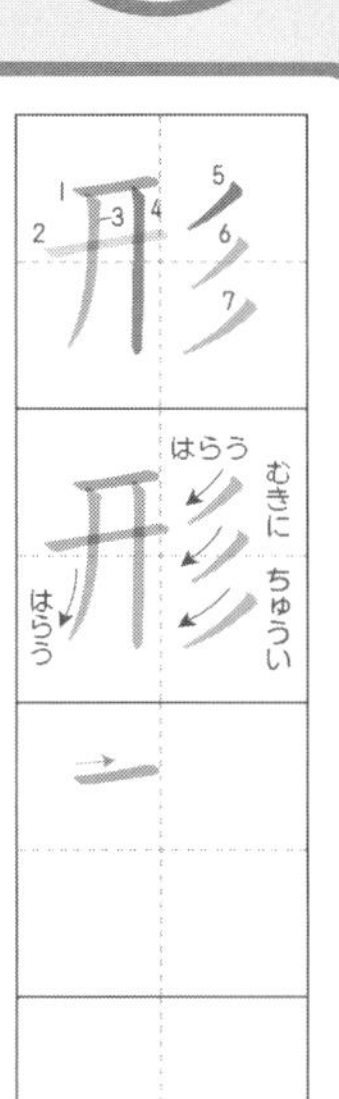

★このかん字を おぼえた ことばを 書きましょう。

日にち　／

名まえ

ことばや　絵で　おぼえよう

★つぎの　ことばを　いいながら　上の　かん字を　なぞりましょう。

計

てん、よこぼう三つに　ロ、十

★上の　絵を　見ながら　左に　かん字を　書きましょう。

時間（じかん）の　計算（けいさん）。

★あなたが　かん字を　おぼえやすい　ことばを　考えて　書きましょう。（上と　おなじでも　よい。）

❶ かん字　つけたし　かんせい　クイズ

★四つの　ますの　かん字を
▼なぞって、
▼つけたして、
それぞれの　ますを　かんせい　させましょう。

計　言　訁　言

❷ よみかた　クイズ

★こえに　出して　一かい　よんでから、□に　あう　よみかたを　書きましょう。

けいさん
計算
↓
け□さん
計算
↓
□□さん
計算

❸ かん字を　かこう

★□に　かん字を　書きましょう。下の　□には、上の　文を　書きましょう。

時間（じかん）の　□（けい）算（さん）。

リマインド

日にち　／

★一しゅうかん後の　日にちを　書いて　チャレンジしましょう。

計　計　とめる

★このかん字を　おぼえた　ことばを　書きましょう。

日にち　／

名まえ

ことばや　絵で　おぼえよう

★つぎの　ことばを　いいながら　上の　かん字を　なぞりましょう。

二にノ、たてよこはね

★あなたが　かん字を　おぼえやすい　ことばを　考えて　書きましょう。（上と　おなじでも　よい。）

元気な　体。

★上の　絵を　見ながら　左に　かん字を　書きましょう。

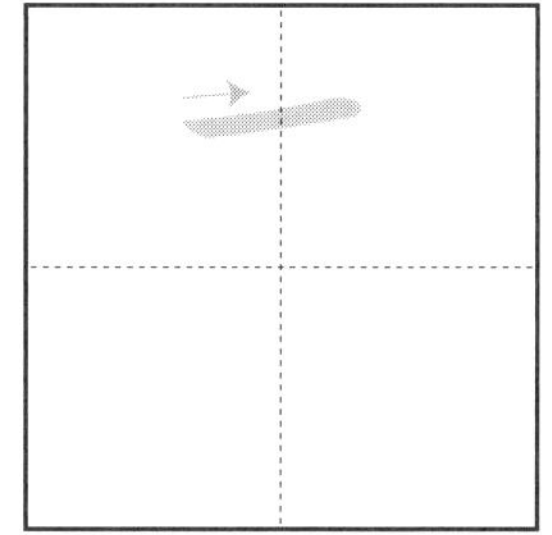

❶ かん字　つけたし　かんせい　クイズ

★四つの　ますの　かん字を
▼なぞって、
▼つけたして、
それぞれの　ますを　かんせい　させましょう。

❷ よみかた　クイズ

★こえに　出して　一かい　よんでから、□に　あう　よみかたを　書きましょう。

元気（げん）→ 元気（げ□）→ 元気（□□）

❸ かん字を　かこう

★□に　かん字を　書きましょう。下の　□　には、上の　文を　書きましょう。

□（げん）気な　体。

日にち　／

リマインド

★一しゅうかん後の　日にちを　書いて　チャレンジしましょう。

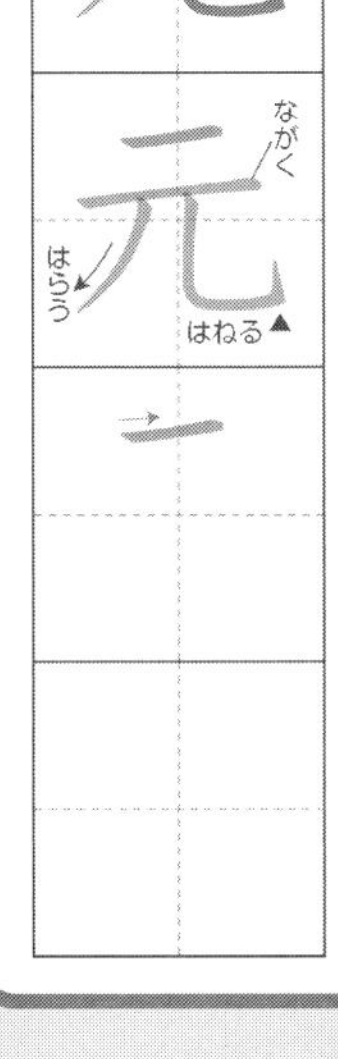

★このかん字を　おぼえた　ことばを　書きましょう。

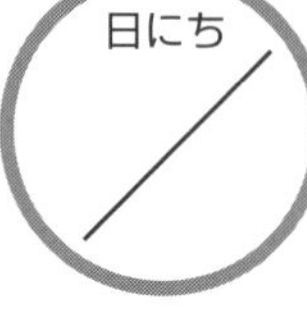

ことばや 絵で おぼえよう

★つぎの ことばを いいながら 上の かん字を なぞりましょう。

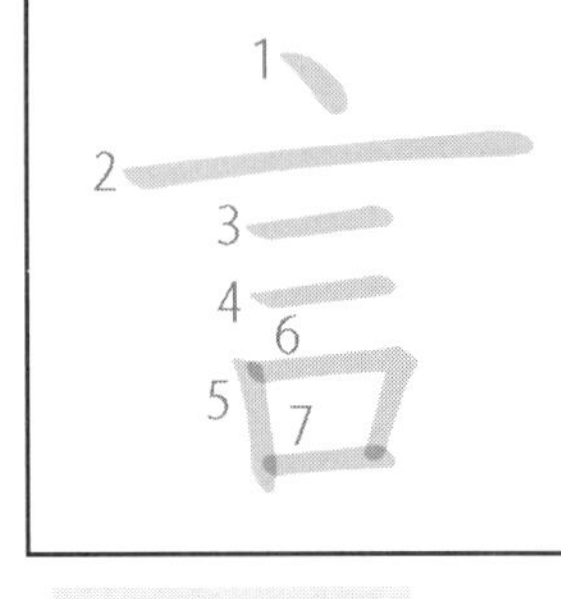

てん、よこぼう三つに
口

★上の 絵を 見ながら 左に かん字を 書きましょう。

母が 言う。

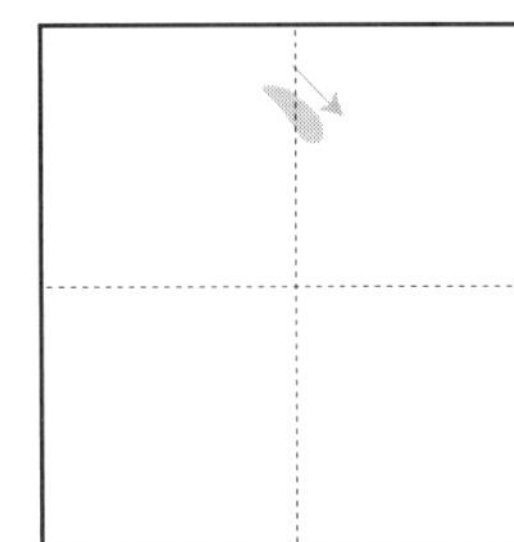

名まえ

★あなたが かん字を おぼえやすい ことばを 考えて 書きましょう。(上と おなじでも よい。)

❶ かん字 つけたし かんせい クイズ

★四つの ますの かん字を
▼なぞって、
▼つけたして、
それぞれの ますを かんせい させましょう。

❷ よみかた クイズ

★こえに 出して 一かい よんでから、□に あう よみかたを 書きましょう。

言う（い）→ 言う（□）→ 言う（□）

❸ かん字を かこう

★□に かん字を 書きましょう。下の □には、上の 文を 書きましょう。

母が □（い）う。

リマインド

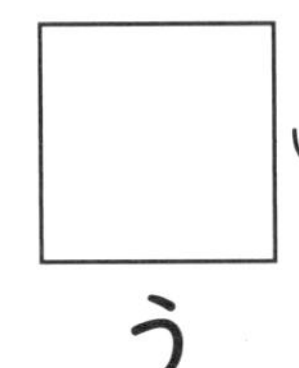

★一しゅうかん後の 日にちを 書いて チャレンジしましょう。

ながく

★このかん字を おぼえた ことばを 書きましょう。

ことばや　絵で　おぼえよう

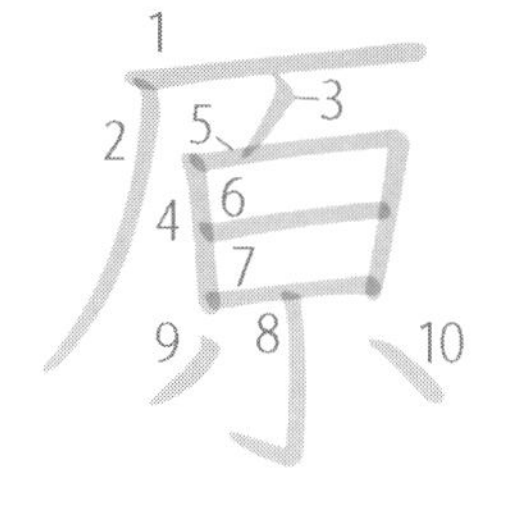

★つぎの　ことばを　いいながら　上の　かん字を　なぞりましょう。

よこ、ノ、白、小

広い
原っぱ。

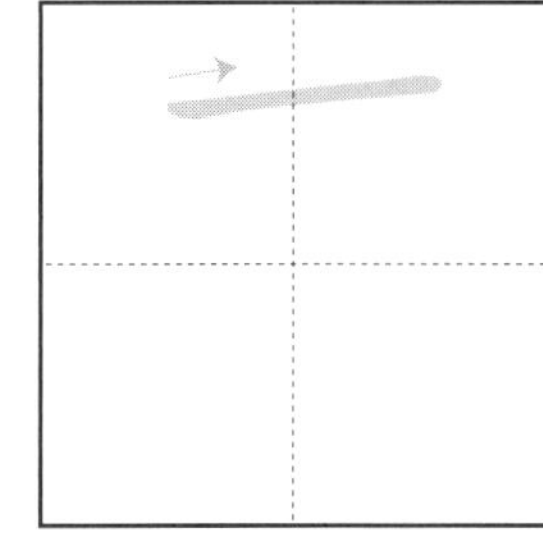

★上の　絵を　見ながら　左に　かん字を　書きましょう。

名まえ

★あなたが　かん字を　おぼえやすい　ことばを　考えて　書きましょう。（上と　おなじでも　よい。）

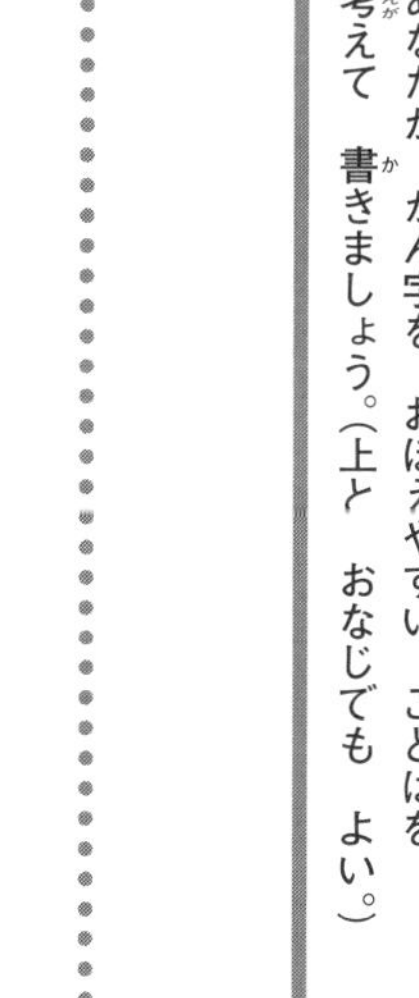

❶ かん字　つけたし　かんせい　クイズ

★四つの　ますの　かん字を
▼なぞって、
▼つけたして、
それぞれの　ますを　かんせいさせましょう。

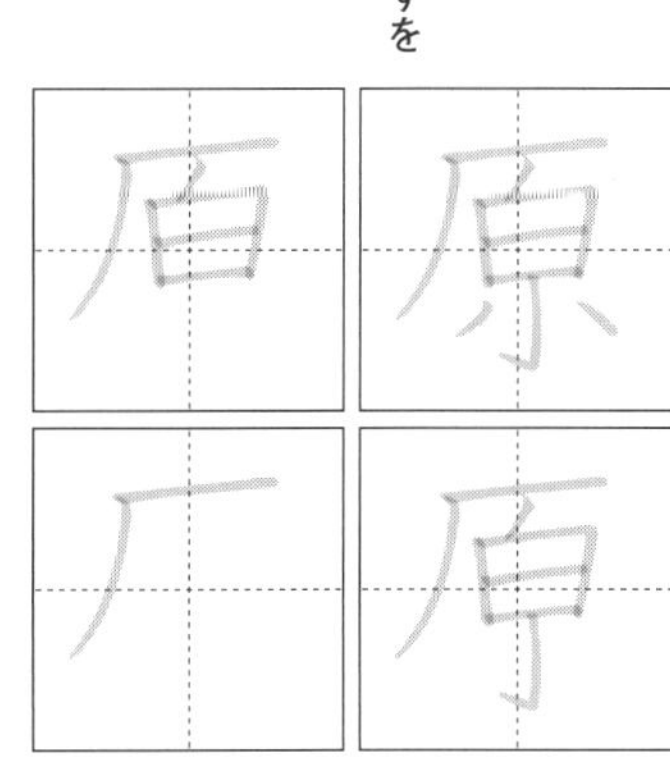

❷ よみかた　クイズ

★こえに　出して　一かい　よんでから、□に　あう　よみかたを　書きましょう。

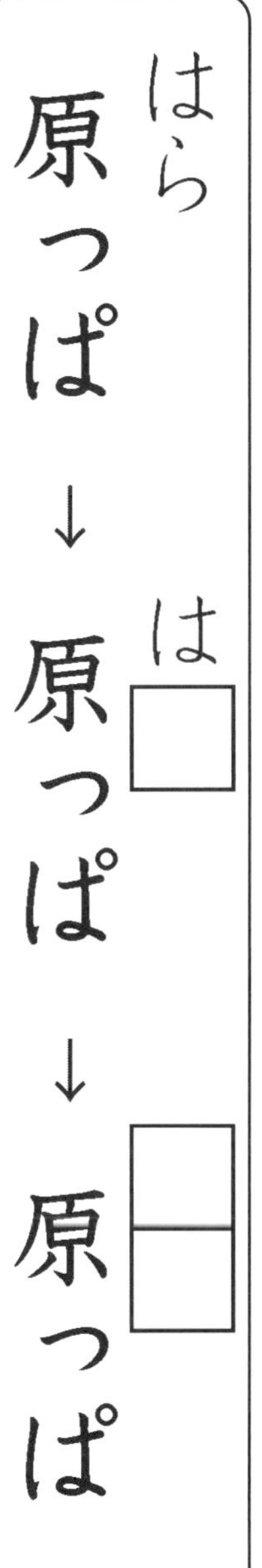

はら
原っぱ
↓
は□
原っぱ
↓
□□
原っぱ

❸ かん字を　かこう

★□に　かん字を　書きましょう。下の　□　には、上の　文を　書きましょう。

広い
□（はら）っぱ。

日にち

リマインド

★一しゅうかん後の　日にちを　書いて　チャレンジしましょう。

はらう　はねる

★このかん字を　おぼえた　ことばを　書きましょう。

日にち ／

名まえ

ことばや 絵で おぼえよう

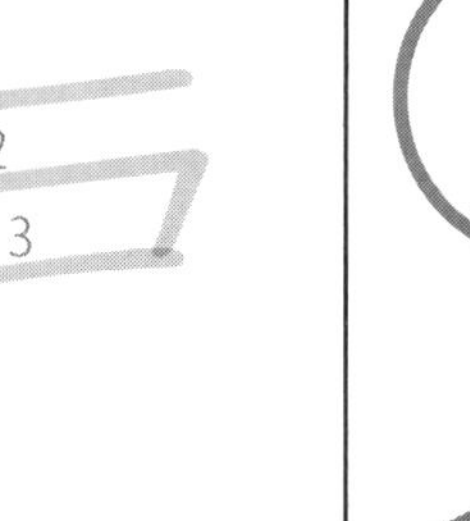

★つぎの ことばを いいながら 上の かん字を なぞりましょう。

よこ、かく、よこ、ノ

★あなたが かん字を おぼえやすい ことばを 考えて 書きましょう。(上と おなじでも よい。)

戸を あける。

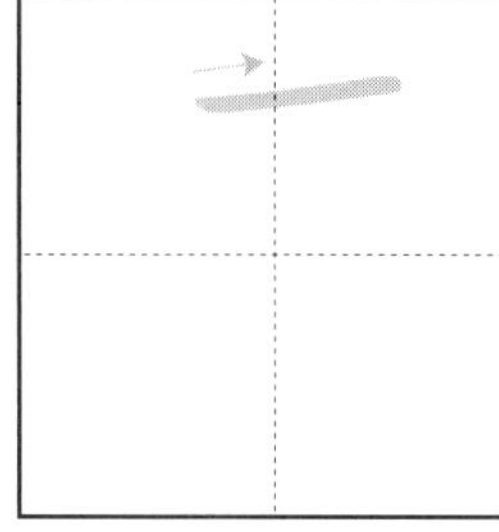

★上の 絵を 見ながら 左に かん字を 書きましょう。

❶ かん字 つけたし かんせい クイズ

★四つの ますの かん字を
▼なぞって、
▼つけたして、
それぞれの ますを かんせい させましょう。

❷ よみかた クイズ

★こえに 出して 一かい よんでから、□に あう よみかたを 書きましょう。

戸 と
↓
戸 □
↓
戸 □

❸ かん字を かこう

★□に かん字を 書きましょう。下の □ には、上の 文を 書きましょう。

□(と) を あける。

リマインド

日にち ／

★一しゅうかん後の 日にちを 書いて チャレンジしましょう。

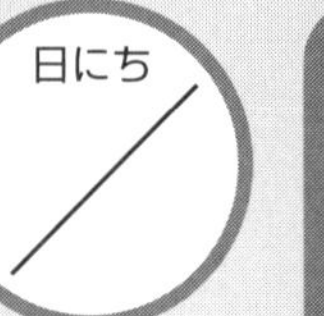

はらう

★このかん字を おぼえた ことばを 書きましょう。

日にち

名まえ

ことばや 絵で おぼえよう

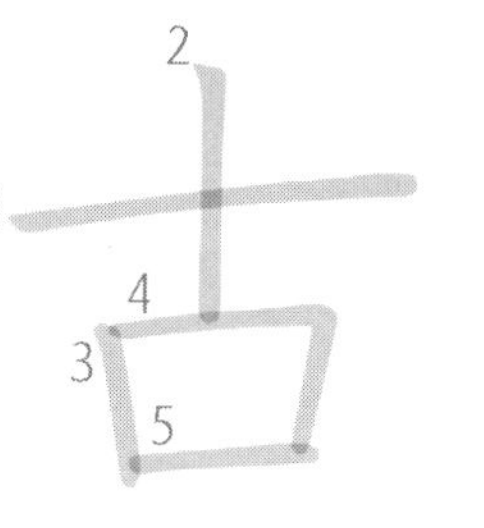

★つぎの ことばを いいながら 上の かん字を なぞりましょう。

十に口

★あなたが かん字を おぼえやすい ことばを 考えて 書きましょう。（上と おなじでも よい。）

古い 時計。

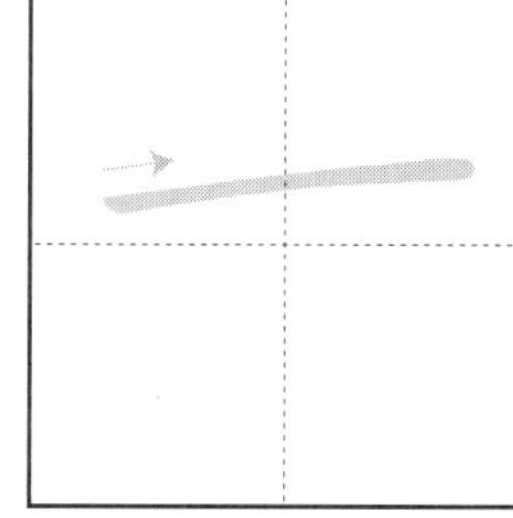

★上の 絵を 見ながら 左に かん字を 書きましょう。

❶ かん字 つけたし かんせい クイズ

★四つの ますの かん字を
▼なぞって、
▼つけたして、
それぞれの ますを かんせい させましょう。

❷ よみかた クイズ

★こえに 出して 一かい よんでから、□に あう よみかたを 書きましょう。

古い → 古□い → 古□□い

❸ かん字を かこう

★□に かん字を 書きましょう。下の □ には、上の 文を 書きましょう。

□い 時計。

リマインド

日にち

★一しゅうかん後の 日にちを 書いて チャレンジしましょう。

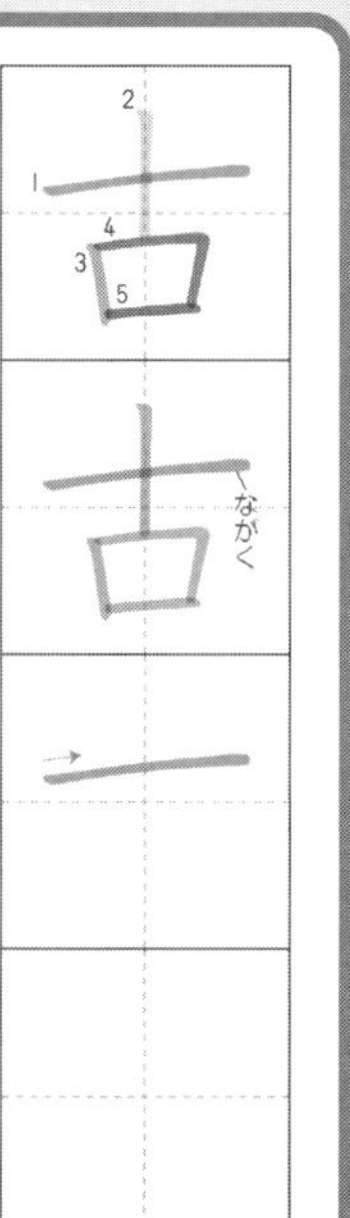

★このかん字を おぼえた ことばを 書きましょう。

日にち　／

ことばや 絵（え）で おぼえよう

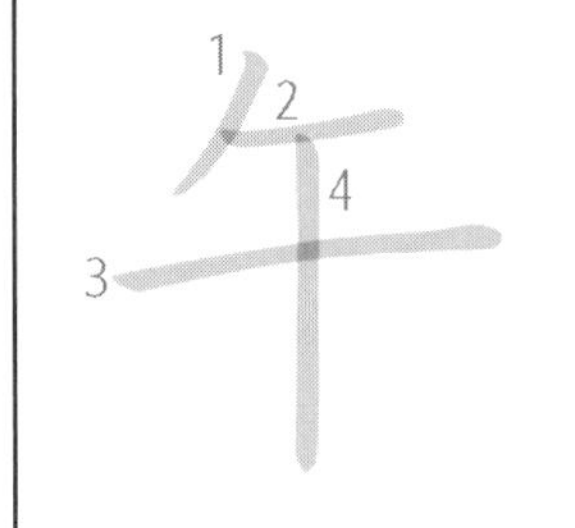

★つぎの ことばを いいながら 上の かん字を なぞりましょう。

ノ、一、十

正午（しょうご）に なる。

★上の 絵（え）を 見ながら 左に かん字を 書（か）きましょう。

★あなたが かん字を おぼえやすい ことばを 考（かんが）えて 書（か）きましょう。（上と おなじでも よい。）

名まえ

❶ かん字 つけたし かんせい クイズ

★四つの ますの かん字を
▼なぞって、
▼つけたして、
それぞれの ますを かんせい させましょう。

❷ よみかた クイズ

★こえに 出して 一かい よんでから、□に あう よみかたを 書（か）きましょう。

正午 ご
↓
正午□
↓
正午□

❸ かん字を かこう

★□に かん字を 書（か）きましょう。下の □ には、上の 文を 書（か）きましょう。

正（しょう）□（ご）に なる。

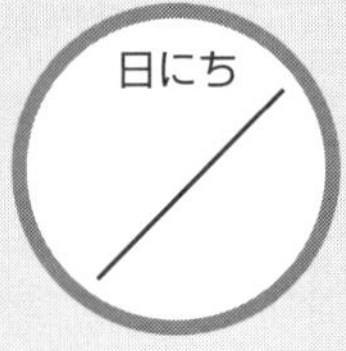

日にち　／

リマインド

★一しゅうかん後（ご）の 日にちを 書（か）いて チャレンジしましょう。

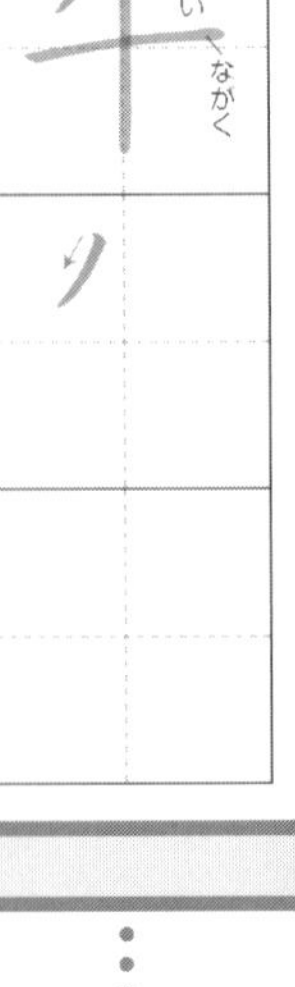

★このかん字を おぼえた ことばを 書（か）きましょう。

日にち

名まえ

ことばや 絵で おぼえよう

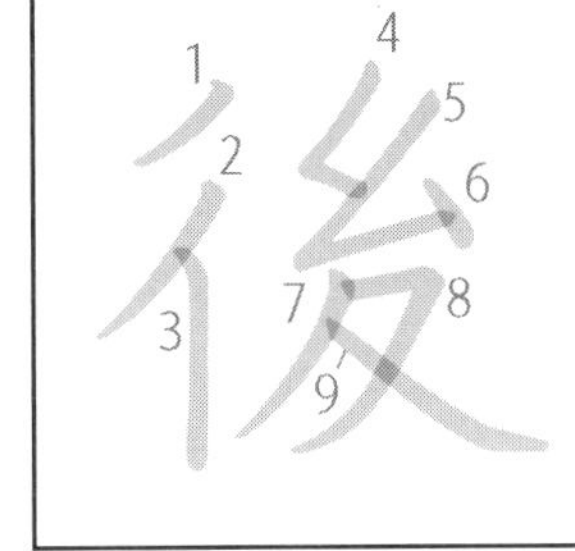

★つぎの ことばを いいながら 上の かん字を なぞりましょう。

ノ、ノ、たてに糸の上、ノ、フ、右はらい

★あなたが かん字を おぼえやすい ことばを 考えて 書きましょう。（上と おなじでも よい。）

後ろを 見る。

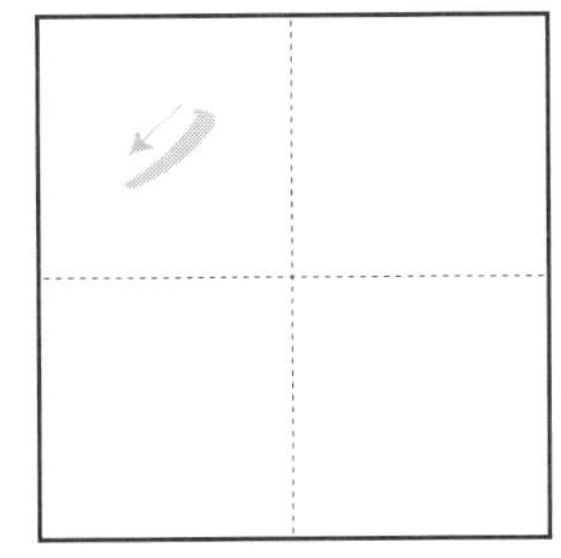

★上の 絵を 見ながら 左に かん字を 書きましょう。

❶ かん字 つけたし かんせい クイズ

★四つの ますの かん字を
▼なぞって、
▼つけたして、
それぞれの ますを かんせい させましょう。

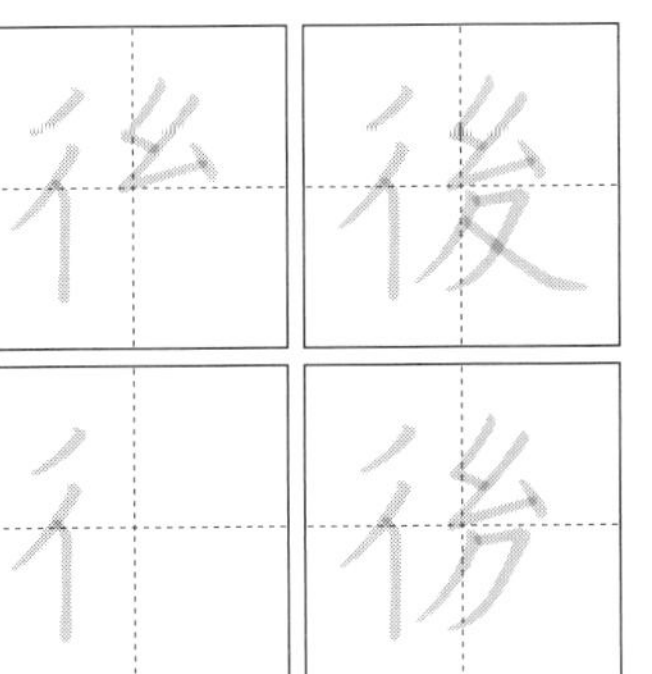

❷ よみかた クイズ

★こえに 出して 一かい よんでから、□に あう よみかたを 書きましょう。

後ろ（うし）→ 後ろ（う□）→ 後ろ（□□）

❸ かん字を かこう

★□に かん字を 書きましょう。下の □ には、上の 文を 書きましょう。

□（うし）ろを 見る。

日にち

リマインド

★一しゅうかん後の 日にちを 書いて チャレンジしましょう。

後 後 はらう

★このかん字を おぼえた ことばを 書きましょう。

日にち ／

名まえ

ことばや 絵で おぼえよう

★つぎの ことばを いいながら 上の かん字を なぞりましょう。

語

てん、よこぼう三つに
口、五、口

★あなたが かん字を おぼえやすい ことばを 考えて 書きましょう。（上と おなじでも よい。）

えい語を
話す。

★上の 絵を 見ながら 左に かん字を 書きましょう。

❶ かん字 つけたし かんせい クイズ

★四つの ますの かん字を
▼なぞって、
▼つけたして、
それぞれの ますを かんせい させましょう。

❷ よみかた クイズ

★こえに 出して 一かい よんでから、□に あう よみかたを 書きましょう。

えい語（ご）
↓
えい語□
↓
えい語□

❸ かん字を かこう

★□に かん字を 書きましょう。下の □には、上の 文を 書きましょう。

えい□（ご）を 話す。

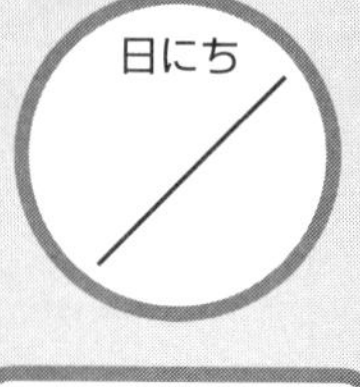

リマインド

★一しゅうかん後の 日にちを 書いて チャレンジしましょう。

語（すこし ななめに）

★このかん字を おぼえた ことばを 書きましょう。

日にち　／

ことばや　絵（え）で　おぼえよう

名まえ

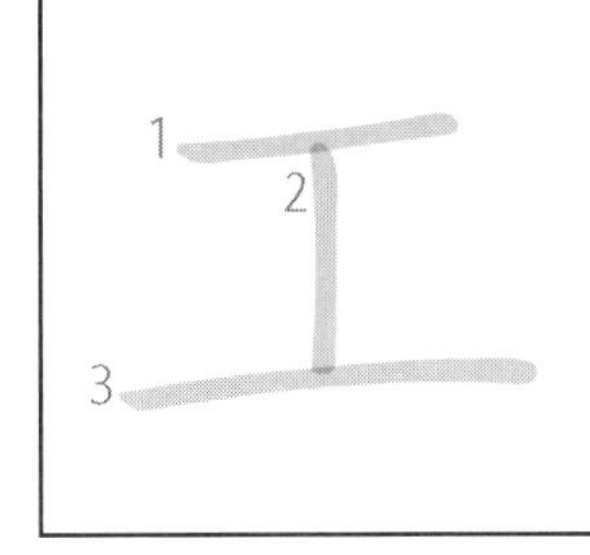

★つぎの　ことばを　いいながら　上の　かん字を　なぞりましょう。

エ

★あなたが　かん字を　おぼえやすい　ことばを　考（かん）えて　書（か）きましょう。（上と　おなじでも　よい。）

図（ず）工（こう）の時（じ）間（かん）

★上の　絵（え）を　見ながら　左に　かん字を　書（か）きましょう。

❶ かん字　つけたし　かんせい　クイズ

★四つの　ますの　かん字を
▼なぞって、
▼つけたして、
それぞれの　ますを　かんせい　させましょう。

❷ よみかた　クイズ

★こえに　出して　一かい　よんでから、□に　あう　よみかたを　書（か）きましょう。

図工（こう）
↓
図工（こ□）
↓
図工（□□）

❸ かん字を　かこう

★□に　かん字を　書（か）きましょう。下の □ には、上の　文を　書（か）きましょう。

図（ず）□（こう）の　時（じ）間（かん）

リマインド

日にち　／

★一しゅうかん後（ご）の　日にちを　書（か）いて　チャレンジしましょう。

★このかん字を　おぼえた　ことばを　書（か）きましょう。

日にち　／

ことばや 絵で おぼえよう

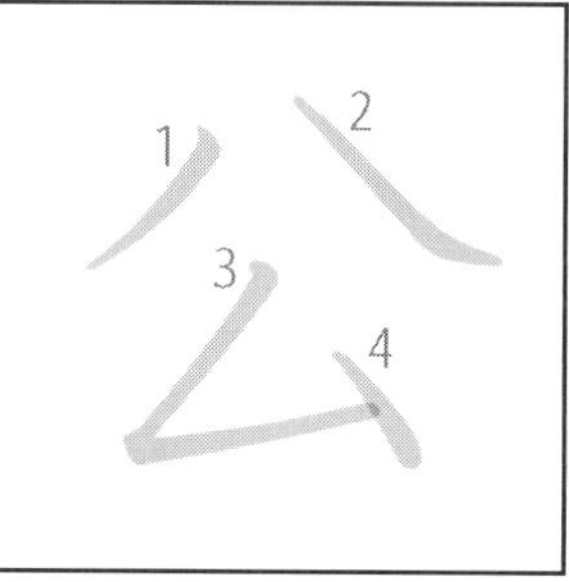

★つぎの ことばを いいながら 上の かん字を なぞりましょう。

ハ、ム

★上の 絵を 見ながら 左に かん字を 書きましょう。

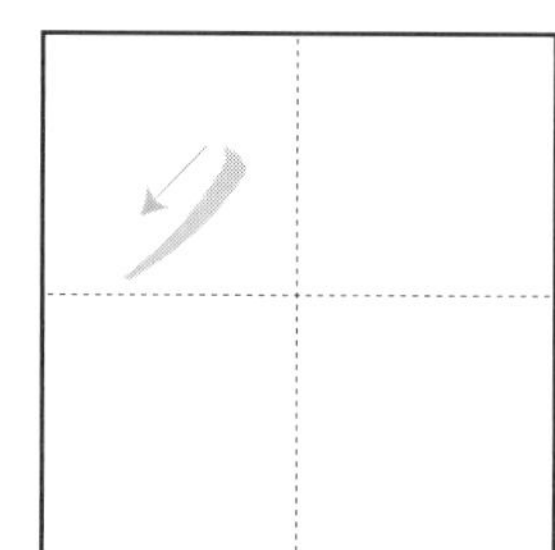

公園（こうえん）に 行（い）く。

名まえ

★あなたが かん字を おぼえやすい ことばを 考えて 書きましょう。（上と おなじでも よい。）

❶ かん字 つけたし かんせい クイズ

★四つの ますの かん字を
▼なぞって、
▼つけたして、
それぞれの ますを かんせい させましょう。

❷ よみかた クイズ

★こえに 出して 一かい よんでから、□に あう よみかたを 書きましょう。

こう
公園
↓
こ□
公園
↓
□□
公園

❸ かん字を かこう

★□に かん字を 書きましょう。下の □ には、上の 文を 書きましょう。

こう
□園（えん）に 行（い）く。

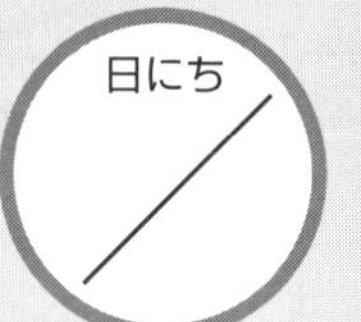

リマインド

★一しゅうかん後の 日にちを 書いて チャレンジしましょう。

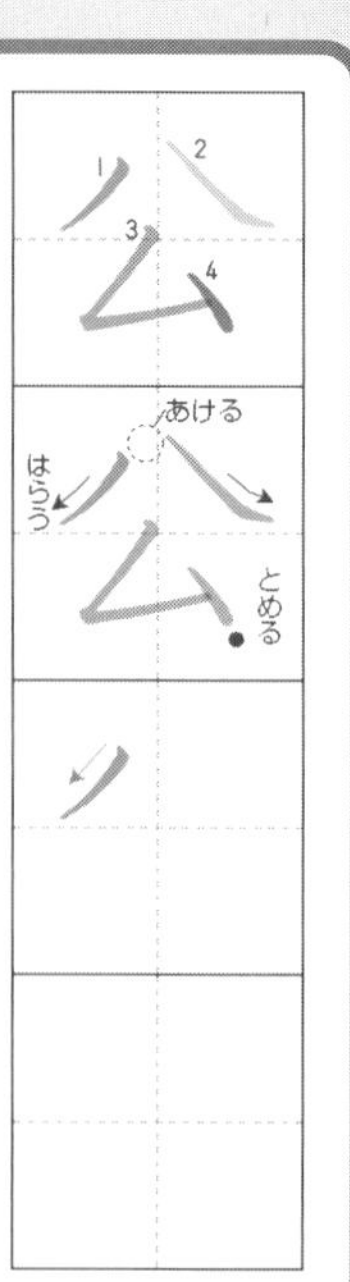

★このかん字を おぼえた ことばを 書きましょう。

日にち

ことばや 絵で おぼえよう

★つぎの ことばを いいながら 上の かん字を なぞりましょう。

広

たて、よこ、ノにム

★上の 絵を 見ながら 左に かん字を 書きましょう。

広い（ひろい） ところ。

名まえ

★あなたが かん字を おぼえやすい ことばを 考えて 書きましょう。（上と おなじでも よい。）

❶ かん字 つけたし かんせい クイズ

★四つの ますの かん字を
▼なぞって、
▼つけたして、
それぞれの ますを かんせい させましょう。

❷ よみかた クイズ

★こえに 出して 一かい よんでから、□に あう よみかたを 書きましょう。

ひろ
広い
↓
ひ□
広い
↓
□□
広い

❸ かん字を かこう

★□に かん字を 書きましょう。下の □には、上の 文を 書きましょう。

（ひろ）□い ところ。

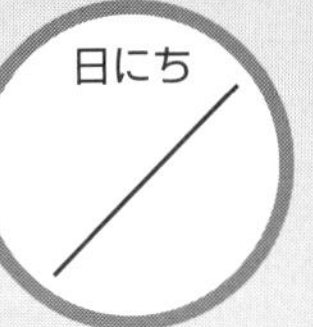

日にち

リマインド

★一しゅうかん後の 日にちを 書いて チャレンジしましょう。

広

★このかん字を おぼえた ことばを 書きましょう。

日にち ／

ことばや 絵で おぼえよう

★つぎの ことばを いいながら 上の かん字を なぞりましょう。

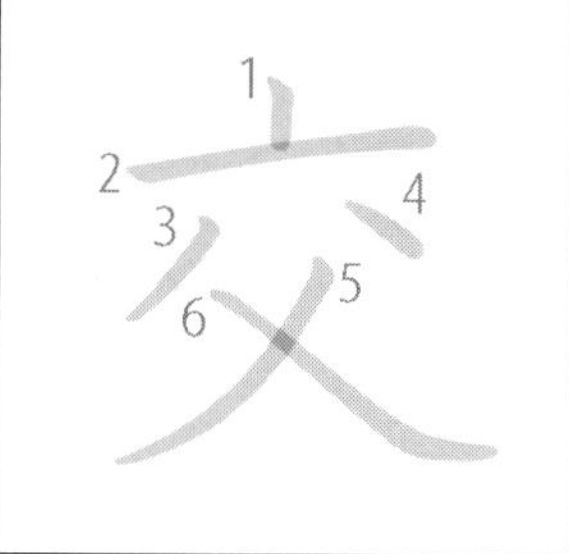

なべぶたに ハ、ノ、右 はらい

道(みち)の 交(こう)さてん。

★上の 絵を 見ながら 左に かん字を 書きましょう。

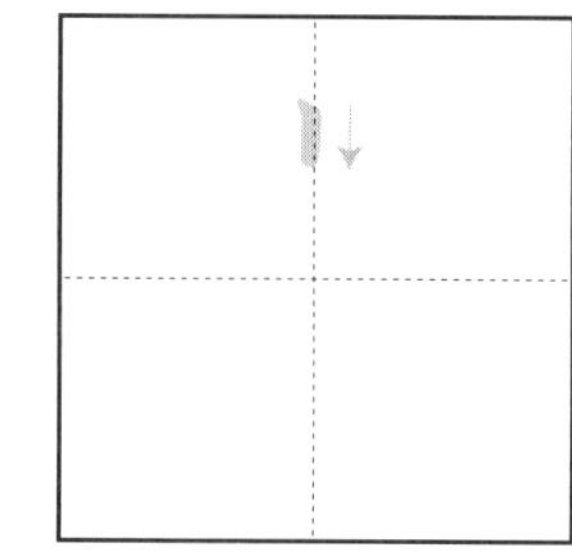

名まえ

★あなたが かん字を おぼえやすい ことばを 考(かんが)えて 書(か)きましょう。（上と おなじでも よい。）

❶ かん字 つけたし かんせい クイズ

★四つの ますの かん字を
▼なぞって、
▼つけたして、
それぞれの ますを かんせい させましょう。

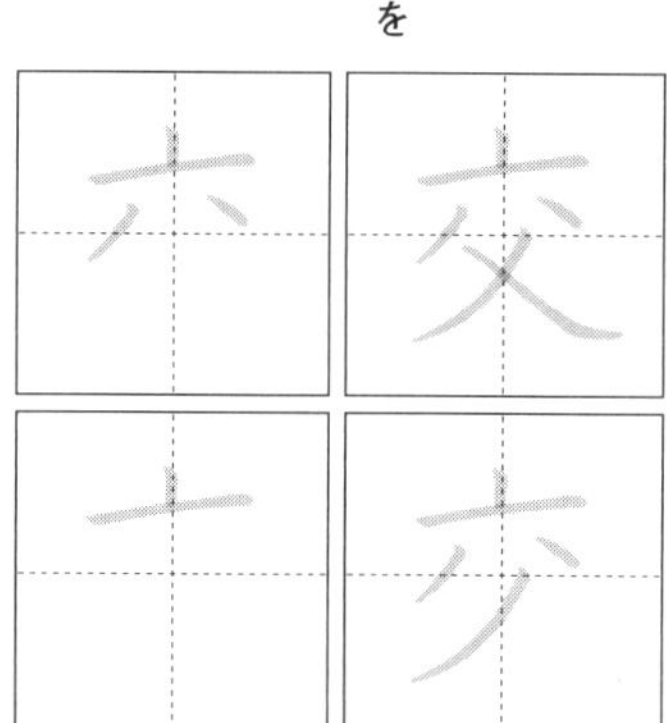

❷ よみかた クイズ

★これに 出して 一かい よんでから、□に あう よみかたを 書(か)きましょう。

交さ（こう）
↓
交さ（こ□）
↓
交さ（□□）

❸ かん字を かこう

★□に かん字を 書(か)きましょう。下の □ には、上の 文を 書(か)きましょう。

道(みち)の □(こう)さてん。

日にち ／

リマインド

★一しゅうかん後(ご)の 日にちを 書(か)いて チャレンジしましょう。

★このかん字を おぼえた ことばを 書(か)きましょう。

名まえ

ことばや 絵で おぼえよう

★つぎの ことばを いいながら 上の かん字を なぞりましょう。

たてのりょうわきにソ、よこ、ノ、たてよこはね

★あなたが かん字を おぼえやすい ことばを 考えて 書きましょう。(上と おなじでも よい。)

光をあてる。

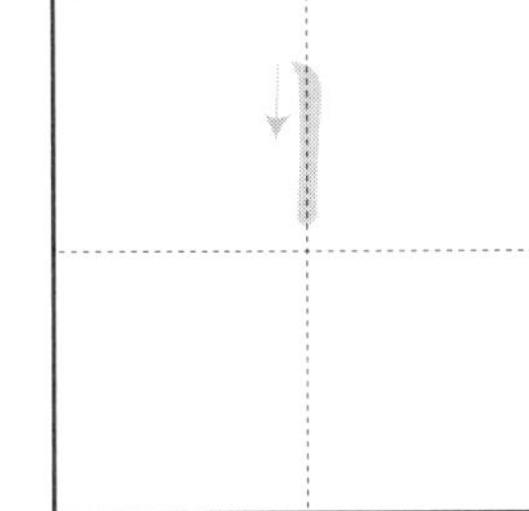

★上の 絵を 見ながら 左に かん字を 書きましょう。

❶ かん字 つけたし かんせい クイズ

★四つの ますの かん字を
▼なぞって、
▼つけたして、
それぞれの ますを かんせい させましょう。

❷ よみかた クイズ

★こえに 出して 一かい よんでから、□に あう よみかたを 書きましょう。

光（ひかり）

↓

光□□（ひ）

↓

光□□□

❸ かん字を かこう

★□に かん字を 書きましょう。下の □には、上の 文を 書きましょう。

□（ひかり）をあてる。

□

リマインド

★一しゅうかん後の 日にちを 書いて チャレンジしましょう。

★このかん字を おぼえた ことばを 書きましょう。

日にち　／

名まえ

ことばや　絵で　おぼえよう

★つぎの　ことばを　いいながら　上の　かん字を　なぞりましょう。

つち、ノ＋ノ、たて、かくはね

★上の　絵を　見ながら　左に　かん字を　書きましょう。

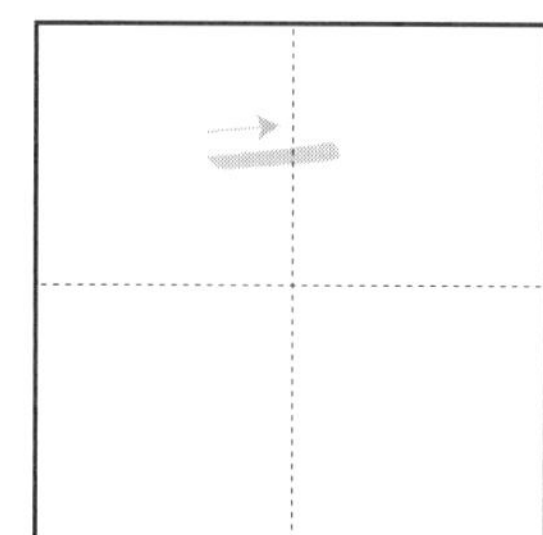

よい　考え。

★あなたが　かん字を　おぼえやすい　ことばを　考えて　書きましょう。（上と　おなじでも　よい。）

❶ かん字　つけたし　かんせい　クイズ

★四つの　ますの　かん字を　▼なぞって、▼つけたして、それぞれの　ますを　かんせい　させましょう。

❷ よみかた　クイズ

★こえに　出して　一かい　よんでから、□に　あう　よみかたを　書きましょう。

かんが　考え　↓　考え□□か　↓　考え□□□

❸ かん字を　かこう

★□に　かん字を　書きましょう。下の　□には、上の　文を　書きましょう。

よい　□え。

リマインド

★一しゅうかん後の　日にちを　書いて　チャレンジしましょう。

日にち　／

★このかん字を　おぼえた　ことばを　書きましょう。

ことばや　絵で　おぼえよう

★つぎの　ことばを　いいながら　上の　かん字を　なぞりましょう。

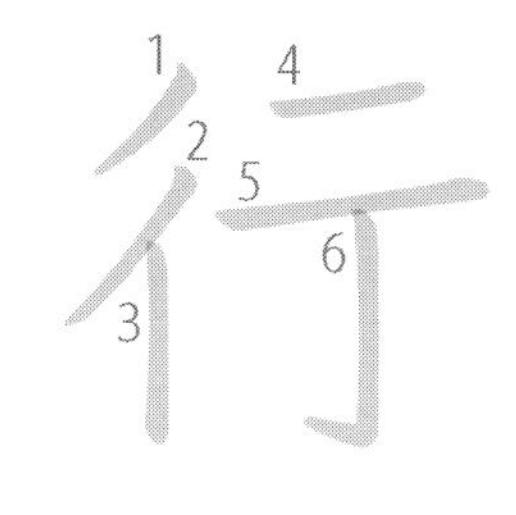

ノ、ノ、たて＋二、たてはね

遠足（えんそく）に　行（い）く。

★上の　絵を　見ながら　左に　かん字を　書きましょう。

名まえ

★あなたが　かん字を　おぼえやすい　ことばを　考えて　書きましょう。（上と　おなじでも　よい。）

❶ かん字　つけたし　かんせい　クイズ

★四つの　ますの　かん字を
▼なぞって、
▼つけたして、
それぞれの　ますを　かんせいさせましょう。

❷ よみかた　クイズ

★こえに　出して　一かい　よんでから、□に　あう　よみかたを　書きましょう。

行（い）く
↓
行□く
↓
行□く

❸ かん字を　かこう

★□に　かん字を　書きましょう。下の　□には、上の　文を　書きましょう。

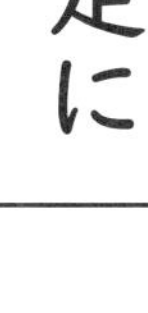

遠足（えんそく）に　□（い）く。

リマインド

日にち

★一しゅうかん後の　日にちを　書いて　チャレンジしましょう。

行　とめる　はねる

★このかん字を　おぼえた　ことばを　書きましょう。

日にち　／

名まえ

ことばや　絵で　おぼえよう

★つぎの　ことばを　いいながら　上の　かん字を　なぞりましょう。

なべぶた、口、たて、かくはね、口

★上の　絵を　見ながら　左に　かん字を　書きましょう。

高い　どうぶつ。

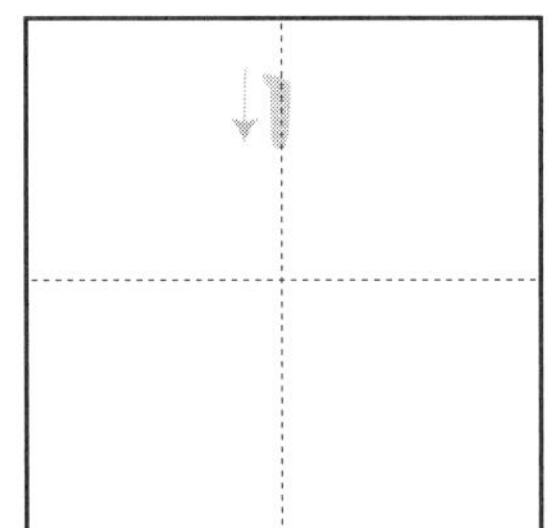

★あなたが　かん字を　おぼえやすい　ことばを　考えて　書きましょう。（上と　おなじでも　よい。）

❶ かん字　つけたし　かんせい　クイズ

★四つの　ますの　かん字を
▼なぞって、
▼つけたして、
それぞれの　ますを　かんせい　させましょう。

❷ よみかた　クイズ

★こえに　出して　一かい　よんでから、□に　あう　よみかたを　書きましょう。

高い（たか）→ 高い（た□）→ 高い（□□）

❸ かん字を　かこう

★□に　かん字を　書きましょう。下の　□には、上の　文を　書きましょう。

□（たか）い　どうぶつ。

リマインド

★一しゅうかん後の　日にちを　書いて　チャレンジしましょう。

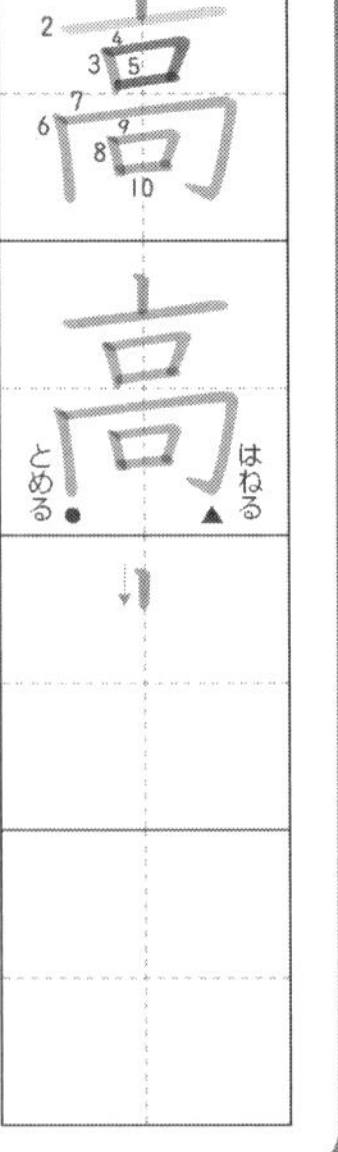

★このかん字を　おぼえた　ことばを　書きましょう。

ことばや 絵で おぼえよう

★つぎの ことばを いいながら 上の かん字を なぞりましょう。

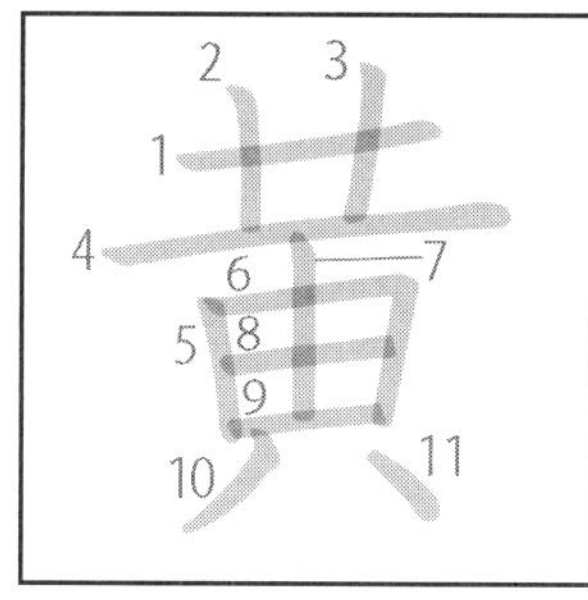

よこ、たて二つ、よこ、たてぼうの出た田、てんてん

★上の 絵を 見ながら 左に かん字を 書きましょう。

黄色い はっぱ。

名まえ

★あなたが かん字を おぼえやすい ことばを 考えて 書きましょう。（上と おなじでも よい。）

❶ かん字 つけたし かんせい クイズ

★四つの ますの かん字を
▼なぞって、
▼つけたして、
それぞれの ますを かんせい させましょう。

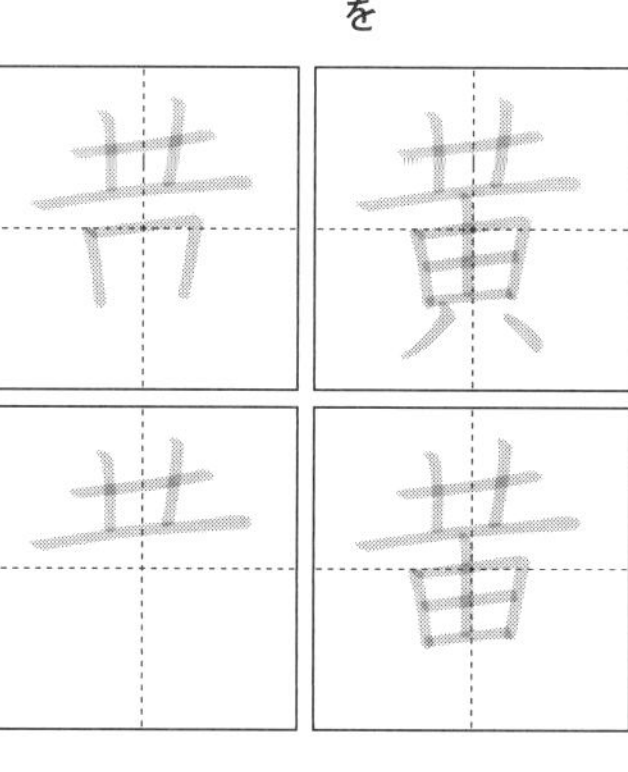

❷ よみかた クイズ

★こえに 出して 一かい よんでから、□に あう よみかたを 書きましょう。

黄色い（きいろ）
↓
黄□色い（いろ）
↓
黄□色い（いろ）

❸ かん字を かこう

★□に かん字を 書きましょう。下の □には、上の 文を 書きましょう。

□（き）色い はっぱ。

リマインド

★一しゅうかん後の 日にちを 書いて チャレンジしましょう。

★このかん字を おぼえた ことばを 書きましょう。

日にち

名まえ

ことばや 絵(え)で おぼえよう

★つぎの ことばを いいながら 上の かん字を なぞりましょう。

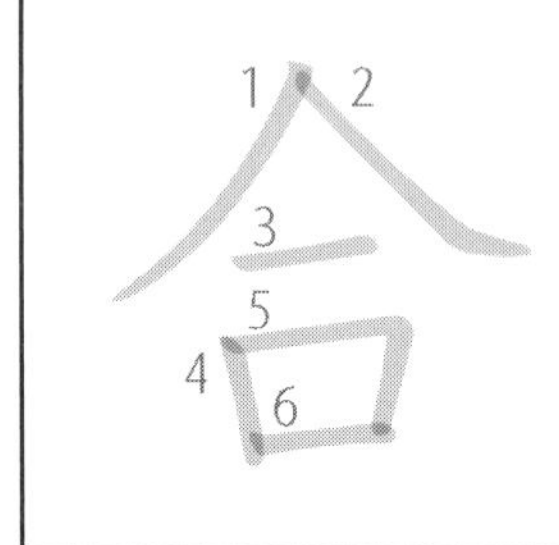

やねに 一、口

★あなたが おぼえやすい ことばを 考(かん)えて 書(か)きましょう。(上と おなじでも よい。)

こたえが 合(あ)う。

★上の 絵(え)を 見ながら 左に かん字を 書(か)きましょう。

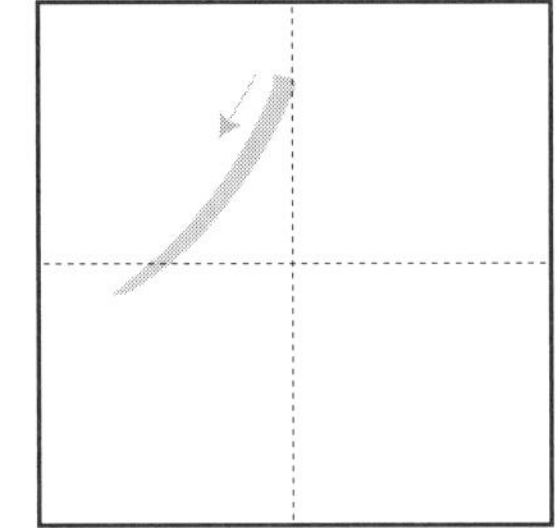

❶ かん字 つけたし かんせい クイズ

★四つの ますの かん字を
▼なぞって、
▼つけたして、
それぞれの ますを かんせい させましょう。

❷ よみかた クイズ

★こえに 出して 一かい よんでから、□に あう よみかたを 書(か)きましょう。

合(あ)う
↓
合□う
↓
合□う

❸ かん字を かこう

★□に かん字を 書(か)きましょう。下の □ には、上の 文を 書(か)きましょう。

こたえが □(あ)う。

リマインド

日にち

★一しゅうかん後(ご)の 日にちを 書(か)いて チャレンジしましょう。

はらう　はらう

★このかん字を おぼえた ことばを 書(か)きましょう。

日にち

名まえ

ことばや 絵で おぼえよう

★つぎの ことばを いいながら 上の かん字を なぞりましょう。

ハの下にやね、口

★あなたが かん字を おぼえやすい ことばを 考えて 書きましょう。（上と おなじでも よい。）

谷 たに ふかい

★上の 絵を 見ながら 左に かん字を 書きましょう。

❶ かん字 つけたし かんせい クイズ

★四つの ますの かん字を
▼なぞって、
▼つけたして、
それぞれの ますを かんせい させましょう。

❷ よみかた クイズ

★こえに 出して 一かい よんでから、□に あう よみかたを 書きましょう。

谷 たに
↓
谷 た□
↓
谷 □□

❸ かん字を かこう

★□に かん字を 書きましょう。下の □ には、上の 文を 書きましょう。

ふかい □（たに）

リマインド

日にち

★一しゅうかん後の 日にちを 書いて チャレンジしましょう。

とめる はらう はらう

★このかん字を おぼえた ことばを 書きましょう。

日にち

名まえ

ことばや 絵(え)で おぼえよう

★つぎの ことばを いいながら 上の かん字を なぞりましょう。

口の中に玉

★上の 絵(え)を 見ながら 左に かん字を 書(か)きましょう。

せかいの 国(くに)。

★あなたが かん字を おぼえやすい ことばを 考(かんが)えて 書(か)きましょう。（上と おなじでも よい。）

❶ かん字 つけたし かんせい クイズ

★四つの ますの かん字を
▼なぞって、
▼つけたして、
それぞれの ますを かんせい させましょう。

❷ よみかた クイズ

★こえに 出して 一かい よんでから、□に あう よみかたを 書(か)きましょう。

くに 国
↓
く□ 国
↓
□□ 国

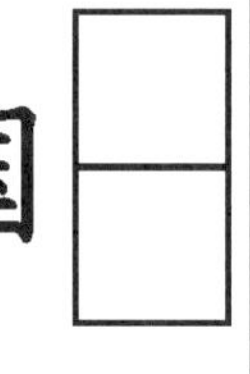

❸ かん字を かこう

★□に かん字を 書(か)きましょう。下の □ には、上の 文を 書(か)きましょう。

せかいの □(くに)。

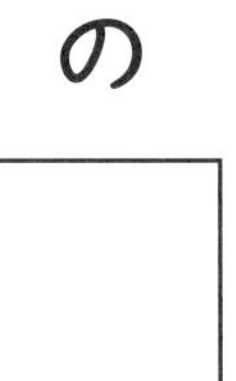

リマインド

日にち

★一しゅうかん後(ご)の 日にちを 書(か)いて チャレンジしましょう。

わすれない

★このかん字を おぼえた ことばを 書(か)きましょう。

日にち

名まえ

ことばや 絵で おぼえよう

★つぎの ことばを いいながら 上の かん字を なぞりましょう。

たて、かく、よこ、よこ、たて、よこ、よこ、よこ＋てん４つ

★あなたが かん字を おぼえやすい ことばを 考えて 書きましょう。（上と おなじでも よい。）

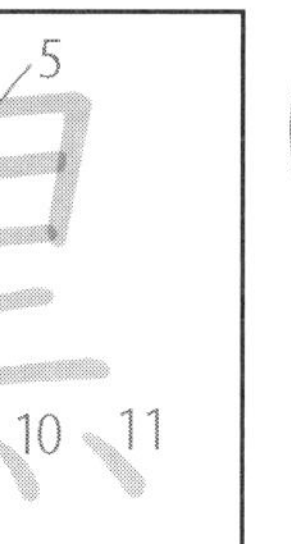
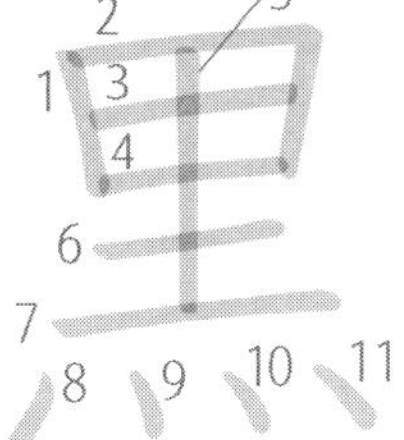

黒い いきもの。

★上の 絵を 見ながら 左に かん字を 書きましょう。

❶ かん字 つけたし かんせい クイズ

★四つの ますの かん字を
▼なぞって、
▼つけたして、
それぞれの ますを かんせい させましょう。

黒　甲　里　冂

❷ よみかた クイズ ★こえに 出して 一かい よんでから、□に あう よみかたを 書きましょう。

くろ 黒い → く□黒い → □□黒い

❸ かん字を かこう ★□に かん字を 書きましょう。下の □には、上の 文を 書きましょう。

□い（くろ） いきもの。

リマインド

日にち

★一しゅうかん後の 日にちを 書いて チャレンジしましょう。

とめる

★このかん字を おぼえた ことばを 書きましょう。

日にち　／

名まえ

ことばや 絵で おぼえよう

★つぎの ことばを いいながら 上の かん字を なぞりましょう。

やねに 一、フ

★あなたが かん字を おぼえやすい ことばを 考えて 書きましょう。（上と おなじでも よい。）

今（いま）の わたし。

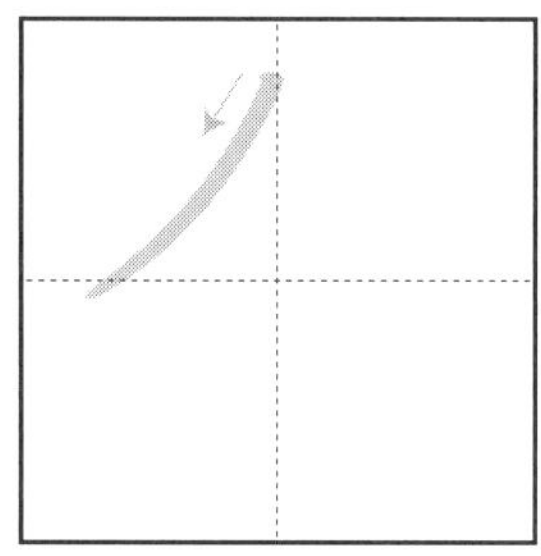

★上の 絵を 見ながら 左に かん字を 書きましょう。

❶ かん字 つけたし かんせい クイズ

★四つの ますの かん字を
▼なぞって、
▼つけたして、
それぞれの ますを かんせい させましょう。

❷ よみかた クイズ

★こえに 出して 一かい よんでから、□に あう よみかたを 書きましょう。

今 いま
↓
今 い□
↓
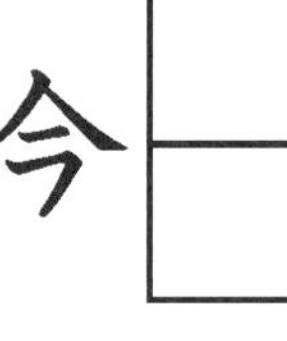

❸ かん字を かこう

★□に かん字を 書きましょう。下の □ には、上の 文を 書きましょう。

□（いま）の わたし。

リマインド

日にち　／

★一しゅうかん後の 日にちを 書いて チャレンジしましょう。

★このかん字を おぼえた ことばを 書きましょう。

日にち

名まえ

ことばや 絵で おぼえよう

★つぎの ことばを いいながら 上の かん字を なぞりましょう。

よこ、たてはね、ノ

★あなたが かん字を おぼえやすい ことばを 考えて 書きましょう。（上と おなじでも よい。）

絵の才のう。

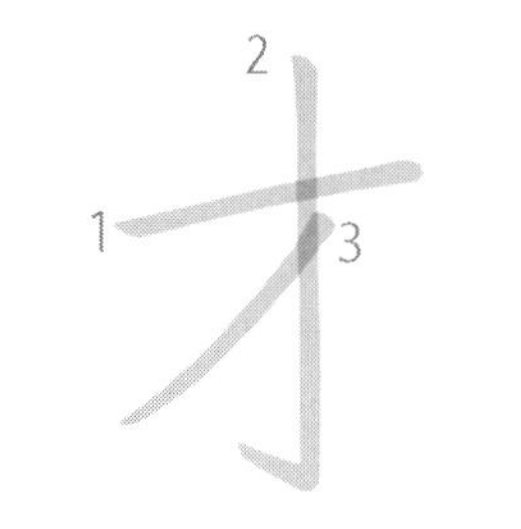

★上の 絵を 見ながら 左に かん字を 書きましょう。

❶ かん字 つけたし かんせい クイズ

★四つの ますの かん字を
▼なぞって、
▼つけたして、
それぞれの ますを かんせい させましょう。

❷ よみかた クイズ

★こえに 出して 一かい よんでから、□に あう よみかたを 書きましょう。

才のう（さい）→ 才のう（さ□）→ 才のう（□□）

❸ かん字を かこう

★□に かん字を 書きましょう。下の □ には、上の 文を 書きましょう。

絵の □（さい）のう。

リマインド

★一しゅうかん後の 日にちを 書いて チャレンジしましょう。

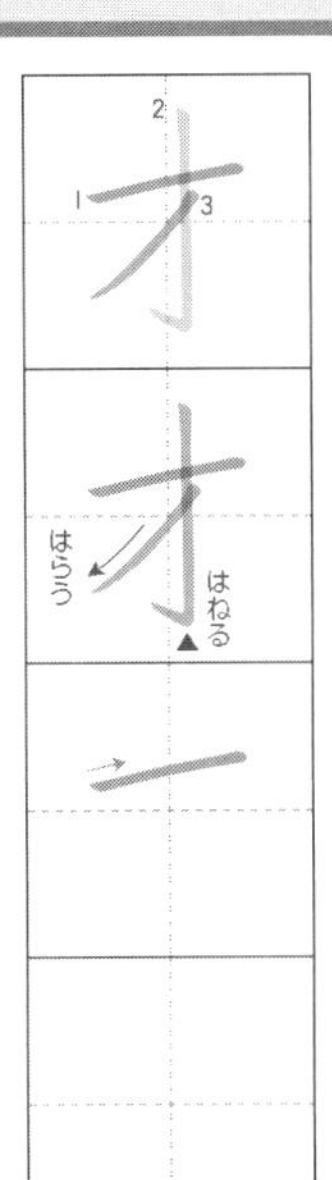

★このかん字を おぼえた ことばを 書きましょう。

日にち

名まえ

ことばや 絵で おぼえよう

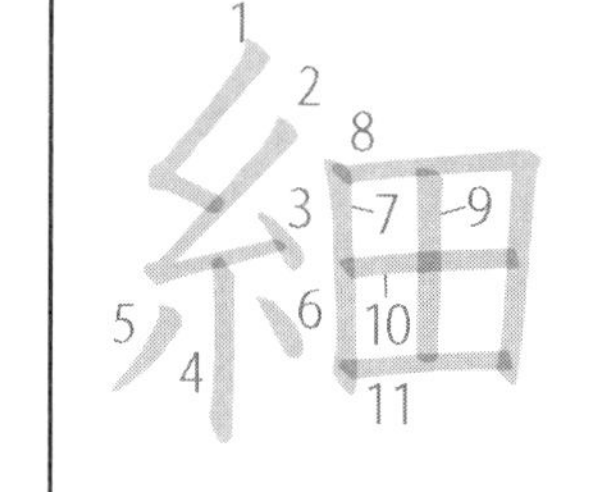
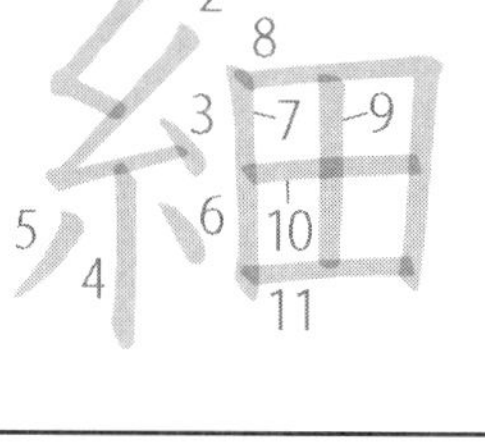

★つぎの ことばを いいながら 上の かん字を なぞりましょう。

糸に田

★あなたが かん字を おぼえやすい ことばを 考えて 書きましょう。（上と おなじでも よい。）

細い 木。

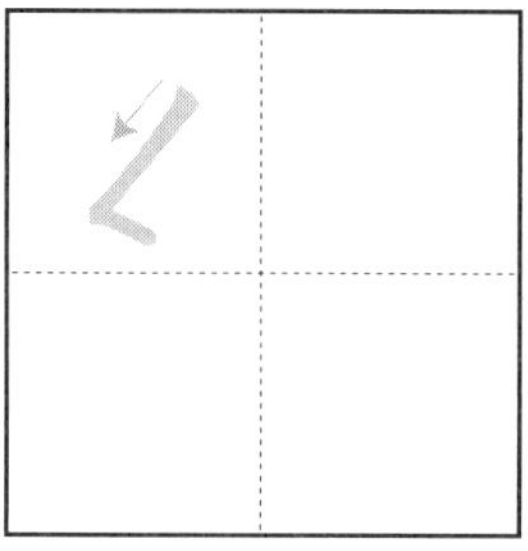

★上の 絵を 見ながら 左に かん字を 書きましょう。

❶ かん字 つけたし かんせい クイズ

★四つの ますの かん字を
▼なぞって、
▼つけたして、
それぞれの ますを かんせい させましょう。

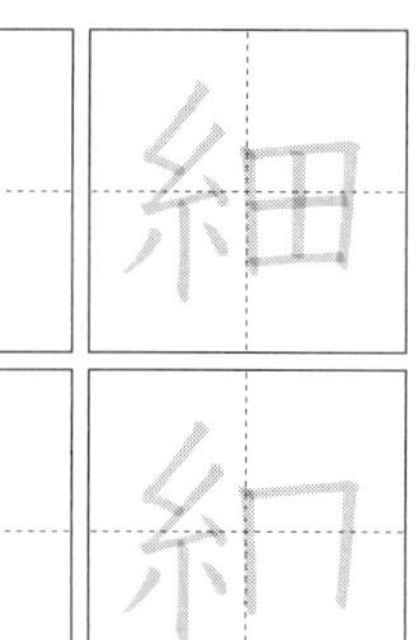

❷ よみかた クイズ

★こえに 出して 一かい よんでから、□に あう よみかたを 書きましょう。

細い（ほそ）
↓
細□い（ほ□）
↓
細□□い

❸ かん字を かこう

★□に かん字を 書きましょう。下の □には、上の 文を 書きましょう。

□（ほそ）い 木。

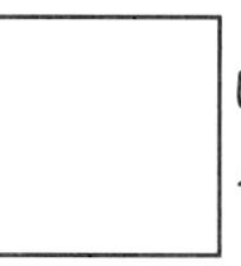

リマインド

日にち

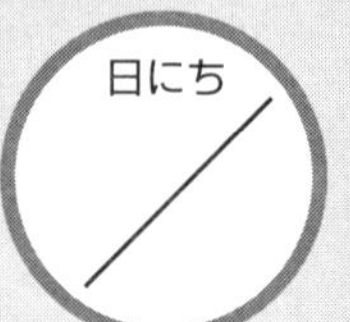

★一しゅうかん後の 日にちを 書いて チャレンジしましょう。

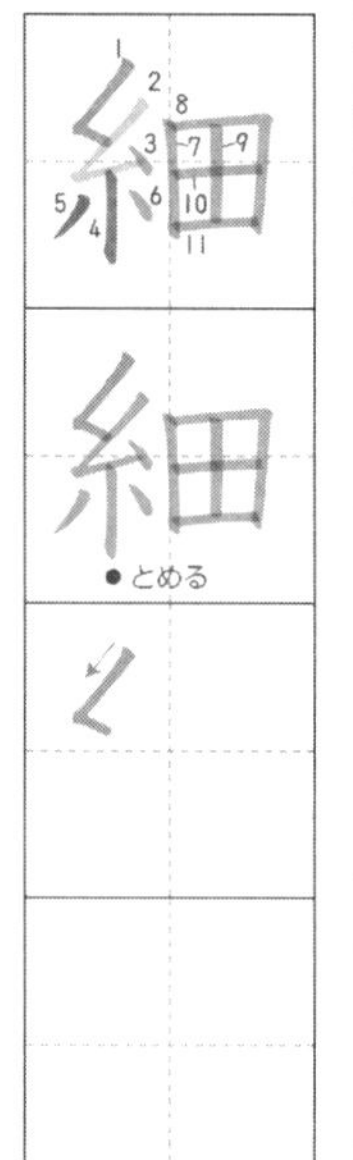

★このかん字を おぼえた ことばを 書きましょう。

ことばや　絵で　おぼえよう

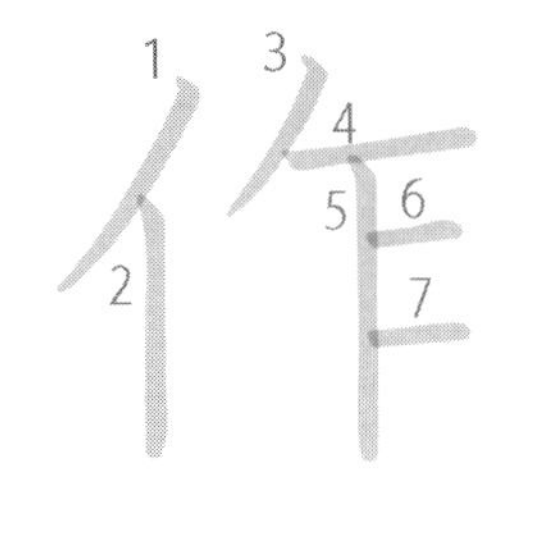

★つぎの　ことばを　いいながら　上の　かん字を　なぞりましょう。

イ、ノ、よこ、たて、よこ、よこ

★上の　絵を　見ながら　左に　かん字を　書きましょう。

おかしを　作る。

名まえ

★あなたが　かん字を　おぼえやすい　ことばを　考えて　書きましょう。（上と　おなじでも　よい。）

❶ かん字　つけたし　かんせい　クイズ

★四つの　ますの　かん字を
▼なぞって、
▼つけたして、
それぞれの　ますを　かんせい　させましょう。

❷ よみかた　クイズ

★これに　出して　一かい　よんでから、□に　あう　よみかたを　書きましょう。

作る（つく）
↓
作る（つ□）
↓
作る（□□）

❸ かん字を　かこう

★□に　かん字を　書きましょう。下の　□には、上の　文を　書きましょう。

おかしを　□（つく）る。

リマインド

日にち

★一しゅうかん後の　日にちを　書いて　チャレンジしましょう。

とめる

★このかん字を　おぼえた　ことばを　書きましょう。

日にち

名まえ

ことばや 絵(え)で おぼえよう

★つぎの ことばを いいながら 上の かん字を なぞりましょう。

たけかんむりに目、よこ、ななめ、たて

★あなたが かん字を おぼえやすい ことばを 考(かんが)えて 書(か)きましょう。（上と おなじでも よい。）

計(けい)算(さん)を する。

★上の 絵(え)を 見ながら 左に かん字を 書(か)きましょう。

❶ かん字 つけたし かんせい クイズ

★四つの ますの かん字を
▼なぞって、
▼つけたして、
それぞれの ますを かんせい させましょう。

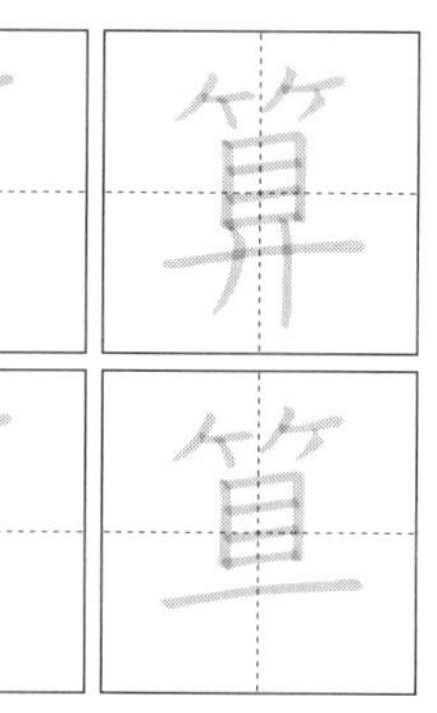

❷ よみかた クイズ

★こえに 出して 一かい よんでから、□に あう よみかたを 書(か)きましょう。

計算（けいさん）→ 計算（けいさ□）→ 計算（けい□□）

❸ かん字を かこう

★□に かん字を 書(か)きましょう。下の □には、上の 文を 書(か)きましょう。

計(けい)□(さん)を する。

日にち

リマインド

★一しゅうかん後(ご)の 日にちを 書(か)いて チャレンジしましょう。

はらう　とめる

★このかん字を おぼえた ことばを 書(か)きましょう。

日にち

名まえ

ことばや 絵で おぼえよう

止（1 2 3 4）

★つぎの ことばを いいながら 上の かん字を なぞりましょう。

たて、よこ、たて、よこ

★あなたが かん字を おぼえやすい ことばを 考えて 書きましょう。（上と おなじでも よい。）

いき止まり

★上の 絵を 見ながら 左に かん字を 書きましょう。

❶ かん字 つけたし かんせい クイズ

★四つの ますの かん字を
▼なぞって、
▼つけたして、
それぞれの ますを かんせい させましょう。

❷ よみかた クイズ

★こえに 出して 一かい よんでから、□に あう よみかたを 書きましょう。

と
止まる → □ 止まる → □ 止まる

❸ かん字を かこう

★□に かん字を 書きましょう。下の □ には、上の 文を 書きましょう。

いき□まり（ど）

リマインド

日にち

★一しゅうかん後の 日にちを 書いて チャレンジしましょう。

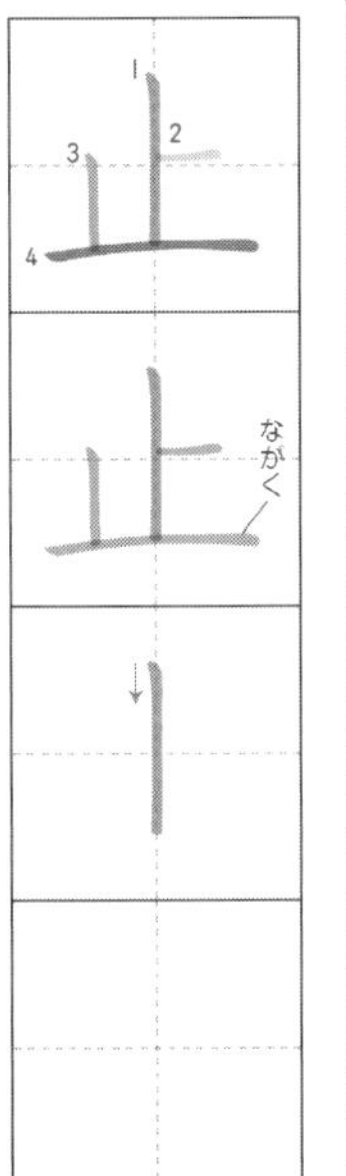

★このかん字を おぼえた ことばを 書きましょう。

日にち

名まえ

ことばや 絵で おぼえよう

★つぎの ことばを いいながら 上の かん字を なぞりましょう。

なべぶた、たて、かくはね、たて

★あなたが かん字を おぼえやすい ことばを 考えて 書きましょう。（上と おなじでも よい。）

市ばに 行く。

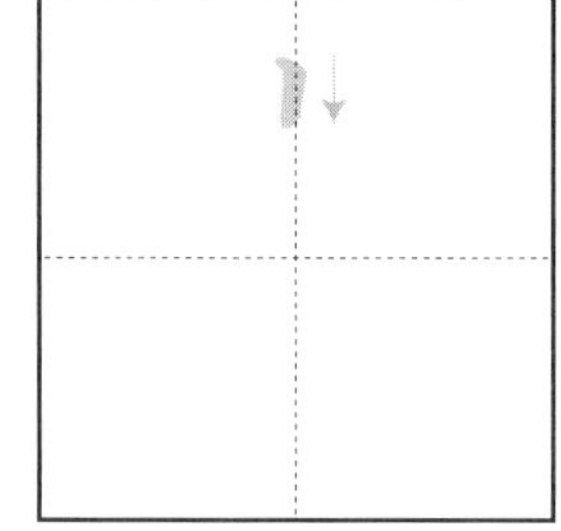

★上の 絵を 見ながら 左に かん字を 書きましょう。

❶ かん字 つけたし かんせい クイズ

★四つの ますの かん字を ▼なぞって、▼つけたして、それぞれの ますを かんせい させましょう。

❷ よみかた クイズ

★こえに 出して 一かい よんでから、□に あう よみかたを 書きましょう。

市ば（いち） → 市ば（い□） → 市ば（□□）

❸ かん字を かこう

★□に かん字を 書きましょう。下の □ には、上の 文を 書きましょう。

□（いち）ばに 行く。

リマインド

日にち

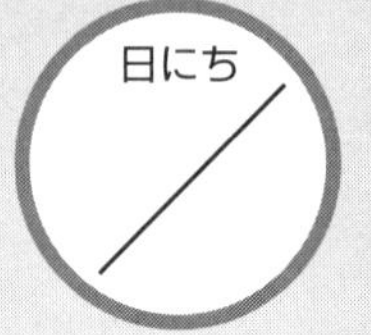

★一しゅうかん後の 日にちを 書いて チャレンジしましょう。

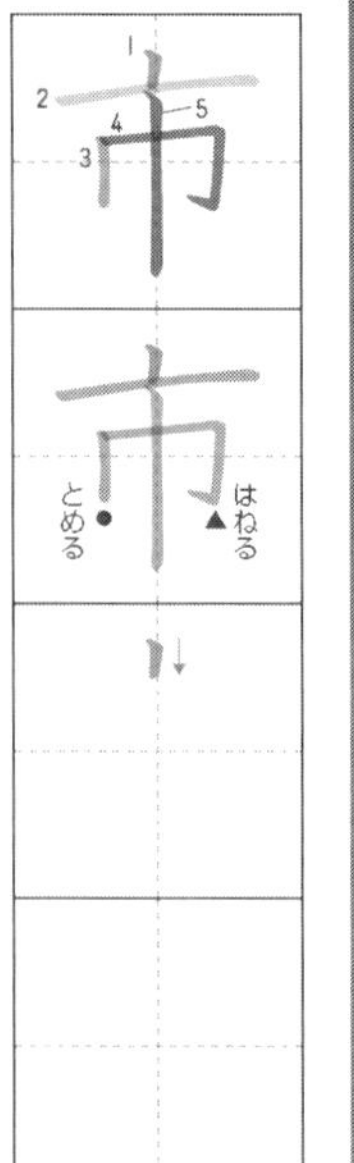

★このかん字を おぼえた ことばを 書きましょう。

ことばや 絵で おぼえよう

日にち ／

名まえ

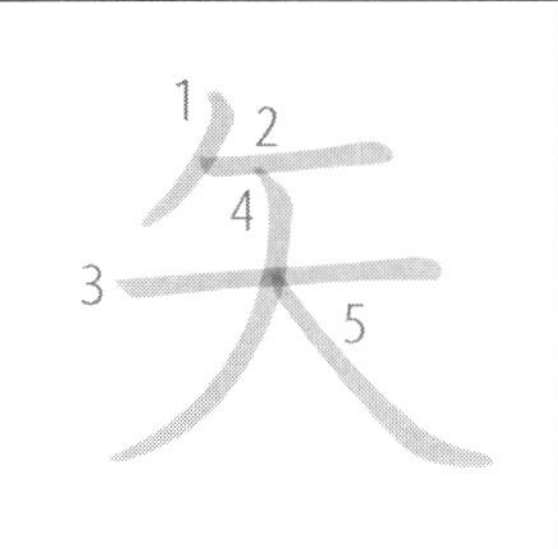

★つぎの ことばを いいながら 上の かん字を なぞりましょう。

ノ、ニ、人

★あなたが かん字を おぼえやすい ことばを 考えて 書きましょう。(上と おなじでも よい。)

★上の 絵を 見ながら 左に かん字を 書きましょう。

ふるい 弓矢。(ゆみや)

❶ かん字 つけたし かんせい クイズ

★四つの ますの かん字を
▼なぞって、
▼つけたして、
それぞれの ますを かんせい させましょう。

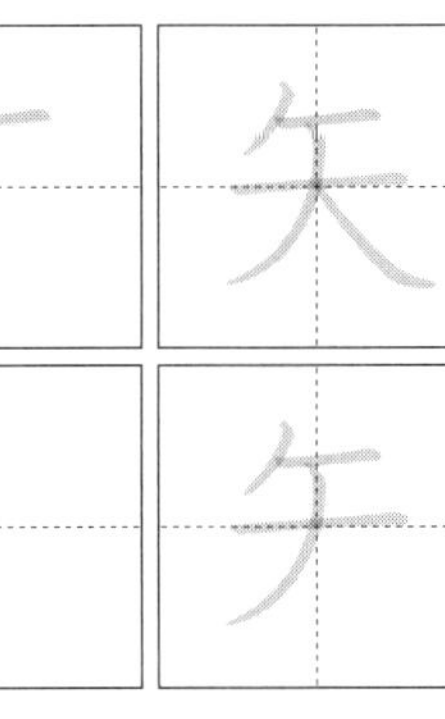

❷ よみかた クイズ

★こえに 出して 一かい よんでから、□に あう よみかたを 書きましょう。

弓矢 や
↓
弓矢 □
↓
弓矢 □

❸ かん字を かこう

★□に かん字を 書きましょう。下の □には、上の 文を 書きましょう。

ふるい 弓(ゆみ) □(や)。

リマインド

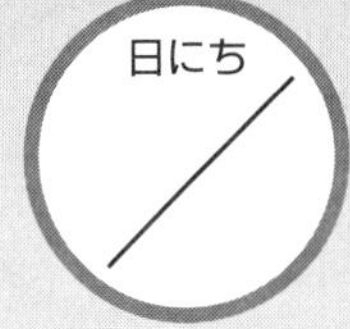

日にち ／

★一しゅうかん後の 日にちを 書いて チャレンジしましょう。

出さない

はらう

★このかん字を おぼえた ことばを 書きましょう。

日にち　／

名まえ

ことばや　絵で　おぼえよう

★つぎの　ことばを　いいながら　上の　かん字を　なぞりましょう。

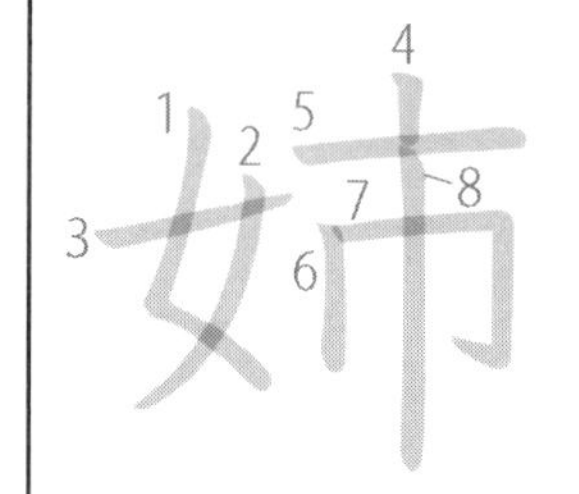

女、なべぶた、たて、かくはね、たて

★あなたが　かん字を　おぼえやすい　ことばを　考えて　書きましょう。（上と　おなじでも　よい。）

高い　姉。

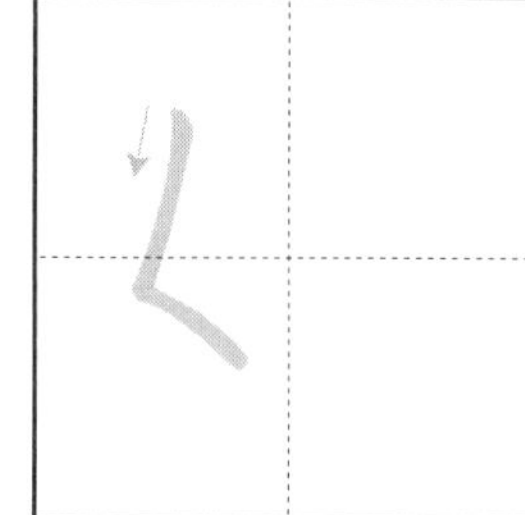

★上の　絵を　見ながら　左に　かん字を　書きましょう。

❶ かん字　つけたし　かんせい　クイズ

★四つの　ますの　かん字を
▼なぞって、
▼つけたして、
それぞれの　ますを　かんせい　させましょう。

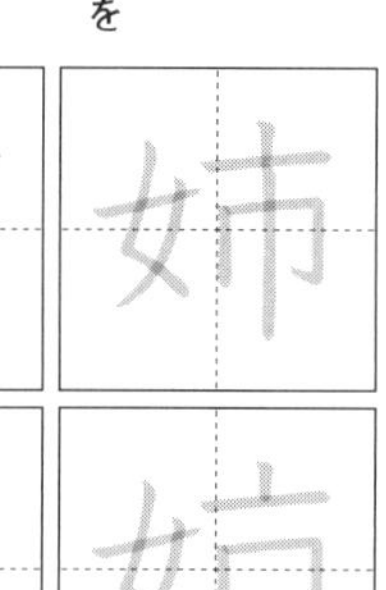

❷ よみかた　クイズ

★こたえに　出して　一かい　よんでから、□に　あう　よみかたを　書きましょう。

姉　あね
↓
姉　あ□
↓
姉　□□

❸ かん字を　かこう

★□に　かん字を　書きましょう。下の　□　には、上の　文を　書きましょう。

高い　□（あね）。

リマインド

日にち　／

★一しゅうかん後の　日にちを　書いて　チャレンジしましょう。

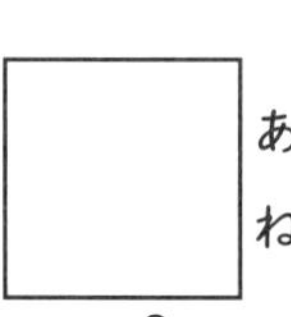

★このかん字を　おぼえた　ことばを　書きましょう。

日にち　／

ことばや　絵で　おぼえよう

★つぎの　ことばを　いいながら　上の　かん字を　なぞりましょう。

田、てん、ななめはね、てん二つ

名まえ

★あなたが　かん字を　おぼえやすい　ことばを　考えて　書きましょう。（上と　おなじでも　よい。）

なつの　思（おも）い出。

★上の　絵を　見ながら　左に　かん字を　書きましょう。

❶ かん字　つけたし　かんせい　クイズ

★四つの　ますの　かん字を
▼なぞって、
▼つけたして、
それぞれの　ますを　かんせい　させましょう。

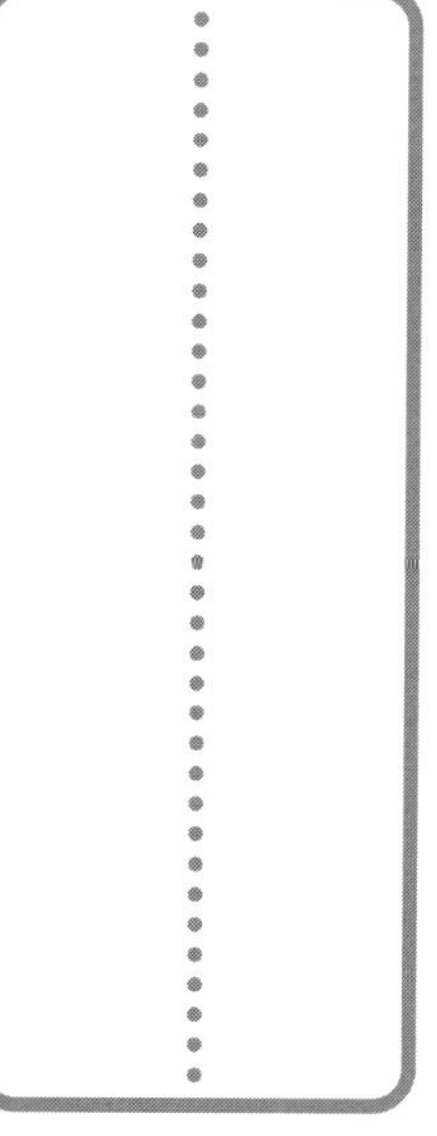

❷ よみかた　クイズ

★こえに　出して　一かい　よんでから、□に　あう　よみかたを　書きましょう。

おも　思い出 → お□ 思い出 → □□ 思い出

❸ かん字を　かこう

★□に　かん字を　書きましょう。下の□には、上の　文を　書きましょう。

なつの　□（おも）い出。

リマインド

日にち　／

★一しゅうかん後の　日にちを　書いて　チャレンジしましょう。

思　とめる　はねる

★このかん字を　おぼえた　ことばを　書きましょう。

ことばや 絵で おぼえよう

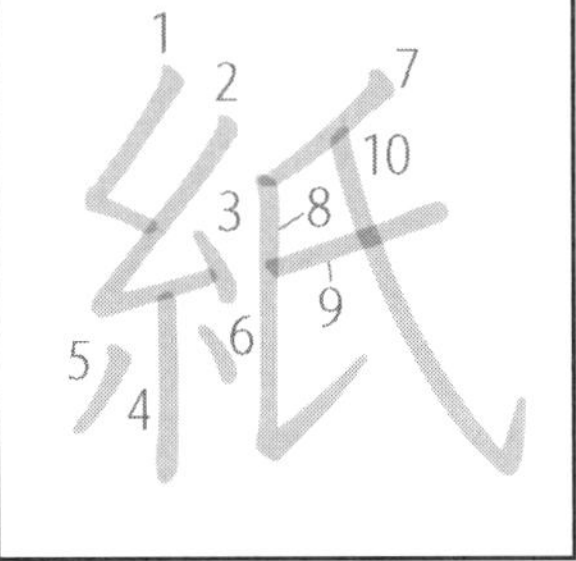

★つぎの ことばを いいながら 上の かん字を なぞりましょう。

糸、ななめ、たてはね、よこ、つりばり

紙でつくる。

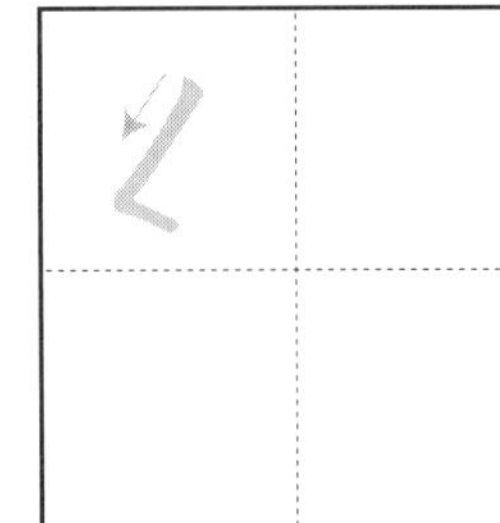

★上の 絵を 見ながら 左に かん字を 書きましょう。

名まえ

★あなたが かん字を おぼえやすい ことばを 考えて 書きましょう。(上と おなじでも よい。)

❶ かん字 つけたし かんせい クイズ

★四つの ますの かん字を
▼なぞって、
▼つけたして、
それぞれの ますを かんせい させましょう。

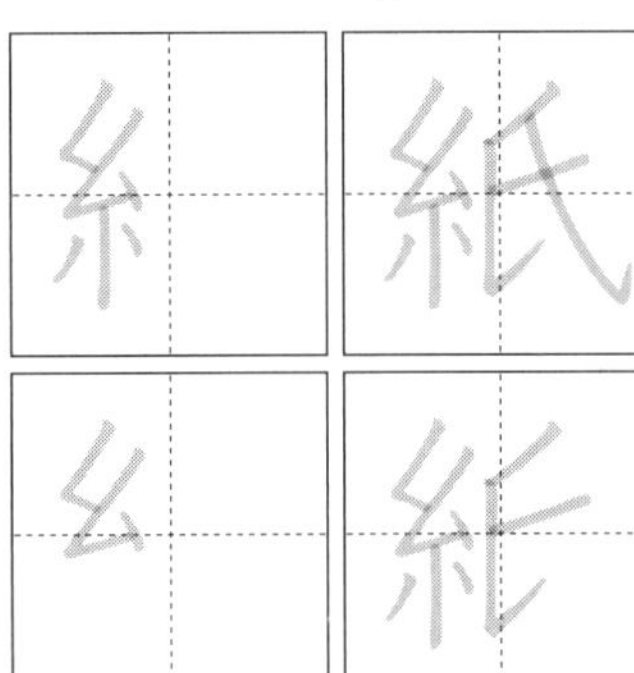

❷ よみかた クイズ

★これに 出して 一かい よんでから、□に あう よみかたを 書きましょう。

紙（かみ）
↓
紙（か□）
↓
紙（□□）

❸ かん字を かこう

★□に かん字を 書きましょう。下の □ には、上の 文を 書きましょう。

□（かみ）でつくる。

リマインド

★一しゅうかん後の 日にちを 書いて チャレンジしましょう。

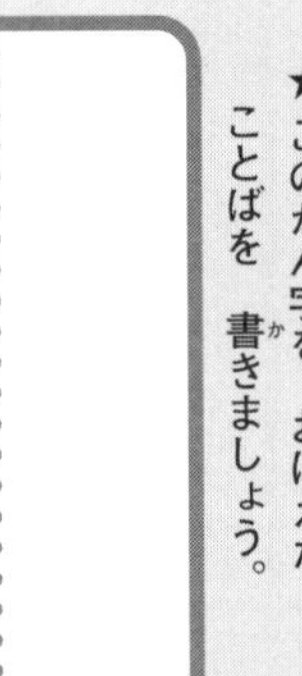

★このかん字を おぼえた ことばを 書きましょう。

日にち　／

名まえ

ことばや 絵で おぼえよう

★つぎの ことばを いいながら 上の かん字を なぞりましょう。

寺

土、よこ、たてはね、てん

★あなたが かん字を おぼえやすい ことばを 考えて 書きましょう。（上と おなじでも よい。）

お寺（てら）に 行（い）く。

★上の 絵（え）を 見ながら 左に かん字を 書（か）きましょう。

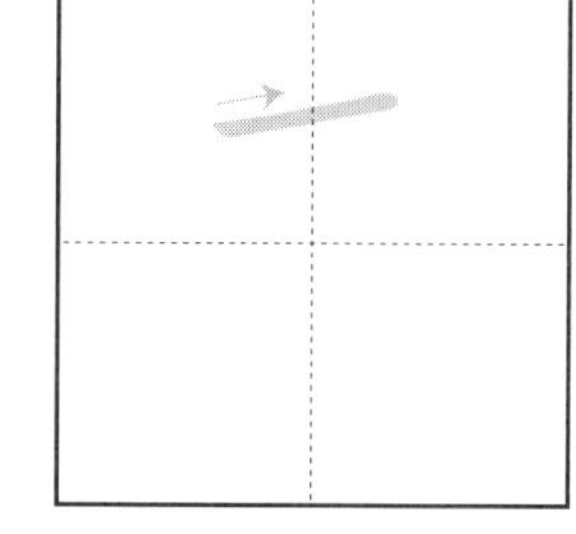

❶ かん字 つけたし かんせい クイズ

★四つの ますの かん字を
▼なぞって、
▼つけたして、
それぞれの ますを かんせい させましょう。

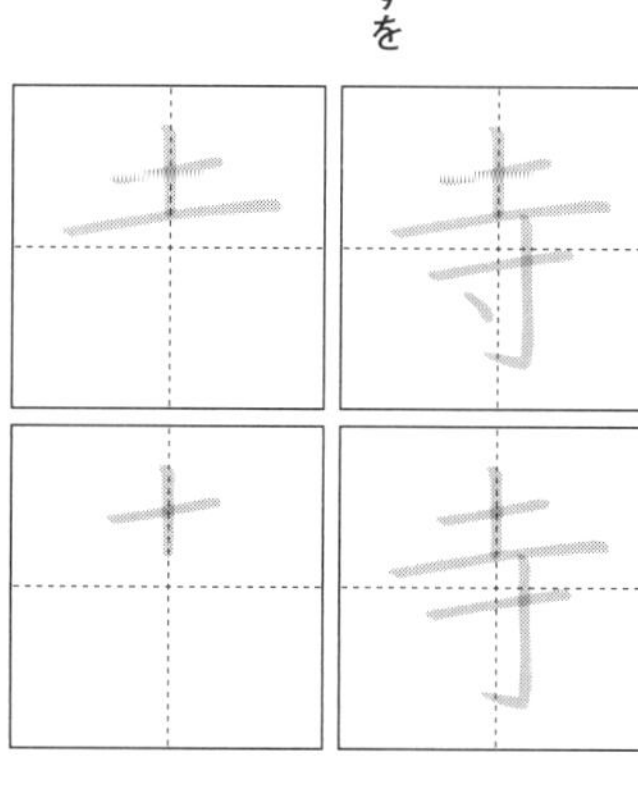

❷ よみかた クイズ

★こえに 出して 一かい よんでから、□に あう よみかたを 書（か）きましょう。

お寺（てら）
↓
お寺（て□）
↓
お寺（□□）

❸ かん字を かこう

★□に かん字を 書（か）きましょう。下の □ には、上の 文を 書（か）きましょう。

お□（てら）に 行（い）く。

リマインド

★一しゅうかん後（ご）の 日にちを 書（か）いて チャレンジしましょう。

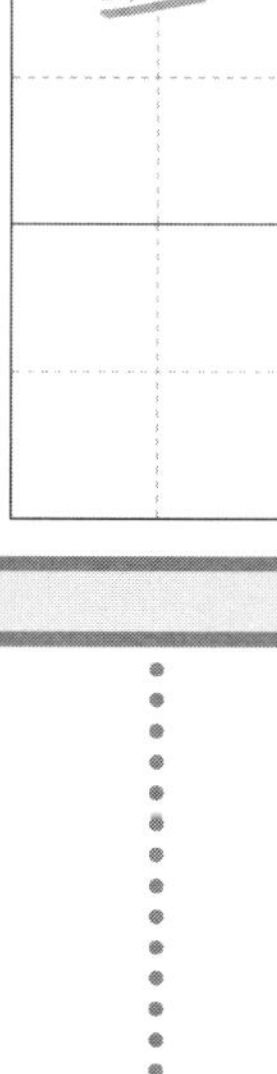

★このかん字を おぼえた ことばを 書（か）きましょう。

日にち

名まえ

ことばや 絵で おぼえよう

★つぎの ことばを いいながら 上の かん字を なぞりましょう。

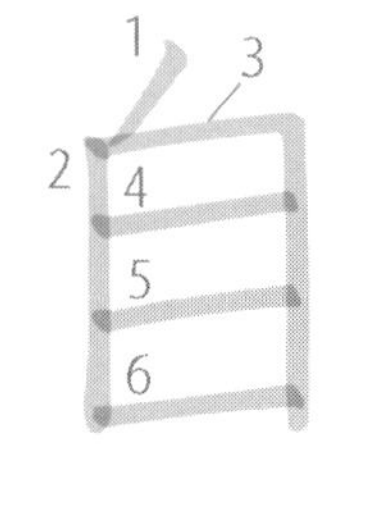

ノに目

★あなたが かん字を おぼえやすい ことばを 考えて 書きましょう。（上と おなじでも よい。）

自分（じぶん）の 顔（かお）。

★上の 絵を 見ながら 左に かん字を 書きましょう。

❶ かん字 つけたし かんせい クイズ

★四つの ますの かん字を ▼なぞって、▼つけたして、それぞれの ますを かんせい させましょう。

❷ よみかた クイズ

★こえに 出して 一かい よんでから、□に あう よみかたを 書きましょう。

じ
自分

↓

自分 □

↓

自分 □

❸ かん字を かこう

★□に かん字を 書きましょう。下の □には、上の 文を 書きましょう。

□（じ）分（ぶん）の 顔（かお）。

リマインド

日にち

★一しゅうかん後（ご）の 日にちを 書（か）いて チャレンジしましょう。

むきに ちゅうい

★このかん字を おぼえた ことばを 書（か）きましょう。

日にち　／

名まえ

ことばや 絵で おぼえよう

★つぎの ことばを いいながら 上の かん字を なぞりましょう。

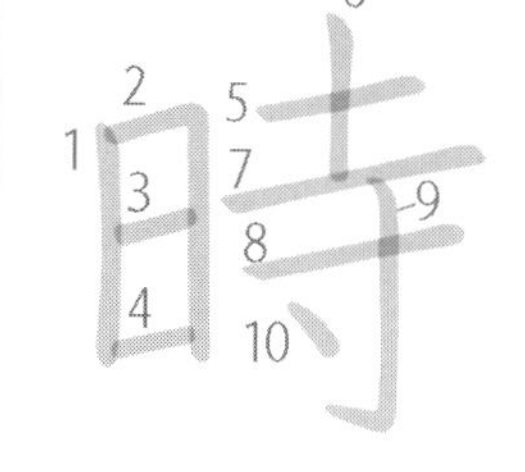

日、土、よこ、たてはね、てん

★あなたが かん字を おぼえやすい ことばを 考えて 書きましょう。（上と おなじでも よい。）

時（とき）が すぎる。

★上の 絵を 見ながら 左に かん字を 書きましょう。

❶ かん字 つけたし かんせい クイズ

★四つの ますの かん字を
▼なぞって、
▼つけたして、
それぞれの ますを かんせい させましょう。

❷ よみかた クイズ

★こえに 出して 一かい よんでから、□に あう よみかたを 書きましょう。

時（とき）
↓
時（と□）
↓
時（□□）

❸ かん字を かこう

★□に かん字を 書きましょう。下の □には、上の 文を 書きましょう。

□（とき）が すぎる。

日にち　／

リマインド

★一しゅうかん後の 日にちを 書いて チャレンジしましょう。

★このかん字を おぼえた ことばを 書きましょう。

日にち　／

名まえ

ことばや 絵で おぼえよう

★つぎの ことばを いいながら 上の かん字を なぞりましょう。

室

ウのかんむりに、一、ム、土

教室（きょうしつ）の 中（なか）。

★上の 絵を 見ながら 左に かん字を 書きましょう。

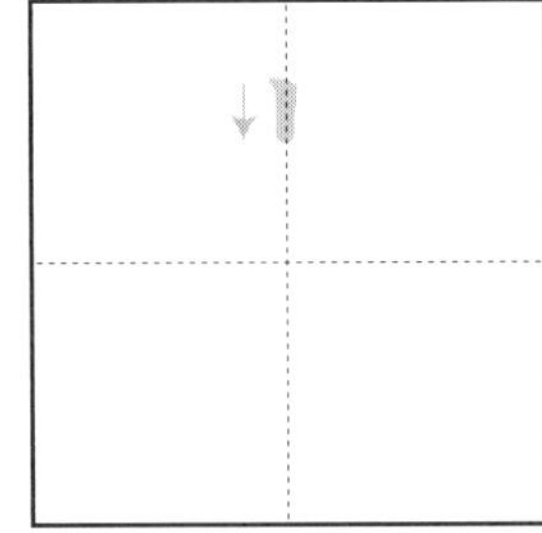

★あなたが かん字を おぼえやすい ことばを 考えて 書きましょう。（上と おなじでも よい。）

❶ かん字 つけたし かんせい クイズ

★四つの ますの かん字を
▼なぞって、
▼つけたして、
それぞれの ますを かんせい させましょう。

宀　宀　宏　室

❷ よみかた クイズ

★こえに 出して 一かい よんでから、□に あう よみかたを 書きましょう。

教室（しつ）
↓
教室（し□）
↓
教室（□□）

❸ かん字を かこう

★□に かん字を 書きましょう。下の □ には、上の 文を 書きましょう。

教（きょう）□（しつ）の 中（なか）。

リマインド

日にち　／

★一しゅうかん後の 日にちを 書いて チャレンジしましょう。

室　室

★このかん字を おぼえた ことばを 書きましょう。

日にち　／

名まえ

ことばや　絵で　おぼえよう

★つぎの　ことばを　いいながら　上の　かん字を　なぞりましょう。

社

ネに土

★あなたが　かん字を　おぼえやすい　ことばを　考えて　書きましょう。（上と　おなじでも　よい。）

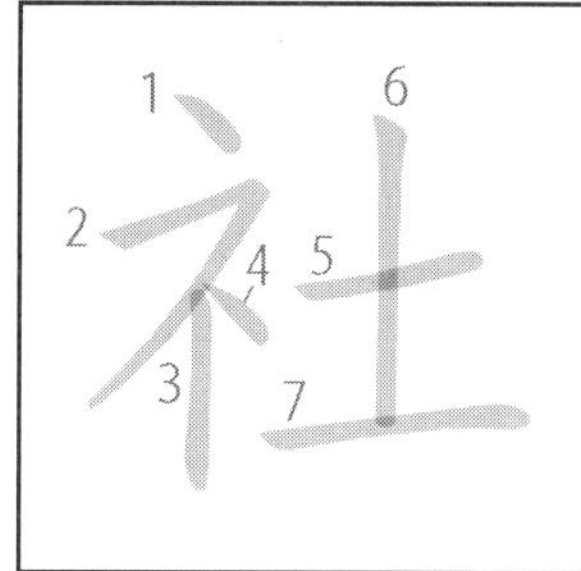

会社に　行く。

★上の　絵を　見ながら　左に　かん字を　書きましょう。

❶ かん字　つけたし　かんせい　クイズ

★四つの　ますの　かん字を
▼なぞって、
▼つけたして、
それぞれの　ますを　かんせい　させましょう。

社　ネ　社　ラ

❷ よみかた　クイズ

★こえに　出して　一かい　よんでから、□に　あう　よみかたを　書きましょう。

会社　しゃ
↓
会社　し□
↓
会社　□□

❸ かん字を　かこう

★□に　かん字を　書きましょう。下の　□には、上の　文を　書きましょう。

会□に　行く。

リマインド

日にち　／

★一しゅうかん後の　日にちを　書いて　チャレンジしましょう。

社　社　●とめる

★このかん字を　おぼえた　ことばを　書きましょう。

日にち　／

名まえ

ことばや　絵で　おぼえよう

★つぎの　ことばを　いいながら　上の　かん字を　なぞりましょう。

弱

コ、たて、かくはねの中にンが、二つ

★あなたが　かん字を　おぼえやすい　ことばを　考えて　書きましょう。（上と　おなじでも　よい。）

弱い　いきもの。

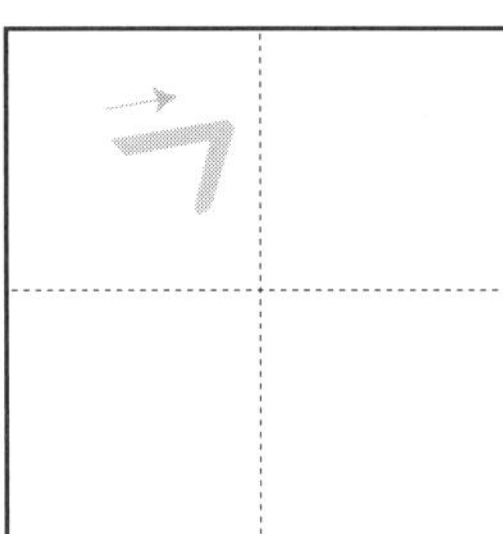

★上の　絵を　見ながら　左に　かん字を　書きましょう。

❶ かん字　つけたし　かんせい　クイズ

★四つの　ますの　かん字を　▼なぞって、▼つけたして、それぞれの　ますを　かんせい　させましょう。

❷ よみかた　クイズ

★こえに　出して　一かい　よんでから、□に　あう　よみかたを　書きましょう。

弱い（よわ）→ 弱い（よ□）→ 弱い（□□）

❸ かん字を　かこう

★□に　かん字を　書きましょう。下の□には、上の　文を　書きましょう。

□（よわ）い　いきもの。

日にち　／

リマインド

★一しゅうかん後の　日にちを　書いて　チャレンジしましょう。

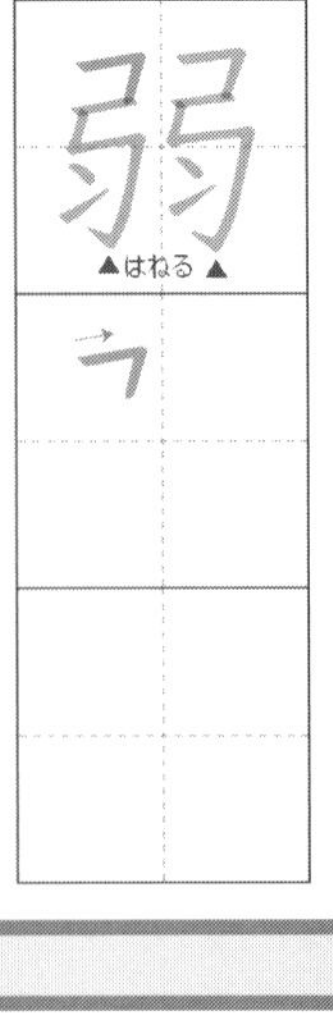

★このかん字を　おぼえた　ことばを　書きましょう。

日にち ／

ことばや 絵で おぼえよう

★つぎの ことばを いいながら 上の かん字を なぞりましょう。

ソ、一、ノに目

名まえ

★あなたが かん字を おぼえやすい ことばを 考えて 書きましょう。（上と おなじでも よい。）

長い首。

★上の 絵を 見ながら 左に かん字を 書きましょう。

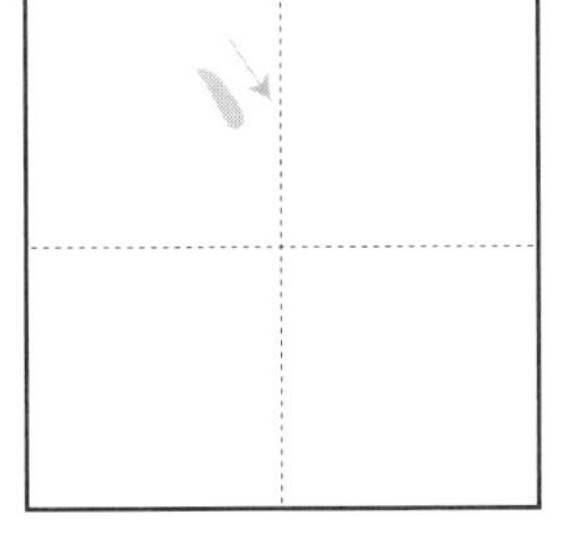

❶ かん字 つけたし かんせい クイズ

★四つの ますの かん字を
▼なぞって、
▼つけたして、
それぞれの ますを かんせい させましょう。

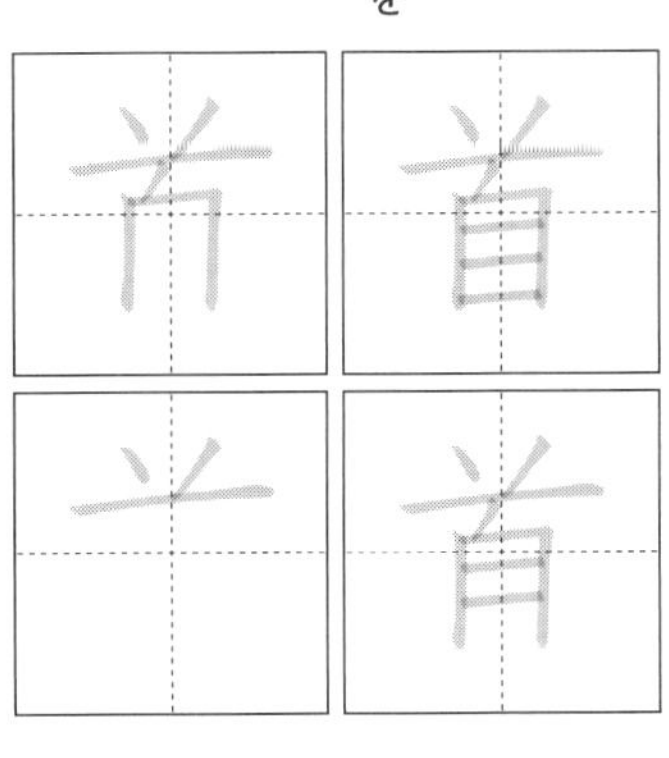

❷ よみかた クイズ

★こえに 出して 一かい よんでから、□に あう よみかたを 書きましょう。

首（くび）
↓
首（く□）
↓
首（□□）

❸ かん字を かこう

★□に かん字を 書きましょう。下の □には、上の 文を 書きましょう。

長い □（くび）

リマインド

日にち ／

★一しゅうかん後の 日にちを 書いて チャレンジしましょう。

★このかん字を おぼえた ことばを 書きましょう。

日にち

名まえ

ことばや 絵で おぼえよう

★つぎの ことばを いいながら 上の かん字を なぞりましょう。

秋

ノ、木、火

★あなたが かん字を おぼえやすい ことばを 考えて 書きましょう。（上と おなじでも よい。）

秋（あき）に なる。

★上の 絵を 見ながら 左に かん字を 書きましょう。

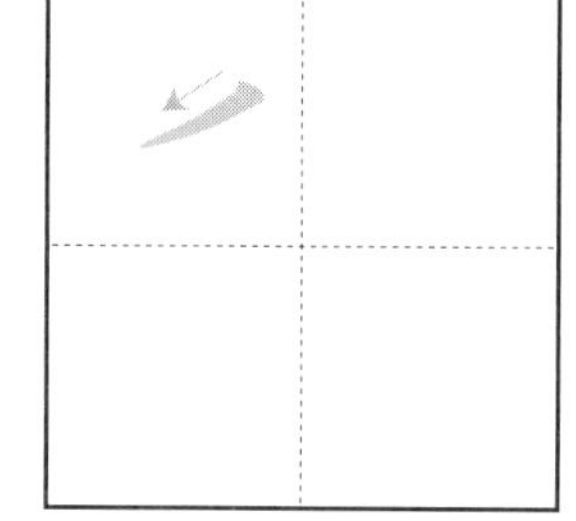

❶ かん字 つけたし かんせい クイズ

★四つの ますの かん字を
▼なぞって、
▼つけたして、
それぞれの ますを かんせいさせましょう。

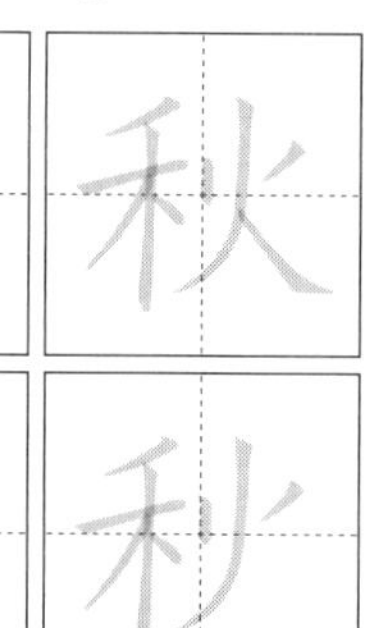

❷ よみかた クイズ

★ここに 出して 一かい よんでから、□に あう よみかたを 書きましょう。

あき
秋

↓

あ□
秋

↓

秋□□

❸ かん字を かこう

★□に かん字を 書きましょう。下の□には、上の 文を 書きましょう。

□（あき）に なる。

リマインド

日にち

★一しゅうかん後の 日にちを 書いて チャレンジしましょう。

秋

はらう　とめる

★このかん字を おぼえた ことばを 書きましょう。

日にち　／

名まえ

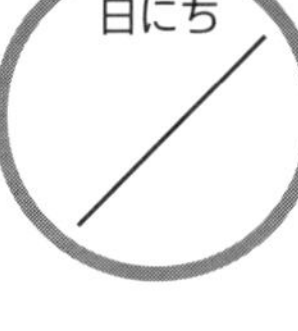

ことばや　絵で　おぼえよう

★つぎの　ことばを　いいながら　上の　かん字を　なぞりましょう。

ノ、かくはね、土、口、しんにょう

★あなたが　かん字を　おぼえやすい　ことばを　考えて　書きましょう。（上と　おなじでも　よい。）

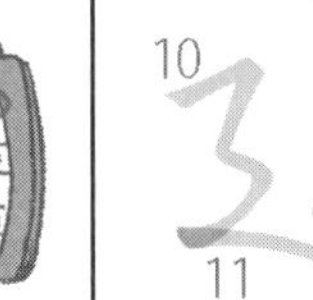

週の　はじめ。

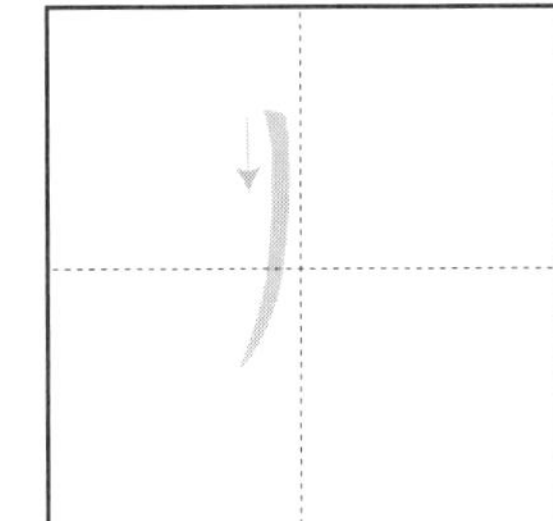

★上の　絵を　見ながら　左に　かん字を　書きましょう。

❶ かん字　つけたし　かんせい　クイズ

★四つの　ますの　かん字を
▼なぞって、
▼つけたして、
それぞれの　ますを　かんせい　させましょう。

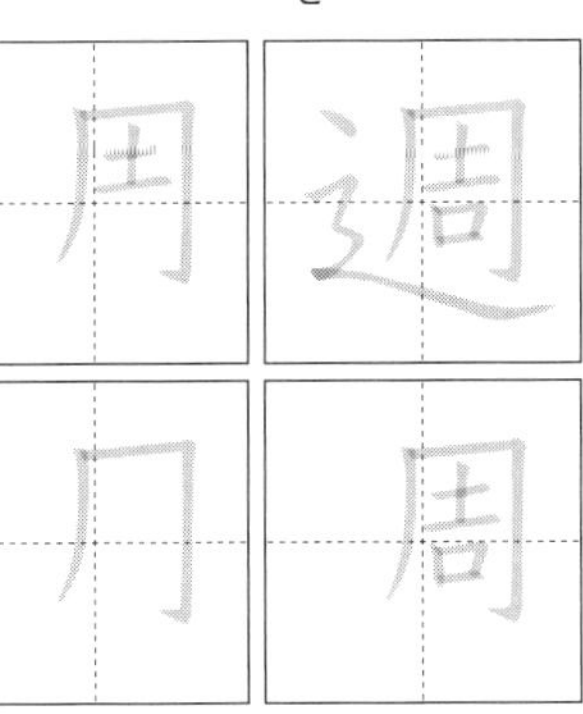

❷ よみかた　クイズ

★こえに　出して　一かい　よんでから、□に　あう　よみかたを　書きましょう。

しゅう　週 → 週（し□□） → 週（□□□）

❸ かん字を　かこう

★□に　かん字を　書きましょう。下の□には、上の　文を　書きましょう。

□（しゅう）の　はじめ。

リマインド

日にち　／

★一しゅうかん後の　日にちを　書いて　チャレンジしましょう。

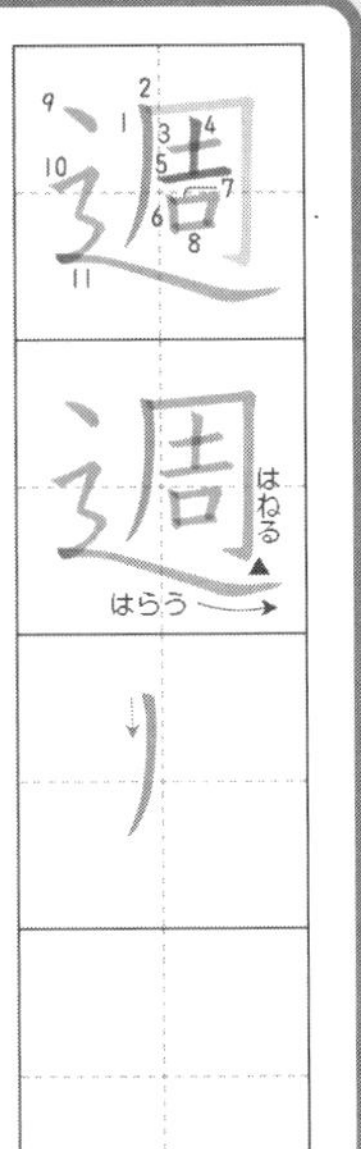

★このかん字を　おぼえた　ことばを　書きましょう。

日にち　／

ことばや　絵で　おぼえよう

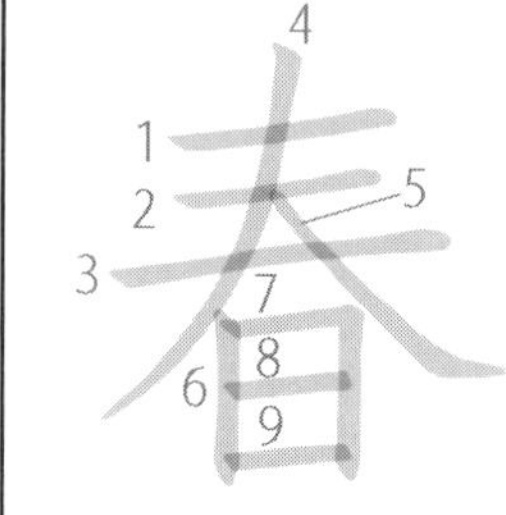

★つぎの　ことばを　いいながら　上の　かん字を　なぞりましょう。

三に人、日

★あなたが　かん字を　おぼえやすい　ことばを　考えて　書きましょう。（上と　おなじでも　よい。）

名まえ

春（はる）が　くる。

★上の　絵を　見ながら　左に　かん字を　書きましょう。

❶ かん字　つけたし　かんせい　クイズ

★四つの　ますの　かん字を
▼なぞって、
▼つけたして、
それぞれの　ますを　かんせい　させましょう。

❷ よみかた　クイズ

★こえに　出して　一かい　よんでから、□に　あう　よみかたを　書きましょう。

はる
春
↓
春□は
↓
春□□

❸ かん字を　かこう

★□に　かん字を　書きましょう。下の□には、上の　文を　書きましょう。

□（はる）が　くる。

リマインド

日にち　／

★一しゅうかん後の　日にちを　書いて　チャレンジしましょう。

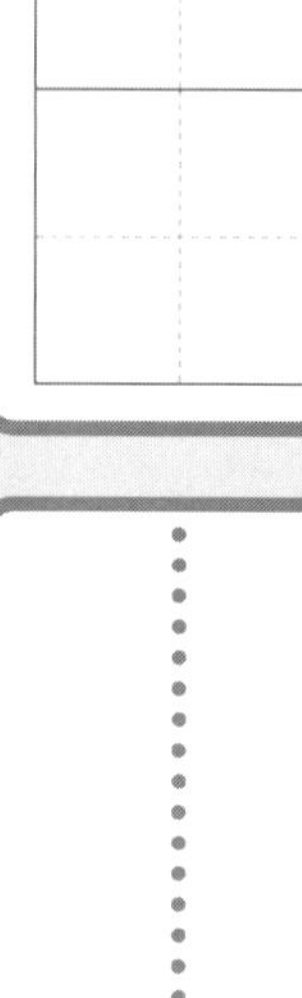

★このかん字を　おぼえた　ことばを　書きましょう。

日にち

ことばや 絵で おぼえよう

書

★つぎの ことばを いいながら 上の かん字を なぞりましょう。

ヨのまん中ながく、二、たて、日

★あなたが かん字を おぼえやすい ことばを 考えて 書きましょう。（上と おなじでも よい。）

名まえ

字を 書く。

★上の 絵を 見ながら 左に かん字を 書きましょう。

❶ かん字 つけたし かんせい クイズ

★四つの ますの かん字を
▼なぞって、
▼つけたして、
それぞれの ますを かんせい させましょう。

❷ よみかた クイズ

★こえに 出して 一かい よんでから、□に あう よみかたを 書きましょう。

書く（か）
↓
書く□
↓
書く□

❸ かん字を かこう

★□に かん字を 書きましょう。下の □には、上の 文を 書きましょう。

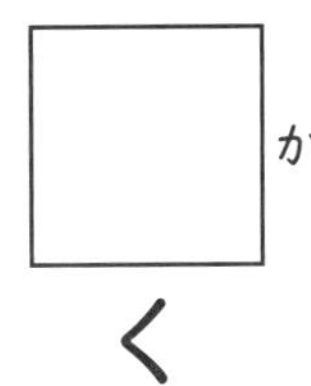

字を □（か）く。

日にち

リマインド

★一しゅうかん後の 日にちを 書いて チャレンジしましょう。

書

★このかん字を おぼえた ことばを 書きましょう。

日にち

名まえ

ことばや 絵で おぼえよう

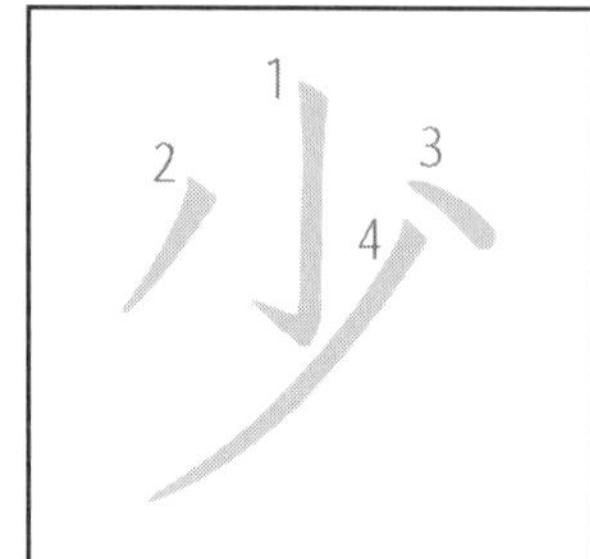

★つぎの ことばを いいながら 上の かん字を なぞりましょう。

小さいノ

★あなたが かん字を おぼえやすい ことばを 考えて 書きましょう。(上と おなじでも よい。)

数が 少ない。

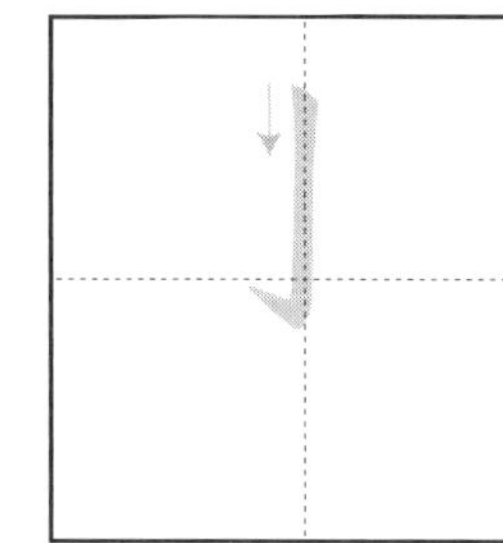

★上の 絵を 見ながら 左に かん字を 書きましょう。

❶ かん字 つけたし かんせい クイズ

★四つの ますの かん字を
▼なぞって、
▼つけたして、
それぞれの ますを かんせい させましょう。

❷ よみかた クイズ

★こえに 出して 一かい よんでから、□に あう よみかたを 書きましょう。

すく
少ない
↓
す□
少ない
↓
□□
少ない

❸ かん字を かこう

★□に かん字を 書きましょう。下の □には、上の 文を 書きましょう。

数が □ない。(すく)

リマインド

日にち

★一しゅうかん後の 日にちを 書いて チャレンジしましょう。

★このかん字を おぼえた ことばを 書きましょう。

日にち　／

名まえ

ことばや 絵で おぼえよう

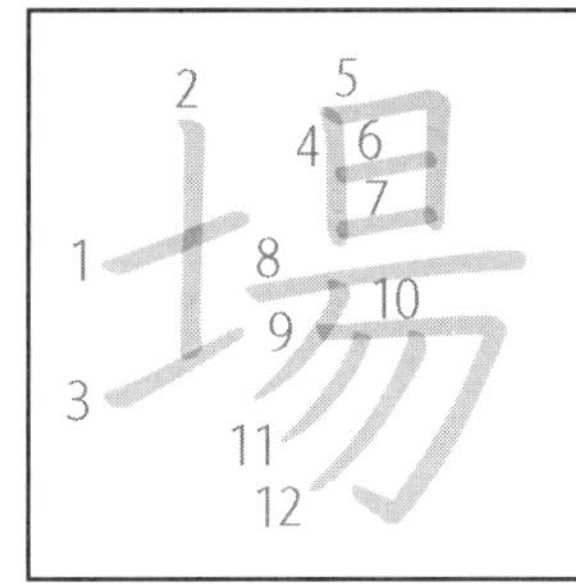

★つぎの ことばを いいながら 上の かん字を なぞりましょう。

土、日、一、ななめ、
かくはね、ななめ、
ななめ

★あなたが かん字を おぼえやすい ことばを 考えて 書きましょう。(上と おなじでも よい。)

工場(こうじょう)の 人(ひと)。

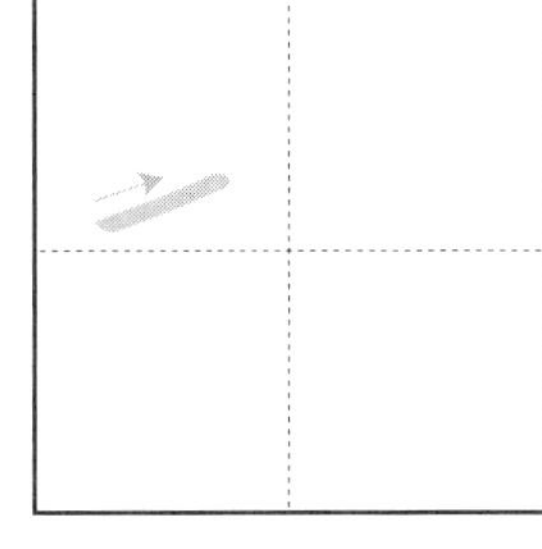

★上の 絵を 見ながら 左に かん字を 書きましょう。

❶ かん字 つけたし かんせい クイズ

★四つの ますの かん字を
▼なぞって、
▼つけたして、
それぞれの ますを かんせい させましょう。

❷ よみかた クイズ

★こえに 出して 一かい よんでから、□に あう よみかたを 書きましょう。

こうじょう 工場
↓
こうじ□□ 工場
↓
こう□□□ 工場

❸ かん字を かこう

★□に かん字を 書きましょう。下の □ には、上の 文を 書きましょう。

工(こう)□(じょう)の 人(ひと)。

リマインド

★一しゅうかん後の 日にちを 書いて チャレンジしましょう。

★このかん字を おぼえた ことばを 書きましょう。

日にち

ことばや 絵で おぼえよう

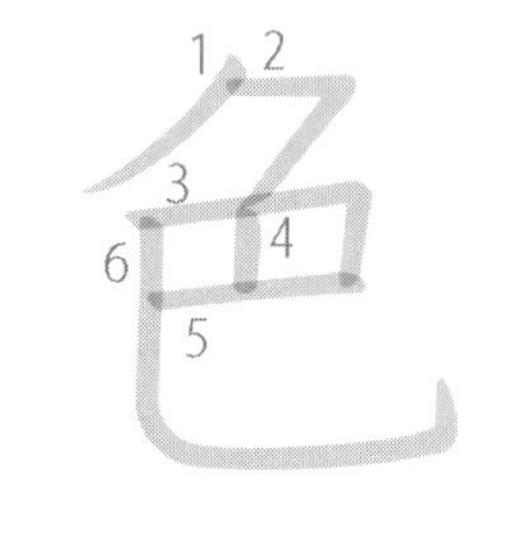

★つぎの ことばを いいながら 上の かん字を なぞりましょう。

ノ、フ、かく、たて、たて、よこ、たてよこはね

色をぬる。

★上の 絵を 見ながら 左に かん字を 書きましょう。

名まえ

★あなたが かん字を おぼえやすい ことばを 考えて 書きましょう。(上と おなじでも よい。)

❶ かん字 つけたし かんせい クイズ

★四つの ますの かん字を
▼なぞって、
▼つけたして、
それぞれの ますを かんせい させましょう。

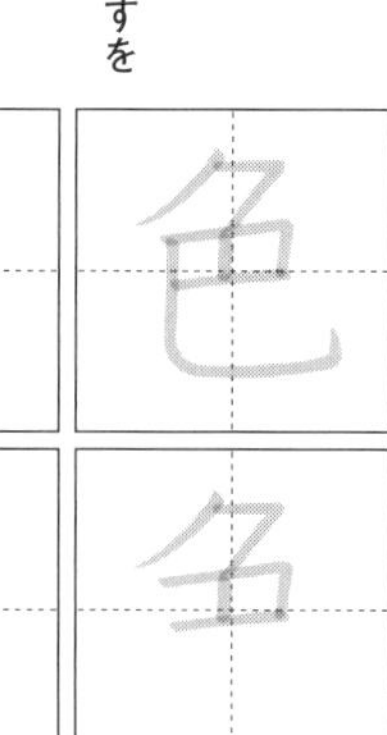

❷ よみかた クイズ

★これに 出して 一かい よんでから、□に あう よみかたを 書きましょう。

色 いろ
↓
色 い□
↓
色 □□

❸ かん字を かこう

★□に かん字を 書きましょう。下の □には、上の 文を 書きましょう。

□(いろ)をぬる。

リマインド

日にち

★一しゅうかん後の 日にちを 書いて チャレンジしましょう。

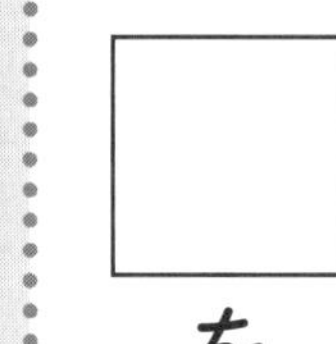

★このかん字を おぼえた ことばを 書きましょう。

ことばや 絵で おぼえよう

日にち

名まえ

★つぎの ことばを いいながら 上の かん字を なぞりましょう。

やね、たて、かく、よこ、よこ、たては ね、ななめ、右はらい

★あなたが かん字を おぼえやすい ことばを 考えて 書きましょう。（上と おなじでも よい。）

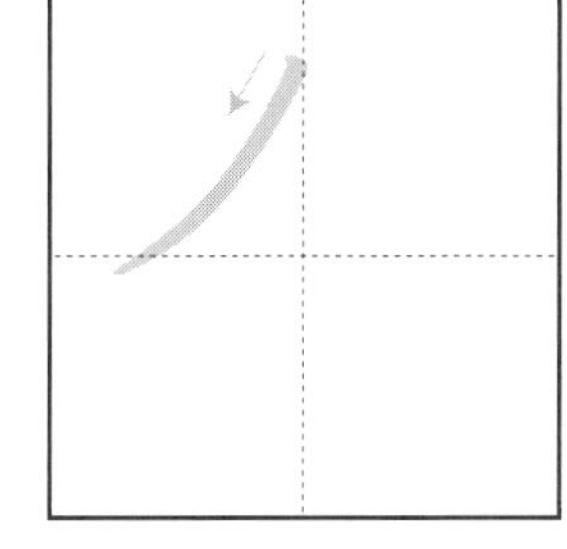

ごはんを 食べる。

★上の 絵を 見ながら 左に かん字を 書きましょう。

❶ かん字 つけたし かんせい クイズ

★四つの ますの かん字を
▼なぞって、
▼つけたして、
それぞれの ますを かんせい させましょう。

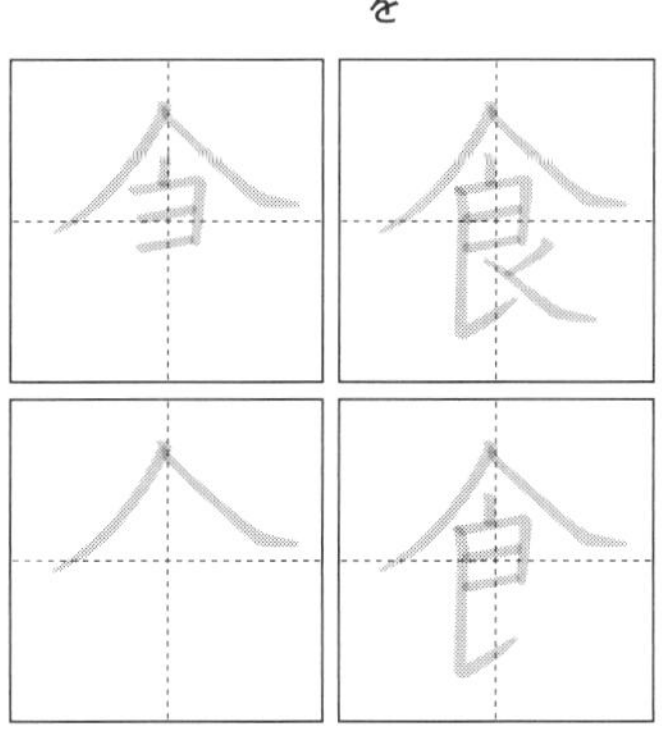

❷ よみかた クイズ

★こえに 出して 一かい よんでから、□に あう よみかたを 書きましょう。

食べる → 食□べる → 食□べる

❸ かん字を かこう

★□に かん字を 書きましょう。下の □には、上の 文を 書きましょう。

ごはんを □べる。

リマインド

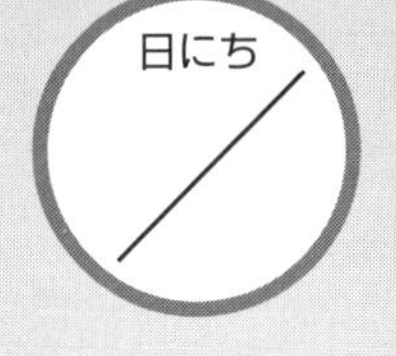

★一しゅうかん後の 日にちを 書いて チャレンジしましょう。

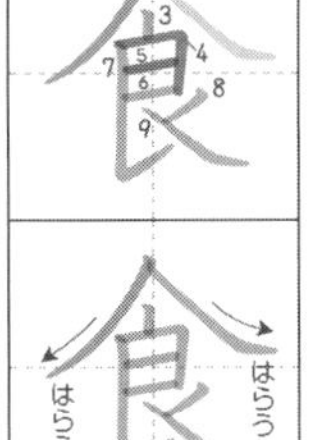

★このかん字を おぼえた ことばを 書きましょう。

日にち ／

ことばや 絵で おぼえよう

★つぎの ことばを いいながら 上の かん字を なぞりましょう。

てん、ななめ、
てん二つ

名まえ

★あなたが かん字を おぼえやすい ことばを 考えて 書きましょう。（上と おなじでも よい。）

心に のこる。

★上の 絵を 見ながら 左に かん字を 書きましょう。

❶ かん字 つけたし かんせい クイズ

★四つの ますの かん字を
▼なぞって、
▼つけたして、
それぞれの ますを かんせい させましょう。

❷ よみかた クイズ

★こえに 出して 一かい よんでから、□に あう よみかたを 書きましょう。

こころ
心
↓
こ
心 □□
↓
心 □□□

❸ かん字を かこう

★□に かん字を 書きましょう。下の □には、上の 文を 書きましょう。

こころ
□に のこる。

日にち ／

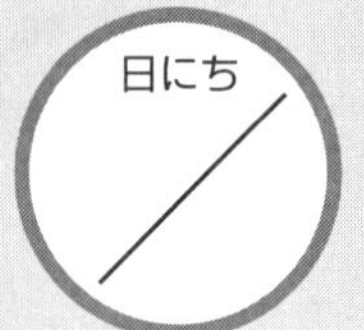

リマインド

★一しゅうかん後の 日にちを 書いて チャレンジしましょう。

★このかん字を おぼえた ことばを 書きましょう。

日にち

ことばや 絵で おぼえよう

★つぎの ことばを いいながら 上の かん字を なぞりましょう。

立つ、木、ななめはね、ノ、よこ、たて

★上の 絵を 見ながら 左に かん字を 書きましょう。

新（あたら）しい かばん。

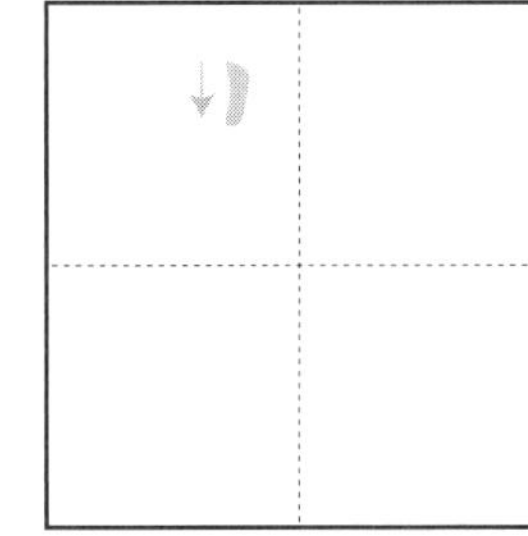

★あなたが かん字を おぼえやすい ことばを 考（かんが）えて 書（か）きましょう。（上と おなじでも よい。）

名まえ

❶ かん字 つけたし かんせい クイズ

★四つの ますの かん字を
▼なぞって、
▼つけたして、
それぞれの ますを かんせい させましょう。

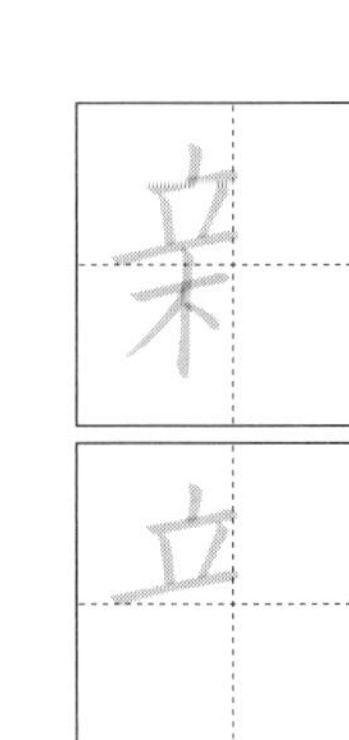

❷ よみかた クイズ

★こえに 出して 一かい よんでから、□に あう よみかたを 書（か）きましょう。

新（あたら）しい
↓
新（あ□□）しい
↓
新（□□□）しい

❸ かん字を かこう

★□に かん字を 書（か）きましょう。下の □には、上の 文を 書（か）きましょう。

□（あたら）しい かばん。

リマインド

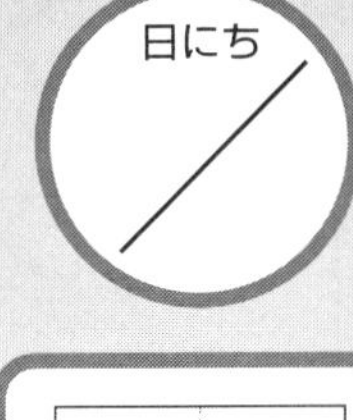

日にち

★一しゅうかん後（ご）の 日にちを 書（か）いて チャレンジしましょう。

★このかん字を おぼえた ことばを 書（か）きましょう。

日にち　／

ことばや 絵で おぼえよう

★つぎの ことばを いいながら 上の かん字を なぞりましょう。

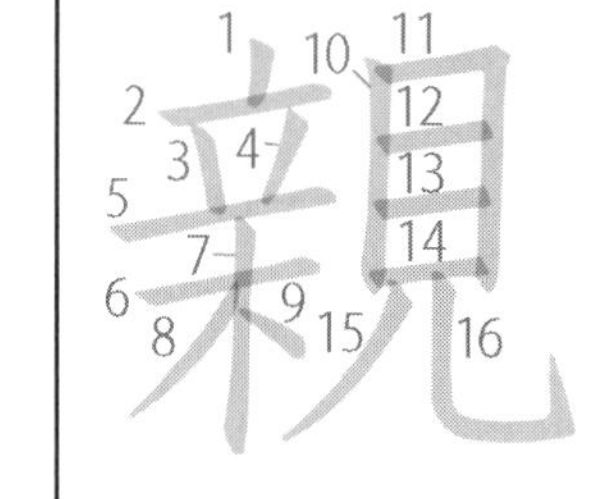

立つ、木、見る

★上の 絵を 見ながら 左に かん字を 書きましょう。

父親（ちちおや）と母親（ははおや）。

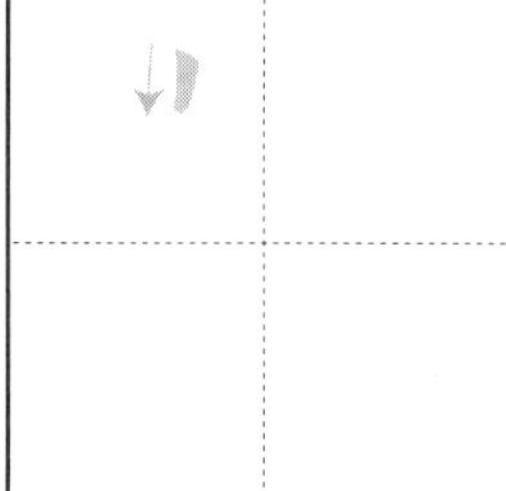

名まえ

★あなたが かん字を おぼえやすい ことばを 考えて 書きましょう。（上と おなじでも よい。）

❶ かん字 つけたし かんせい クイズ

★四つの ますの かん字を
▼なぞって、
▼つけたして、
それぞれの ますを かんせい させましょう。

親　亲　親　立

❷ よみかた クイズ

★こえに 出して 一かい よんでから、□に あう よみかたを 書きましょう。

親（おや）
↓
親（お□）
↓
親（□□）

❸ かん字を かこう

★□に かん字を 書きましょう。下の □ には、上の 文を 書きましょう。

父（ちち）□（おや）と 母親（ははおや）。

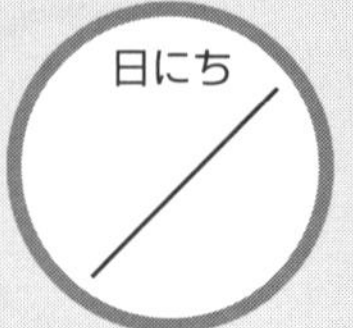

リマインド

★一しゅうかん後の 日にちを 書いて チャレンジしましょう。

親　はねる　はらう

★このかん字を おぼえた ことばを 書きましょう。

日にち　／

ことばや　絵で　おぼえよう

★つぎの　ことばを　いいながら　上の　かん字を　なぞりましょう。

口の中にツ、ななめ

名まえ

★あなたが　かん字を　おぼえやすい　ことばを　考えて　書きましょう。（上と　おなじでも　よい。）

図書かん（としょかん）

★上の　絵を　見ながら　左に　かん字を　書きましょう。

❶ かん字　つけたし　かんせい　クイズ

★四つの　ますの　かん字を
▼なぞって、
▼つけたして、
それぞれの　ますを　かんせい　させましょう。

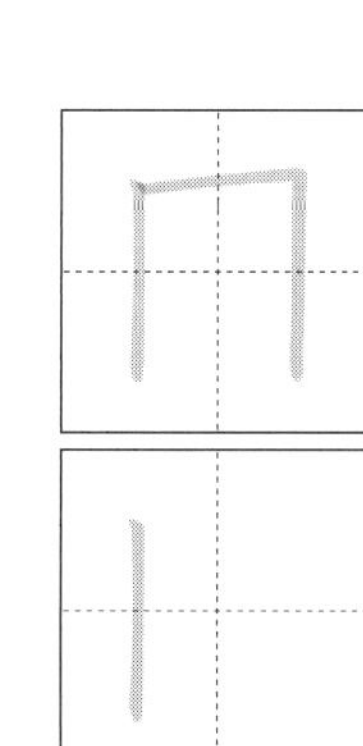

❷ よみかた　クイズ

★こえに　出して　一かい　よんでから、□に　あう　よみかたを　書きましょう。

図書（と）
↓
図□書
↓
図□書

❸ かん字を　かこう

★□に　かん字を　書きましょう。下の□には、上の　文を　書きましょう。

□（と）書（しょ）かん

リマインド

日にち　／

★一しゅうかん後の　日にちを　書いて　チャレンジしましょう。

はらう　とめる

★このかん字を　おぼえた　ことばを　書きましょう。

日にち ／

名まえ

ことばや　絵で　おぼえよう

★つぎの　ことばを　いいながら　上の　かん字を　なぞりましょう。

ソ、十、はらい、はらい、女＋ノ、よこ、ノ、右はらい

★あなたが　かん字を　おぼえやすい　ことばを　考えて　書きましょう。（上と　おなじでも　よい。）

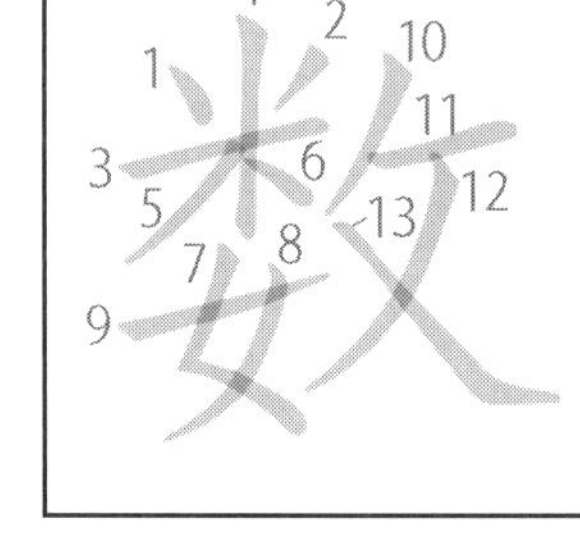

みかんの　数（かず）。

★上の　絵を　見ながら　左に　かん字を　書きましょう。

❶ かん字　つけたし　かんせい　クイズ

★四つの　ますの　かん字を　▼なぞって、▼つけたして、それぞれの　ますを　かんせい　させましょう。

❷ よみかた　クイズ

★こえに　出して　一かい　よんでから、□に　あう　よみかたを　書きましょう。

数（かず）→ 数（か□）→ 数（□□）

❸ かん字を　かこう

★□に　かん字を　書きましょう。下の　□には、上の　文を　書きましょう。

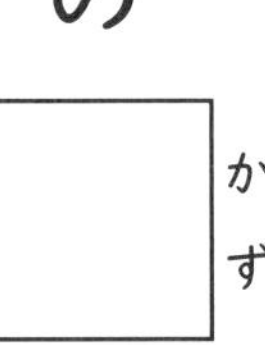

みかんの　□（かず）。

リマインド

日にち ／

★一しゅうかん後の　日にちを　書いて　チャレンジしましょう。

★このかん字を　おぼえた　ことばを　書きましょう。

ことばや 絵で おぼえよう

★つぎの ことばを いいながら 上の かん字を なぞりましょう。

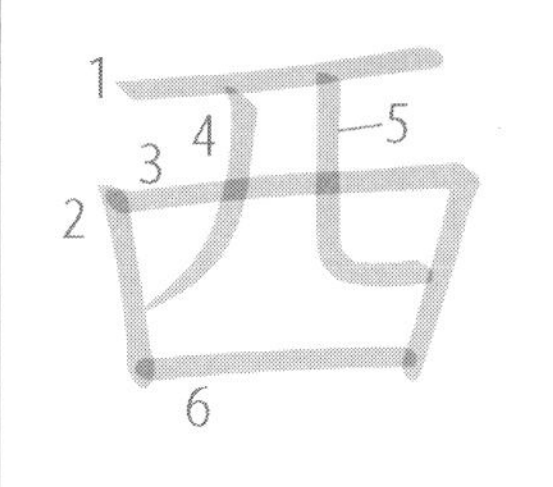

一、たて、かく、ル、よこ

※ルではありません。

西(にし)に しずむ。

★上の 絵を 見ながら 左に かん字を 書きましょう。

名まえ

★あなたが かん字を おぼえやすい ことばを 考えて 書きましょう。(上と おなじでも よい。)

❶ かん字 つけたし かんせい クイズ

★四つの ますの かん字を ▼なぞって、▼つけたして、それぞれの ますを かんせい させましょう。

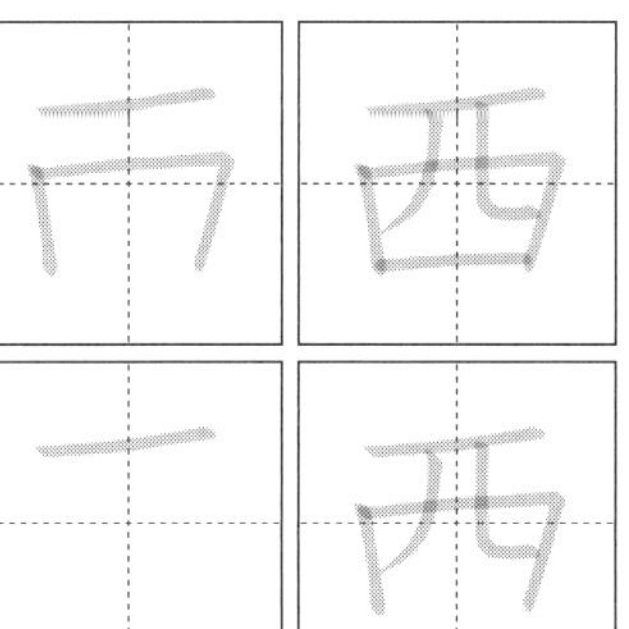

❷ よみかた クイズ

★こえに 出して 一かい よんでから、□に あう よみかたを 書きましょう。

西 にし

↓

西 に□

↓

西 □□

❸ かん字を かこう

★□に かん字を 書きましょう。下の □には、上の 文を 書きましょう。

□(にし)に しずむ。

日にち

リマインド

★一しゅうかん後の 日にちを 書いて チャレンジしましょう。

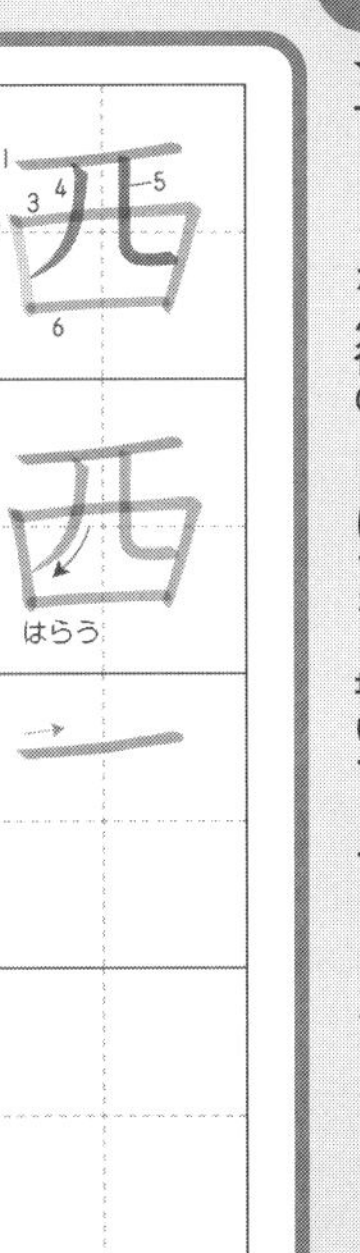

★このかん字を おぼえた ことばを 書きましょう。

日にち ／

名まえ

ことばや 絵で おぼえよう

★つぎの ことばを いいながら 上の かん字を なぞりましょう。

十、一、かく、たて、よこ、ノ

★あなたが かん字を おぼえやすい ことばを 考えて 書きましょう。（上と おなじでも よい。）

声を かける。

★上の 絵を 見ながら 左に かん字を 書きましょう。

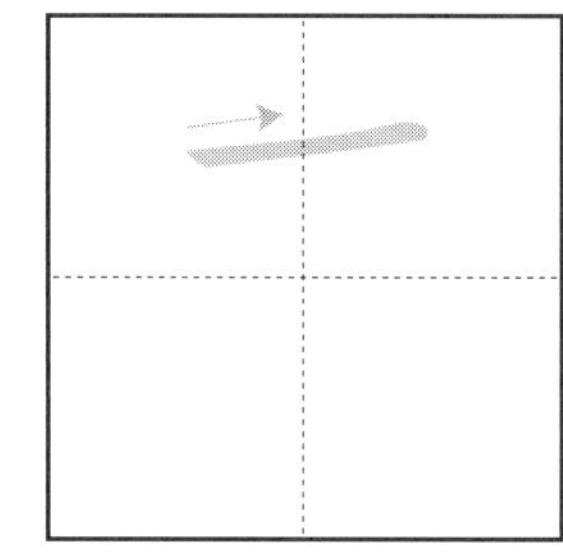

❶ かん字 つけたし かんせい クイズ

★四つの ますの かん字を
▼なぞって、
▼つけたして、
それぞれの ますを かんせい させましょう。

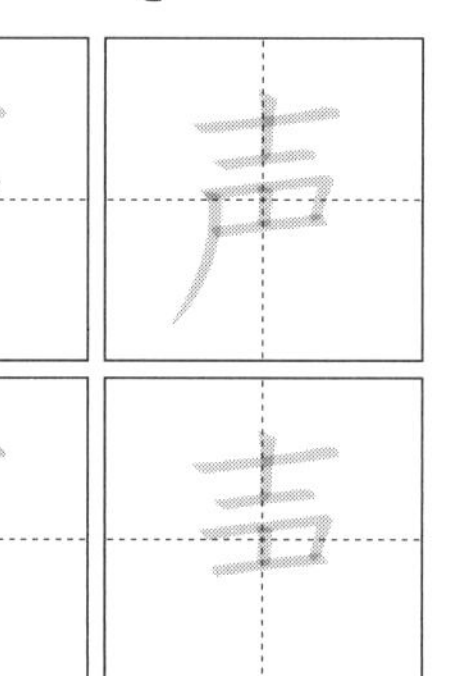

❷ よみかた クイズ

★こえに 出して 一かい よんでから、□に あう よみかたを 書きましょう。

こえ
声
↓
声 こ□
↓
声 □□

❸ かん字を かこう

★□に かん字を 書きましょう。下の □ には、上の 文を 書きましょう。

□（こえ）を かける。

リマインド

★一しゅうかん後の 日にちを 書いて チャレンジしましょう。

日にち ／

★このかん字を おぼえた ことばを 書きましょう。

日にち ／

名まえ

ことばや 絵で おぼえよう

★つぎの ことばを いいながら 上の かん字を なぞりましょう。

日に生まれる

★あなたが かん字を おぼえやすい ことばを 考えて 書きましょう。（上と おなじでも よい。）

星（ほし）を見上（みあ）げる。

★上の 絵を 見ながら 左に かん字を 書きましょう。

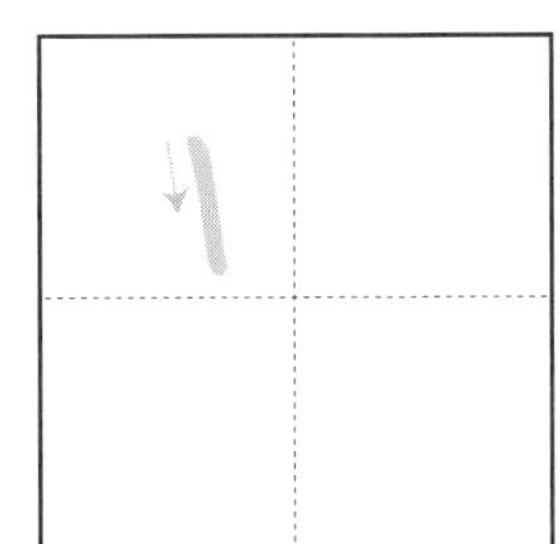

❶ かん字 つけたし かんせい クイズ

★四つの ますの かん字を
▼なぞって、
▼つけたして、
それぞれの ますを かんせい させましょう。

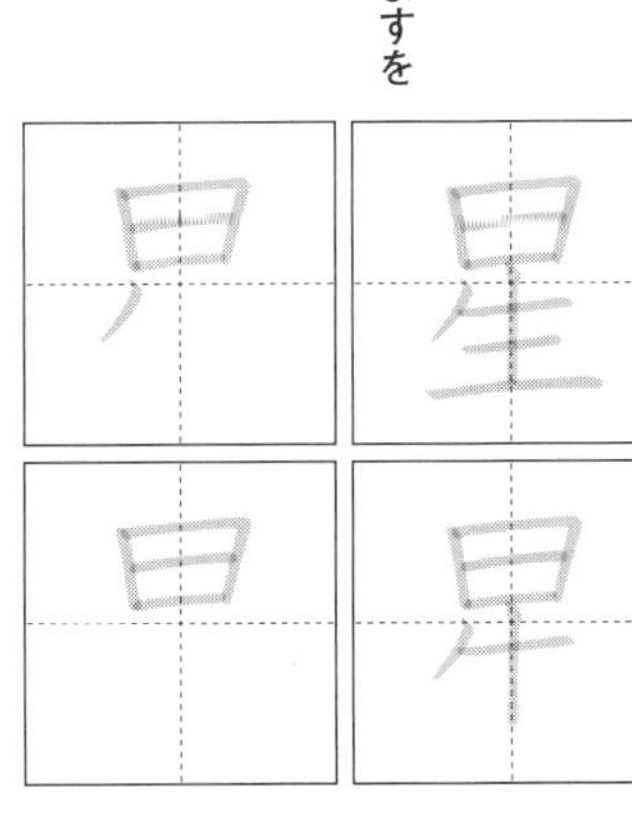

❷ よみかた クイズ

★こえに 出して 一かい よんでから、□に あう よみかたを 書きましょう。

星（ほし）
↓
星（ほ□）
↓
星（□□）

❸ かん字を かこう

★□に かん字を 書きましょう。下の □ には、上の 文を 書きましょう。

□（ほし）を見上（みあ）げる。

リマインド

日にち ／

★一しゅうかん後の 日にちを 書いて チャレンジしましょう。

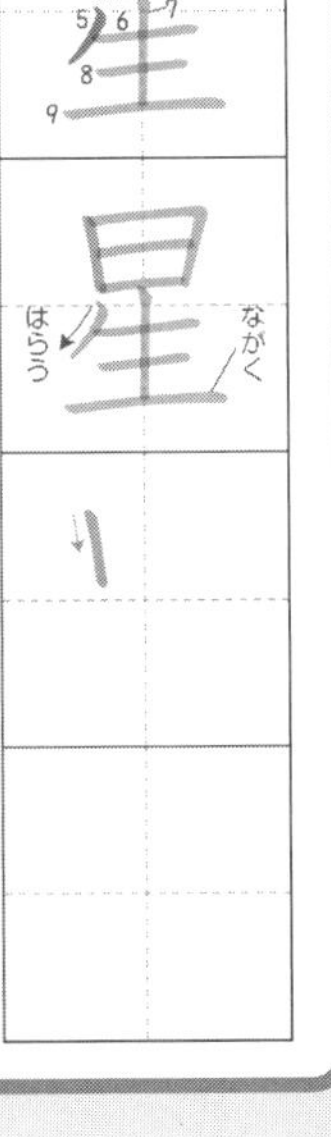

★このかん字を おぼえた ことばを 書きましょう。

日にち

ことばや　絵で　おぼえよう

★つぎの　ことばを　いいながら　上の　かん字を　なぞりましょう。

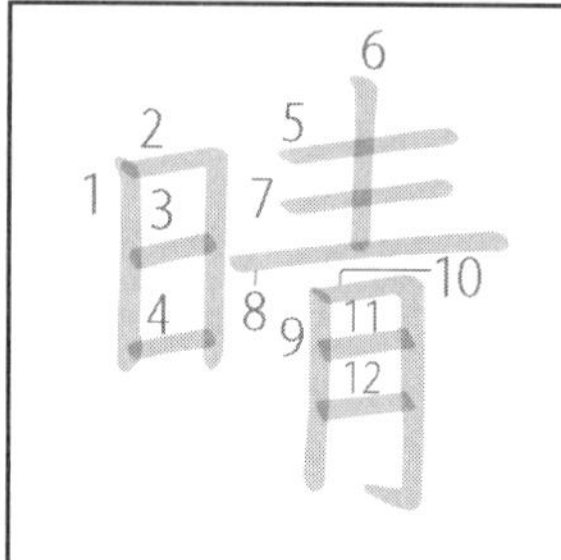

日に青

★上の　絵を　見ながら　左に　かん字を　書きましょう。

晴れた　日。

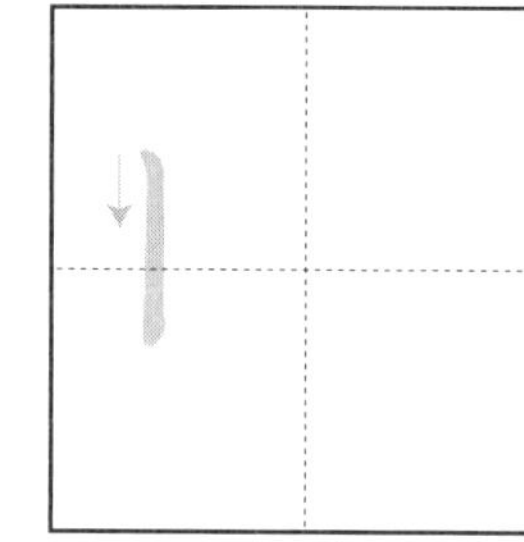

★あなたが　かん字を　おぼえやすい　ことばを　考えて　書きましょう。（上と　おなじでも　よい。）

名まえ

❶ かん字　つけたし　かんせい　クイズ

★四つの　ますの　かん字を
▼なぞって、
▼つけたして、
それぞれの　ますを　かんせい　させましょう。

❷ よみかた　クイズ

★こえに　出して　一かい　よんでから、□に　あう　よみかたを　書きましょう。

晴れた　は

晴れた□

晴れた□

❸ かん字を　かこう

★□に　かん字を　書きましょう。下の　□には、上の　文を　書きましょう。

□れた　日。（は）

リマインド

日にち

★一しゅうかん後の　日にちを　書いて　チャレンジしましょう。

★このかん字を　おぼえた　ことばを　書きましょう。

日にち

名まえ

ことばや 絵で おぼえよう

切

★つぎの ことばを いいながら 上の かん字を なぞりましょう。

七、かくはね、ノ

★あなたが かん字を おぼえやすい ことばを 考えて 書きましょう。(上と おなじでも よい。)

紙を 切る。

★上の 絵を 見ながら 左に かん字を 書きましょう。

❶ かん字 つけたし かんせい クイズ

★四つの ますの かん字を ▼なぞって、▼つけたして、それぞれの ますを かんせい させましょう。

❷ よみかた クイズ

★こえに 出して 一かい よんでから、□に あう よみかたを 書きましょう。

切る(き)

↓

切る □

↓

切る □

❸ かん字を かこう

★□に かん字を 書きましょう。下の □には、上の 文を 書きましょう。

紙(かみ)を □(き)る。

リマインド

日にち

★一しゅうかん後の 日にちを 書いて チャレンジしましょう。

出さない

はねる

★このかん字を おぼえた ことばを 書きましょう。

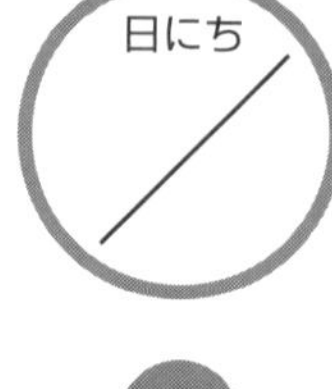

ことばや 絵で おぼえよう

★つぎの ことばを いいながら 上の かん字を なぞりましょう。

雨、ヨ

名まえ

★あなたが かん字を おぼえやすい ことばを 考えて 書きましょう。（上と おなじでも よい。）

雪が ふる。

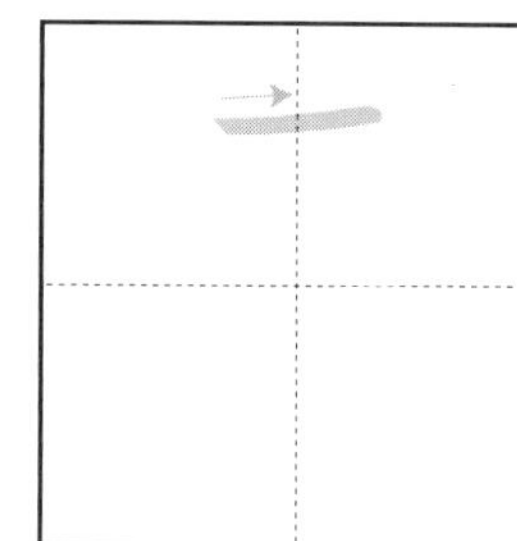

★上の 絵を 見ながら 左に かん字を 書きましょう。

❶ かん字 つけたし かんせい クイズ

★四つの ますの かん字を
▼なぞって、
▼つけたして、
それぞれの ますを かんせい させましょう。

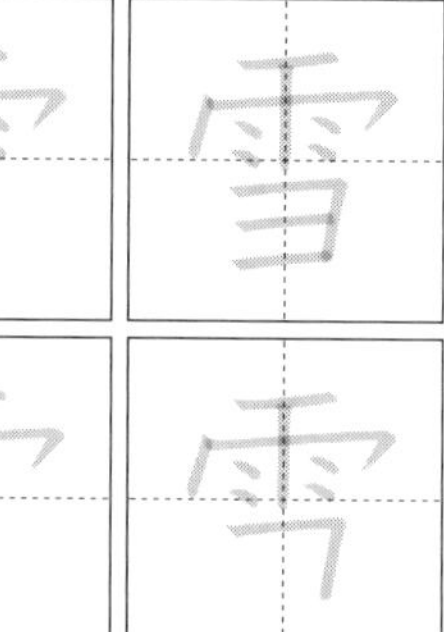

❷ よみかた クイズ

★こえに 出して 一かい よんでから、□に あう よみかたを 書きましょう。

雪（ゆき）
↓
雪（ゆ□）
↓
雪（□□）

❸ かん字を かこう

★□に かん字を 書きましょう。下の □には、上の 文を 書きましょう。

□（ゆき）が ふる。

リマインド

★一しゅうかん後の 日にちを 書いて チャレンジしましょう。

★このかん字を おぼえた ことばを 書きましょう。

名まえ

ことばや 絵で おぼえよう

★つぎの ことばを いいながら 上の かん字を なぞりましょう。

てん、ななめ、かくは
ね、てん、たて、よこ
十八、ロ

★あなたが かん字を おぼえやすい ことばを 考えて 書きましょう。(上と おなじでも よい。)

大(おお)きな 船(ふね)。

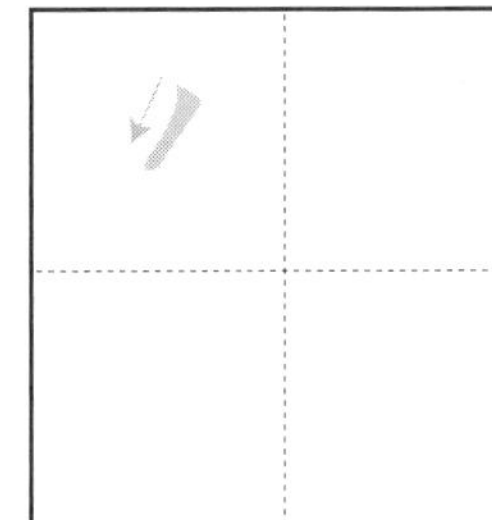

★上の 絵を 見ながら 左に かん字を 書きましょう。

❶ かん字 つけたし かんせい クイズ

★四つの ますの かん字を
▼なぞって、
▼つけたして、
それぞれの ますを かんせい させましょう。

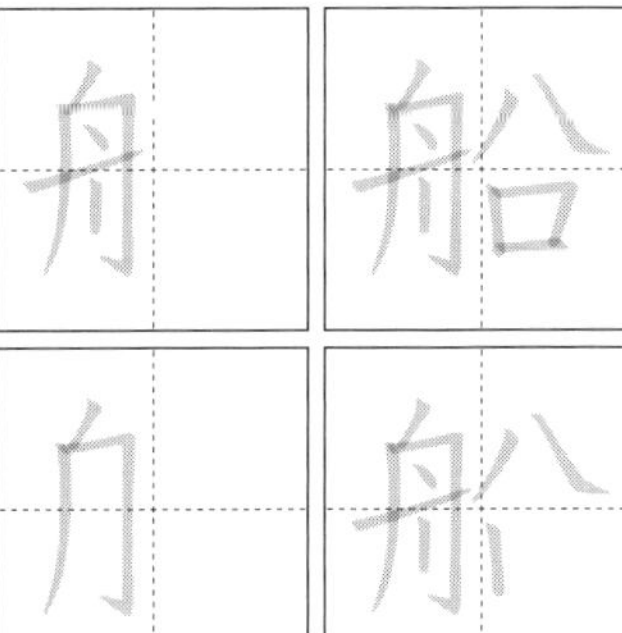

❷ よみかた クイズ

★こえに 出して 一かい よんでから、□に あう よみかたを 書きましょう。

船 ふね
↓
船 ふ□
↓
船 □□

❸ かん字を かこう

★□に かん字を 書きましょう。下の □ には、上の 文を 書きましょう。

大(おお)きな □(ふね)。

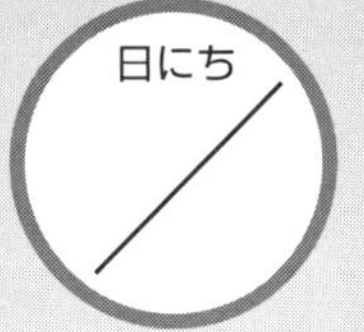

リマインド

★一しゅうかん後の 日にちを 書いて チャレンジしましょう。

▲はねる

★このかん字を おぼえた ことばを 書きましょう。

ことばや　絵で　おぼえよう

日にち

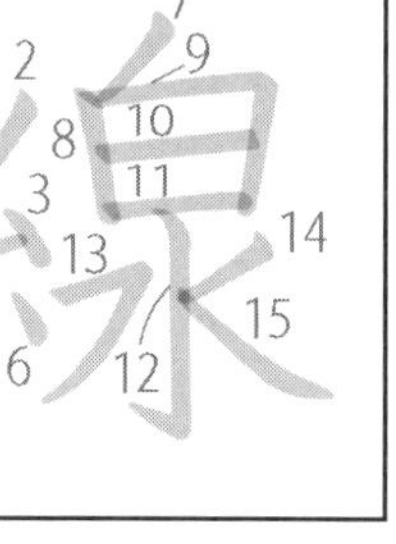

★つぎの　ことばを　いいながら　上の　かん字を　なぞりましょう。

糸に白、水

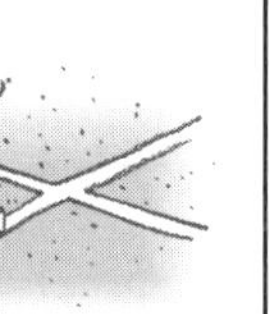

線を引く。

★上の　絵を　見ながら　左に　かん字を　書きましょう。

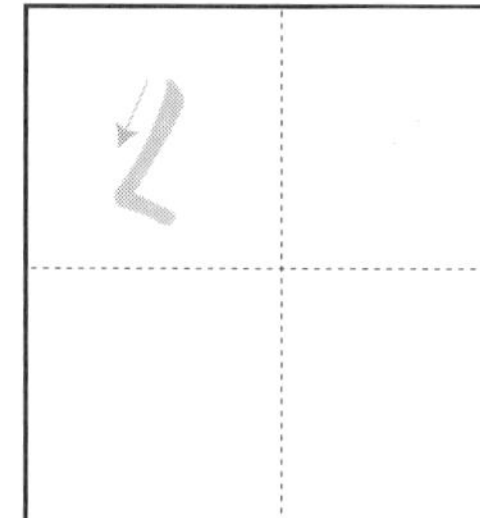

名まえ

★あなたが　かん字を　おぼえやすい　ことばを　考えて　書きましょう。（上と　おなじでも　よい。）

❶ かん字　つけたし　かんせい　クイズ

★四つの　ますの　かん字を
▼なぞって、
▼つけたして、
それぞれの　ますを　かんせい　させましょう。

❷ よみかた　クイズ

★これに　出して　一かい　よんでから、□に　あう　よみかたを　書きましょう。

線　せん
↓
線　せ□
↓
線　□□

❸ かん字を　かこう

★□に　かん字を　書きましょう。下の　□には、上の　文を　書きましょう。

□（せん）を引く。

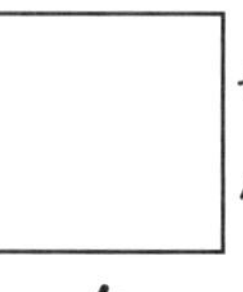

リマインド

日にち

★一しゅうかん後の　日にちを　書いて　チャレンジしましょう。

★このかん字を　おぼえた　ことばを　書きましょう。

名まえ

ことばや　絵で　おぼえよう

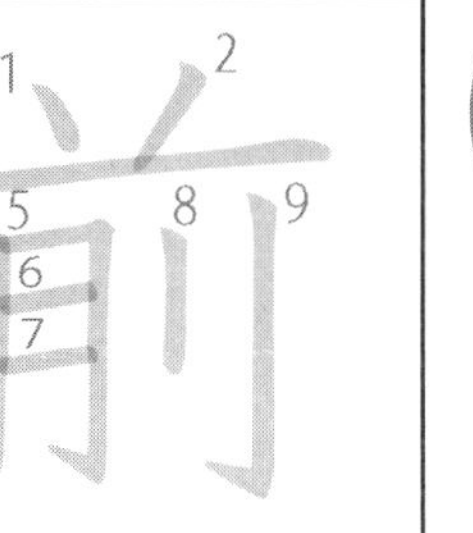

★つぎの　ことばを　いいながら　上の　かん字を　なぞりましょう。

ソ、よこ、月、たて、たてはね

★あなたが　かん字を　おぼえやすい　ことばを　考えて　書きましょう。（上と　おなじでも　よい。）

前を　歩く。

★上の　絵を　見ながら　左に　かん字を　書きましょう。

❶ かん字　つけたし　かんせい　クイズ

★四つの　ますの　かん字を
▼なぞって、
▼つけたして、
それぞれの　ますを　かんせい　させましょう。

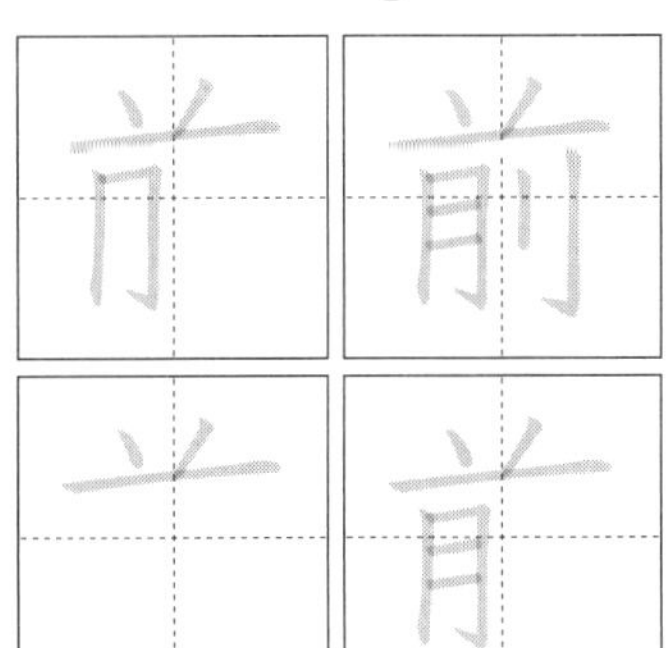

❷ よみかた　クイズ

★こえに　出して　一かい　よんでから、□に　あう　よみかたを　書きましょう。

前　まえ
↓
前　ま□
↓
前　□□

❸ かん字を　かこう

★□に　かん字を　書きましょう。下の　□には、上の　文を　書きましょう。

（まえ）□を　歩く。

リマインド

★一しゅうかん後の　日にちを　書いて　チャレンジしましょう。

★このかん字を　おぼえた　ことばを　書きましょう。

日にち　／

名まえ

ことばや　絵で　おぼえよう

★つぎの　ことばを　いいながら　上の　かん字を　なぞりましょう。

糸、月、一

※八画目ははねません。

★あなたが　かん字を　おぼえやすい　ことばを　考えて　書きましょう。（上と　おなじでも　よい。）

かたを　組む。

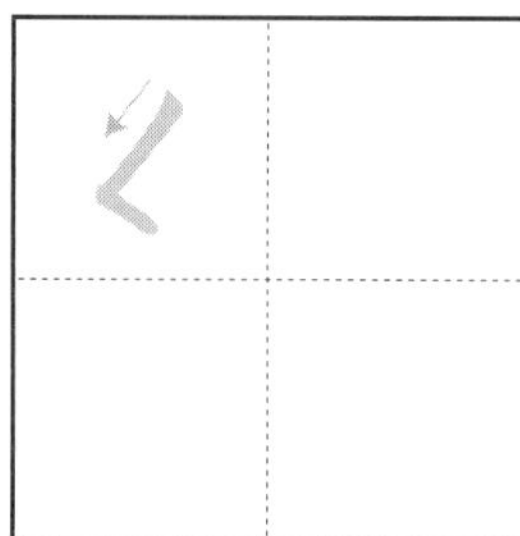

★上の　絵を　見ながら　左に　かん字を　書きましょう。

❶ かん字　つけたし　かんせい　クイズ

★四つの　ますの　かん字を
▼なぞって、
▼つけたして、
それぞれの　ますを　かんせい　させましょう。

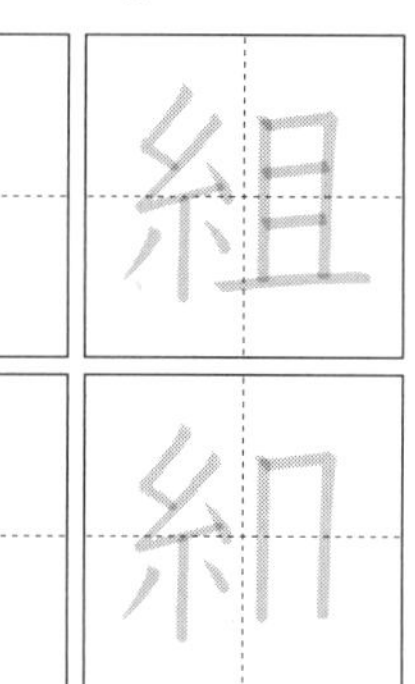

❷ よみかた　クイズ

★こえに　出して　一かい　よんでから、□に　あう　よみかたを　書きましょう。

組む

↓

組む □

↓

組む □

❸ かん字を　かこう

★□に　かん字を　書きましょう。下の　□には、上の　文を　書きましょう。

かたを　□む。

リマインド

日にち　／

★一しゅうかん後の　日にちを　書いて　チャレンジしましょう。

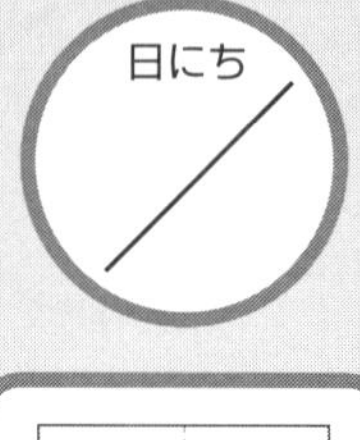

とめる

★このかん字を　おぼえた　ことばを　書きましょう。

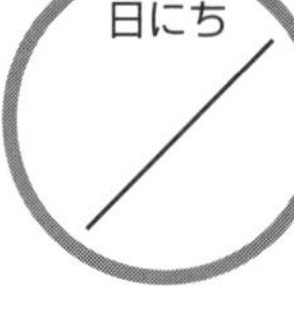

ことばや 絵で おぼえよう

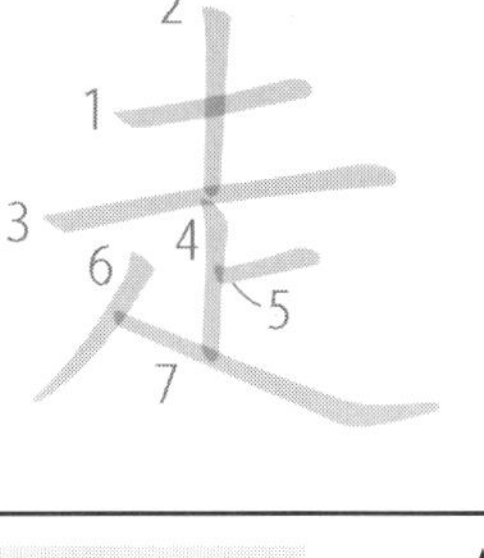

★つぎの ことばを いいながら 上の かん字を なぞりましょう。

土、たて、よこ、ノ、右はらい

はやく 走(はし)る。

★上の 絵を 見ながら 左に かん字を 書きましょう。

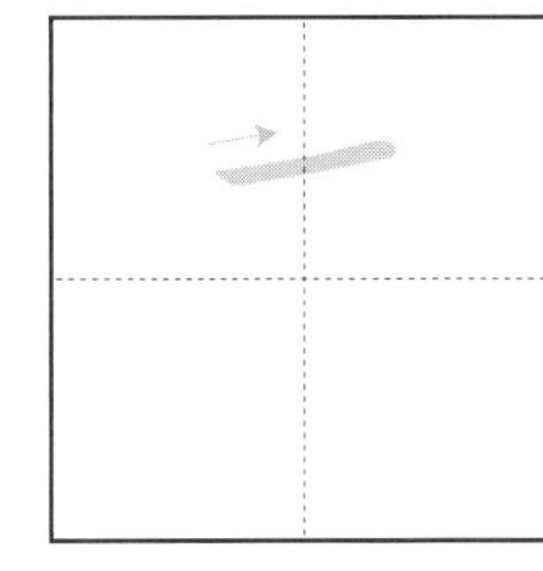

名まえ

★あなたが かん字を おぼえやすい ことばを 考えて 書きましょう。（上と おなじでも よい。）

❶ かん字 つけたし かんせい クイズ

★四つの ますの かん字を
▼なぞって、
▼つけたして、
それぞれの ますを かんせい させましょう。

❷ よみかた クイズ

★こえに 出して 一かい よんでから、□に あう よみかたを 書きましょう。

走(はし)る → 走(は□)る → 走(□□)る

❸ かん字を かこう

★□に かん字を 書きましょう。下の □ には、上の 文を 書きましょう。

はやく □(はし)る。

リマインド

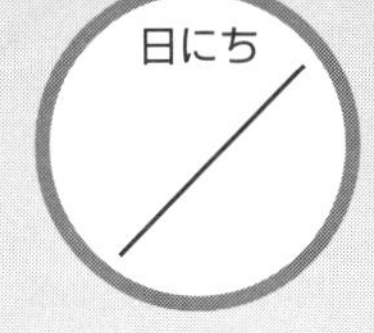

★一しゅうかん後の 日にちを 書いて チャレンジしましょう。

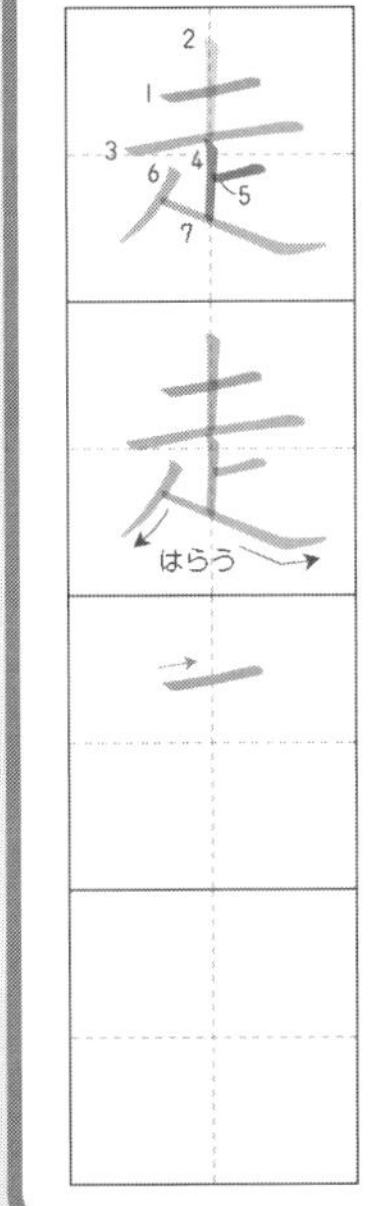

★このかん字を おぼえた ことばを 書きましょう。

日にち

名まえ

ことばや 絵で おぼえよう

★つぎの ことばを いいながら 上の かん字を なぞりましょう。

タが二つ

★あなたが かん字を おぼえやすい ことばを 考えて 書きましょう。（上と おなじでも よい。）

りんごが 多い。

★上の 絵を 見ながら 左に かん字を 書きましょう。

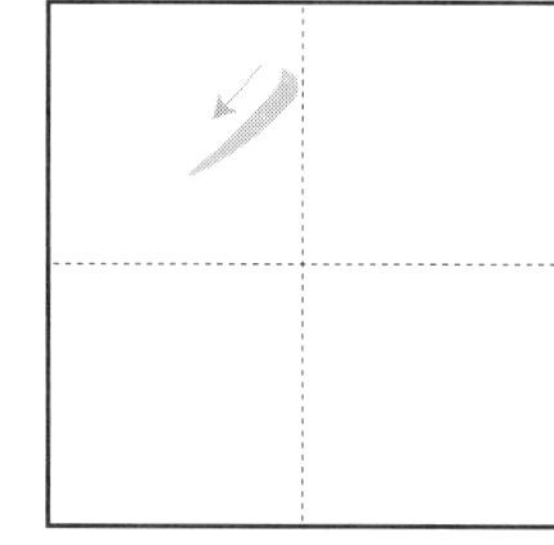

❶ かん字 つけたし かんせい クイズ

★四つの ますの かん字を
▼なぞって、
▼つけたして、
それぞれの ますを かんせい させましょう。

❷ よみかた クイズ

★こえに 出して 一かい よんでから、□に あう よみかたを 書きましょう。

おお 多い
↓
お□ 多い
↓
□□ 多い

❸ かん字を かこう

★□に かん字を 書きましょう。下の □には、上の 文を 書きましょう。

りんごが □い。（おお）

日にち

リマインド

★一しゅうかん後の 日にちを 書いて チャレンジしましょう。

はらう

★このかん字を おぼえた ことばを 書きましょう。

日にち　／

ことばや　絵で　おぼえよう

名まえ

太

★つぎの　ことばを　いいながら　上の　かん字を　なぞりましょう。

大の中にてん

★あなたが　かん字を　おぼえやすい　ことばを　考えて　書きましょう。（上と　おなじでも　よい。）

太い　みき。

★上の　絵を　見ながら　左に　かん字を　書きましょう。

❶ かん字　つけたし　かんせい　クイズ

★四つの　ますの　かん字を
▼なぞって、
▼つけたして、
それぞれの　ますを　かんせい　させましょう。

❷ よみかた　クイズ

★こえに　出して　一かい　よんでから、□に　あう　よみかたを　書きましょう。

太い
↓
太□い
↓
太□□い

❸ かん字を　かこう

★□に　かん字を　書きましょう。下の　□　には、上の　文を　書きましょう。

□い　みき。

日にち　／

リマインド

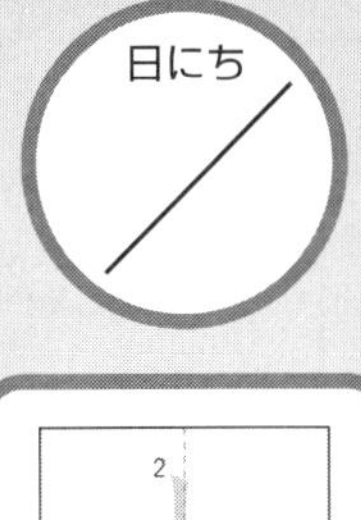

★一しゅうかん後の　日にちを　書いて　チャレンジしましょう。

★このかん字を　おぼえた　ことばを　書きましょう。

日にち　／

名まえ

ことばや　絵で　おぼえよう

★つぎの　ことばを　いいながら　上の　かん字を　なぞりましょう。

体

イに本

★あなたが　かん字を　おぼえやすい　ことばを　考えて　書きましょう。（上と　おなじでも　よい。）

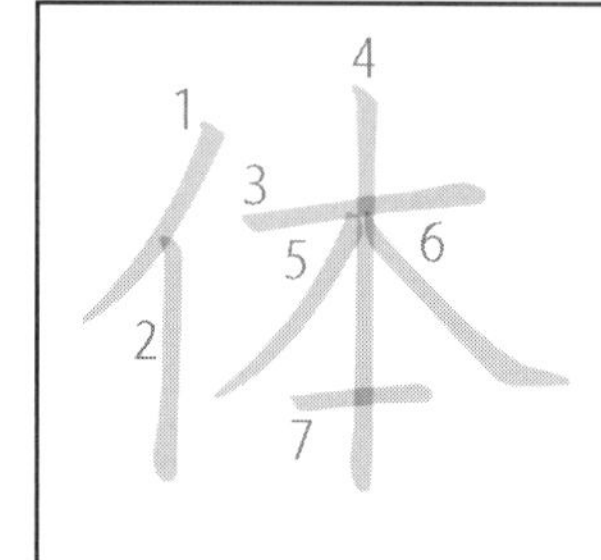

元気な　体。

★上の　絵を　見ながら　左に　かん字を　書きましょう。

❶ かん字　つけたし　かんせい　クイズ

★四つの　ますの　かん字を　▼なぞって、▼つけたして、それぞれの　ますを　かんせい　させましょう。

❷ よみかた　クイズ

★こえに　出して　一かい　よんでから、□に　あう　よみかたを　書きましょう。

体　からだ
↓
体　か□□
↓
体　□□□

❸ かん字を　かこう

★□に　かん字を　書きましょう。下の　□には、上の　文を　書きましょう。

元気な　□（からだ）。

リマインド

日にち　／

★一しゅうかん後の　日にちを　書いて　チャレンジしましょう。

体　はらう

★このかん字を　おぼえた　ことばを　書きましょう。

ことばや 絵で おぼえよう

日にち ／

★つぎの ことばを いいながら 上の かん字を なぞりましょう。

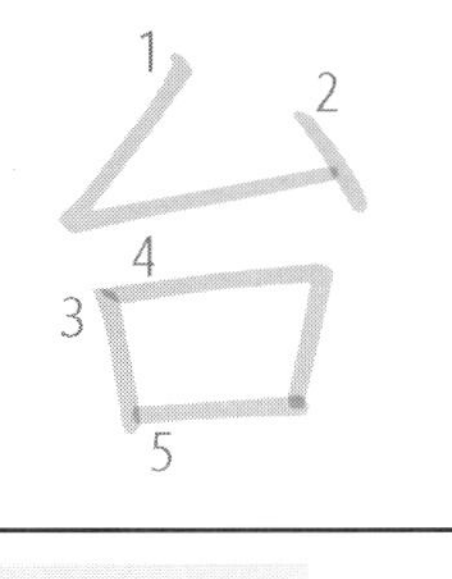

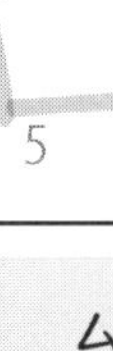

ムに口

台にのる。

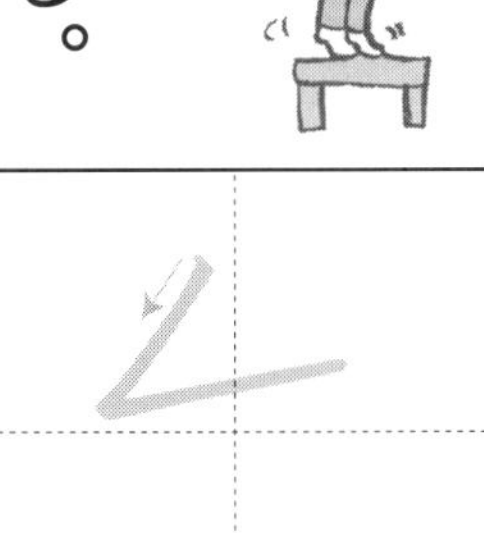

★上の 絵を 見ながら 左に かん字を 書きましょう。

★あなたが かん字を おぼえやすい ことばを 考えて 書きましょう。（上と おなじでも よい。）

名まえ

❶ かん字 つけたし かんせい クイズ

★四つの ますの かん字を
▼なぞって、
▼つけたして、
それぞれの ますを かんせい させましょう。

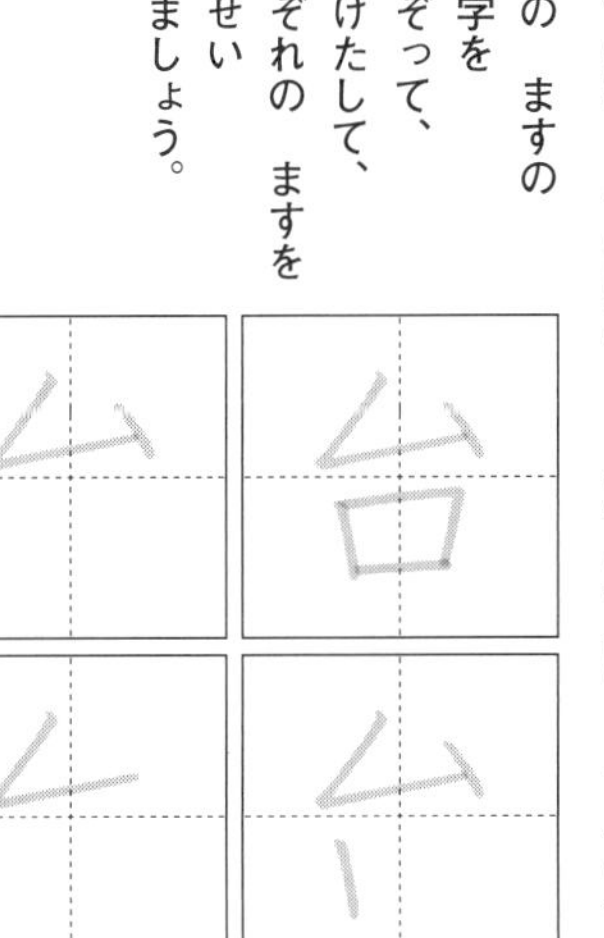

❷ よみかた クイズ

★こえに 出して 一かい よんでから、□に あう よみかたを 書きましょう。

台（だい） → 台（だ□） → 台□□

❸ かん字を かこう

★□に かん字を 書きましょう。下の □には、上の 文を 書きましょう。

□（だい）に のる。

リマインド

日にち ／

★一しゅうかん後の 日にちを 書いて チャレンジしましょう。

★このかん字を おぼえた ことばを 書きましょう。

日にち　／

ことばや 絵で おぼえよう

★つぎの ことばを いいながら 上の かん字を なぞりましょう。

土、かくはね、たて、たてよこはね

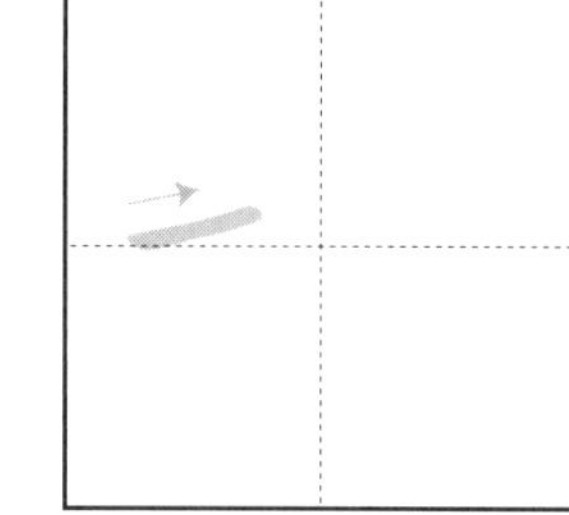

★上の 絵を 見ながら 左に かん字を 書きましょう。

土地(とち)のすな。

名まえ

★あなたが かん字を おぼえやすい ことばを 考えて 書きましょう。(上と おなじでも よい。)

❶ かん字 つけたし かんせい クイズ

★四つの ますの かん字を
▼なぞって、
▼つけたして、
それぞれの ますを かんせい させましょう。

❷ よみかた クイズ

★こえに 出して 一かい よんでから、□に あう よみかたを 書きましょう。

土地　ち
↓
土地□
↓
土地□

❸ かん字を かこう

★□に かん字を 書きましょう。下の □には、上の 文を 書きましょう。

土(と)□(ち)のすな。

□

リマインド

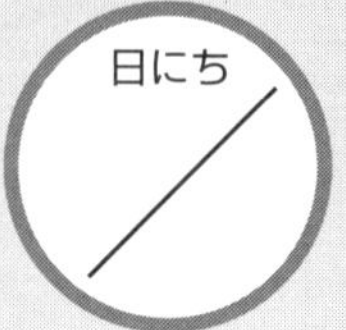

日にち　／

★一しゅうかん後の 日にちを 書いて チャレンジしましょう。

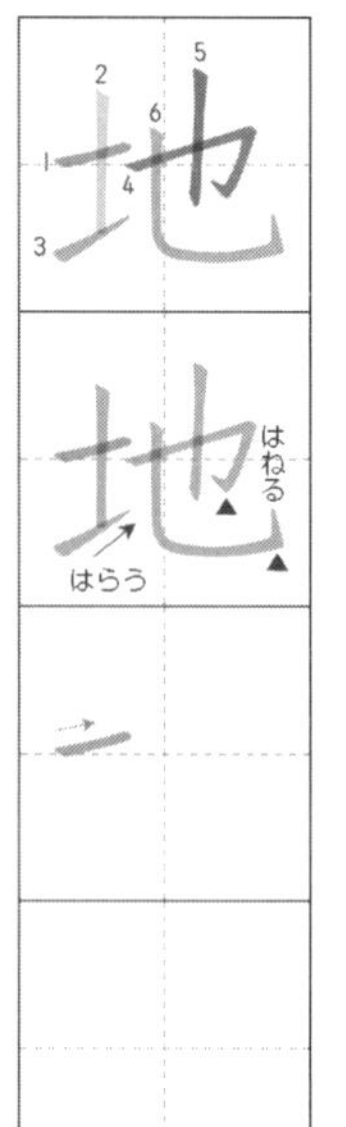

はねる
はらう

★このかん字を おぼえた ことばを 書きましょう。

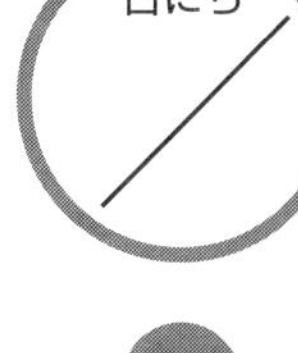

日にち

ことばや 絵で おぼえよう

★つぎの ことばを いいながら 上の かん字を なぞりましょう。

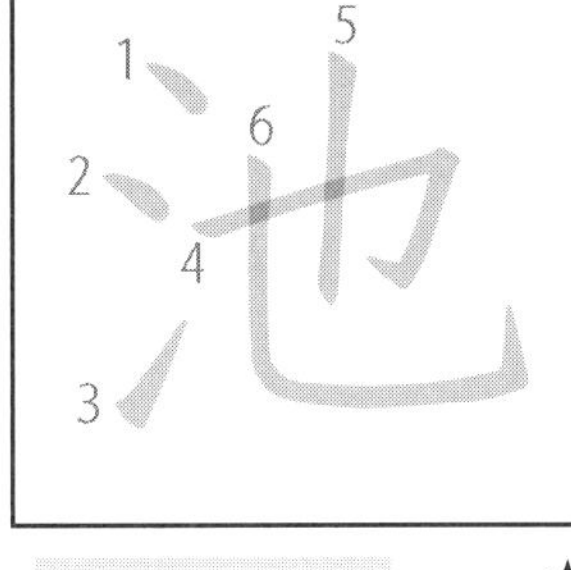

シ、かくはね、たて、たてよこはね

近くの 池。

★上の 絵を 見ながら 左に かん字を 書きましょう。

名まえ

★あなたが かん字を おぼえやすい ことばを 考えて 書きましょう。(上と おなじでも よい。)

❶ かん字 つけたし かんせい クイズ

★四つの ますの かん字を ▼なぞって、▼つけたして、それぞれの ますを かんせい させましょう。

❷ よみかた クイズ

★こえに 出して 一かい よんでから、□に あう よみかたを 書きましょう。

池（いけ）

↓

池（い□）

↓

池（□□）

❸ かん字を かこう

★□に かん字を 書きましょう。下の □には、上の 文を 書きましょう。

近くの □（いけ）。

リマインド

日にち

★一しゅうかん後の 日にちを 書いて チャレンジしましょう。

★このかん字を おぼえた ことばを 書きましょう。

日にち ／

名まえ

ことばや 絵でおぼえよう

★つぎの ことばを いいながら 上の かん字を なぞりましょう。

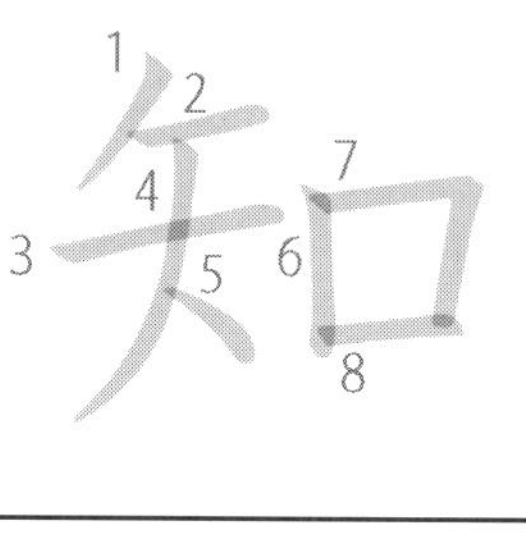

ノ、二、人＋口

★あなたが かん字を おぼえやすい ことばを 考えて 書きましょう。（上と おなじでも よい。）

わけを 知（し）る。

★上の 絵を 見ながら 左に かん字を 書きましょう。

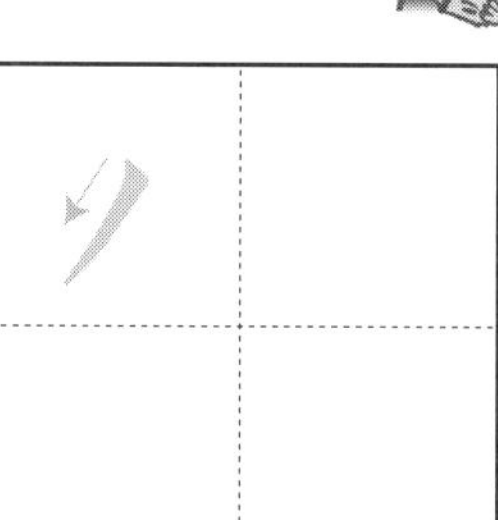

❶ かん字 つけたし かんせい クイズ

★四つの ますの かん字を ▼なぞって、▼つけたして、それぞれの ますを かんせい させましょう。

❷ よみかた クイズ

★これに 出して 一かい よんでから、□に あう よみかたを 書きましょう。

知（し）る → 知□る → 知□る

❸ かん字を かこう

★□に かん字を 書きましょう。下の □ には、上の 文を 書きましょう。

わけを □（し）る。

リマインド

日にち ／

★一しゅうかん後の 日にちを 書いて チャレンジしましょう。

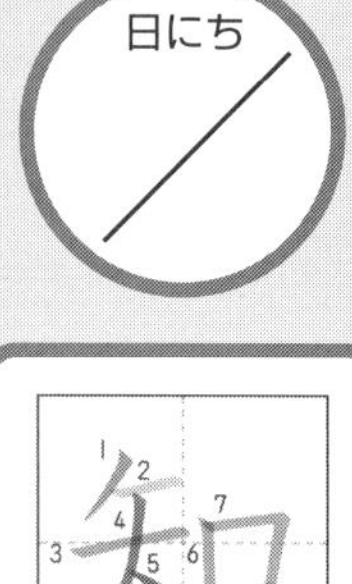

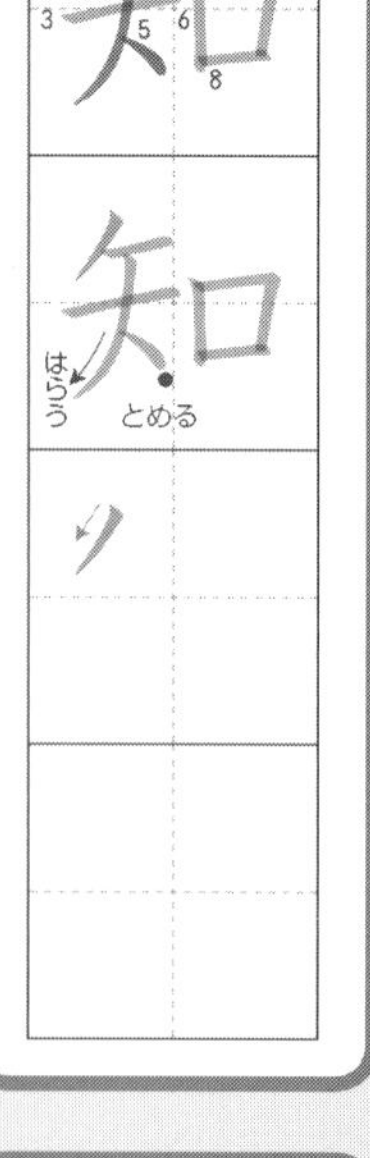

★このかん字を おぼえた ことばを 書きましょう。

ことばや 絵で おぼえよう

★つぎの ことばを いいながら 上の かん字を なぞりましょう。

よこ、たて二つ、やね、十、ハ

お茶(ちゃ)を のむ。

★上の 絵(え)を 見ながら 左に かん字を 書(か)きましょう。

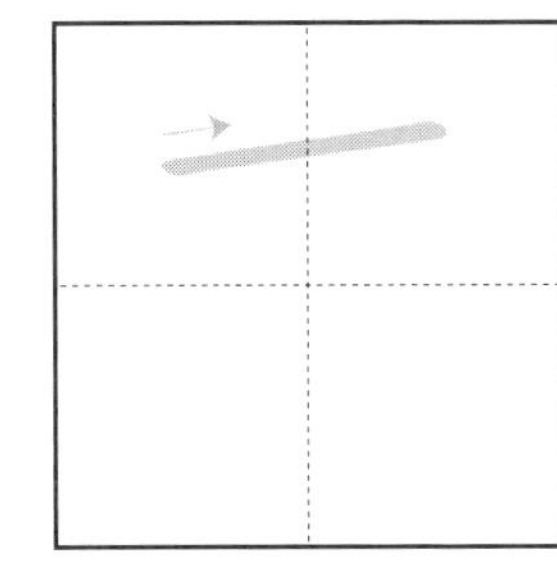

名まえ

★あなたが かん字を おぼえやすい ことばを 考(かん)えて 書(か)きましょう。(上と おなじでも よい。)

❶ かん字 つけたし かんせい クイズ

★四つの ますの かん字を
▼なぞって、
▼つけたして、
それぞれの ますを かんせい させましょう。

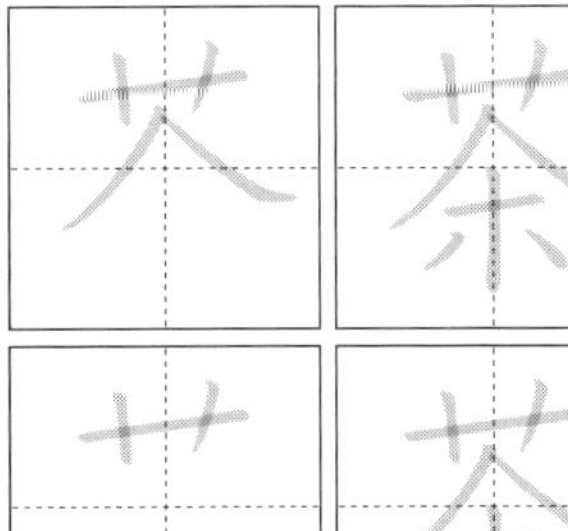

❷ よみかた クイズ

★こえに 出して 一かい よんでから、□に あう よみかたを 書(か)きましょう。

お茶(ちゃ) ↓ お茶(ち□) ↓ お茶(□□)

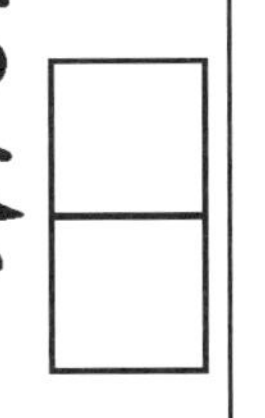

❸ かん字を かこう

★□に かん字を 書(か)きましょう。下の □には、上の 文を 書(か)きましょう。

お□(ちゃ)を のむ。

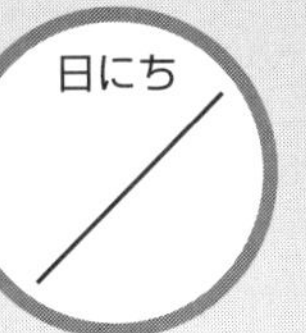

リマインド

★一しゅうかん後(ご)の 日にちを 書(か)いて チャレンジしましょう。

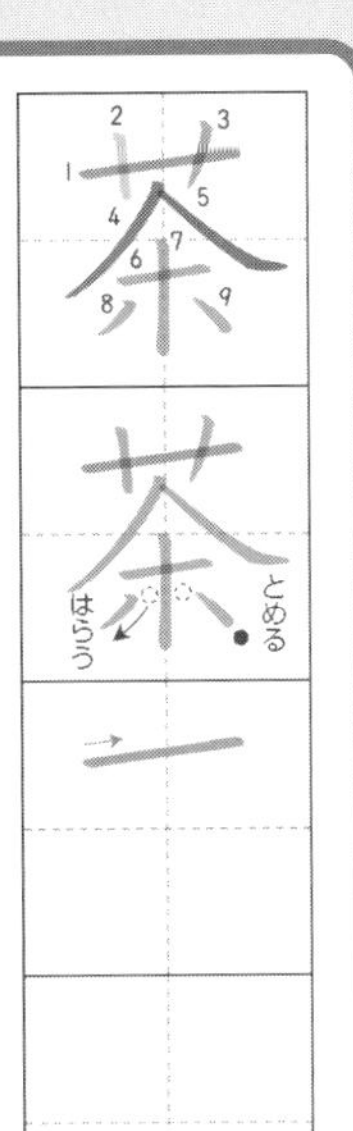

★このかん字を おぼえた ことばを 書(か)きましょう。

日にち ／

ことばや 絵で おぼえよう

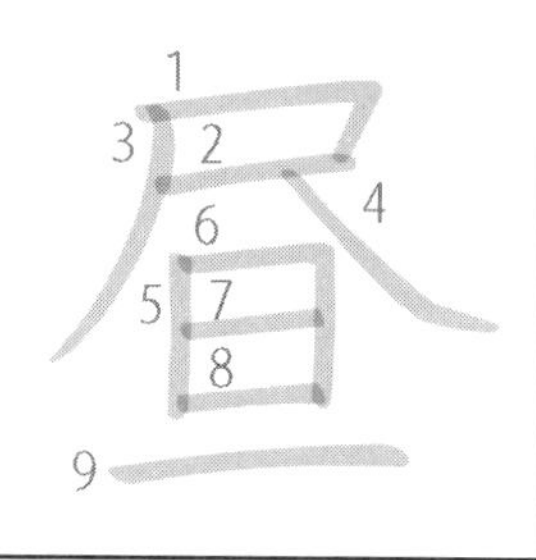

★つぎの ことばを いいながら 上の かん字を なぞりましょう。

かく、よこ、ノ、右はらい、日、一

ひる
昼ごはんに する。

★上の 絵を 見ながら 左に かん字を 書きましょう。

名まえ

★あなたが かん字を おぼえやすい ことばを 考えて 書きましょう。（上と おなじでも よい。）

❶ かん字 つけたし かんせい クイズ

★四つの ますの かん字を
▼なぞって、
▼つけたして、
それぞれの ますを かんせい させましょう。

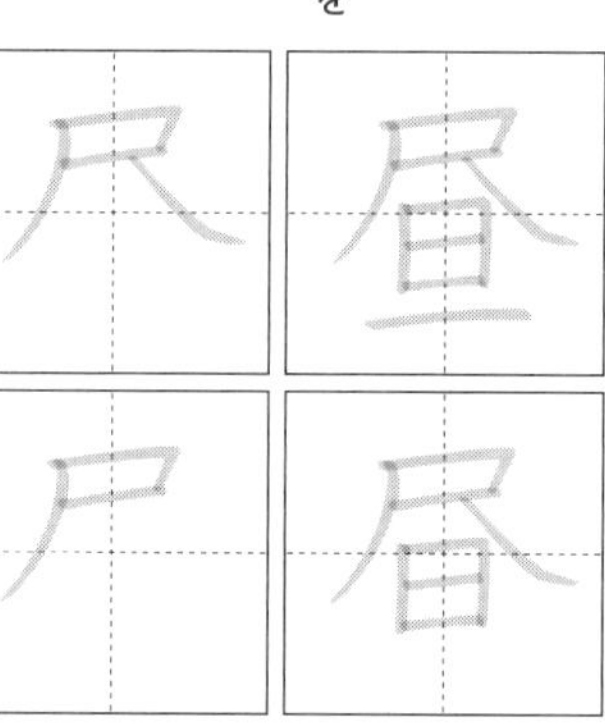

❷ よみかた クイズ

★こえに 出して 一かい よんでから、□に あう よみかたを 書きましょう。

昼（ひる）
↓
昼（ひ□）
↓
昼（□□）

❸ かん字を かこう

★□に かん字を 書きましょう。下の □ には、上の 文を 書きましょう。

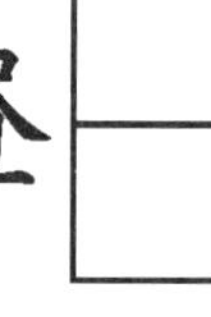
（ひる）□ ごはんに する。

日にち ／

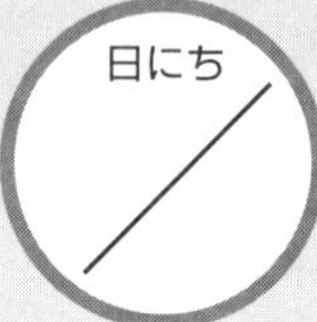

リマインド

★一しゅうかん後の 日にちを 書いて チャレンジしましょう。

はらう はらう あける

★このかん字を おぼえた ことばを 書きましょう。

日にち ／

名まえ

ことばや 絵で おぼえよう

★つぎの ことばを いいながら 上の かん字を なぞりましょう。

長

たて、
よこ四つにたてはね、
ノ、右はらい

★あなたが かん字を おぼえやすい ことばを 考えて 書きましょう。（上と おなじでも よい。）

長い はな。

★上の 絵を 見ながら 左に かん字を 書きましょう。

❶ かん字 つけたし かんせい クイズ

★四つの ますの かん字を
▼なぞって、
▼つけたして、
それぞれの ますを かんせい させましょう。

❷ よみかた クイズ

★こえに 出して 一かい よんでから、□に あう よみかたを 書きましょう。

長い（ながい）
↓
長い（な□）
↓
長い（□□）

❸ かん字を かこう

★□に かん字を 書きましょう。下の □には、上の 文を 書きましょう。

□（なが）い はな。

リマインド

日にち ／

★一しゅうかん後の 日にちを 書いて チャレンジしましょう。

長 はらう

★このかん字を おぼえた ことばを 書きましょう。

日にち ／

ことばや 絵で おぼえよう

★つぎの ことばを いいながら 上の かん字を なぞりましょう。

白のびによこ、かくはね、てん四つ

★上の 絵を 見ながら 左に かん字を 書きましょう。

なかない 鳥。

名まえ

★あなたが かん字を おぼえやすい ことばを 考えて 書きましょう。(上と おなじでも よい。)

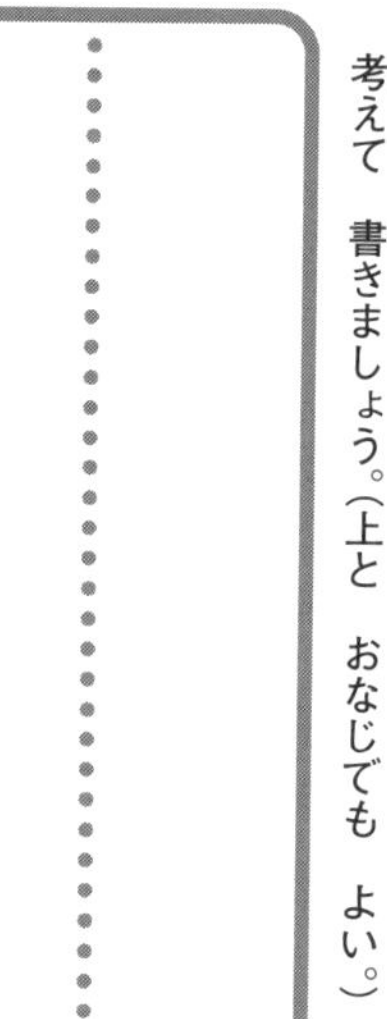

❶ かん字 つけたし かんせい クイズ

★四つの ますの かん字を
▼なぞって、
▼つけたして、
それぞれの ますを かんせい させましょう。

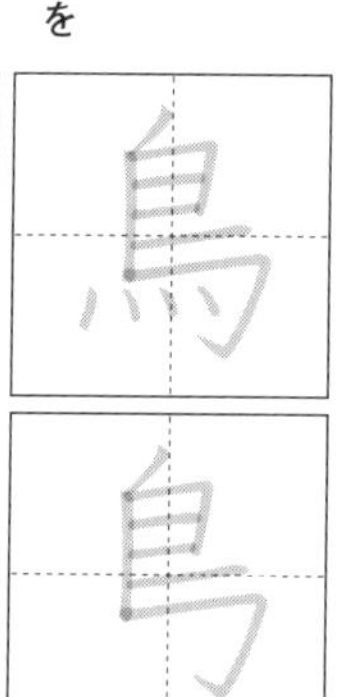

❷ よみかた クイズ

★こえに 出して 一かい よんでから、□に あう よみかたを 書きましょう。

とり 鳥

↓

と□ 鳥

↓

鳥 □□

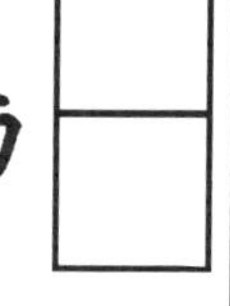

❸ かん字を かこう

★□に かん字を 書きましょう。下の □ には、上の 文を 書きましょう。

なかない □(とり)。

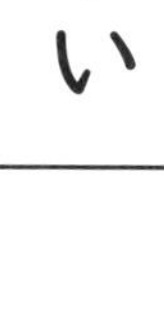

リマインド

日にち ／

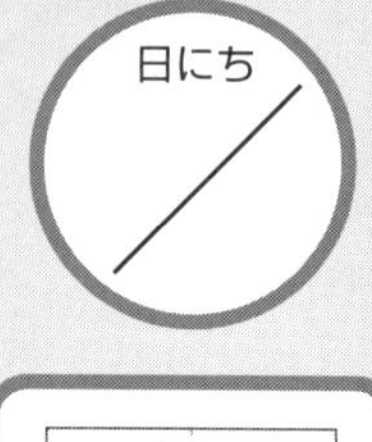

★一しゅうかん後の 日にちを 書いて チャレンジしましょう。

★このかん字を おぼえた ことばを 書きましょう。

日にち　／

ことばや　絵で　おぼえよう

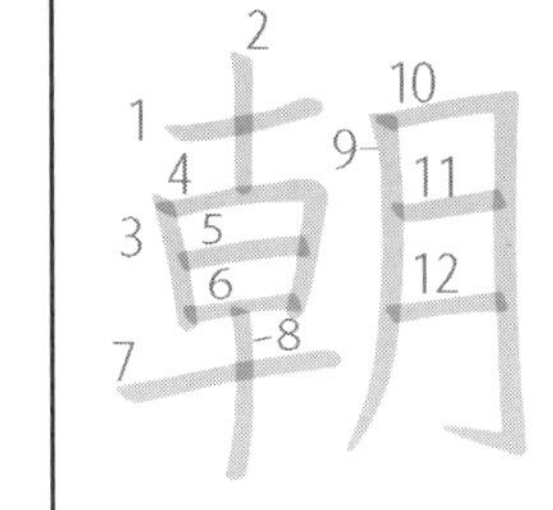

★つぎの　ことばを　いいながら　上の　かん字を　なぞりましょう。

十、日、十、月

★上の　絵を　見ながら　左に　かん字を　書きましょう。

朝（あさ）に　なる。

★あなたが　かん字を　おぼえやすい　ことばを　考えて　書きましょう。（上と　おなじでも　よい。）

名まえ

❶ かん字　つけたし　かんせい　クイズ

★四つの　ますの　かん字を

▼なぞって、

▼つけたして、

それぞれの　ますを　かんせい　させましょう。

❷ よみかた　クイズ

★こえに　出して　一かい　よんでから、□に　あう　よみかたを　書きましょう。

朝　あさ

↓

朝　あ□

↓

朝　□□

❸ かん字を　かこう

★□に　かん字を　書きましょう。下の□には、上の　文を　書きましょう。

□（あさ）に　なる。

リマインド

日にち　／

★一しゅうかん後の　日にちを　書いて　チャレンジしましょう。

はねる　はらう

★このかん字を　おぼえた　ことばを　書きましょう。

日にち

ことばや 絵(え)で おぼえよう

★つぎの ことばを いいながら 上の かん字を なぞりましょう。

十、目、たてよこ

★あなたが かん字を おぼえやすい ことばを 考(かんが)えて 書(か)きましょう。（上と おなじでも よい。）

名まえ

答(こた)えを 直(なお)す。

★上の 絵(え)を 見ながら 左に かん字を 書(か)きましょう。

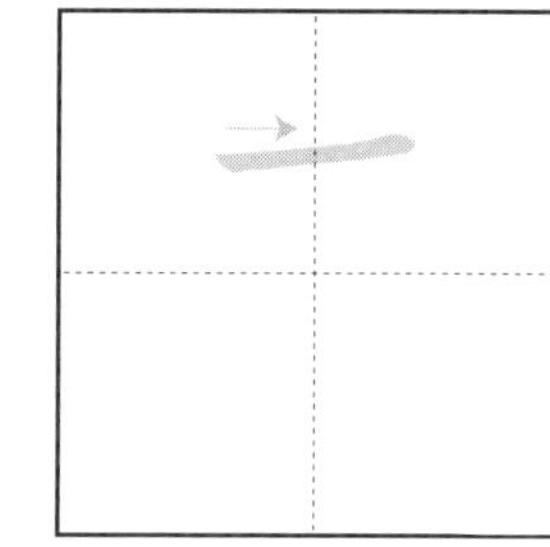

❶ かん字 つけたし かんせい クイズ

★四つの ますの かん字を
▼なぞって、
▼つけたして、
それぞれの ますを かんせいさせましょう。

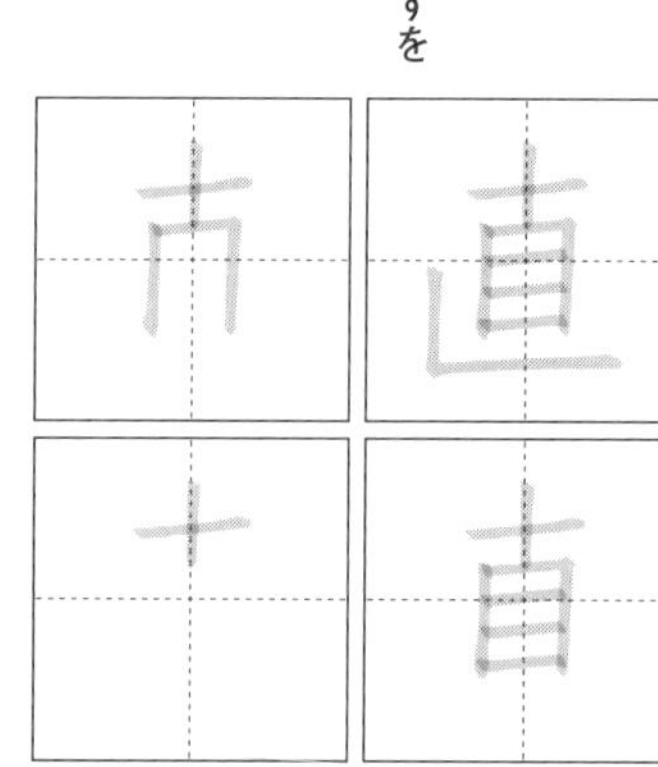

❷ よみかた クイズ

★こえに 出して 一かい よんでから、□に あう よみかたを 書(か)きましょう。

なお 直す → な□ 直す → □□ 直す

❸ かん字を かこう

★□に かん字を 書(か)きましょう。下の □ には、上の 文を 書(か)きましょう。

答(こた)えを □(なお)す。

リマインド

日にち

★一しゅうかん後(ご)の 日にちを 書(か)いて チャレンジしましょう。

★このかん字を おぼえた ことばを 書(か)きましょう。

名まえ

ことばや　絵で　おぼえよう

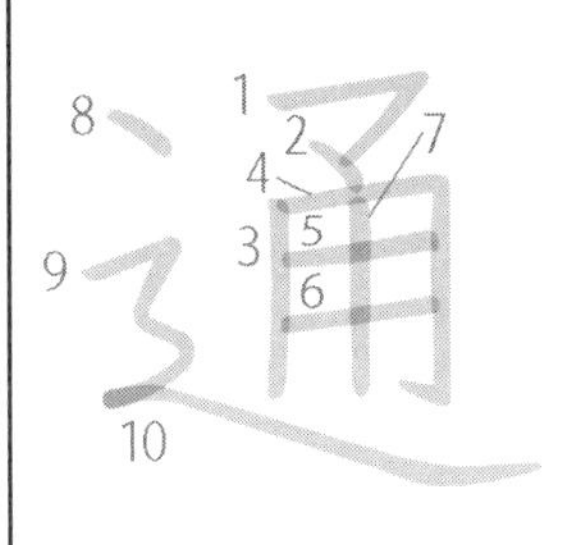

★つぎの　ことばを　いいながら　上の　かん字を　なぞりましょう。

マ、ななめ、かくはね、二、たて、しんにょう

★あなたが　かん字を　おぼえやすい　ことばを　考えて　書きましょう。（上と　おなじでも　よい。）

歩道を　通る。

★上の　絵を　見ながら　左に　かん字を　書きましょう。

❶ かん字　つけたし　かんせい　クイズ

★四つの　ますの　かん字を　▼なぞって、▼つけたして、それぞれの　ますを　かんせい　させましょう。

❷ よみかた　クイズ

★こえに　出して　一かい　よんでから、□に　あう　よみかたを　書きましょう。

とお　通る　↓　と□　通る　↓　□□　通る

❸ かん字を　かこう

★□に　かん字を　書きましょう。下の　□には、上の　文を　書きましょう。

歩道を　□（とお）る。

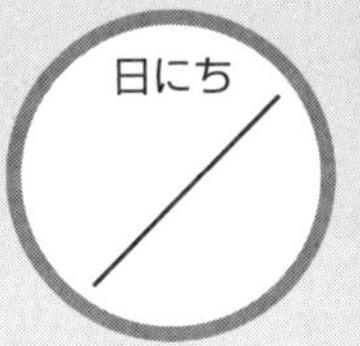

リマインド

★一しゅうかん後の　日にちを　書いて　チャレンジしましょう。

はねる　はらう

★このかん字を　おぼえた　ことばを　書きましょう。

日にち ／

ことばや 絵で おぼえよう

★つぎの ことばを いいながら 上の かん字を なぞりましょう。

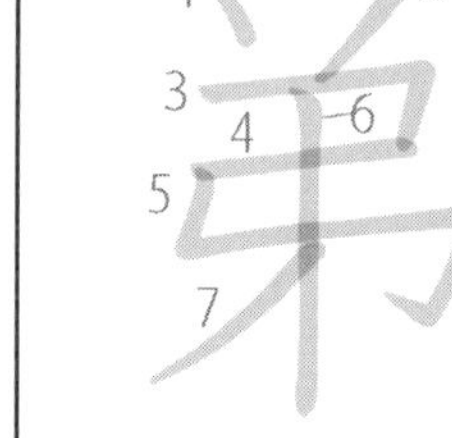

ソ、コ、たて、たてかくはね、たて、ノ

おさない 弟(おとうと)。

★上の 絵を 見ながら 左に かん字を 書きましょう。

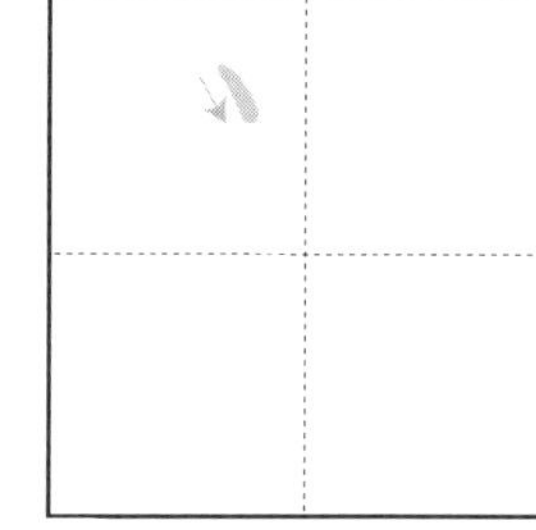

名まえ

★あなたが かん字を おぼえやすい ことばを 考えて 書きましょう。(上と おなじでも よい。)

❶ かん字 つけたし かんせい クイズ

★四つの ますの かん字を
▼なぞって、
▼つけたして、
それぞれの ますを かんせい させましょう。

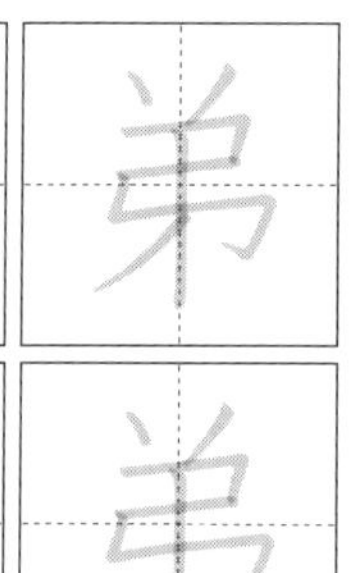

❷ よみかた クイズ

★こえに 出して 一かい よんでから、□に あう よみかたを 書きましょう。

おとうと
弟
↓
お□□□
弟
↓
□□□□
弟

❸ かん字を かこう

★□に かん字を 書きましょう。下の □ には、上の 文を 書きましょう。

おさない □(おとうと)。

リマインド

日にち ／

★一しゅうかん後の 日にちを 書いて チャレンジしましょう。

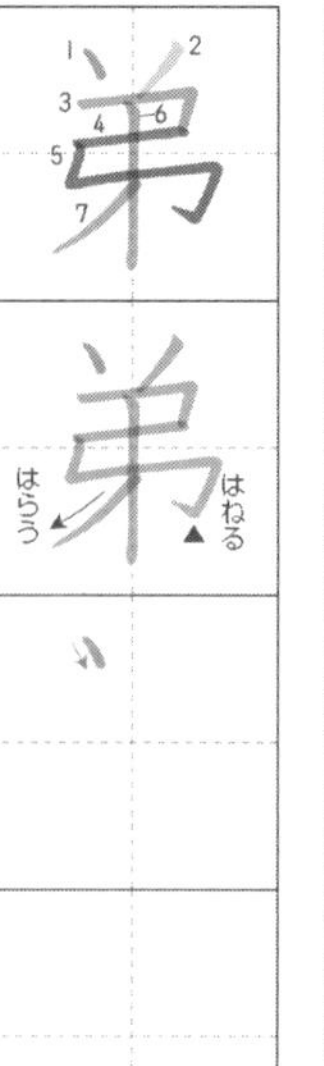

★このかん字を おぼえた ことばを 書きましょう。

日にち ／

ことばや 絵で おぼえよう

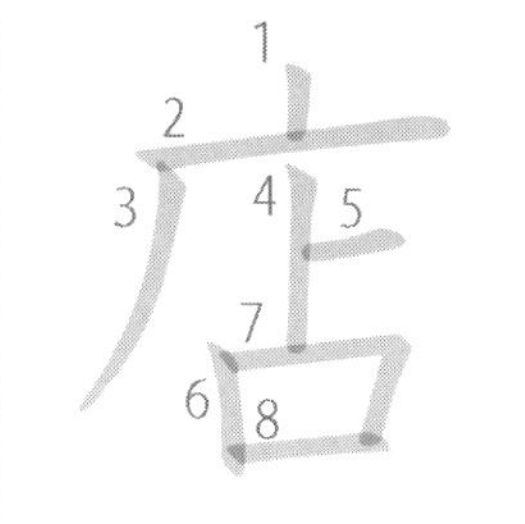

★つぎの ことばを いいながら 上の かん字を なぞりましょう。

たて、よこ、よこ、ノ、たて、たて、よこ、ロ

名まえ

★あなたが かん字を おぼえやすい ことばを 考えて 書きましょう。(上と おなじでも よい。)

花をうる店。

★上の 絵を 見ながら 左に かん字を 書きましょう。

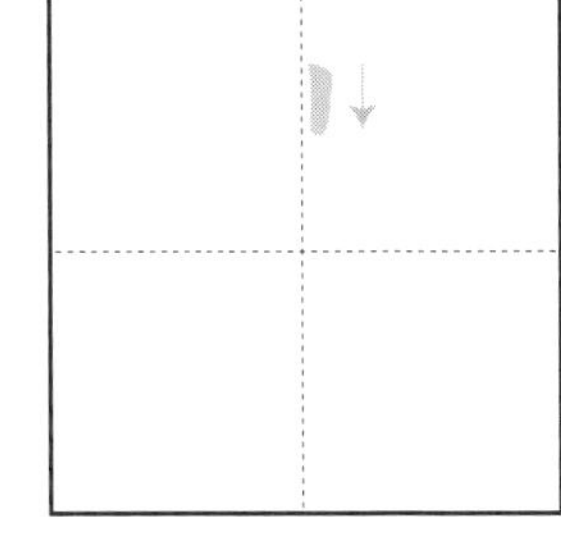

❶ かん字 つけたし かんせい クイズ

★四つの ますの かん字を
▼なぞって、
▼つけたして、
それぞれの ますを かんせい させましょう。

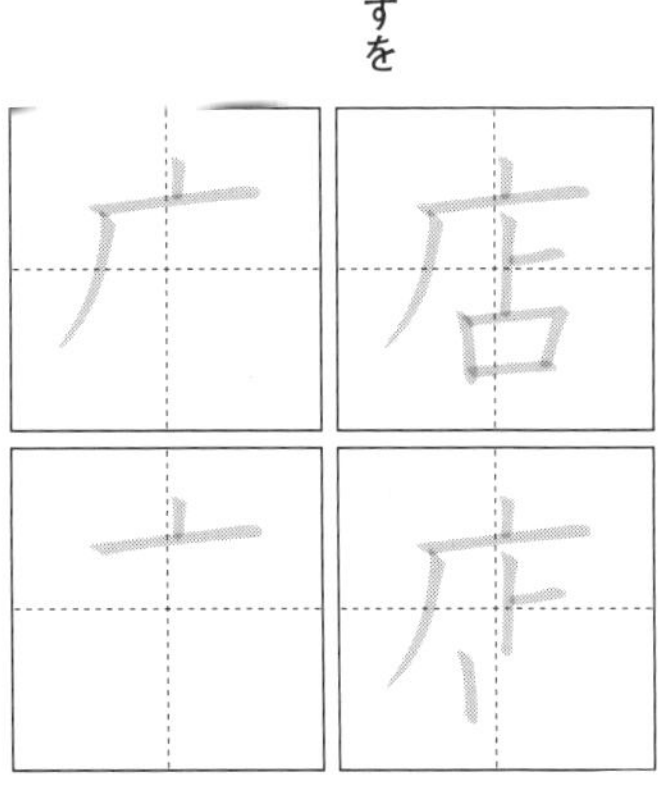

❷ よみかた クイズ

★こえに 出して 一かい よんでから、□に あう よみかたを 書きましょう。

店(みせ) ↓ 店(み□) ↓ 店□□

❸ かん字を かこう

★□に かん字を 書きましょう。下の □ には、上の 文を 書きましょう。

花をうる□(みせ)。

日にち ／

リマインド

★一しゅうかん後の 日にちを 書いて チャレンジしましょう。

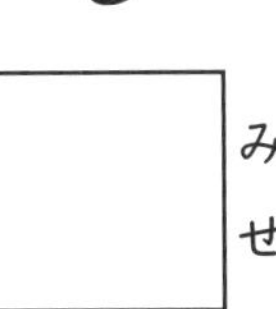

★このかん字を おぼえた ことばを 書きましょう。

日にち　／

名まえ

ことばや 絵で おぼえよう

★つぎの ことばを いいながら 上の かん字を なぞりましょう。

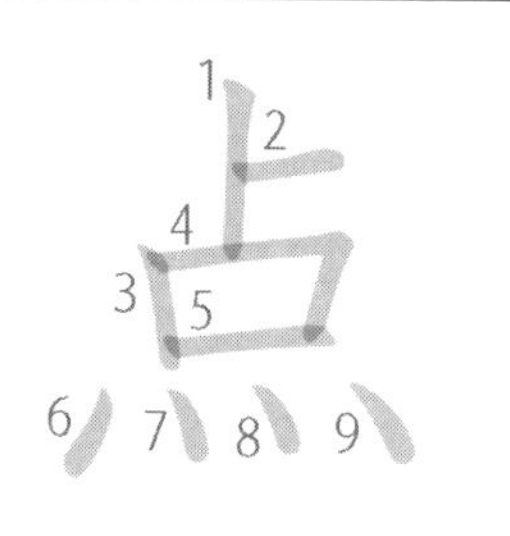

たて、よこ、口に、てん四つ

★あなたが かん字を おぼえやすい ことばを 考えて 書きましょう。（上と おなじでも よい。）

点のもよう。

★上の 絵を 見ながら 左に かん字を 書きましょう。

❶ かん字 つけたし かんせい クイズ

★四つの ますの かん字を なぞって、つけたして、それぞれの ますを かんせい させましょう。

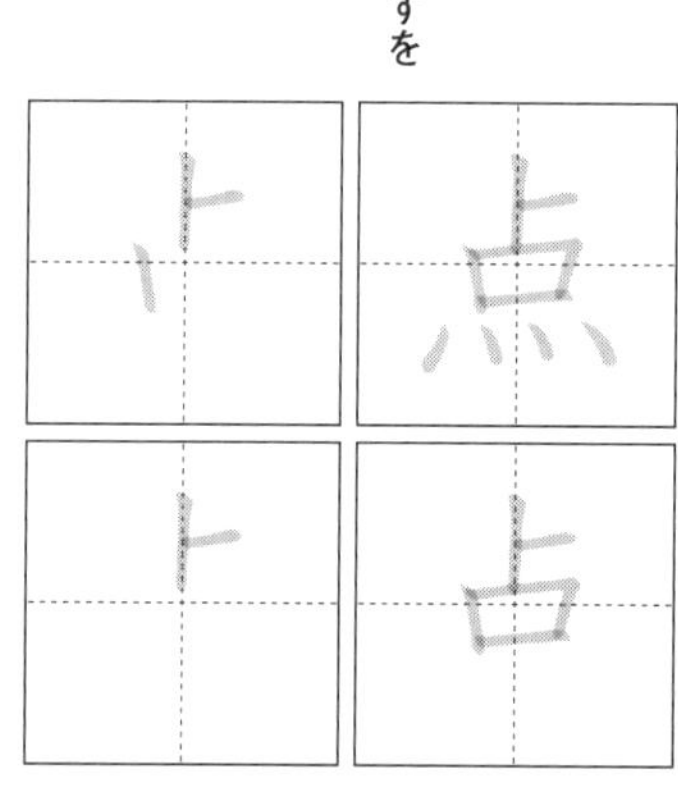

❷ よみかた クイズ

★こえに 出して 一かい よんでから、□に あう よみかたを 書きましょう。

点　てん

↓

点　て□

↓

点　□□

❸ かん字を かこう

★□に かん字を 書きましょう。下の □ には、上の 文を 書きましょう。

□（てん）の もよう。

リマインド

★一しゅうかん後の 日にちを 書いて チャレンジしましょう。

★このかん字を おぼえた ことばを 書きましょう。

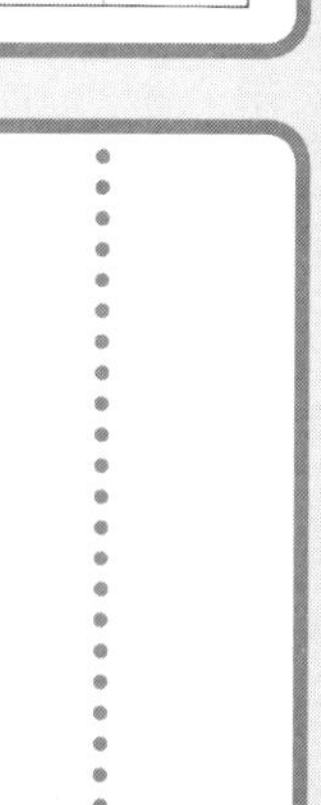

日にち　／

日にち

ことばや 絵で おぼえよう

名まえ

★つぎの ことばを いいながら 上の かん字を なぞりましょう。

雨＋日に、たてよこはね

★あなたが かん字を おぼえやすい ことばを 考えて 書きましょう。（上と おなじでも よい。）

電気を つける。

★上の 絵を 見ながら 左に かん字を 書きましょう。

❶ かん字 つけたし かんせい クイズ

★四つの ますの かん字を ▼なぞって、▼つけたして、それぞれの ますを かんせい させましょう。

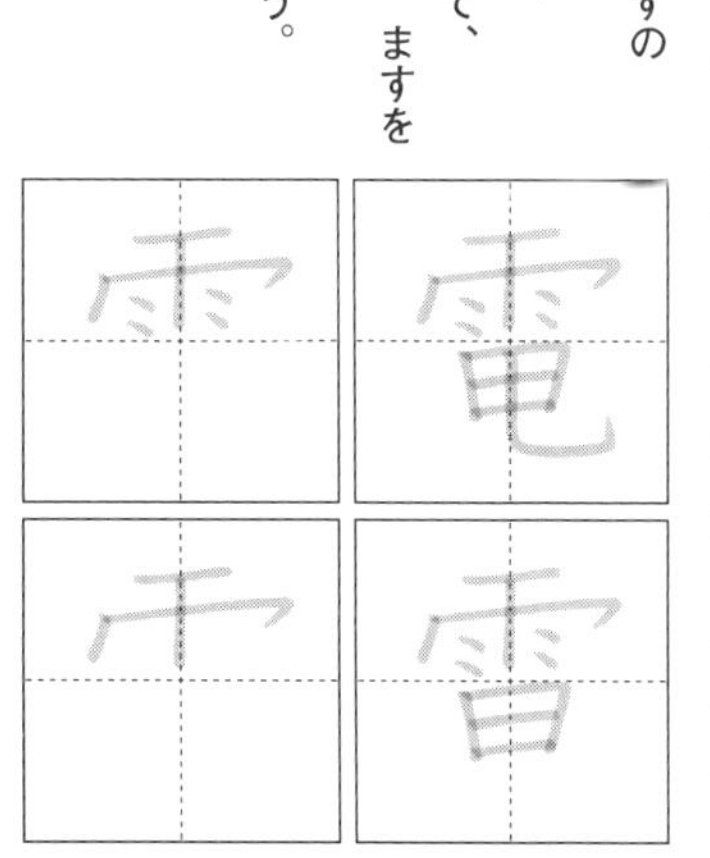

❷ よみかた クイズ

★こえに 出して 一かい よんでから、□に あう よみかたを 書きましょう。

でん 電気 → で□ 電気 → □□ 電気

❸ かん字を かこう

★□に かん字を 書きましょう。下の □には、上の 文を 書きましょう。

□気を つける。

リマインド

★一しゅうかん後の 日にちを 書いて チャレンジしましょう。

★このかん字を おぼえた ことばを 書きましょう。

日にち

日にち　／

名まえ

ことばや 絵で おぼえよう

★つぎの ことばを いいながら 上の かん字を なぞりましょう。

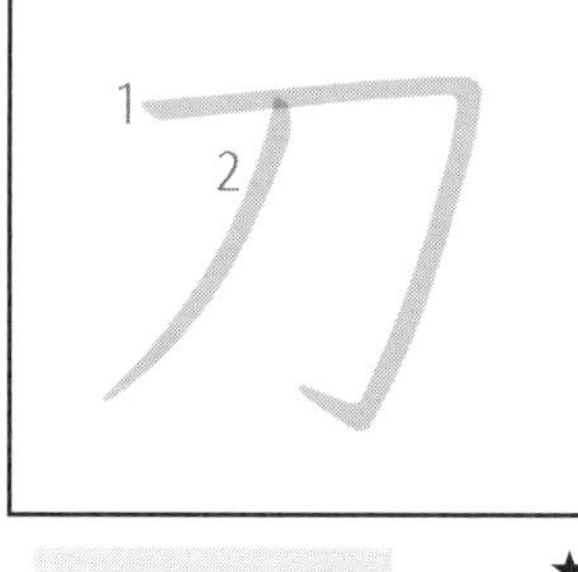
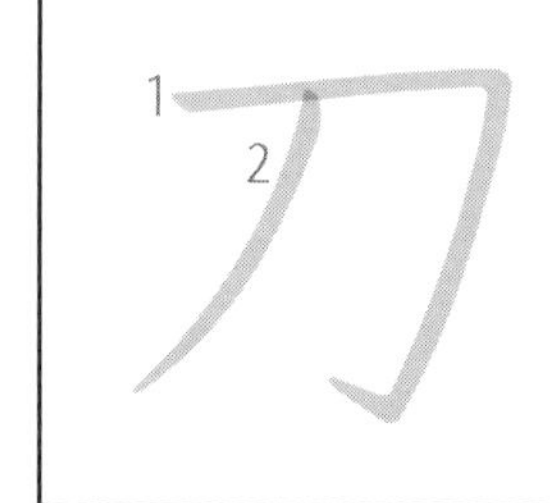

かくはね、ノ

★上の 絵を 見ながら 左に かん字を 書きましょう。

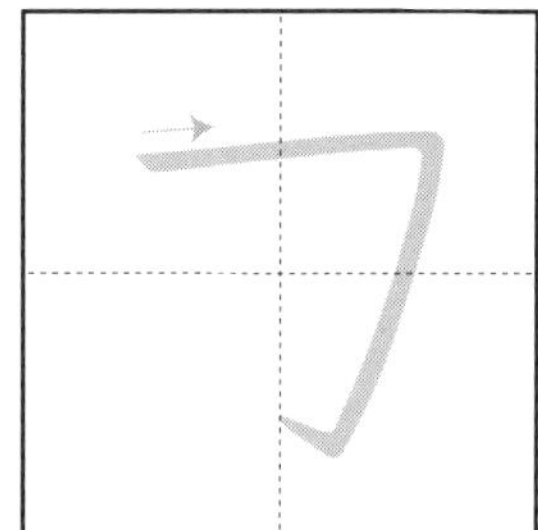

新しい 刀。

★あなたが かん字を おぼえやすい ことばを 考えて 書きましょう。(上と おなじでも よい。)

❶ かん字 つけたし かんせい クイズ

★四つの ますの かん字を
▼なぞって、
▼つけたして、
それぞれの ますを かんせい させましょう。

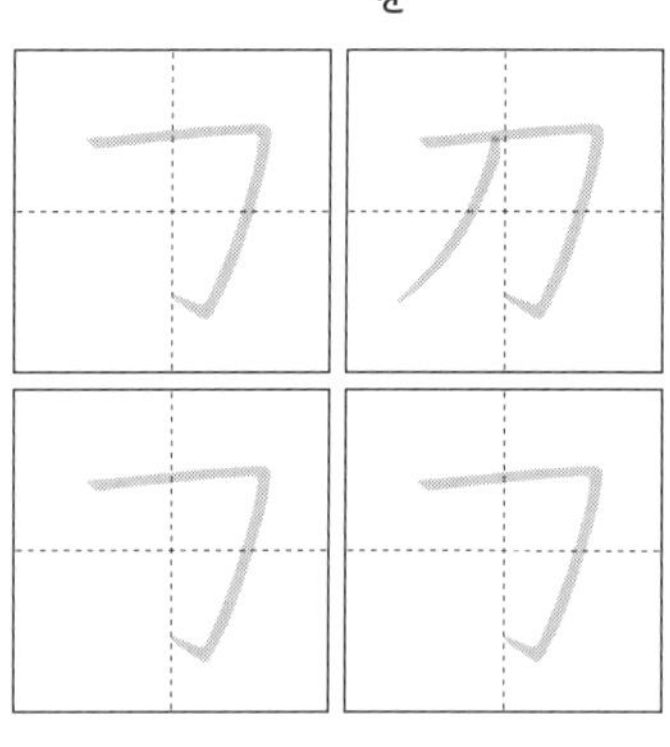

❷ よみかた クイズ

★こえに 出して 一かい よんでから、□に あう よみかたを 書きましょう。

刀 かたな
↓
刀 か□□
↓
刀 □□□

❸ かん字を かこう

★□に かん字を 書きましょう。下の □には、上の 文を 書きましょう。

新しい □(かたな)。

リマインド

日にち　／

★一しゅうかん後の 日にちを 書いて チャレンジしましょう。

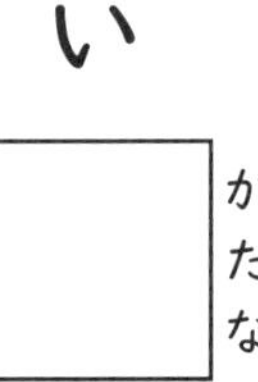

★このかん字を おぼえた ことばを 書きましょう。

名まえ

ことばや 絵で おぼえよう

冬

★つぎの ことばを いいながら 上の かん字を なぞりましょう。

ノ、フ、右はらい、てんてん

★あなたが かん字を おぼえやすい ことばを 考えて 書きましょう。（上と おなじでも よい。）

冬の ある日。

★上の 絵を 見ながら 左に かん字を 書きましょう。

❶ かん字 つけたし かんせい クイズ

★四つの ますの かん字を
▼なぞって、
▼つけたして、
それぞれの ますを かんせい させましょう。

❷ よみかた クイズ

★こえに 出して 一かい よんでから、□に あう よみかたを 書きましょう。

冬（ふゆ）
↓
冬（ふ□）
↓
冬（□□）

❸ かん字を かこう

★□に かん字を 書きましょう。下の □ には、上の 文を 書きましょう。

□（ふゆ）の ある日。

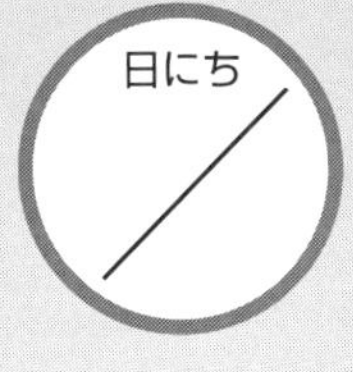

リマインド

★一しゅうかん後の 日にちを 書いて チャレンジしましょう。

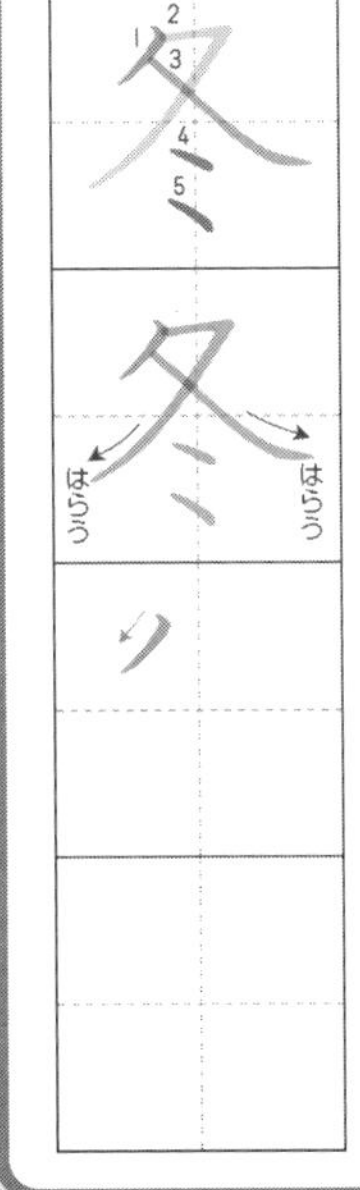

★このかん字を おぼえた ことばを 書きましょう。

ことばや 絵で おぼえよう

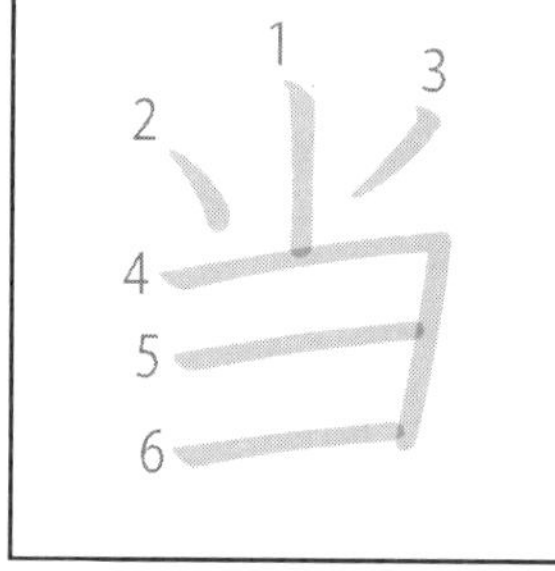

★つぎの ことばを いいながら 上の かん字を なぞりましょう。

たて、ソ、ヨ

くじが 当（あ）たる。

★上の 絵を 見ながら 左に かん字を 書きましょう。

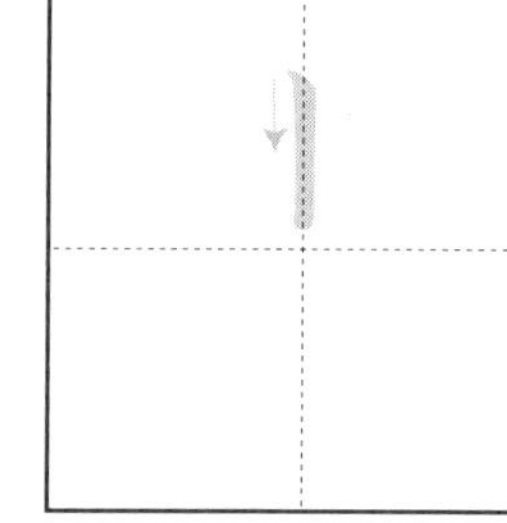

名まえ

★あなたが かん字を おぼえやすい ことばを 考えて 書きましょう。（上と おなじでも よい。）

❶ かん字 つけたし かんせい クイズ

★四つの ますの かん字を
▼なぞって、
▼つけたして、
それぞれの ますを かんせい させましょう。

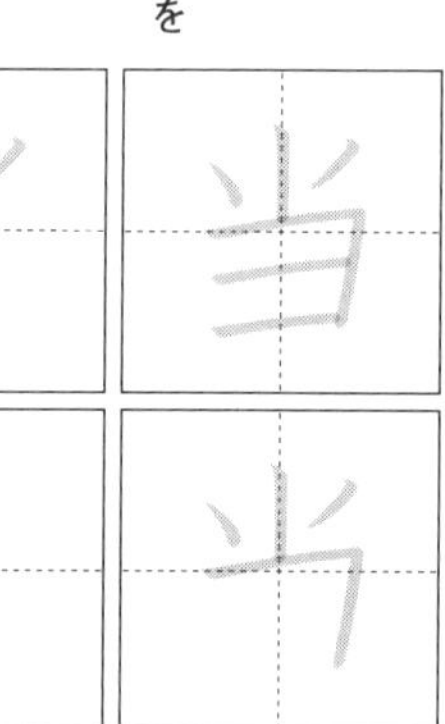

❷ よみかた クイズ

★こえに 出して 一かい よんでから、□に あう よみかたを 書きましょう。

当（あ）たる → 当□る → 当たる

❸ かん字を かこう

★□に かん字を 書きましょう。下の □には、上の 文を 書きましょう。

くじが □（あ）たる。

リマインド

★一しゅうかん後（ご）の 日にちを 書いて チャレンジしましょう。

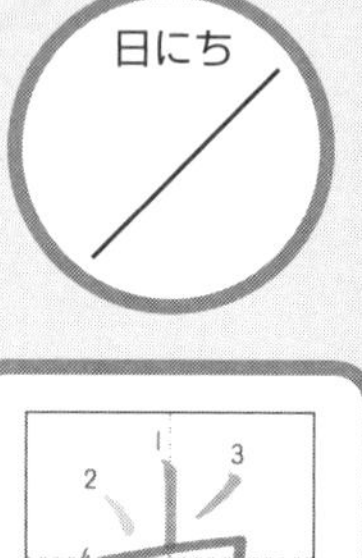

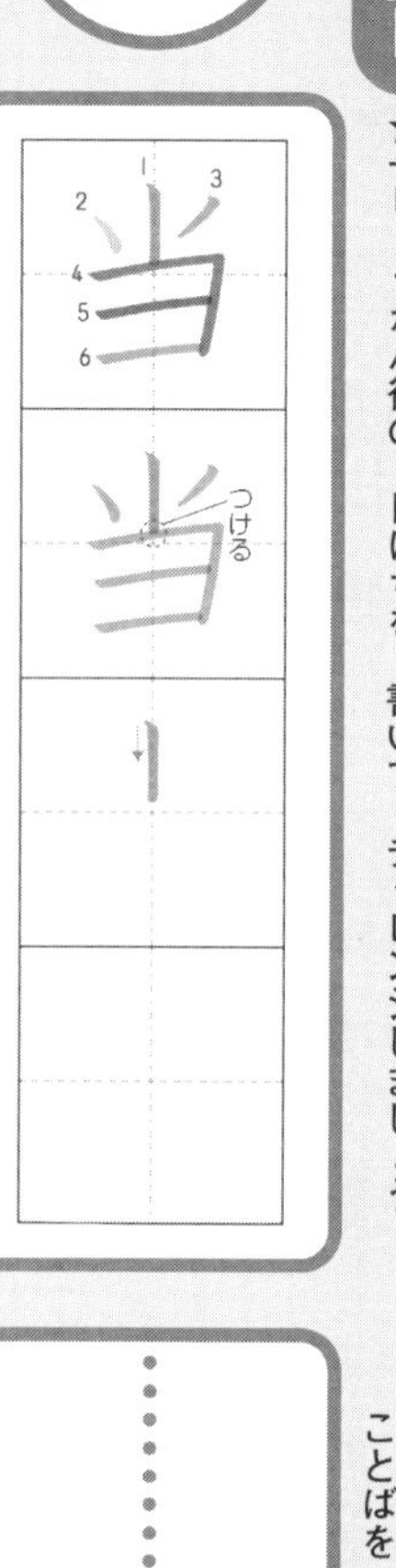

★このかん字を おぼえた ことばを 書きましょう。

日にち ／

ことばや 絵で おぼえよう

名まえ

★つぎの ことばを いいながら 上の かん字を なぞりましょう。

よこ、日、たて、はらい、はらい

★あなたが かん字を おぼえやすい ことばを 考えて 書きましょう。（上と おなじでも よい。）

東を 見る。

★上の 絵を 見ながら 左に かん字を 書きましょう。

❶ かん字 つけたし かんせい クイズ

★四つの ますの かん字を
▼なぞって、
▼つけたして、
それぞれの ますを かんせい させましょう。

❷ よみかた クイズ

★こたえに 出して 一かい よんでから、□に あう よみかたを 書きましょう。

ひがし 東 ↓ ひ□□ 東 ↓ □□□ 東

❸ かん字を かこう

★□に かん字を 書きましょう。下の □には、上の 文を 書きましょう。

ひがし
□を 見る。

リマインド

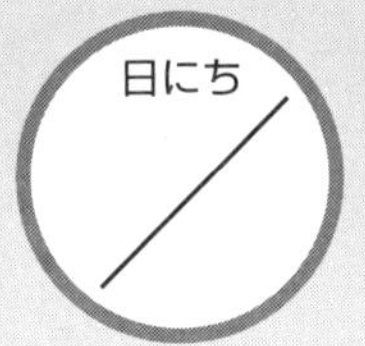

日にち ／

★一しゅうかん後の 日にちを 書いて チャレンジしましょう。

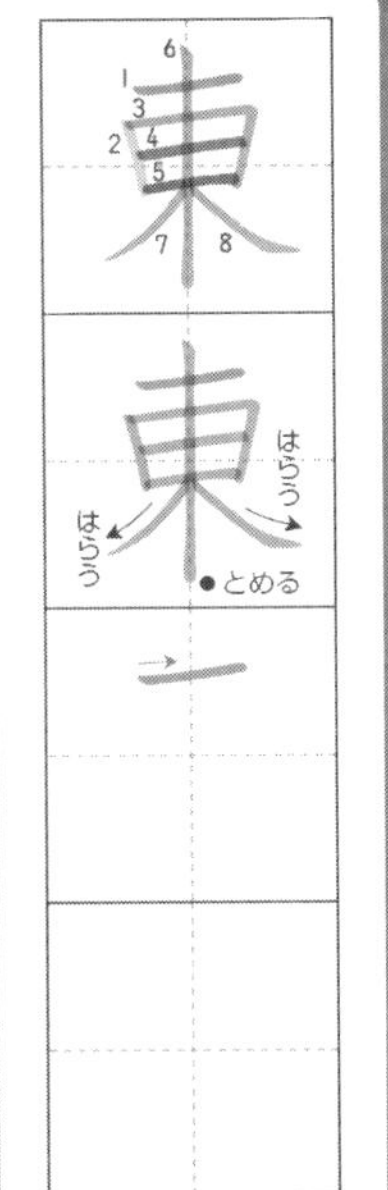

★このかん字を おぼえた ことばを 書きましょう。

日にち　／

ことばや　絵で　おぼえよう

答

★つぎの　ことばを　いいながら　上の　かん字を　なぞりましょう。

たけかんむり、やね、一、ロ

★あなたが　かん字を　おぼえやすい　ことばを　考えて　書きましょう。（上と　おなじでも　よい。）

名まえ

答えを書く。

★上の　絵を　見ながら　左に　かん字を　書きましょう。

❶ かん字　つけたし　かんせい　クイズ

★四つの　ますの　かん字を
▼なぞって、
▼つけたして、
それぞれの　ますを　かんせい　させましょう。

❷ よみかた　クイズ

★こえに　出して　一かい　よんでから、□に　あう　よみかたを　書きましょう。

答え（こた） → 答え（こ□） → 答え（□□）

❸ かん字を　かこう

★□に　かん字を　書きましょう。下の　□には、上の　文を　書きましょう。

□（こた）えを　書く。

日にち　／

リマインド

★一しゅうかん後の　日にちを　書いて　チャレンジしましょう。

★このかん字を　おぼえた　ことばを　書きましょう。

日にち

ことばや 絵で おぼえよう

名まえ

★つぎの ことばを いいながら 上の かん字を なぞりましょう。

一、口、ソ、一、一、ノ、

貝

★あなたが かん字を おぼえやすい ことばを 考えて 書きましょう。(上と おなじでも よい。)

頭をさす。

★上の 絵を 見ながら 左に かん字を 書きましょう。

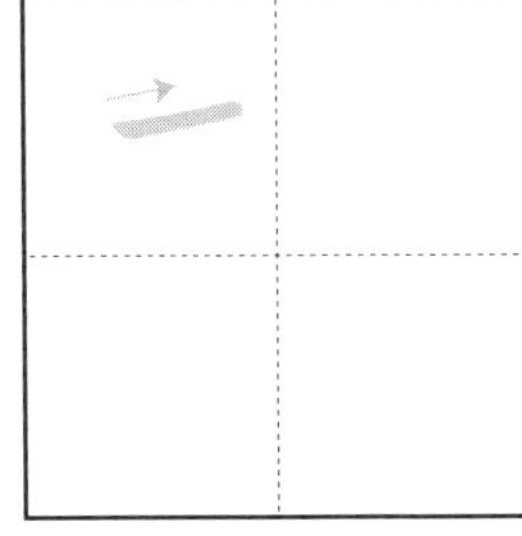

❶ かん字 つけたし かんせい クイズ

★四つの ますの かん字を

▼なぞって、

▼つけたして、

それぞれの ますを かんせい させましょう。

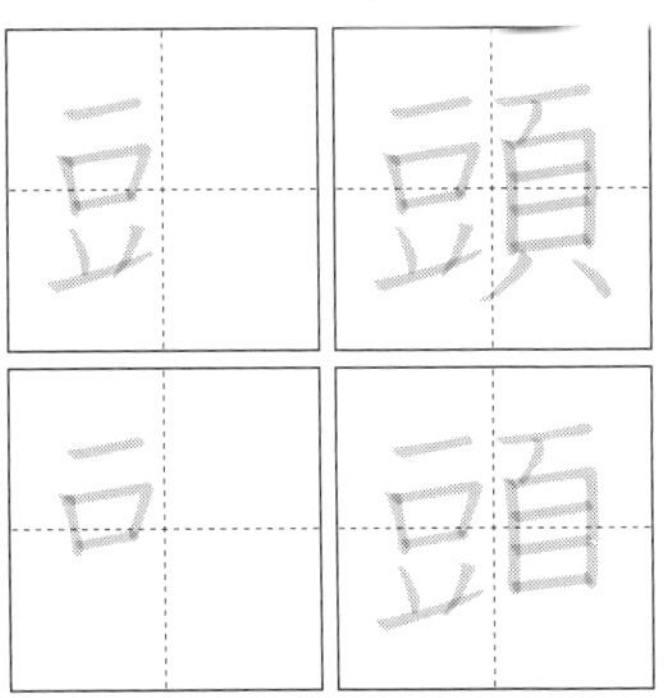

❷ よみかた クイズ

★こえに 出して 一かい よんでから、□に あう よみかたを 書きましょう。

あたま
頭

↓

あ□□
頭

↓

□□□
頭

❸ かん字を かこう

★□に かん字を 書きましょう。下の □には、上の 文を 書きましょう。

あたま
□を さす。

リマインド

★一しゅうかん後の 日にちを 書いて チャレンジしましょう。

頭 とめる はらう

★このかん字を おぼえた ことばを 書きましょう。

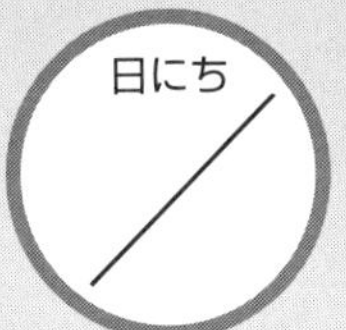

日にち

日にち ／

名まえ

ことばや 絵で おぼえよう

★つぎの ことばを いいながら 上の かん字を なぞりましょう。

たて、かくはね、一、口

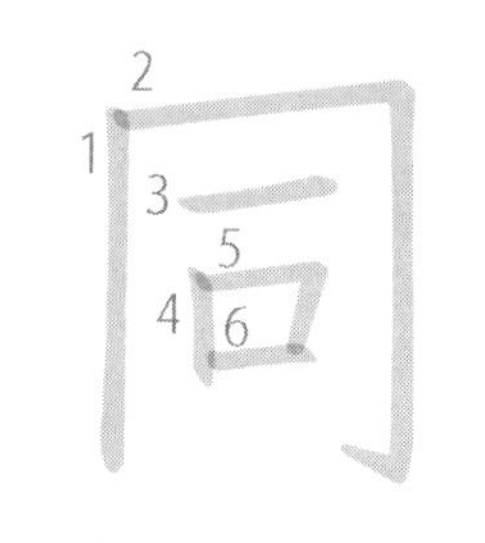

★あなたが かん字を おぼえやすい ことばを 考えて 書きましょう。（上と おなじでも よい。）

同じ もちもの。

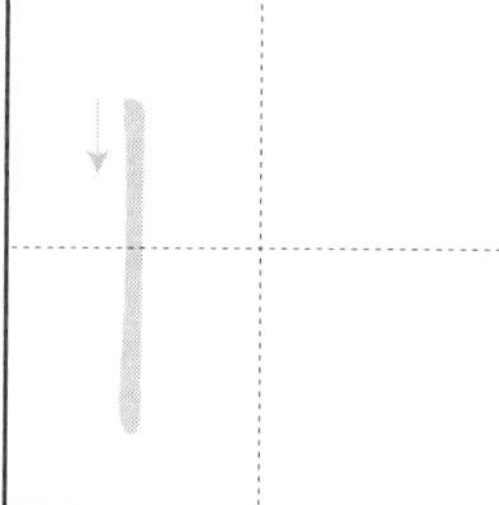

★上の 絵を 見ながら 左に かん字を 書きましょう。

❶ かん字 つけたし かんせい クイズ

★四つの ますの かん字を
▼なぞって、
▼つけたして、
それぞれの ますを かんせい させましょう。

❷ よみかた クイズ

★こえに 出して 一かい よんでから、□に あう よみかたを 書きましょう。

同じ（おな）→ 同じ（お□）→ 同じ（□□）

❸ かん字を かこう

★□に かん字を 書きましょう。下の □には、上の 文を 書きましょう。

□（おな）じ もちもの。

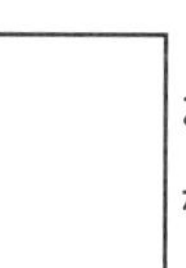

リマインド

★一しゅうかん後の 日にちを 書いて チャレンジしましょう。

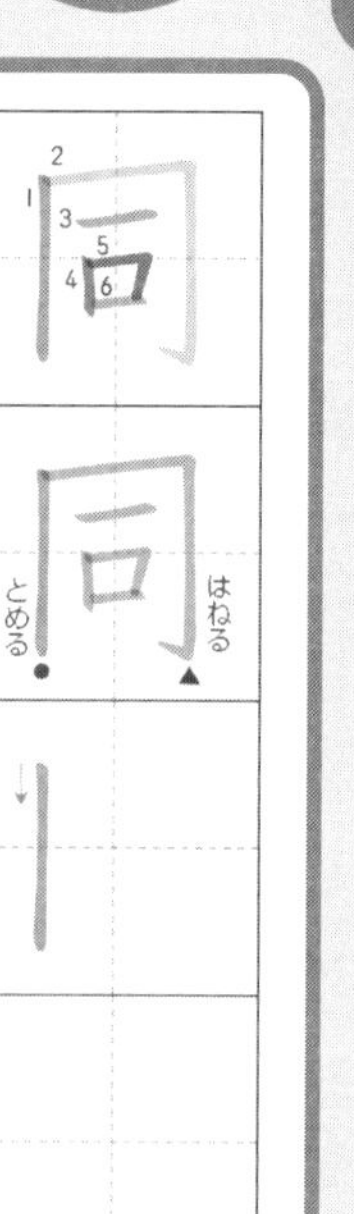

★このかん字を おぼえた ことばを 書きましょう。

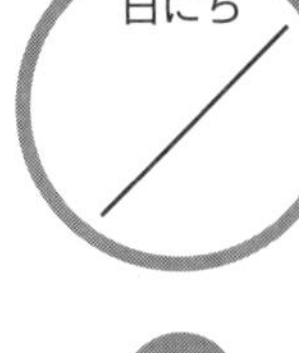

日にち

ことばや 絵で おぼえよう

★つぎの ことばを いいながら 上の かん字を なぞりましょう。

ソ、一、ノ、目に しんにょう

★あなたが かん字を おぼえやすい ことばを 考えて 書きましょう。（上と おなじでも よい。）

名まえ

つづく 道（みち）。

★上の 絵を 見ながら 左に かん字を 書きましょう。

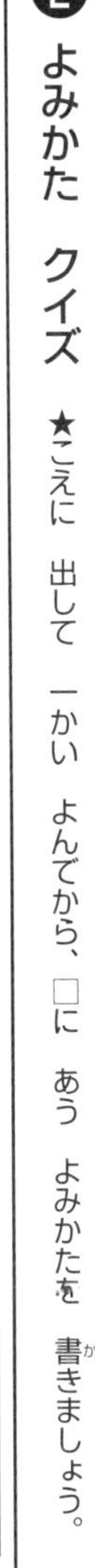

❶ かん字 つけたし かんせい クイズ

★四つの ますの かん字を
▼なぞって、
▼つけたして、
それぞれの ますを かんせい させましょう。

❷ よみかた クイズ

★こえに 出して 一かい よんでから、□に あう よみかたを 書きましょう。

道（みち）
↓
道（み□）
↓
道（□□）

❸ かん字を かこう

★□に かん字を 書きましょう。下の □には、上の 文を 書きましょう。

つづく □（みち）。

リマインド

日にち

★一しゅうかん後の 日にちを 書いて チャレンジしましょう。

はらう

★このかん字を おぼえた ことばを 書きましょう。

ことばや 絵で おぼえよう

日にち ／

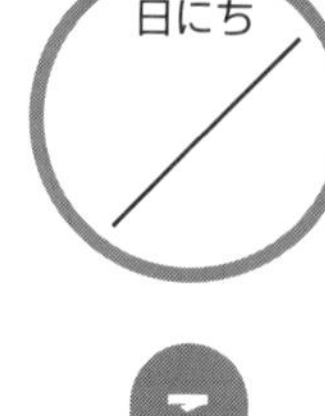

★つぎの ことばを いいながら 上の かん字を なぞりましょう。

てん、よこぼう三つに 口＋十、一、ワ、ノ、たてよこはね

本を 読む。

★上の 絵を 見ながら 左に かん字を 書きましょう。

名まえ

★あなたが かん字を おぼえやすい ことばを 考えて 書きましょう。（上と おなじでも よい。）

❶ かん字 つけたし かんせい クイズ

★四つの ますの かん字を
▼なぞって、
▼つけたして、
それぞれの ますを かんせい させましょう。

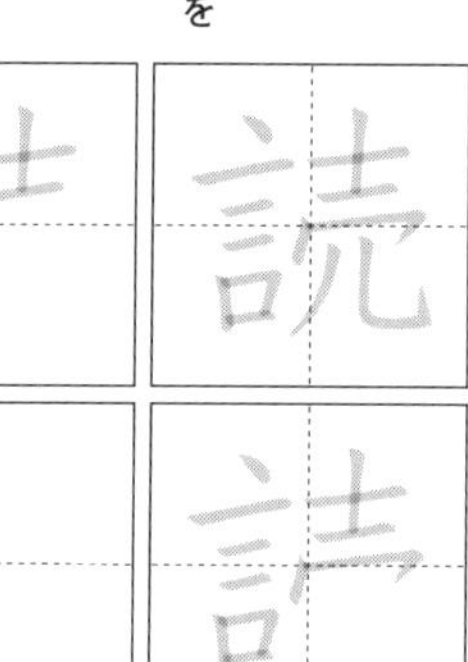

❷ よみかた クイズ

★こえに 出して 一かい よんでから、□に あう よみかたを 書きましょう。

読む（よ）
↓
読□む
↓
読□む

❸ かん字を かこう

★□に かん字を 書きましょう。下の □には、上の 文を 書きましょう。

本を □（よ）む。

リマインド

日にち ／

★一しゅうかん後の 日にちを 書いて チャレンジしましょう。

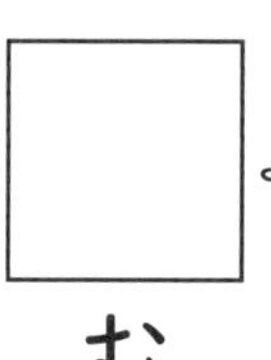

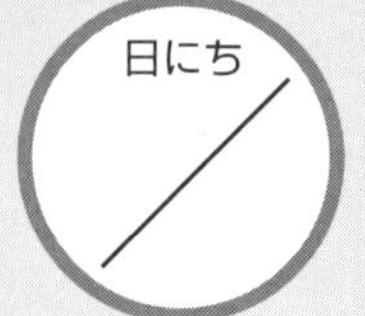

★このかん字を おぼえた ことばを 書きましょう。

日にち

ことばや 絵で おぼえよう

★つぎの ことばを いいながら 上の かん字を なぞりましょう。

たて、かくはね、人

★あなたが かん字を おぼえやすい ことばを 考えて 書きましょう。(上と おなじでも よい。)

名まえ

しつ内から見る。

★上の 絵を 見ながら 左に かん字を 書きましょう。

❶ かん字 つけたし かんせい クイズ

★四つの ますの かん字を
▼なぞって、
▼つけたして、
それぞれの ますを かんせい させましょう。

❷ よみかた クイズ

★こえに 出して 一かい よんでから、□に あう よみかたを 書きましょう。

しつ内(ない) → しつ内(な□) → しつ内(□□)

❸ かん字を かこう

★□に かん字を 書きましょう。下の □には、上の 文を 書きましょう。

しつ□(ない)から見る。

リマインド

★一しゅうかん後の 日にちを 書いて チャレンジしましょう。

日にち

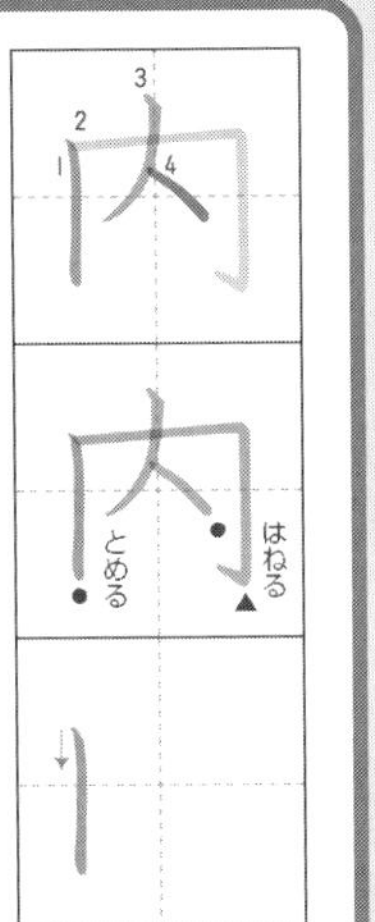

★このかん字を おぼえた ことばを 書きましょう。

日にち ／

名まえ

ことばや 絵で おぼえよう

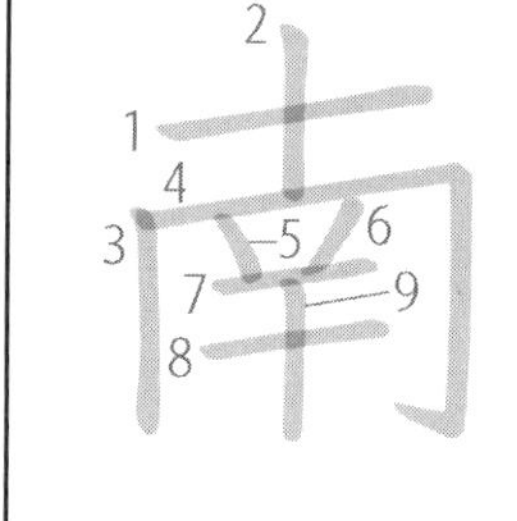

★つぎの ことばを いいながら 上の かん字を なぞりましょう。

十、たて、かくはね、ソ、よこ、よこ、たて

★あなたが かん字を おぼえやすい ことばを 考えて 書きましょう。（上と おなじでも よい。）

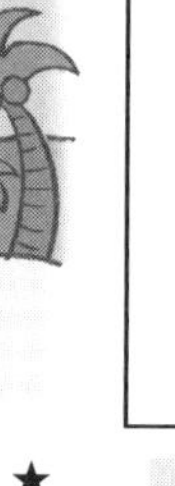

南（みなみ）の しま。

★上の 絵を 見ながら 左に かん字を 書きましょう。

❶ かん字 つけたし かんせい クイズ

★四つの ますの かん字を
▼なぞって、
▼つけたして、
それぞれの ますを かんせい させましょう。

❷ よみかた クイズ

★こえに 出して 一かい よんでから、□に あう よみかたを 書きましょう。

南 みなみ
↓
南 み□□
↓
南 □□□

❸ かん字を かこう

★□に かん字を 書きましょう。下の □には、上の 文を 書きましょう。

□（みなみ）の しま。

リマインド

日にち ／

★一しゅうかん後の 日にちを 書いて チャレンジしましょう。

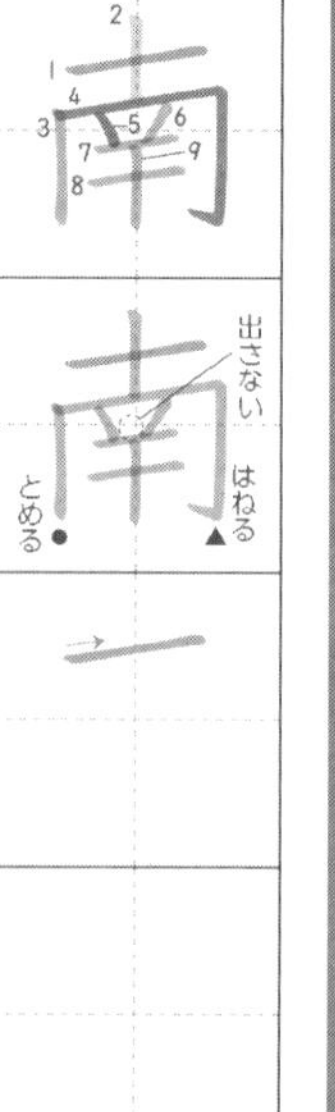

★このかん字を おぼえた ことばを 書きましょう。

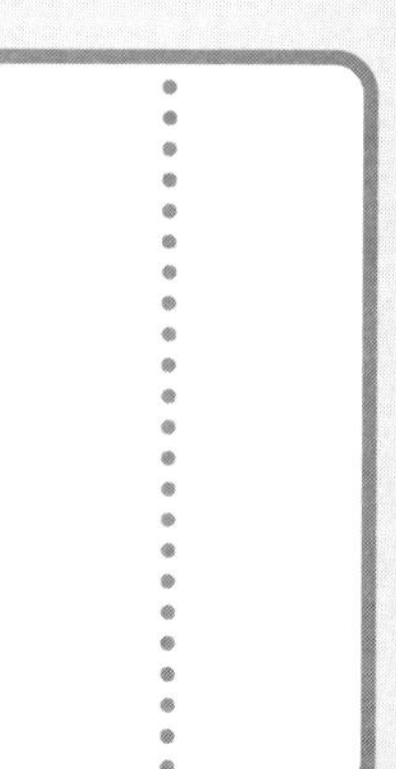

日にち

ことばや　絵で　おぼえよう

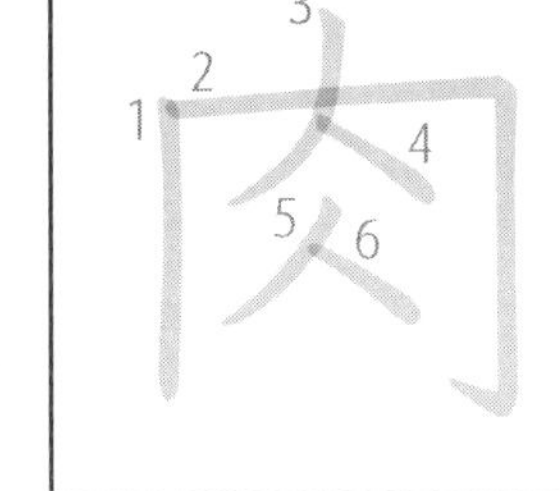

★つぎの　ことばを　いいながら
上の　かん字を
なぞりましょう。

たて、かくはね、人、人

★あなたが　かん字を　おぼえやすい　ことばを
考えて　書きましょう。（上と　おなじでも　よい。）

名まえ

肉を
食べる。

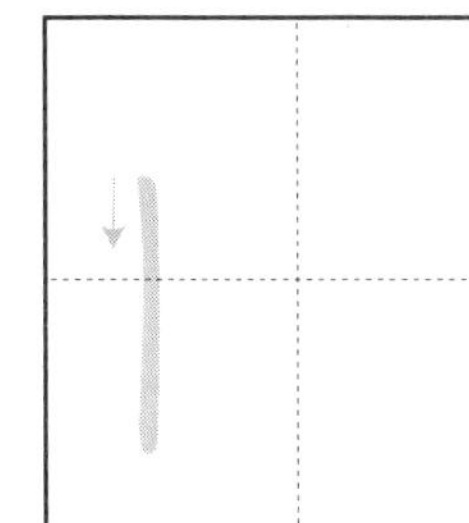

★上の　絵を　見ながら　左に
かん字を　書きましょう。

❶ かん字　つけたし　かんせい　クイズ

★四つの　ますの
かん字を
▼なぞって、
▼つけたして、
それぞれの　ますを
かんせい
させましょう。

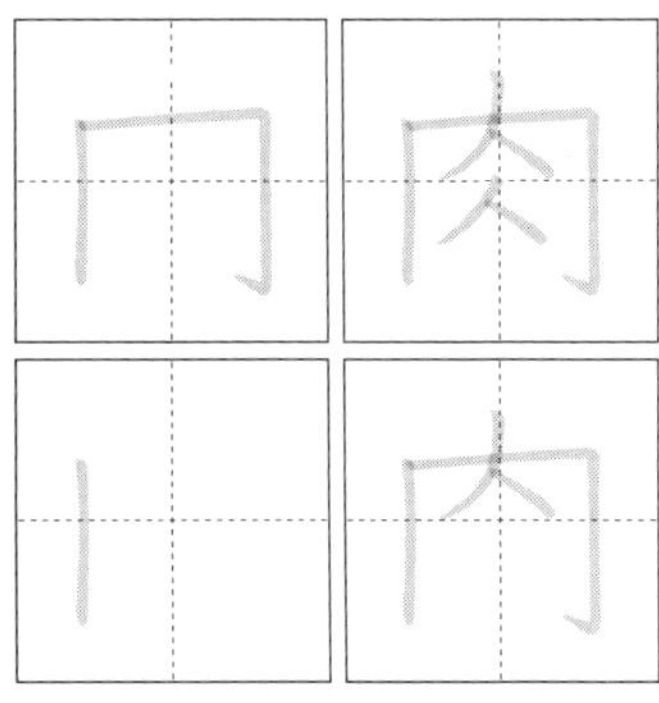

❷ よみかた　クイズ

★こえに　出して　一かい　よんでから、□に　あう　よみかたを　書きましょう。

にく
肉
↓
に□
肉
↓
□□
肉

❸ かん字を　かこう

★□に　かん字を　書きましょう。下の□には、上の　文を　書きましょう。

にく
□を食べる。

リマインド

日にち

★一しゅうかん後の　日にちを　書いて　チャレンジしましょう。

とめる
はらう

★このかん字を　おぼえた
ことばを　書きましょう。

ことばや 絵で おぼえよう

★つぎの ことばを いいながら 上の かん字を なぞりましょう。

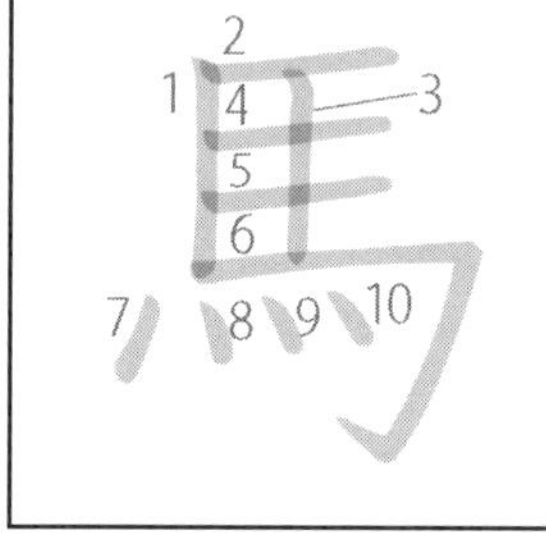

たて、よこ、たて、たて、よこ、よこ、かくはね、てん四つ

馬がいた。

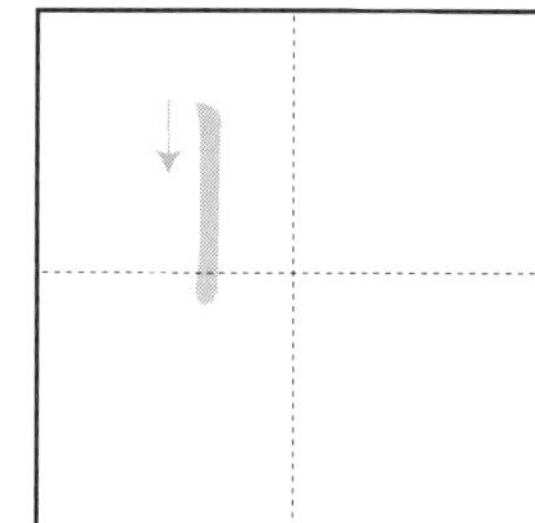

★上の 絵を 見ながら 左に かん字を 書きましょう。

名まえ

★あなたが かん字を おぼえやすい ことばを 考えて 書きましょう。(上と おなじでも よい。)

❶ かん字 つけたし かんせい クイズ

★四つの ますの かん字を
▼なぞって、
▼つけたして、
それぞれの ますを かんせい させましょう。

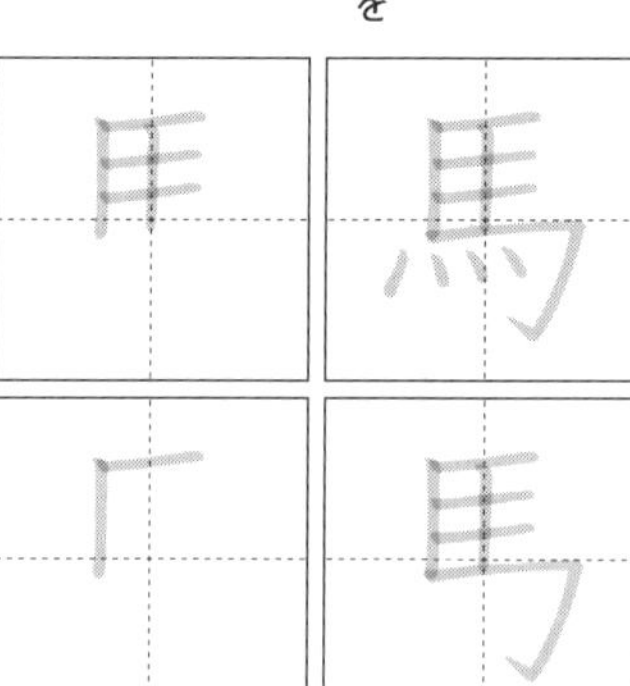

❷ よみかた クイズ

★こえに 出して 一かい よんでから、□に あう よみかたを 書きましょう。

馬（うま）→ 馬（う□）→ 馬（□□）

❸ かん字を かこう

★□に かん字を 書きましょう。下の □には、上の 文を 書きましょう。

□（うま）が いた。

リマインド

★一しゅうかん後の 日にちを 書いて チャレンジしましょう。

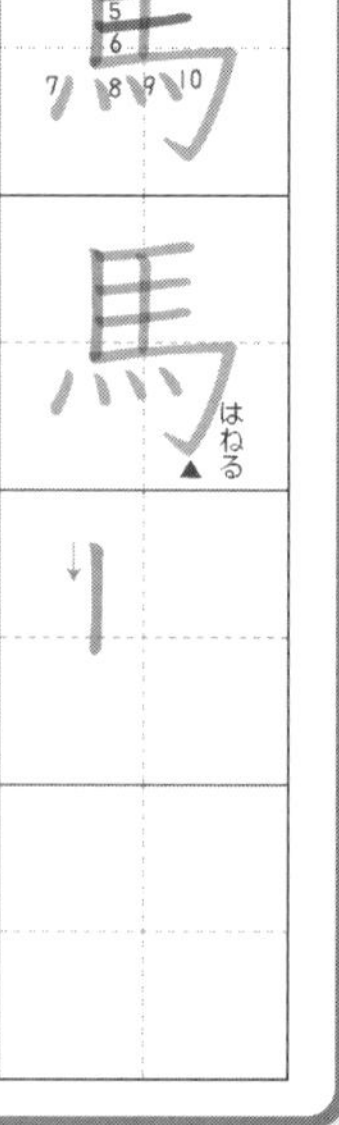

★このかん字を おぼえた ことばを 書きましょう。

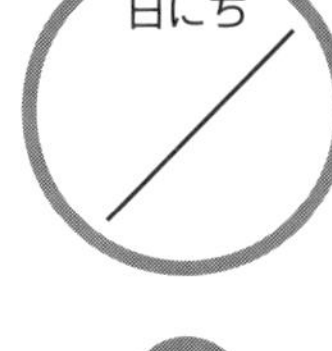
日にち

ことばや 絵で おぼえよう

★つぎの ことばを いいながら 上の かん字を なぞりましょう。

売

十、一、ワ、ノ、たて よこはね

花を 売る。

★上の 絵を 見ながら 左に かん字を 書きましょう。

名まえ

★あなたが かん字を おぼえやすい ことばを 考えて 書きましょう。（上と おなじでも よい。）

❶ かん字 つけたし かんせい クイズ

★四つの ますの かん字を
▼なぞって、
▼つけたして、
それぞれの ますを かんせい させましょう。

❷ よみかた クイズ

★こえに 出して 一かい よんでから、□に あう よみかたを 書きましょう。

売る（う）
↓
売る □
↓
売る □

❸ かん字を かこう

★□に かん字を 書きましょう。下の□には、上の 文を 書きましょう。

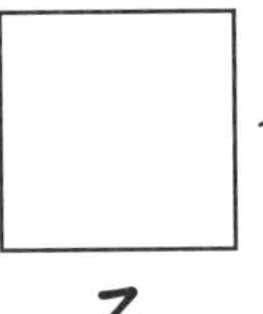

花を □る。

リマインド

日にち

★一しゅうかん後の 日にちを 書いて チャレンジしましょう。

売

★このかん字を おぼえた ことばを 書きましょう。

日にち ／

ことばや 絵で おぼえよう

★つぎの ことばを いいながら 上の かん字を なぞりましょう。

四に貝
※四ではありません。

★上の 絵を 見ながら 左に かん字を 書きましょう。

おやつを 買う。

名まえ

★あなたが かん字を おぼえやすい ことばを 考えて 書きましょう。(上と おなじでも よい。)

❶ かん字 つけたし かんせい クイズ

★四つの ますの かん字を
▼なぞって、
▼つけたして、
それぞれの ますを かんせい させましょう。

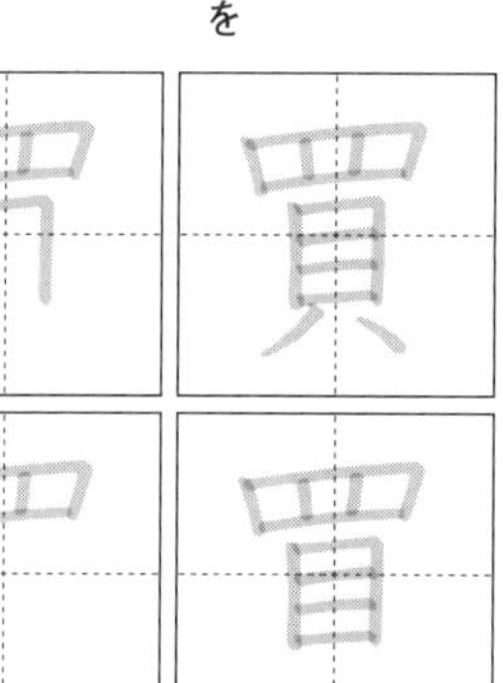

❷ よみかた クイズ

★こえに 出して 一かい よんでから、□に あう よみかたを 書きましょう。

買う(か) → 買う □ → 買う □

❸ かん字を かこう

★□に かん字を 書きましょう。下の □には、上の 文を 書きましょう。

おやつを □(か)う。

日にち ／

リマインド

★一しゅうかん後の 日にちを 書いて チャレンジしましょう。

★このかん字を おぼえた ことばを 書きましょう。

ことばや 絵で おぼえよう

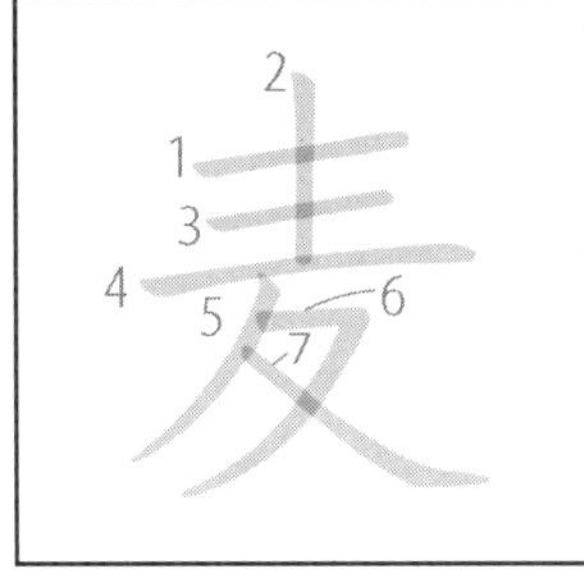

★つぎの ことばを いいながら 上の かん字を なぞりましょう。

よこ、たて、よこ、よこ、ノ、フ、右はらい

麦(むぎ)から できる。

★上の 絵を 見ながら 左に かん字を 書きましょう。

名まえ

★あなたが かん字を おぼえやすい ことばを 考えて 書きましょう。(上と おなじでも よい。)

❶ かん字 つけたし かんせい クイズ

★四つの ますの かん字を
▼なぞって、
▼つけたして、
それぞれの ますを かんせい させましょう。

❷ よみかた クイズ

★こえに 出して 一かい よんでから、□に あう よみかたを 書きましょう。

むぎ 麦

↓

む□ 麦

↓

□□ 麦

❸ かん字を かこう

★□に かん字を 書きましょう。下の □には、上の 文を 書きましょう。

□(むぎ) から できる。

リマインド

日にち

★一しゅうかん後の 日にちを 書いて チャレンジしましょう。

はらう

★このかん字を おぼえた ことばを 書きましょう。

日にち ／

名まえ

ことばや 絵で おぼえよう

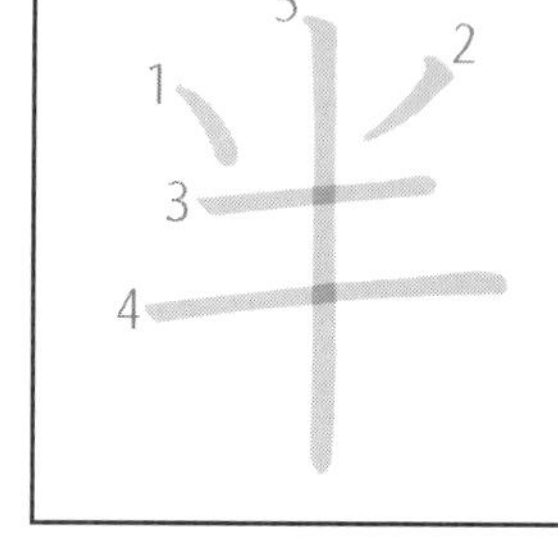

★つぎの ことばを いいながら 上の かん字を なぞりましょう。

ソ、ニ、たてぼう

★あなたが かん字を おぼえやすい ことばを 考えて 書きましょう。（上と おなじでも よい。）

半分に する。

★上の 絵を 見ながら 左に かん字を 書きましょう。

❶ かん字 つけたし かんせい クイズ

★四つの ますの かん字を
▼なぞって、
▼つけたして、
それぞれの ますを かんせい させましょう。

❷ よみかた クイズ

★こえに 出して 一かい よんでから、□に あう よみかたを 書きましょう。

はん
半分
↓
は□
半分
↓
□□
半分

❸ かん字を かこう

★□に かん字を 書きましょう。下の □には、上の 文を 書きましょう。

□（はん）分に する。

リマインド

日にち ／

★一しゅうかん後の 日にちを 書いて チャレンジしましょう。

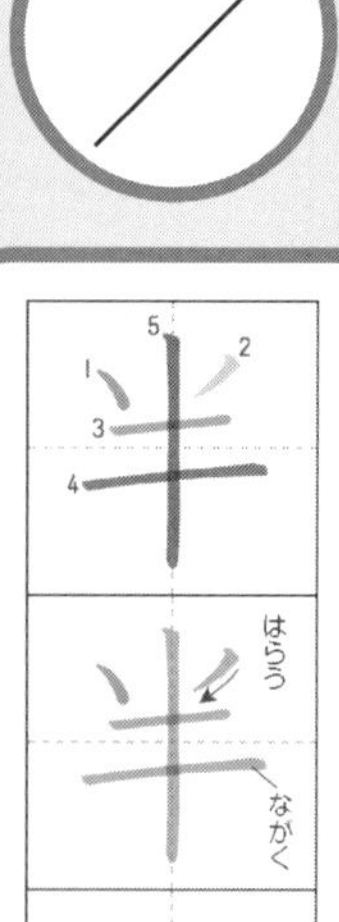

★このかん字を おぼえた ことばを 書きましょう。

日にち　／

ことばや 絵で おぼえよう

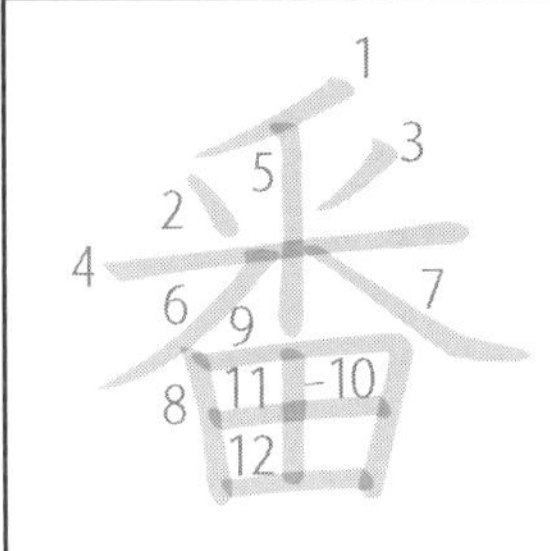

★つぎの ことばを いいながら 上の かん字を なぞりましょう。

ノ、ソ、十、はらい、はらい、はらい＋田

★上の 絵を 見ながら 左に かん字を 書きましょう。

番ごうを 言う。

名まえ

★あなたが かん字を おぼえやすい ことばを 考えて 書きましょう。（上と おなじでも よい。）

❶ かん字 つけたし かんせい クイズ

★四つの ますの かん字を ▼なぞって、▼つけたして、それぞれの ますを かんせい させましょう。

番　平

❷ よみかた クイズ

★こえに 出して 一かい よんでから、□に あう よみかたを 書きましょう。

ばん
番ごう
↓
ば□
番ごう
↓
□□
番ごう

❸ かん字を かこう

★□に かん字を 書きましょう。下の □ には、上の 文を 書きましょう。

□（ばん）ごうを 言う。

リマインド

日にち　／

★一しゅうかん後の 日にちを 書いて チャレンジしましょう。

番　はらう

★このかん字を おぼえた ことばを 書きましょう。

日にち

ことばや　絵で　おぼえよう

★つぎの　ことばを　いいながら　上の　かん字を　なぞりましょう。

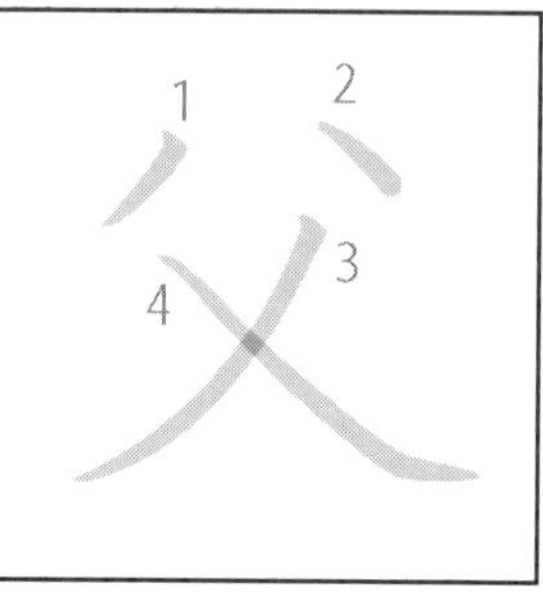

ハ、ノ、右はらい

★上の　絵（え）を　見ながら　左に　かん字を　書（か）きましょう。

名まえ

★あなたが　かん字を　おぼえやすい　ことばを　考（かんが）えて　書（か）きましょう。（上と　おなじでも　よい。）

❶ かん字　つけたし　かんせい　クイズ

★四つの　ますの　かん字を
▼なぞって、
▼つけたして、
それぞれの　ますを　かんせい　させましょう。

❷ よみかた　クイズ

★こえに　出して　一かい　よんでから、□に　あう　よみかたを　書（か）きましょう。

お父（とう）さん
↓
お父（と□）さん
↓
お父（□□）さん

❸ かん字を　かこう

★□に　かん字を　書（か）きましょう。下の□には、上の　文を　書（か）きましょう。

お□（とう）さん

リマインド

日にち

★一しゅうかん後（ご）の　日にちを　書（か）いて　チャレンジしましょう。

★このかん字を　おぼえた　ことばを　書（か）きましょう。

日にち ／

名まえ

ことばや 絵で おぼえよう

★つぎの ことばを いいながら 上の かん字を なぞりましょう。

ノ、よこたてはね、ノ、虫

★あなたが かん字を おぼえやすい ことばを 考えて 書きましょう。（上と おなじでも よい。）

風がふく。

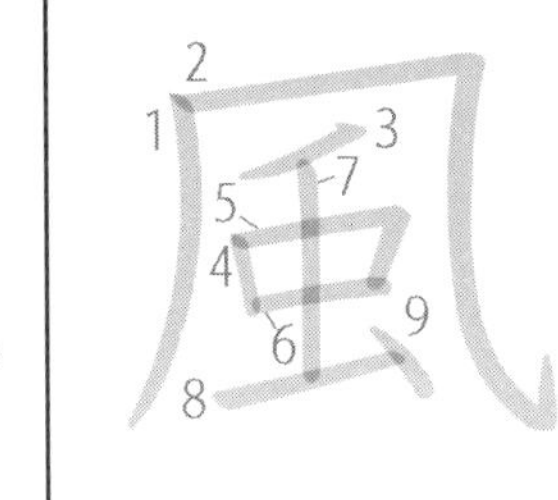

★上の 絵を 見ながら 左に かん字を 書きましょう。

❶ かん字 つけたし かんせい クイズ

★四つの ますの かん字を
▼なぞって、
▼つけたして、
それぞれの ますを かんせい させましょう。

❷ よみかた クイズ

★こえに 出して 一かい よんでから、□に あう よみかたを 書きましょう。

かぜ 風 → 風 か□ → 風 □□

❸ かん字を かこう

★□に かん字を 書きましょう。下の □には、上の 文を 書きましょう。

□（かぜ）が ふく。

リマインド

日にち ／

★一しゅうかん後の 日にちを 書いて チャレンジしましょう。

★このかん字を おぼえた ことばを 書きましょう。

日にち

名まえ

ことばや 絵で おぼえよう

★つぎの ことばを いいながら 上の かん字を なぞりましょう。

ハの下に、かくはね、ノ

★あなたが かん字を おぼえやすい ことばを 考えて 書きましょう。（上と おなじでも よい。）

おかしを 分(わ)ける。

★上の 絵を 見ながら 左に かん字を 書きましょう。

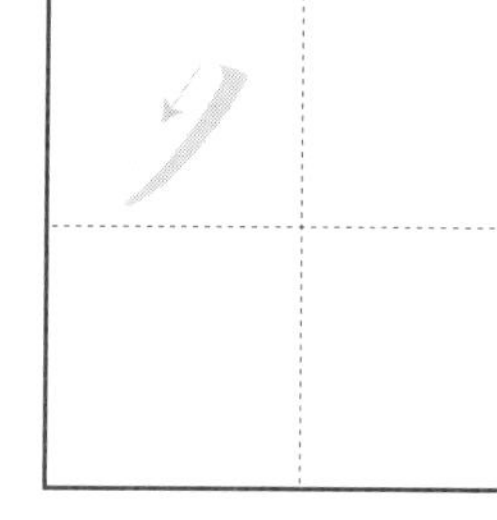

❶ かん字 つけたし かんせい クイズ

★四つの ますの かん字を
▼なぞって、
▼つけたして、
それぞれの ますを かんせい させましょう。

❷ よみかた クイズ

★こたえに 出して 一かい よんでから、□に あう よみかたを 書きましょう。

分(わ)ける
↓
分□る
↓
分□ける

❸ かん字を かこう

★□に かん字を 書きましょう。下の □には、上の 文を 書きましょう。

おかしを □(わ)ける。

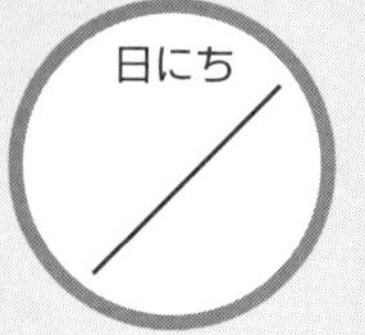

日にち

リマインド

★一しゅうかん後の 日にちを 書いて チャレンジしましょう。

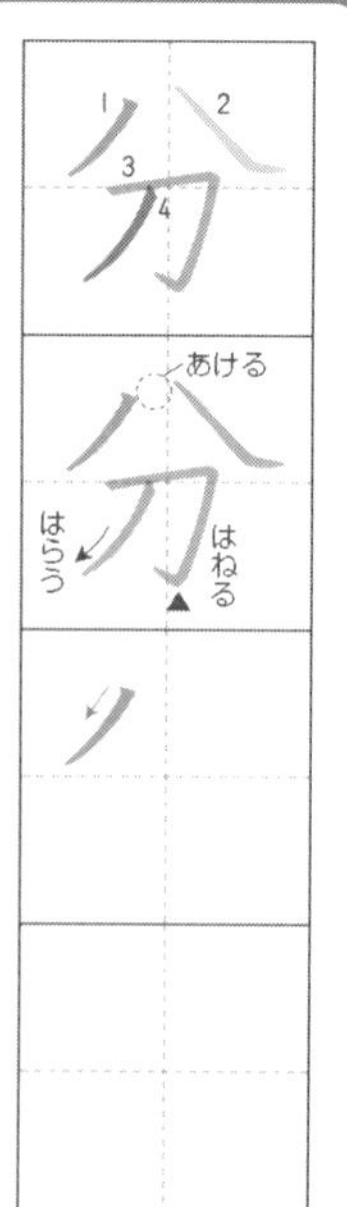

★このかん字を おぼえた ことばを 書きましょう。

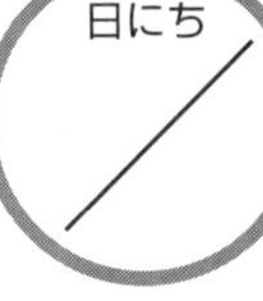

名まえ

ことばや 絵(え)で おぼえよう

聞

★つぎの ことばを いいながら 上の かん字を なぞりましょう。

たて、かく、二、たて、かくはね、二に耳
※耳ではありません。

★あなたが かん字を おぼえやすい ことばを 考(かんが)えて 書(か)きましょう。（上と おなじでも よい。）

音(おと)を 聞(き)く。

★上の 絵(え)を 見ながら 左に かん字を 書(か)きましょう。

❶ かん字 つけたし かんせい クイズ

★四つの ますの かん字を ▼なぞって、▼つけたして、それぞれの ますを かんせい させましょう。

❷ よみかた クイズ

★こえに 出して 一かい よんでから、□に あう よみかたを 書(か)きましょう。

聞(き)く
↓
聞□く
↓
聞□く

❸ かん字を かこう

★□に かん字を 書(か)きましょう。下の □には、上の 文を 書(か)きましょう。

音(おと)を □(き)く。

リマインド

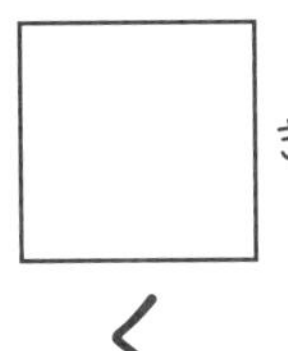

★一しゅうかん後(ご)の 日にちを 書(か)いて チャレンジしましょう。

とめる　はねる

★このかん字を おぼえた ことばを 書(か)きましょう。

日にち　／

ことばや　絵で　おぼえよう

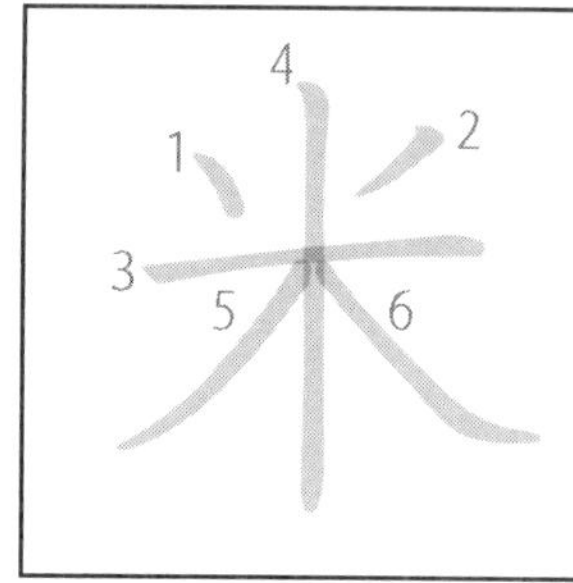

★つぎの　ことばを　いいながら　上の　かん字を　なぞりましょう。

ソ、十、はらい、はらい

★あなたが　かん字を　おぼえやすい　ことばを　考えて　書きましょう。（上と　おなじでも　よい。）

名まえ

米を食べる。

★上の　絵を　見ながら　左に　かん字を　書きましょう。

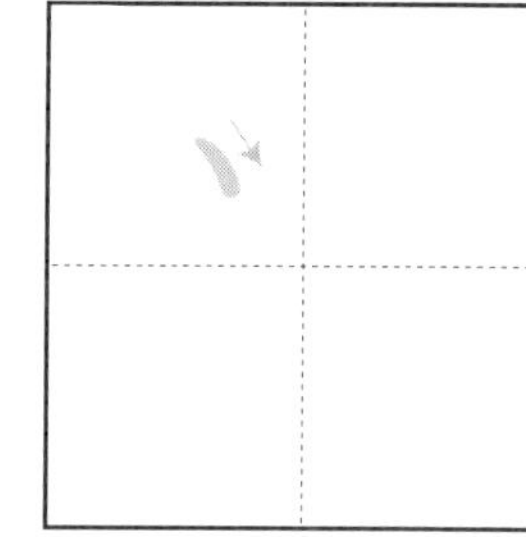

❶ かん字　つけたし　かんせい　クイズ

★四つの　ますの　かん字を
▼なぞって、
▼つけたして、
それぞれの　ますを　かんせい　させましょう。

❷ よみかた　クイズ

★こえに　出して　一かい　よんでから、□に　あう　よみかたを　書きましょう。

米（こめ）→ 米（こ□）→ 米（□□）

❸ かん字を　かこう

★□に　かん字を　書きましょう。下の　□には、上の　文を　書きましょう。

□（こめ）を食べる。

リマインド

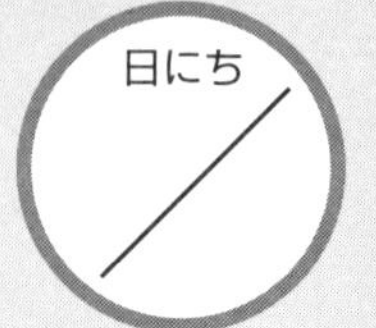

★一しゅうかん後の　日にちを　書いて　チャレンジしましょう。

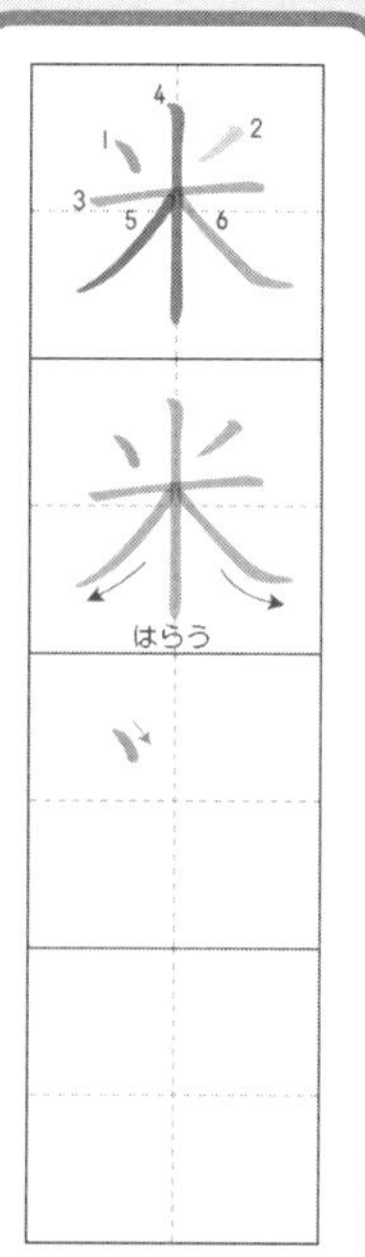

★このかん字を　おぼえた　ことばを　書きましょう。

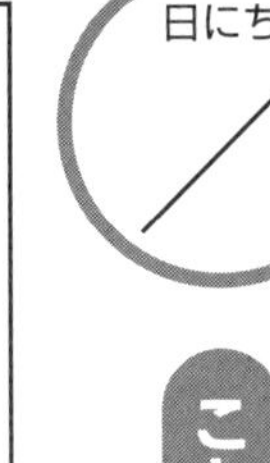

ことばや 絵で おぼえよう

★つぎの ことばを いいながら 上の かん字を なぞりましょう。

たて、よこ、たて、よこに小さいノ

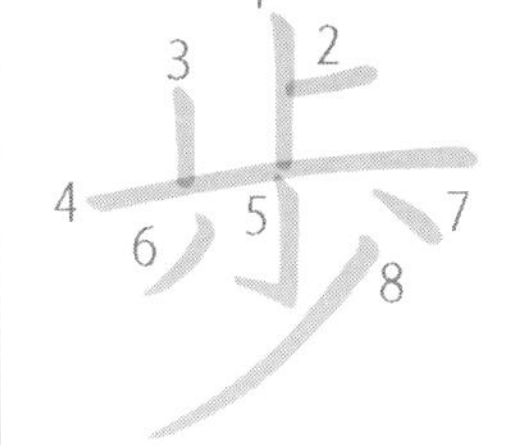

犬と 歩く。

★上の 絵を 見ながら 左に かん字を 書きましょう。

名まえ

★あなたが かん字を おぼえやすい ことばを 考えて 書きましょう。（上と おなじでも よい。）

❶ かん字 つけたし かんせい クイズ

★四つの ますの かん字を
▼なぞって、
▼つけたして、
それぞれの ますを かんせい させましょう。

❷ よみかた クイズ

★これに 出して 一かい よんでから、□に あう よみかたを 書きましょう。

ある 歩く
↓
歩く（あ□）
↓
歩く（□□）

❸ かん字を かこう

★□に かん字を 書きましょう。下の □には、上の 文を 書きましょう。

犬と □（ある）く。

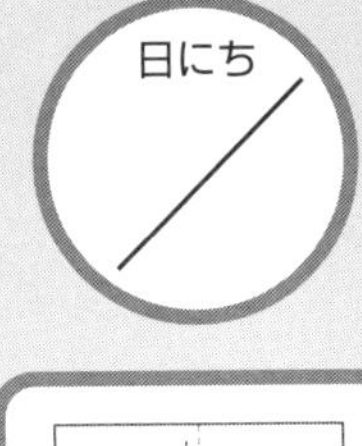

リマインド

★一しゅうかん後の 日にちを 書いて チャレンジしましょう。

はねる
はらう

★このかん字を おぼえた ことばを 書きましょう。

ことばや 絵で おぼえよう

★つぎの ことばを いいながら 上の かん字を なぞりましょう。

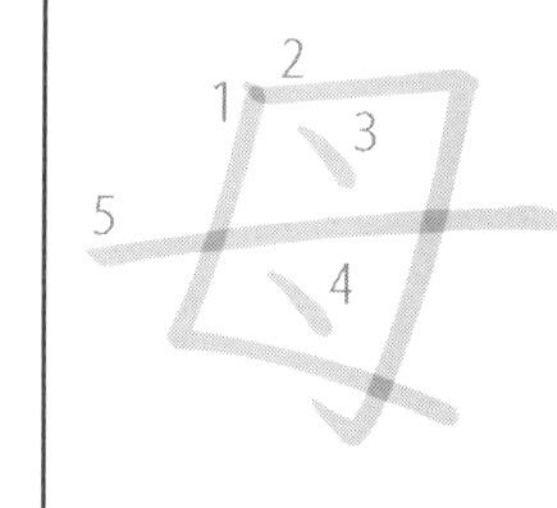

下かく、かくはね、てんてん、一

お母さん

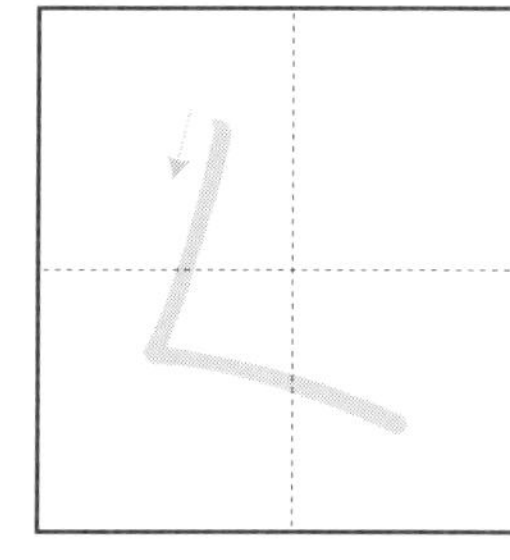

★上の 絵を 見ながら 左に かん字を 書きましょう。

名まえ

★あなたが かん字を おぼえやすい ことばを 考えて 書きましょう。(上と おなじでも よい。)

❶ かん字 つけたし かんせい クイズ

★四つの ますの かん字を
▼なぞって、
▼つけたして、
それぞれの ますを かんせい させましょう。

❷ よみかた クイズ

★こえに 出して 一かい よんでから、□に あう よみかたを 書きましょう。

お母さん(かあ)
↓
お母さん(か□)
↓
お母さん(□□)

❸ かん字を かこう

★□に かん字を 書きましょう。下の □ には、上の 文を 書きましょう。

お□(かあ)さん

リマインド

★一しゅうかん後の 日にちを 書いて チャレンジしましょう。

★このかん字を おぼえた ことばを 書きましょう。

日にち

名まえ

ことばや 絵で おぼえよう

★つぎの ことばを いいながら 上の かん字を なぞりましょう。

なべぶた、かくはね、ノ

★あなたが かん字を おぼえやすい ことばを 考えて 書きましょう。（上と おなじでも よい。）

字の書き方

★上の 絵を 見ながら 左に かん字を 書きましょう。

❶ かん字 つけたし かんせい クイズ

★四つの ますの かん字を
▼なぞって、
▼つけたして、
それぞれの ますを かんせい させましょう。

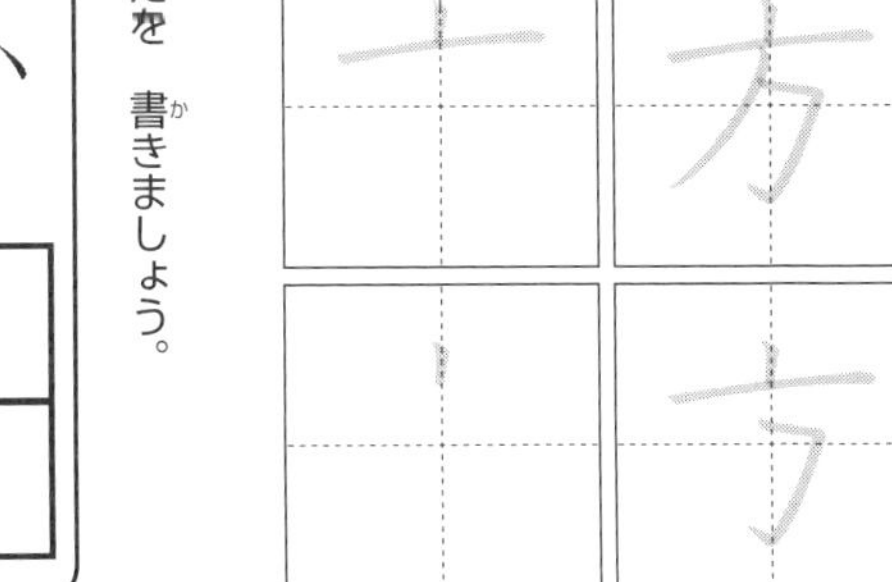

❷ よみかた クイズ

★こえに 出して 一かい よんでから、□に あう よみかたを 書きましょう。

書（か）き方（かた）
↓
書（か）き方（□）
↓
書（か）き方（□□）

❸ かん字を かこう

★□に かん字を 書きましょう。下の □には、上の 文を 書きましょう。

字の 書き □（かた）

リマインド

日にち

★一しゅうかん後の 日にちを 書いて チャレンジしましょう。

はらう　はねる

★このかん字を おぼえた ことばを 書きましょう。

日にち ／

ことばや 絵で おぼえよう

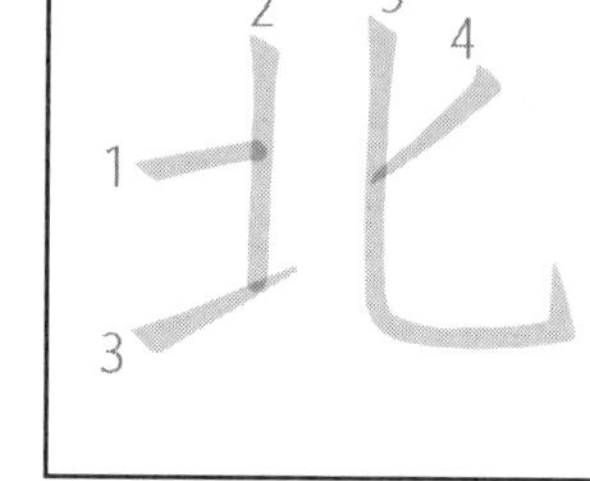

★つぎの ことばを いいながら 上の かん字を なぞりましょう。

よこ、たて、よこにヒ

北の 大地。

★上の 絵を 見ながら 左に かん字を 書きましょう。

★あなたが かん字を おぼえやすい ことばを 考えて 書きましょう。（上と おなじでも よい。）

名まえ

❶ かん字 つけたし かんせい クイズ

★四つの ますの かん字を ▼なぞって、▼つけたして、それぞれの ますを かんせい させましょう。

❷ よみかた クイズ

★こえに 出して 一かい よんでから、□に あう よみかたを 書きましょう。

北 きた

↓

北 き□

↓

北 □□

❸ かん字を かこう

★□に かん字を 書きましょう。下の □には、上の 文を 書きましょう。

□（きた）の 大地。

日にち ／

リマインド

★一しゅうかん後の 日にちを 書いて チャレンジしましょう。

1 2 3 4 5 北

はらう はらう はねる

★このかん字を おぼえた ことばを 書きましょう。

ことばや 絵(え)で おぼえよう

★つぎの ことばを いいながら 上の かん字を なぞりましょう。

1 2 3 4 5 6 毎

ノ、よこ、下かく、かくはね、ノ、よこ

名まえ

★あなたが かん字を おぼえやすい ことばを 考(かんが)えて 書(か)きましょう。（上と おなじでも よい。）

毎日(まいにち)の はみがき。

★上の 絵(え)を 見ながら 左に かん字を 書(か)きましょう。

❶ かん字 つけたし かんせい クイズ

★四つの ますの かん字を
▼なぞって、
▼つけたして、
それぞれの ますを かんせい させましょう。

❷ よみかた クイズ

★こえに 出して 一かい よんでから、□に あう よみかたを 書(か)きましょう。

まい
毎日
↓
ま□
毎日
↓
□□
毎日

❸ かん字を かこう

★□に かん字を 書(か)きましょう。下の □には、上の 文を 書(か)きましょう。

□(まい) 日(にち)の はみがき。

リマインド

日にち

★一しゅうかん後(ご)の 日にちを 書(か)いて チャレンジしましょう。

毎 とめる はねる

★このかん字を おぼえた ことばを 書(か)きましょう。

日にち　／

ことばや　絵で　おぼえよう

★つぎの　ことばを　いいながら
上の　かん字を
なぞりましょう。

おんな、よこ、よこ、
たて、はらい、はらい

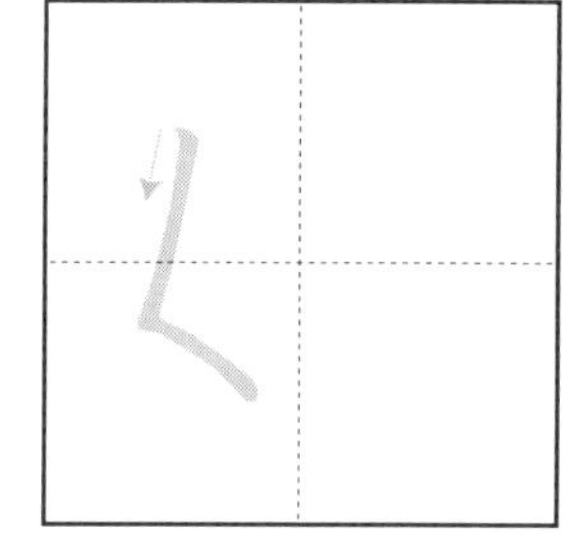

おさない
妹。

★上の　絵を　見ながら　左に
かん字を　書きましょう。

名まえ

★あなたが　かん字を　おぼえやすい　ことばを
考えて　書きましょう。（上と　おなじでも　よい。）

❶ かん字　つけたし　かんせい　クイズ

★四つの　ますの
かん字を
▼なぞって、
▼つけたして、
それぞれの　ますを
かんせい
させましょう。

女　妹　く　奸

❷ よみかた　クイズ

★こえに　出して　一かい　よんでから、□に　あう　よみかたを　書きましょう。

いもうと
妹
↓
い□□□
妹
↓
□□□□
妹

❸ かん字を　かこう

★□に　かん字を　書きましょう。下の□には、上の　文を　書きましょう。

おさない　□（いもうと）。

日にち　／

リマインド

★一しゅうかん後の　日にちを　書いて　チャレンジしましょう。

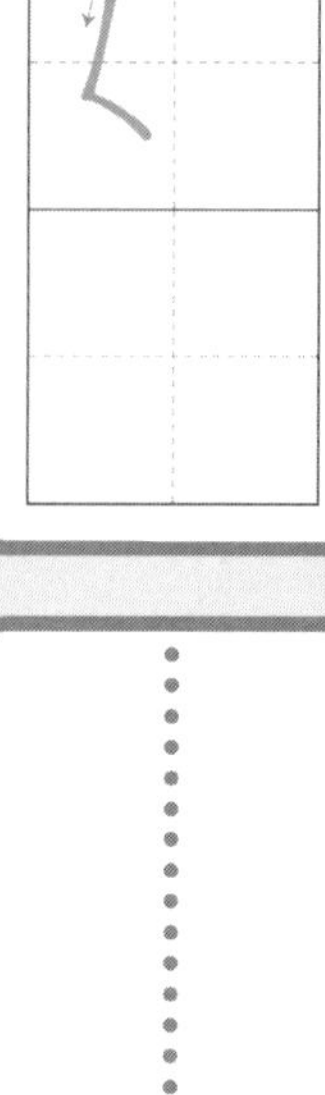

★このかん字を　おぼえた
ことばを　書きましょう。

日にち
／

ことばや 絵で おぼえよう

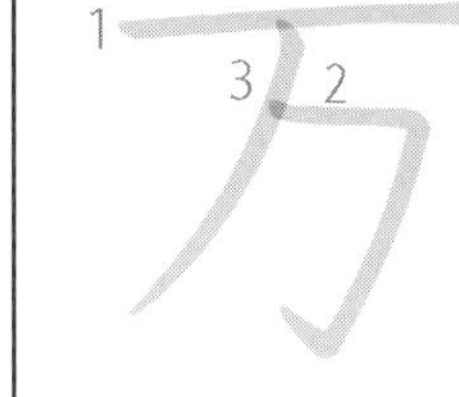

★つぎの ことばを いいながら 上の かん字を なぞりましょう。

一、かくはね、ノ

一万円（いちまんえん）

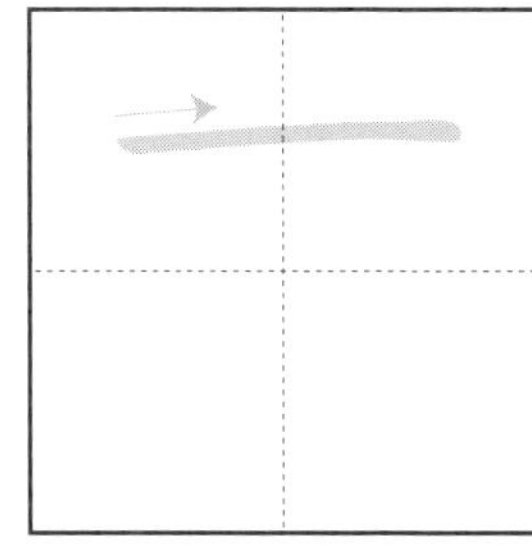

★上の 絵を 見ながら 左に かん字を 書きましょう。

名まえ

★あなたが かん字を おぼえやすい ことばを 考えて 書きましょう。（上と おなじでも よい。）

❶ かん字 つけたし かんせい クイズ

★四つの ますの かん字を
▼なぞって、
▼つけたして、
それぞれの ますを かんせい させましょう。

❷ よみかた クイズ

★こえに 出して 一かい よんでから、□に あう よみかたを 書きましょう。

一万円（まん）
↓
一万円（ま□）
↓
一万円（□□）

❸ かん字を かこう

★□に かん字を 書きましょう。下の □ には、上の 文を 書きましょう。

一（いち）□（まん）円（えん）

リマインド

日にち
／

★一しゅうかん後の 日にちを 書いて チャレンジしましょう。

出さない
はらう
はねる

★このかん字を おぼえた ことばを 書きましょう。

名まえ

ことばや 絵で おぼえよう

★つぎの ことばを いいながら 上の かん字を なぞりましょう。

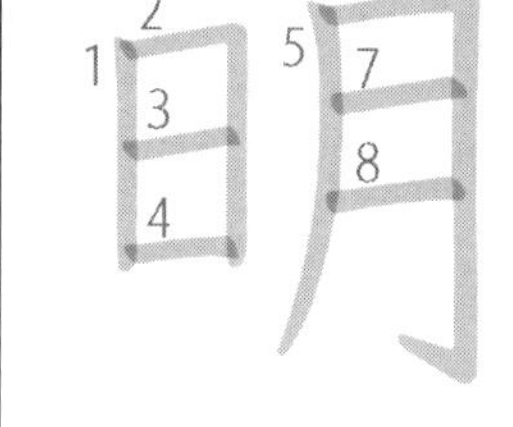

日に月

★あなたが かん字を おぼえやすい ことばを 考えて 書きましょう。（上と おなじでも よい。）

明（あか）るい 光（ひかり）。

★上の 絵を 見ながら 左に かん字を 書きましょう。

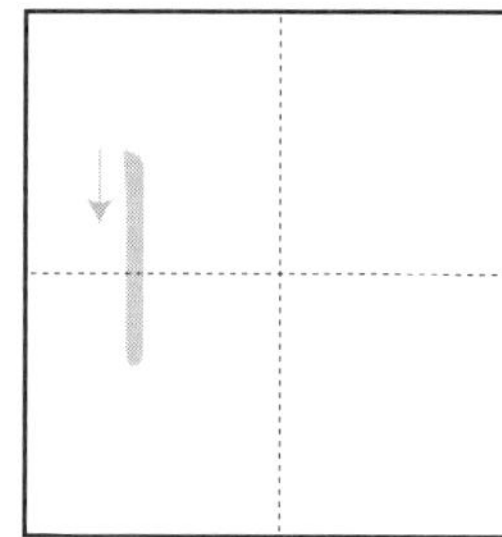

❶ かん字 つけたし かんせい クイズ

★四つの ますの かん字を
▼なぞって、
▼つけたして、
それぞれの ますを かんせい させましょう。

❷ よみかた クイズ

★こえに 出して 一かい よんでから、□に あう よみかたを 書きましょう。

あか 明るい
↓
□（あ） 明るい
↓
□□ 明るい

❸ かん字を かこう

★□に かん字を 書きましょう。下の□には、上の 文を 書きましょう。

□（あか）るい 光（ひかり）。

リマインド

★一しゅうかん後の 日にちを 書いて チャレンジしましょう。

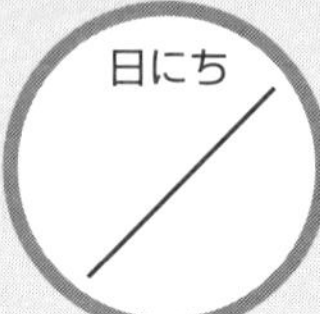

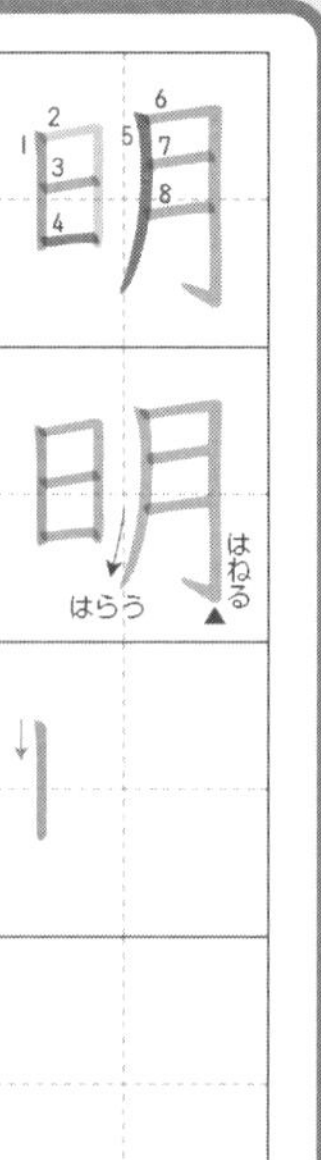

★このかん字を おぼえた ことばを 書きましょう。

日にち

ことばや　絵で　おぼえよう

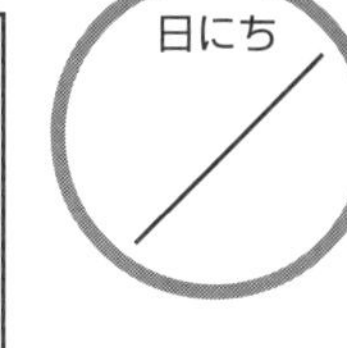

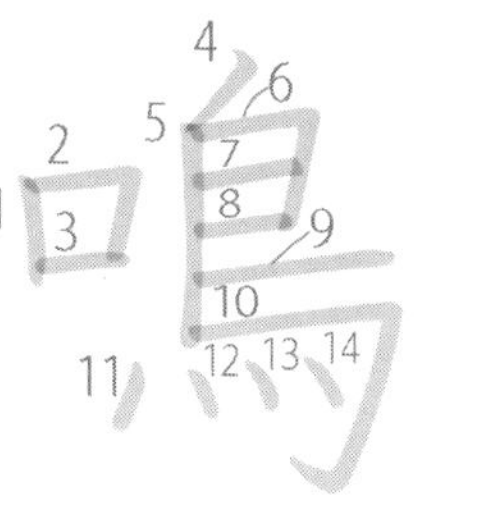

★つぎの　ことばを　いいながら　上の　かん字を　なぞりましょう。

口、白のびに、よこ、かくはね、てん四つ

★上の　絵を　見ながら　左に　かん字を　書きましょう。

小鳥が　鳴く。

名まえ

★あなたが　かん字を　おぼえやすい　ことばを　考えて　書きましょう。（上と　おなじでも　よい。）

❶ かん字　つけたし　かんせい　クイズ

★四つの　ますの　かん字を　▼なぞって、▼つけたして、それぞれの　ますを　かんせい　させましょう。

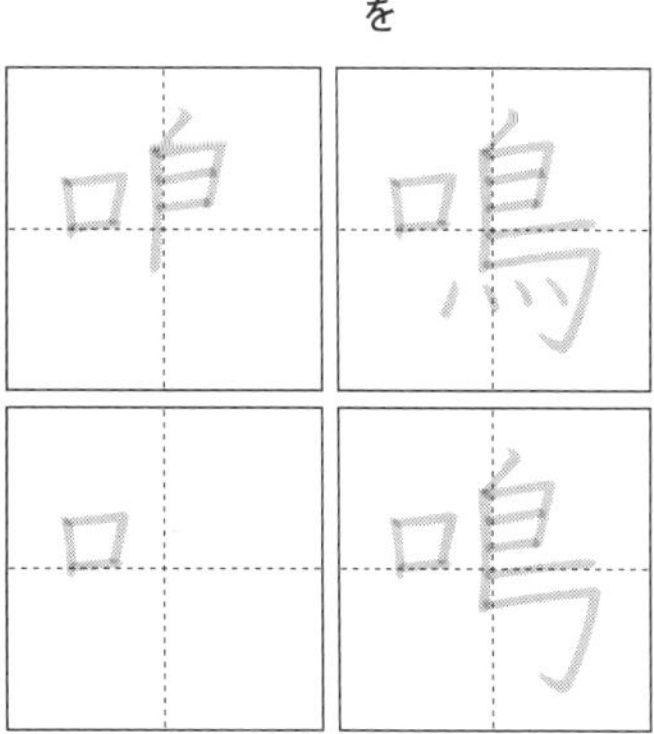

❷ よみかた　クイズ

★こえに　出して　一かい　よんでから、□に　あう　よみかたを　書きましょう。

鳴く（な）

↓

鳴く □

↓

鳴く □

❸ かん字を　かこう

★□に　かん字を　書きましょう。下の □には、上の　文を　書きましょう。

小鳥が □（な）く。

リマインド

★一しゅうかん後の　日にちを　書いて　チャレンジしましょう。

日にち

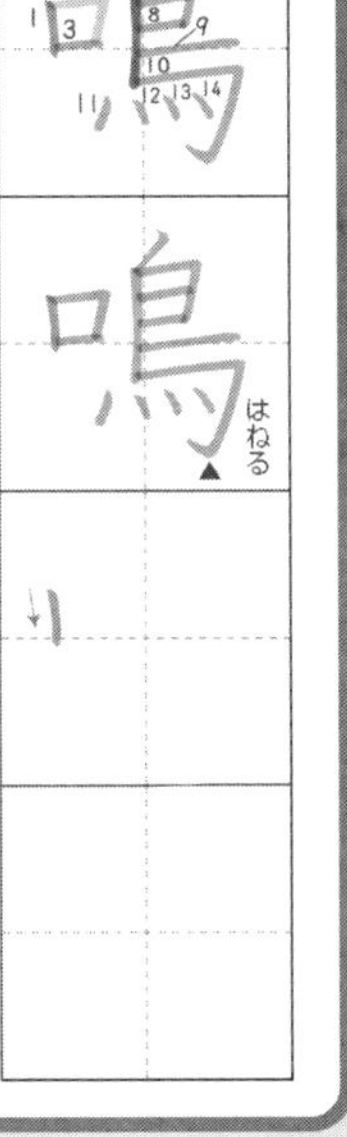

★このかん字を　おぼえた　ことばを　書きましょう。

ことばや　絵で　おぼえよう

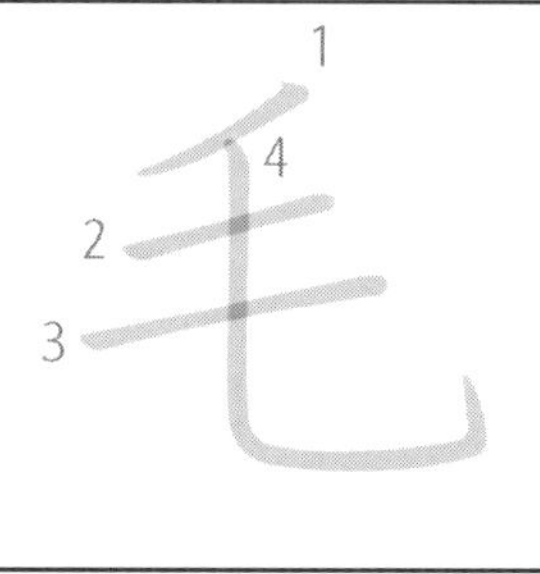

★つぎの　ことばを　いいながら　上の　かん字を　なぞりましょう。

ノ、ニ、たてよこはね

犬の　毛なみ。

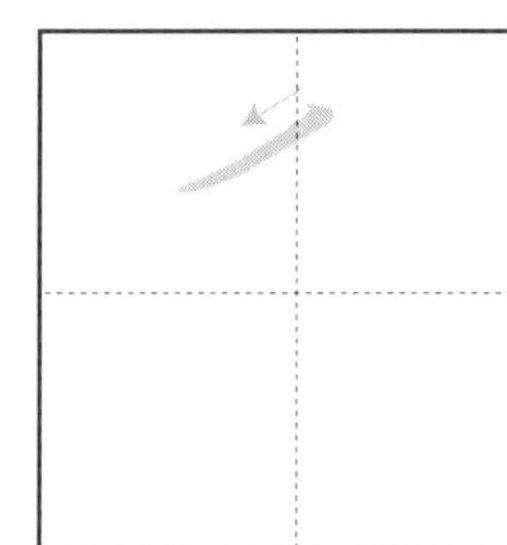

★上の　絵を　見ながら　左に　かん字を　書きましょう。

★あなたが　かん字を　おぼえやすい　ことばを　考えて　書きましょう。(上と　おなじでも　よい。)

名まえ

❶ かん字　つけたし　かんせい　クイズ

★四つの　ますの　かん字を　▼なぞって、▼つけたして、それぞれの　ますを　かんせい　させましょう。

❷ よみかた　クイズ

★こえに　出して　一かい　よんでから、□に　あう　よみかたを　書きましょう。

毛なみ　→　毛□なみ　→　毛□なみ

❸ かん字を　かこう

★□に　かん字を　書きましょう。下の　□には、上の　文を　書きましょう。

犬の　□なみ。

リマインド

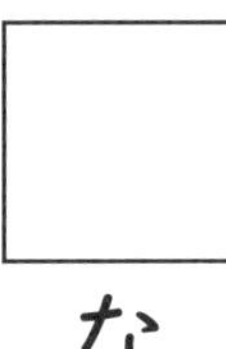

★一しゅうかん後の　日にちを　書いて　チャレンジしましょう。

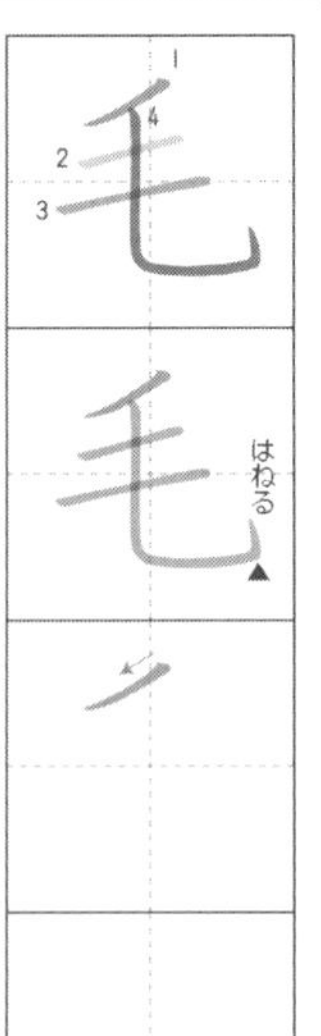

★このかん字を　おぼえた　ことばを　書きましょう。

日にち　／

名まえ

ことばや 絵で おぼえよう

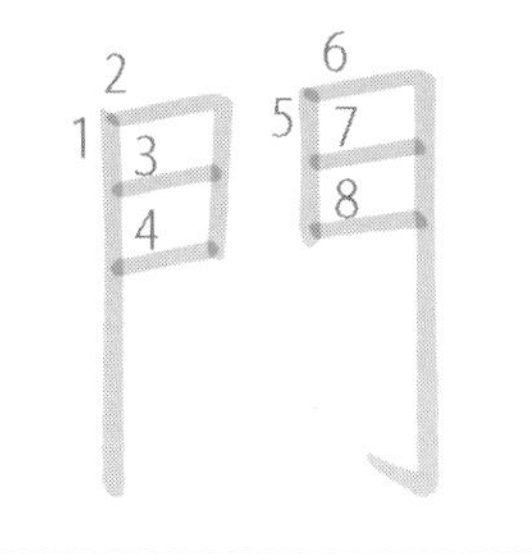

★つぎの ことばを いいながら 上の かん字を なぞりましょう。

たて、かく、二、たて、かくはね、二

★あなたが かん字を おぼえやすい ことばを 考えて 書きましょう。（上と おなじでも よい。）

門が しまる。

★上の 絵を 見ながら 左に かん字を 書きましょう。

❶ かん字 つけたし かんせい クイズ

★四つの ますの かん字を
▼なぞって、
▼つけたして、
それぞれの ますを かんせい させましょう。

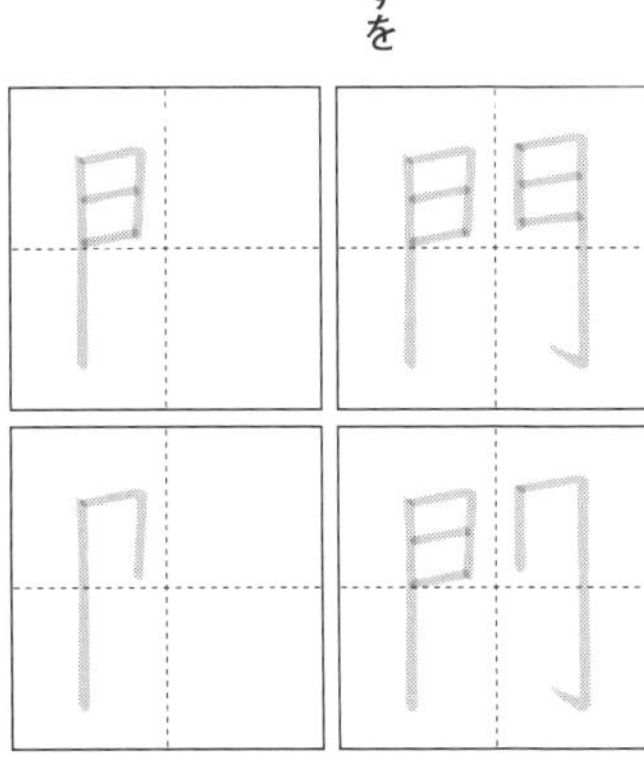

❷ よみかた クイズ

★こえに 出して 一かい よんでから、□に あう よみかたを 書きましょう。

門（もん）
↓
門（も□）
↓
門（□□）

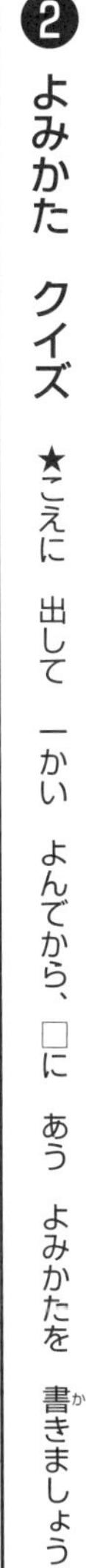

❸ かん字を かこう

★□に かん字を 書きましょう。下の □には、上の 文を 書きましょう。

□（もん）が しまる。

リマインド

日にち　／

★一しゅうかん後の 日にちを 書いて チャレンジしましょう。

とめる　はねる

★このかん字を おぼえた ことばを 書きましょう。

ことばや 絵で おぼえよう

★つぎの ことばを いいながら 上の かん字を なぞりましょう。

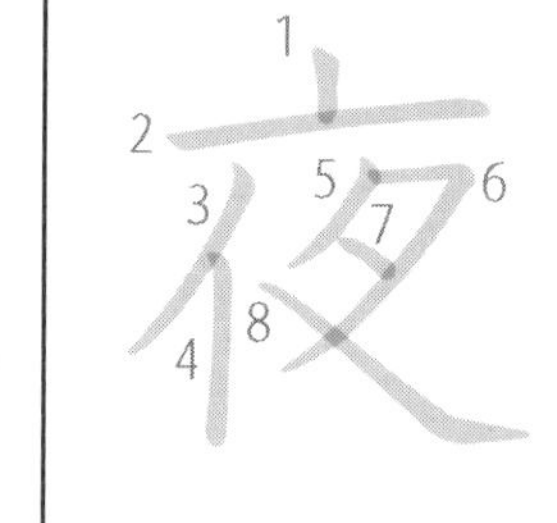

なべぶた、イ、タ、右はらい

★上の 絵を 見ながら 左に かん字を 書きましょう。

夜(よる)に ねる。

名まえ

★あなたが かん字を おぼえやすい ことばを 考(かんが)えて 書(か)きましょう。（上と おなじでも よい。）

❶ かん字 つけたし かんせい クイズ

★四つの ますの かん字を ▼なぞって、▼つけたして、それぞれの ますを かんせい させましょう。

❷ よみかた クイズ

★こえに 出して 一かい よんでから、□に あう よみかたを 書(か)きましょう。

夜（よる）
↓
夜（よ□）
↓
夜（□□）

❸ かん字を かこう

★□に かん字を 書(か)きましょう。下の □ には、上の 文を 書(か)きましょう。

□(よる)に ねる。

リマインド

★一しゅうかん後(ご)の 日にちを 書(か)いて チャレンジしましょう。

夜 夜 はらう

★このかん字を おぼえた ことばを 書(か)きましょう。

日にち

日にち

ことばや 絵で おぼえよう

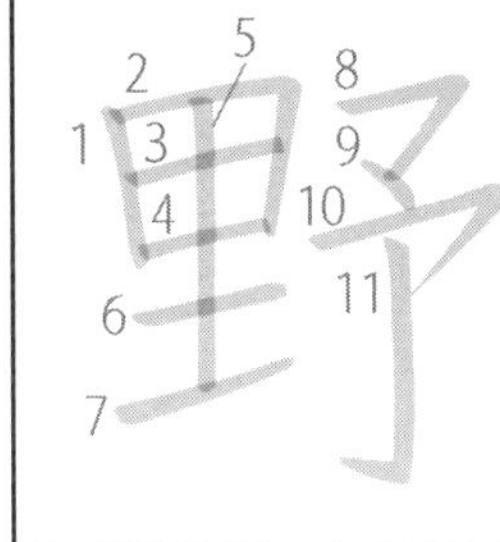

★つぎの ことばを いいながら 上の かん字を なぞりましょう。

たて、かく、よこ、よこ、たて、よこ、よこ＋マ、フ、たてはね

野原(のはら)に さく 花(はな)。

★上の 絵(え)を 見ながら 左に かん字を 書(か)きましょう。

名まえ

★あなたが かん字を おぼえやすい ことばを 考(かんが)えて 書(か)きましょう。（上と おなじでも よい。）

❶ かん字 つけたし かんせい クイズ

★四つの ますの かん字を
▼なぞって、
▼つけたして、
それぞれの ますを かんせい させましょう。

❷ よみかた クイズ

★こえに 出して 一かい よんでから、□に あう よみかたを 書(か)きましょう。

野原 の

↓

野原 □

↓

野原 □

❸ かん字を かこう

★□に かん字を 書(か)きましょう。下の □ には、上の 文を 書(か)きましょう。

□の 原(はら)に さく 花(はな)。

リマインド

日にち

★一しゅうかん後(ご)の 日にちを 書(か)いて チャレンジしましょう。

★このかん字を おぼえた ことばを 書(か)きましょう。

ことばや 絵で おぼえよう

★つぎの ことばを いいながら 上の かん字を なぞりましょう。

友

ナ、フ、右はらい

★上の 絵を 見ながら 左に かん字を 書きましょう。

友だちに なる。

名まえ

★あなたが かん字を おぼえやすい ことばを 考えて 書きましょう。(上と おなじでも よい。)

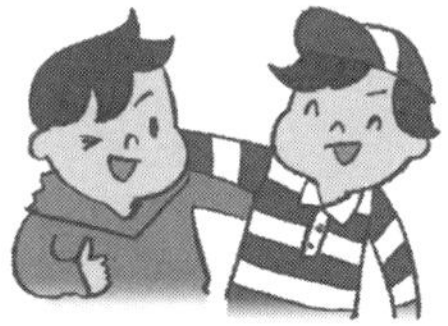

❶ かん字 つけたし かんせい クイズ

★四つの ますの かん字を
▼なぞって、
▼つけたして、
それぞれの ますを かんせい させましょう。

ナ 友 一 ち

❷ よみかた クイズ

★こえに 出して 一かい よんでから、□に あう よみかたを 書きましょう。

友だち → 友だち → 友だち

❸ かん字を かこう

★□に かん字を 書きましょう。下の □には、上の 文を 書きましょう。

□だちに なる。

リマインド

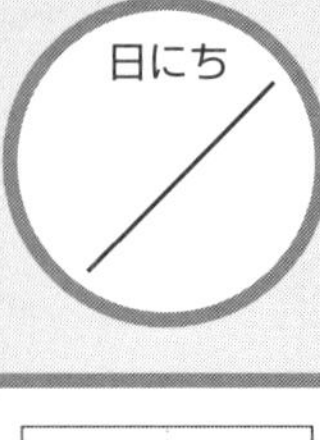

★一しゅうかん後の 日にちを 書いて チャレンジしましょう。

友 友 一

はらう

★このかん字を おぼえた ことばを 書きましょう。

日にち

名まえ

ことばや 絵で おぼえよう

★つぎの ことばを いいながら 上の かん字を なぞりましょう。

用

ななめ、かくはね、二、たて

★あなたが かん字を おぼえやすい ことばを 考えて 書きましょう。（上と おなじでも よい。）

用じを すます。

★上の 絵を 見ながら 左に かん字を 書きましょう。

❶ かん字 つけたし かんせい クイズ

★四つの ますの かん字を
▼なぞって、
▼つけたして、
それぞれの ますを かんせい させましょう。

❷ よみかた クイズ

★こえに 出して 一かい よんでから、□に あう よみかたを 書きましょう。

よう
用じ
↓
よ□
用じ
↓
□□
用じ

❸ かん字を かこう

★□に かん字を 書きましょう。下の □には、上の 文を 書きましょう。

□（よう）じを すます。

リマインド

日にち

★一しゅうかん後の 日にちを 書いて チャレンジしましょう。

用

はらう　はねる

★このかん字を おぼえた ことばを 書きましょう。

ことばや 絵で おぼえよう

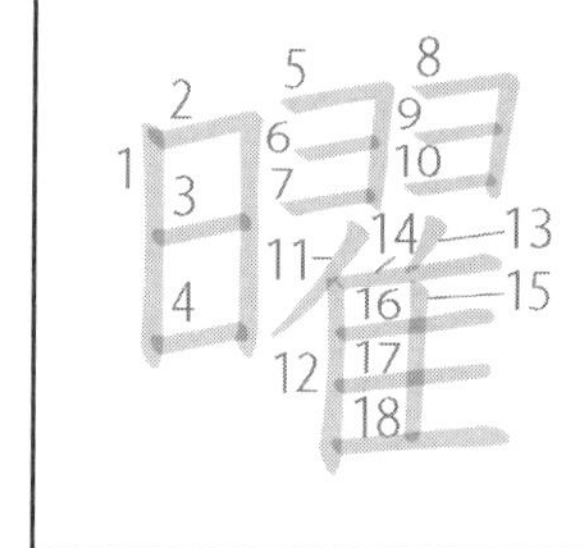

★つぎの ことばを いいながら 上の かん字を なぞりましょう。

日、ヨ、ヨ、イ、ノ、一、たて、よこ、よこ、よこ

曜日(ようび)を たしかめる。

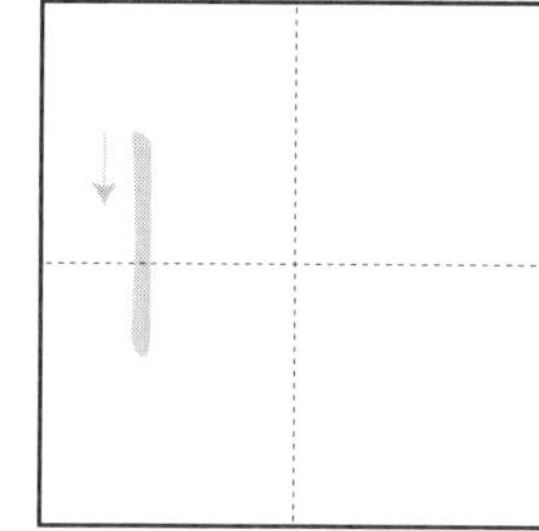

★上の 絵(え)を 見ながら 左に かん字を 書(か)きましょう。

名まえ

★あなたが かん字を おぼえやすい ことばを 考(かんが)えて 書(か)きましょう。(上と おなじでも よい。)

❶ かん字 つけたし かんせい クイズ

★四つの ますの かん字を
▼なぞって、
▼つけたして、
それぞれの ますを かんせい させましょう。

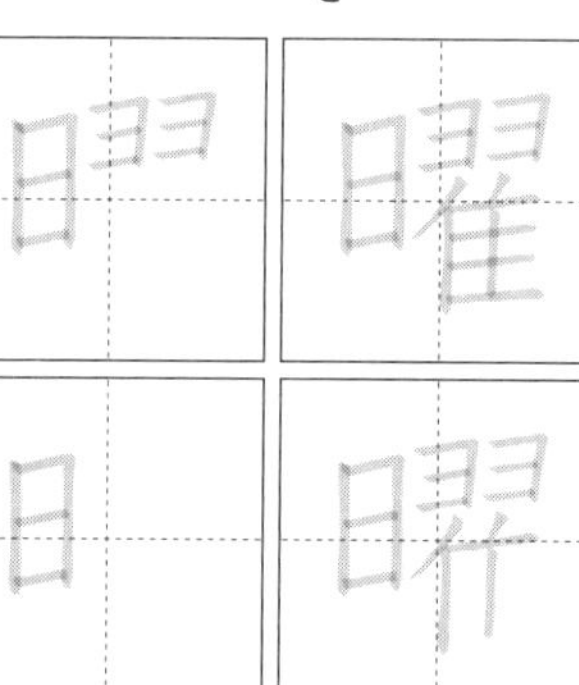

❷ よみかた クイズ

★こえに 出して 一かい よんでから、□に あう よみかたを 書(か)きましょう。

よう
曜日
↓
よ□
曜日
↓
□□
曜日

❸ かん字を かこう

★□に かん字を 書(か)きましょう。下の □ には、上の 文を 書(か)きましょう。

□(よう)日(び)を たしかめる。

□

リマインド

日にち

★一しゅうかん後(ご)の 日にちを 書(か)いて チャレンジしましょう。

曜 とめる

★このかん字を おぼえた ことばを 書(か)きましょう。

日にち　／

ことばや　絵で　おぼえよう

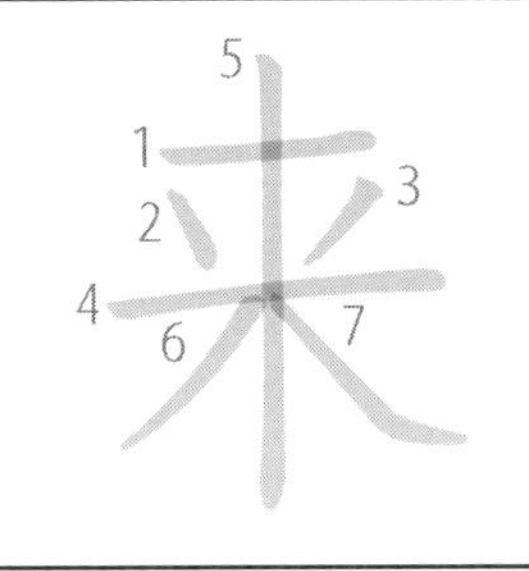

★つぎの　ことばを　いいながら　上の　かん字を　なぞりましょう。

よこ、ソ、木

人が　来た。

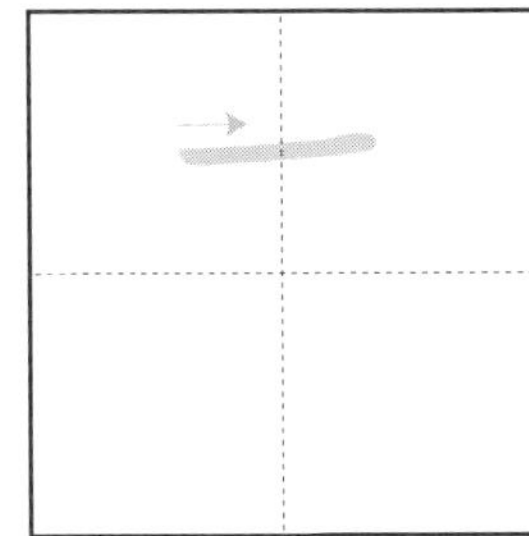

★上の　絵を　見ながら　左に　かん字を　書きましょう。

名まえ

★あなたが　かん字を　おぼえやすい　ことばを　考えて　書きましょう。（上と　おなじでも　よい。）

❶ かん字　つけたし　かんせい　クイズ

★四つの　ますの　かん字を
▼なぞって、
▼つけたして、
それぞれの　ますを　かんせい　させましょう。

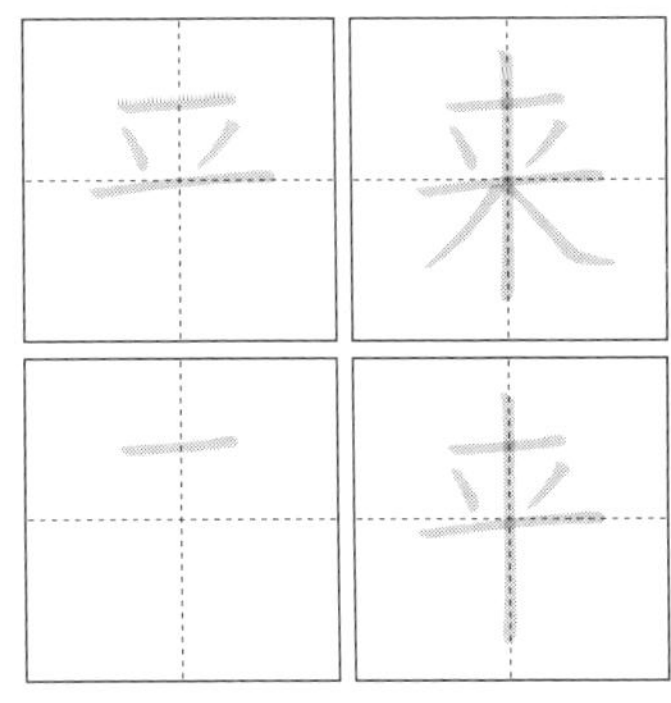

❷ よみかた　クイズ

★こえに　出して　一かい　よんでから、□に　あう　よみかたを　書きましょう。

来た（き）→ 来□た → 来□た

❸ かん字を　かこう

★□に　かん字を　書きましょう。下の　□には、上の　文を　書きましょう。

人が　□（き）た。

リマインド

日にち　／

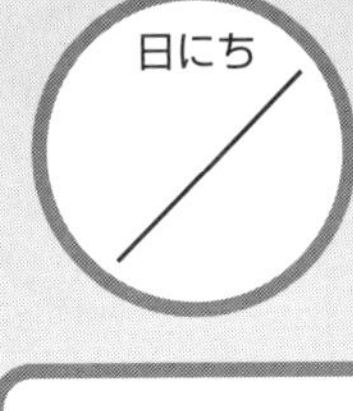

★一しゅうかん後の　日にちを　書いて　チャレンジしましょう。

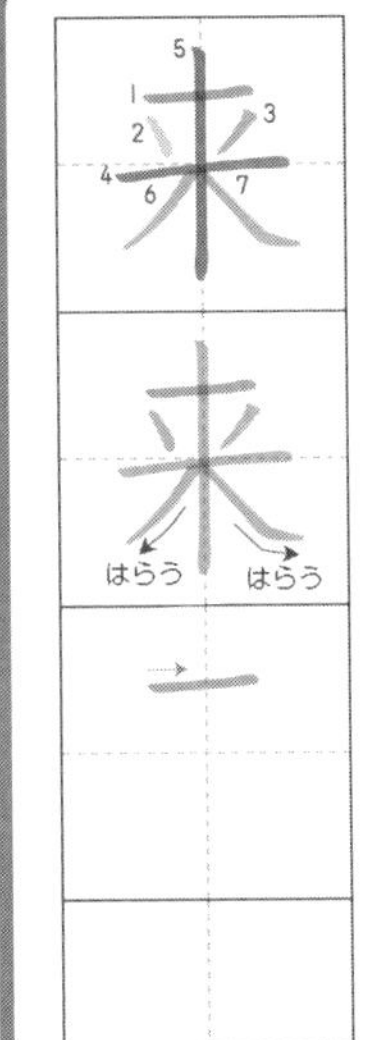

★このかん字を　おぼえた　ことばを　書きましょう。

日にち

ことばや 絵で おぼえよう

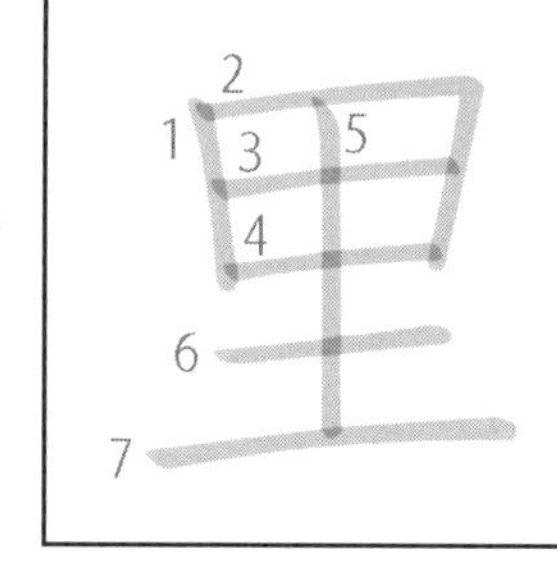

★つぎの ことばを いいながら 上の かん字を なぞりましょう。

たて、かく、よこ、
よこ、たて、よこ、
よこ

里(さと)のけしき。

★上の 絵を 見ながら 左に かん字を 書きましょう。

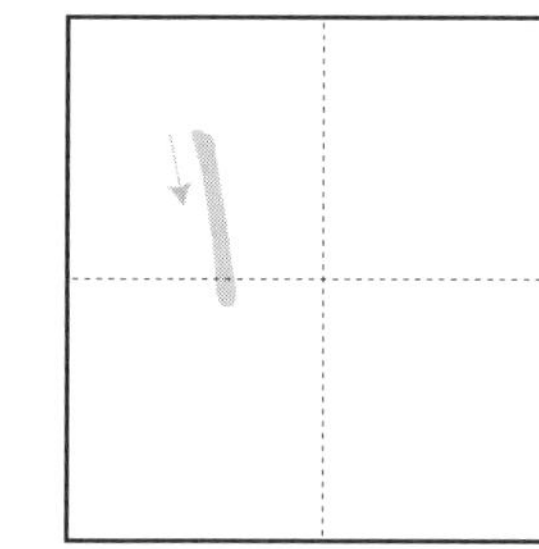

名まえ

★あなたが かん字を おぼえやすい ことばを 考えて 書きましょう。(上と おなじでも よい。)

❶ かん字 つけたし かんせい クイズ

★四つの ますの かん字を
▼なぞって、
▼つけたして、
それぞれの ますを かんせい させましょう。

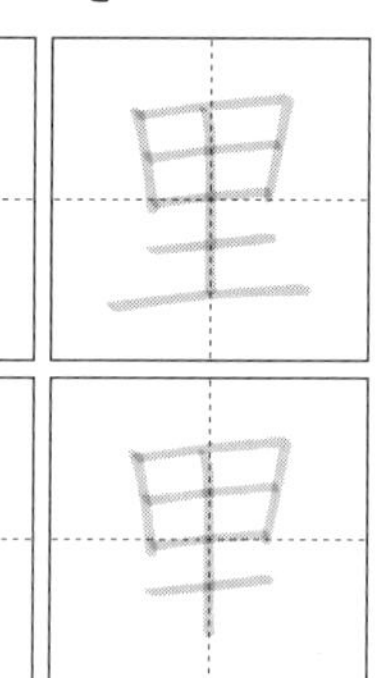

❷ よみかた クイズ

★こえに 出して 一かい よんでから、□に あう よみかたを 書きましょう。

里 さと
↓
里 さ□
↓
里 □□

❸ かん字を かこう

★□に かん字を 書きましょう。下の□には、上の 文を 書きましょう。

□(さと)のけしき。

リマインド

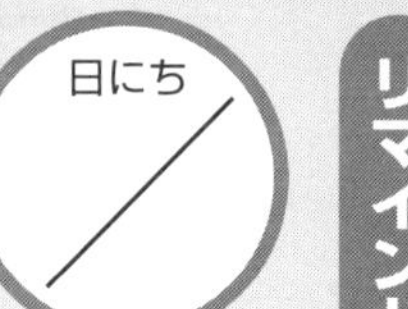

日にち

★一しゅうかん後の 日にちを 書いて チャレンジしましょう。

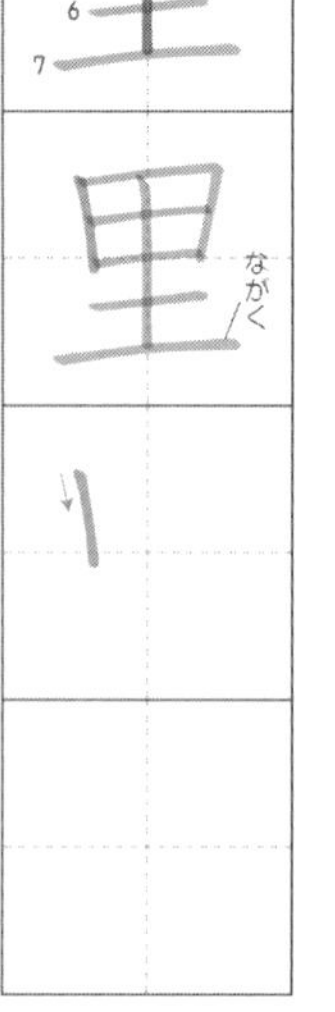

★このかん字を おぼえた ことばを 書きましょう。

名まえ

ことばや　絵で　おぼえよう

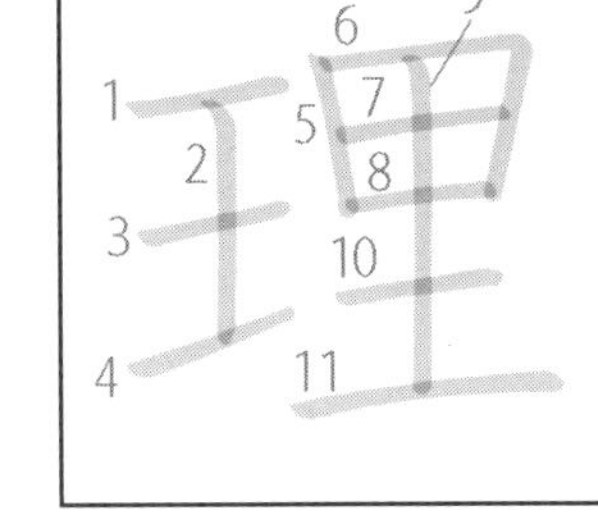

★つぎの　ことばを　いいながら　上の　かん字を　なぞりましょう。

王、たて、かく、よこ、よこ、たて、よこ、よこ

★あなたが　かん字を　おぼえやすい　ことばを　考えて　書きましょう。（上と　おなじでも　よい。）

理科の　じっけん。

★上の　絵を　見ながら　左に　かん字を　書きましょう。

❶ かん字　つけたし　かんせい　クイズ

★四つの　ますの　かん字を
▼なぞって、
▼つけたして、
それぞれの　ますを　かんせい　させましょう。

❷ よみかた　クイズ

★こえに　出して　一かい　よんでから、□に　あう　よみかたを　書きましょう。

理科（り）
↓
理科（□）
↓
理科（□）

❸ かん字を　かこう

★□に　かん字を　書きましょう。下の　□には、上の　文を　書きましょう。

□（り）科の　じっけん。

リマインド

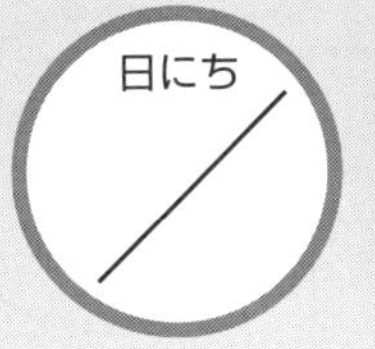

★一しゅうかん後の　日にちを　書いて　チャレンジしましょう。

理　はらう

★このかん字を　おぼえた　ことばを　書きましょう。

日にち

名まえ

ことばや 絵で おぼえよう

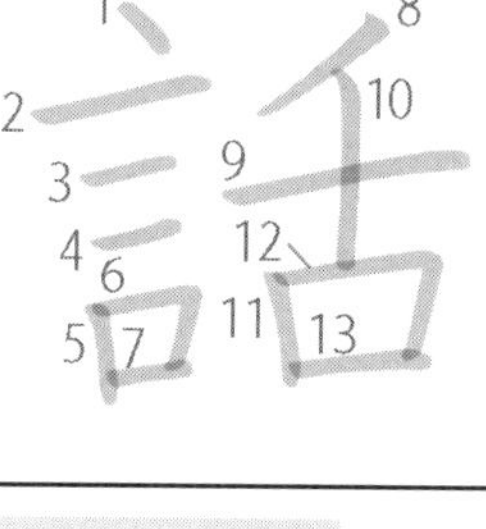

★つぎの ことばを いいながら 上の かん字を なぞりましょう。

てん、よこぼう三つに
口＋ノ、十、口

★あなたが かん字を おぼえやすい ことばを 考えて 書きましょう。（上と おなじでも よい。）

むかしの 話（はなし）。

★上の 絵を 見ながら 左に かん字を 書きましょう。

❶ かん字 つけたし かんせい クイズ

★四つの ますの かん字を
▼なぞって、
▼つけたして、
それぞれの ますを かんせい させましょう。

❷ よみかた クイズ

★こえに 出して 一かい よんでから、□に あう よみかたを 書きましょう。

話　はなし

↓

話　は□□

↓

話　□□□

❸ かん字を かこう

★□に かん字を 書きましょう。下の □には、上の 文を 書きましょう。

むかしの □（はなし）。

リマインド

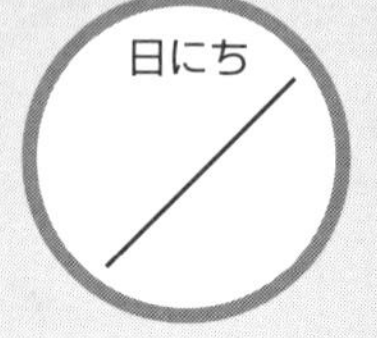

日にち

★一しゅうかん後の 日にちを 書いて チャレンジしましょう。

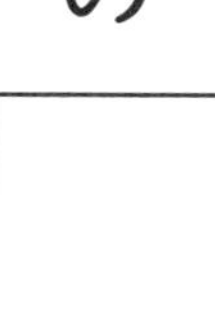

★このかん字を おぼえた ことばを 書きましょう。

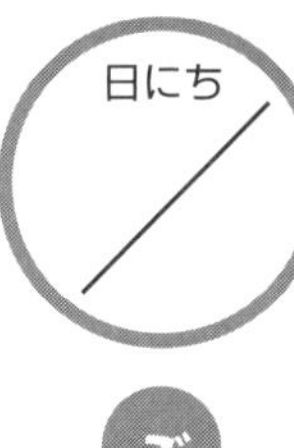

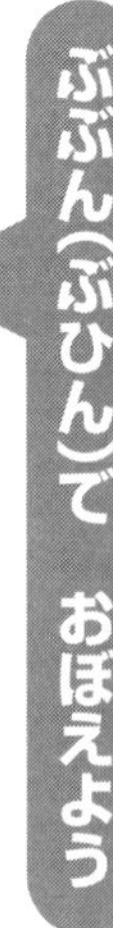

日にち

／

ぶぶん(ぶひん)で　おぼえよう

引　羽　雲

丨	⻗	𠃌	厶	冫
二	冫	弓	𠃌	

★上(うえ)の［ ］から、下(した)の　よみに　なる　かん字の　ぶぶんを　えらんで　□に　書(か)き、たして　できる　かん字を　右(みぎ)はしの　⊞に　書(か)きましょう。

名まえ

できる　かん字の　よみ

ひく　□＋□ ……▶ ⊞

はね　□＋□＋□＋□ ……▶ ⊞

くも　□＋□＋□ ……▶ ⊞

園　遠　何

★上(うえ)の［　］から、下(した)の　よみに　なる　かん字の　ぶぶんを　えらんで　□に　書(か)き、たして　できる　かん字を　右(みぎ)はしの　⊞に　書(か)きましょう。

一	辶	𧘇	一	亅	吉
土	亻	口	𧘇	冂	口

できる　かん字の　よみ

えん　□＋□＋□＋□ ……▶ ⊞

とおく　□＋□＋□＋□ ……▶ ⊞

なに　□＋□＋□＋□ ……▶ ⊞

日にち　／

名まえ

科　夏　家

十	宀	目	冫	豕	㇏
一	ノ	木	ク	一	く

★上（うえ）の　から、下（した）の　よみに　なる　かん字の　ぶぶんを　えらんで　□に　書（か）き、たして　できる　かん字を　右（みぎ）はしの　□に　書（か）きましょう。

できる　かん字の　よみ

か学（がく）　□＋□＋□＋□ ……▶ □

なつ　□＋□＋□＋□ ……▶ □

いえ　□＋□＋□＋□ ……▶ □

日にち

ぶぶん(ぶひん)で おぼえよう

名まえ

★上の［点線の枠］から、下の よみに なる かん字の ぶぶんを えらんで □に 書き、たして できる かん字を 右はしの □に 書きましょう。

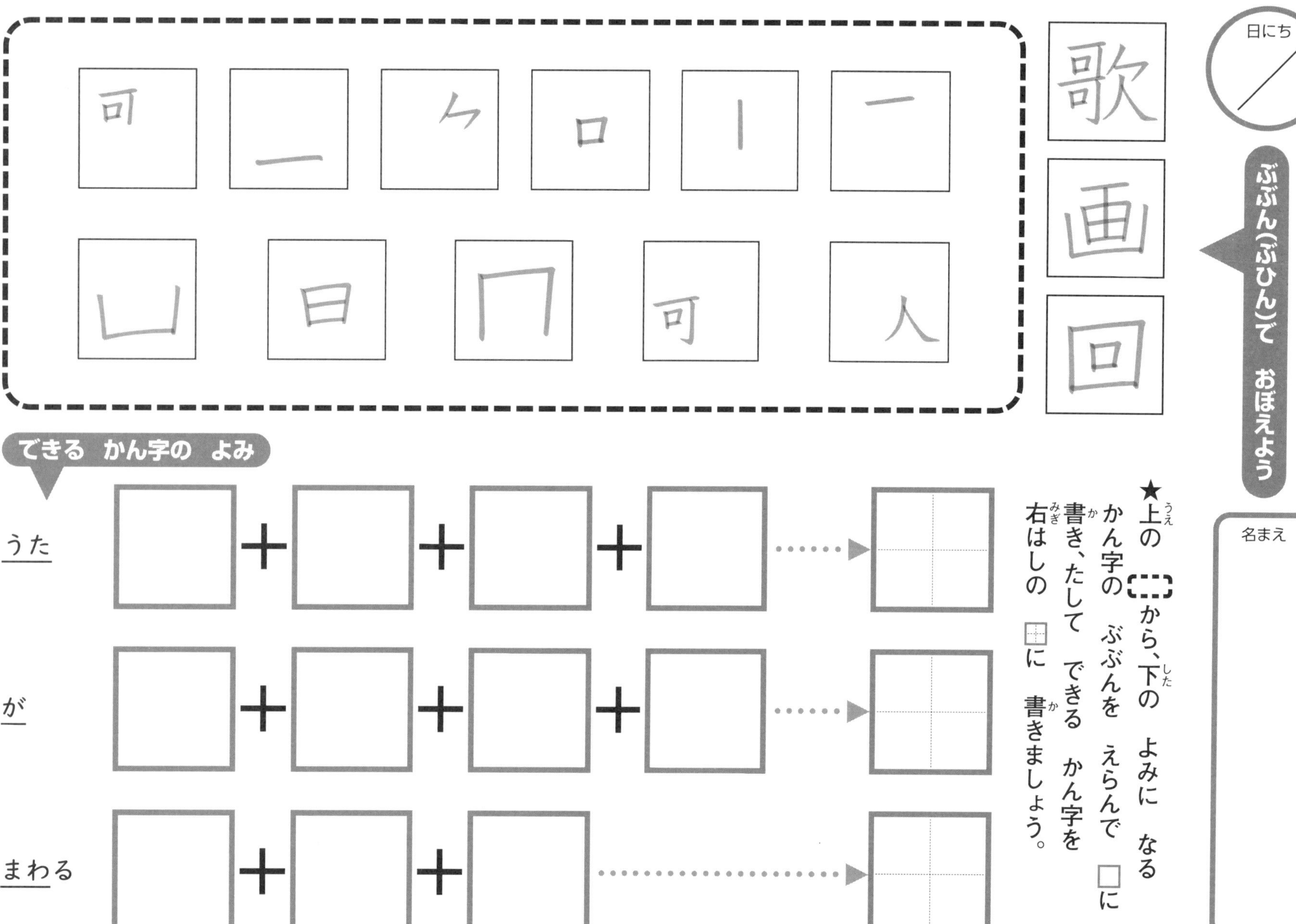

名まえ

会　海　絵

氵　人　𠂉　ム　二
二　ム　糸　毋　人

★上の□から、下の　よみに　なる　かん字の　ぶぶんを　えらんで□に　書き、たして　できる　かん字を　右はしの□に　書きましょう。

できる　かん字の　よみ

あう　□＋□＋□ → □

うみ　□＋□＋□ → □

え　□＋□＋□＋□ → □

日にち

名まえ

ぶぶん(ぶひん)で　おぼえよう

★上の □ から、下の　よみに　なる　かん字の　ぶぶんを　えらんで　□に　書き、たして　できる　かん字を　右はしの □ に　書きましょう。

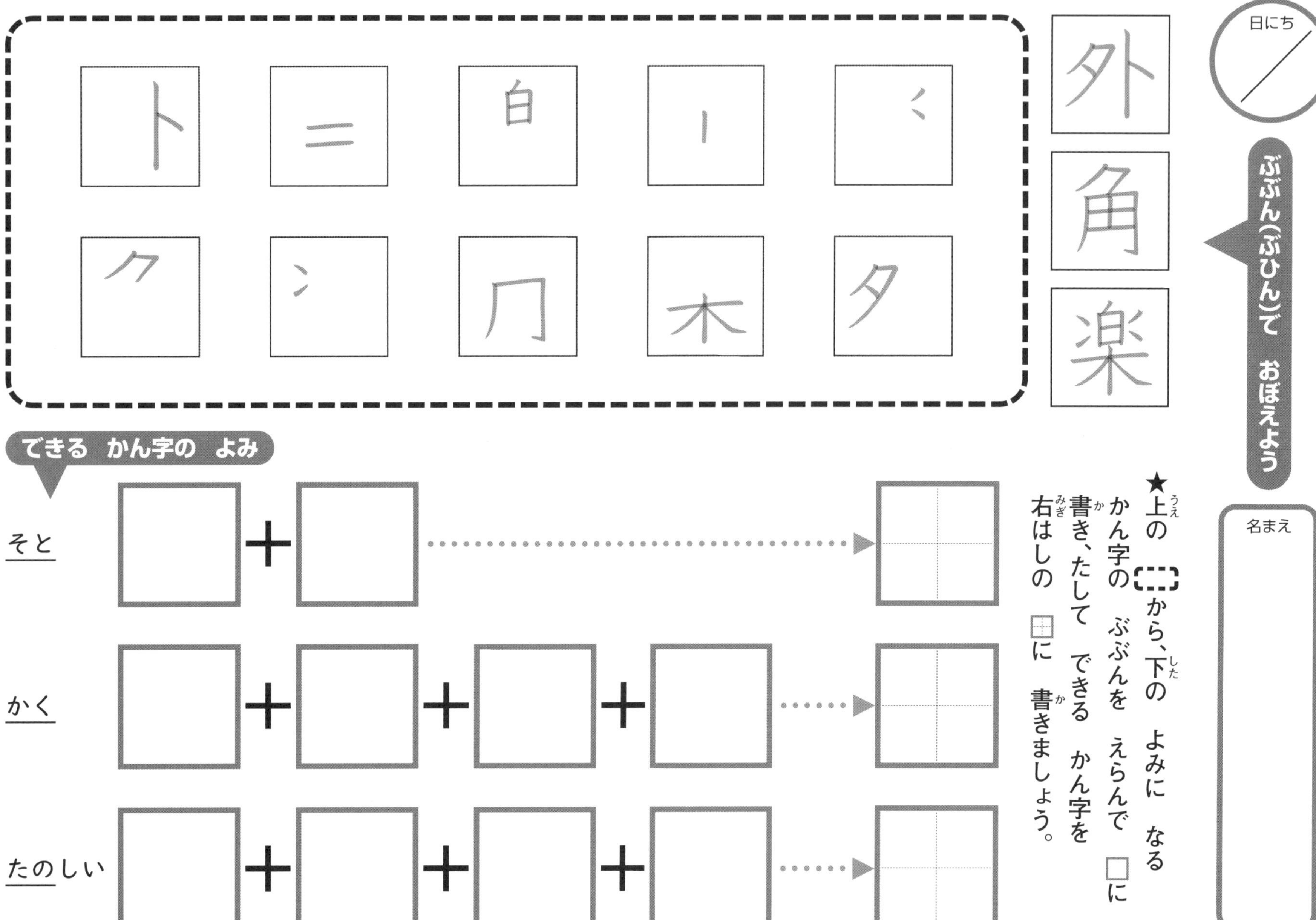

日にち

ぶぶん(ぶひん)で　おぼえよう

活　間　丸

名まえ

★上の[ ]から、下の　よみに　なる　かん字の　ぶぶんを　えらんで　□に　書き、たして　できる　かん字を　右はしの　□に　書きましょう。

乙	氵	十	口	ノ
㇒	門	丶	日	

できる　かん字の　よみ

かつ　□ ＋ □ ＋ □ ＋ □ ……▶ □

あいだ　□ ＋ □ ……▶ □

まるい　□ ＋ □ ＋ □ ……▶ □

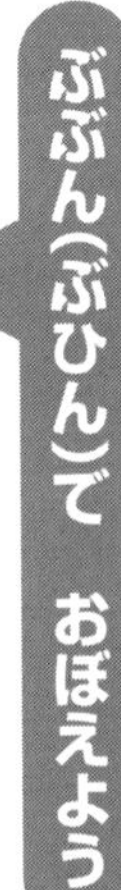

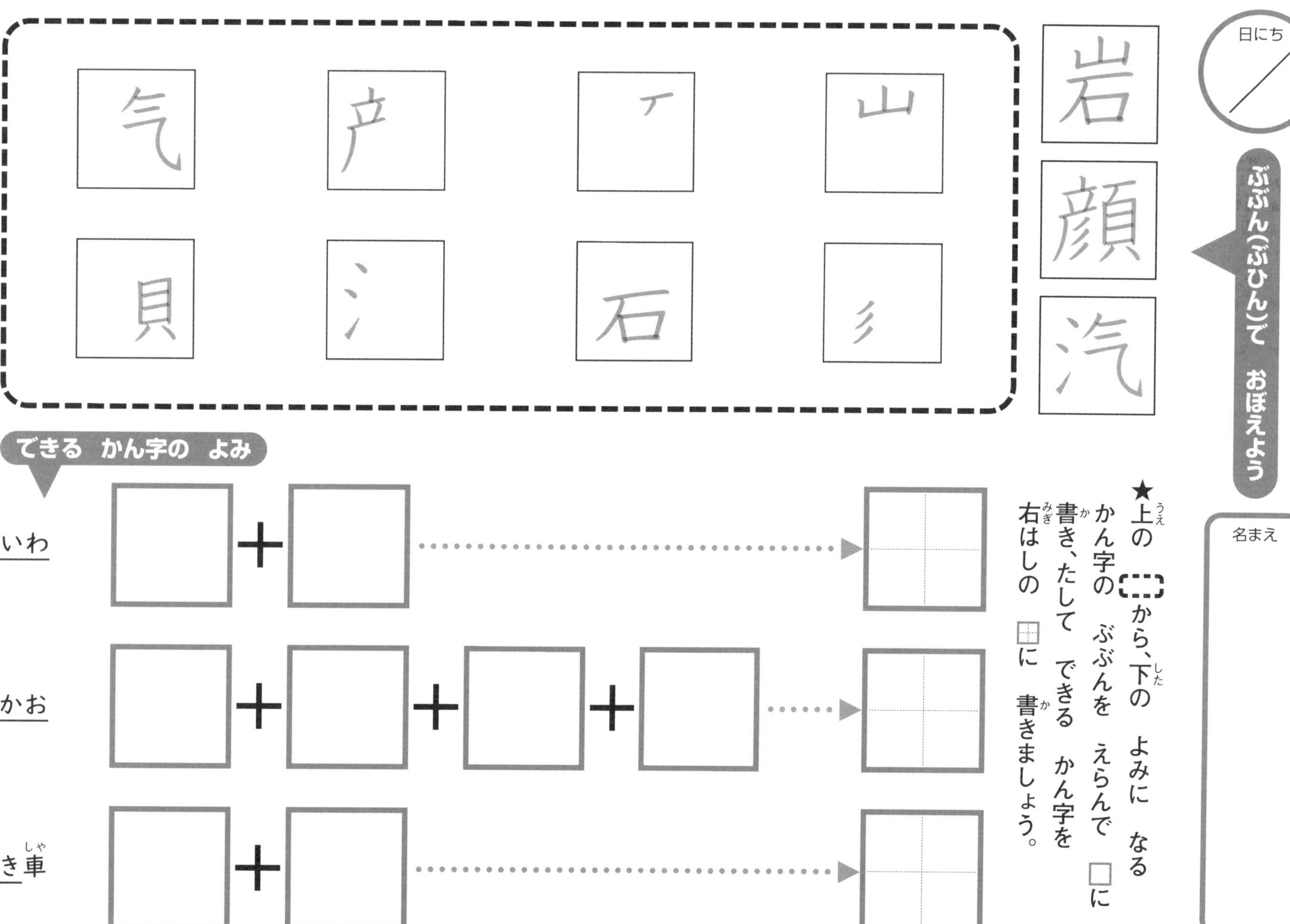
日にち
ぶぶん（ぶひん）で　おぼえよう
岩
顔
汽
名まえ
★上の　から、下の　よみに　なる　□に　かん字の　ぶぶんを　えらんで　書き、たして　できる　かん字を　右はしの　□に　書きましょう。
气
产
山
貝
氵
石
彡
できる　かん字の　よみ
いわ
かお
き車

日にち

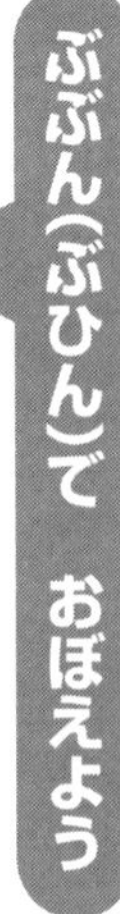

名まえ

ぶぶん(ぶひん)で おぼえよう

★上(うえ)の から、下(した)の よみに なる かん字の ぶぶんを えらんで □に 書(か)き、たして できる かん字を 右(みぎ)はしの □に 書(か)きましょう。

記 帰 弓

刂 ヨ 巾 ㇿ 己
一 言 ㇇ 冖

できる かん字の よみ

きろく □ ＋ □ → □

かえる □ ＋ □ ＋ □ ＋ □ → □

ゆみ □ ＋ □ ＋ □ → □

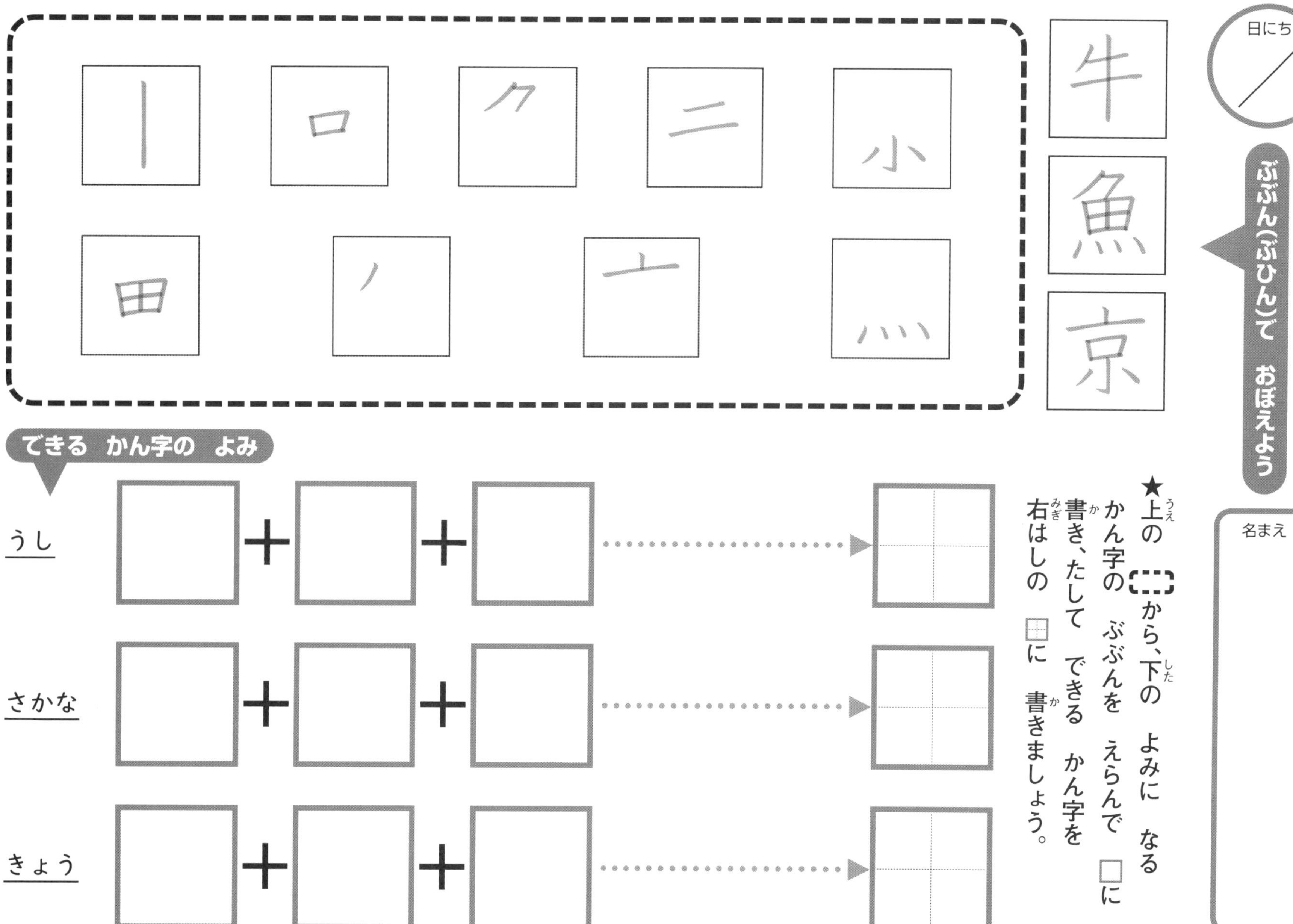
日にち
ぶぶん(ぶひん)で おぼえよう
名まえ
牛
魚
京
★上の から、下の よみに なる かん字の ぶぶんを えらんで □に 書き、たして できる かん字を 右はしの □に 書きましょう。
できる かん字の よみ
うし
さかな
きょう

日にち　／

名まえ

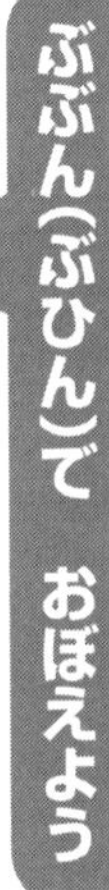

ぶぶん（ぶひん）で　おぼえよう

強　教　近

★上の　から、下の　よみに　なる　かん字の　ぶぶんを　えらんで　□に　書き、たして　できる　かん字を　右はしの　□に　書きましょう。

文　弓　ノ　土　ノ　ム

子　T　虫　ノ　辶

できる　かん字の　よみ

つよい　□＋□＋□ ……▶ □

おしえる　□＋□＋□＋□ ……▶ □

ちかく　□＋□＋□＋□ ……▶ □

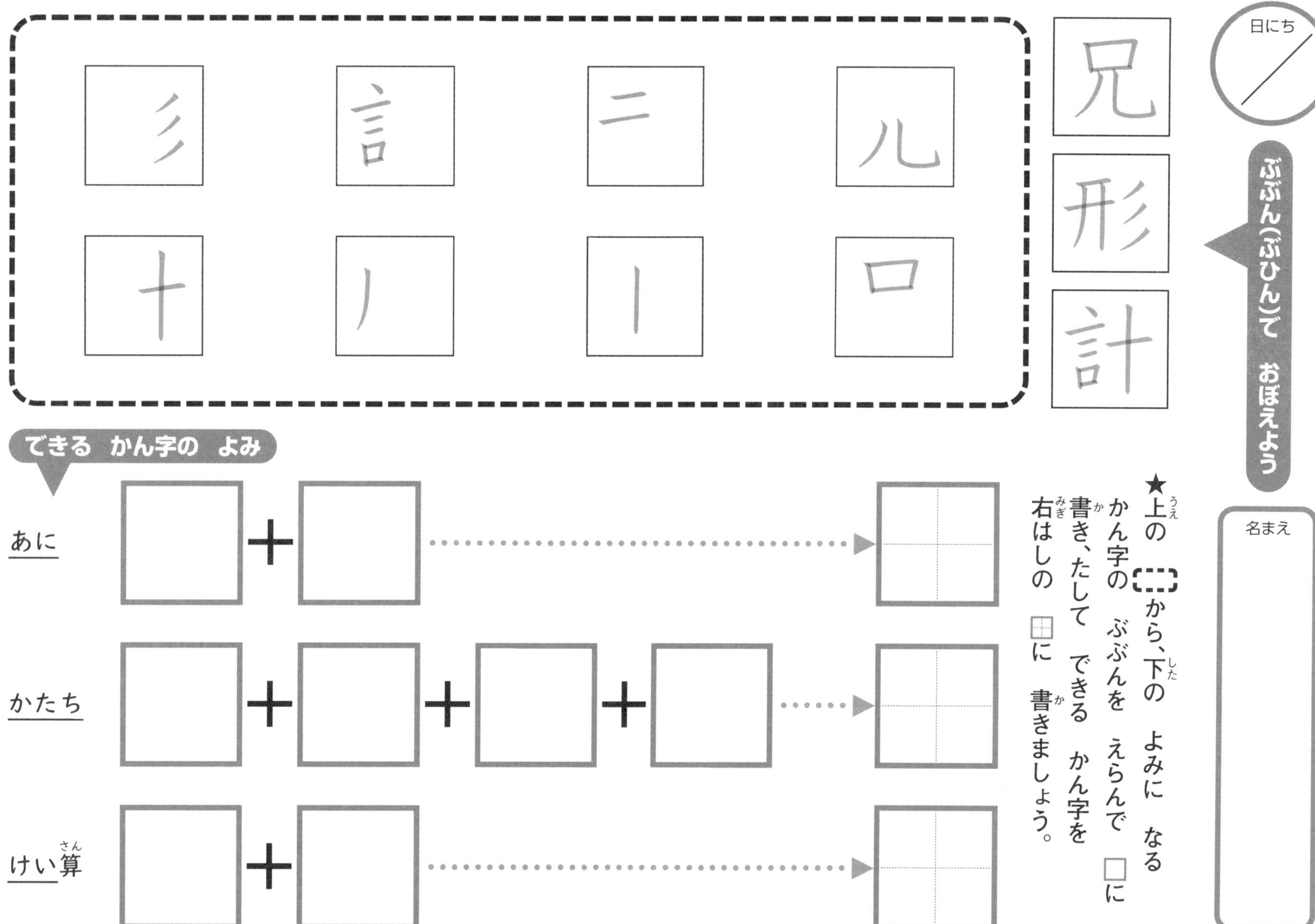
日にち
兄
形
計
ぶぶん(ぶひん)で　おぼえよう
名まえ
彡
言
二
儿
十
丿
丨
口
できる　かん字の　よみ
★上の から、下の　よみに　なる　かん字の　ぶぶんを　えらんで □に　書き、たして　できる　かん字を　右はしの □に　書きましょう。
あに
かたち
けい算

日にち

名まえ

ぶぶん(ぶひん)で　おぼえよう

元

言

原

★上(うえ)の［点線の枠］から、下(した)の　よみに　なる　かん字の　ぶぶんを　えらんで　□に　書(か)き、たして　できる　かん字を　右(みぎ)はしの　□に　書(か)きましょう。

、	厂	白	二	〓
口	儿	一	小	

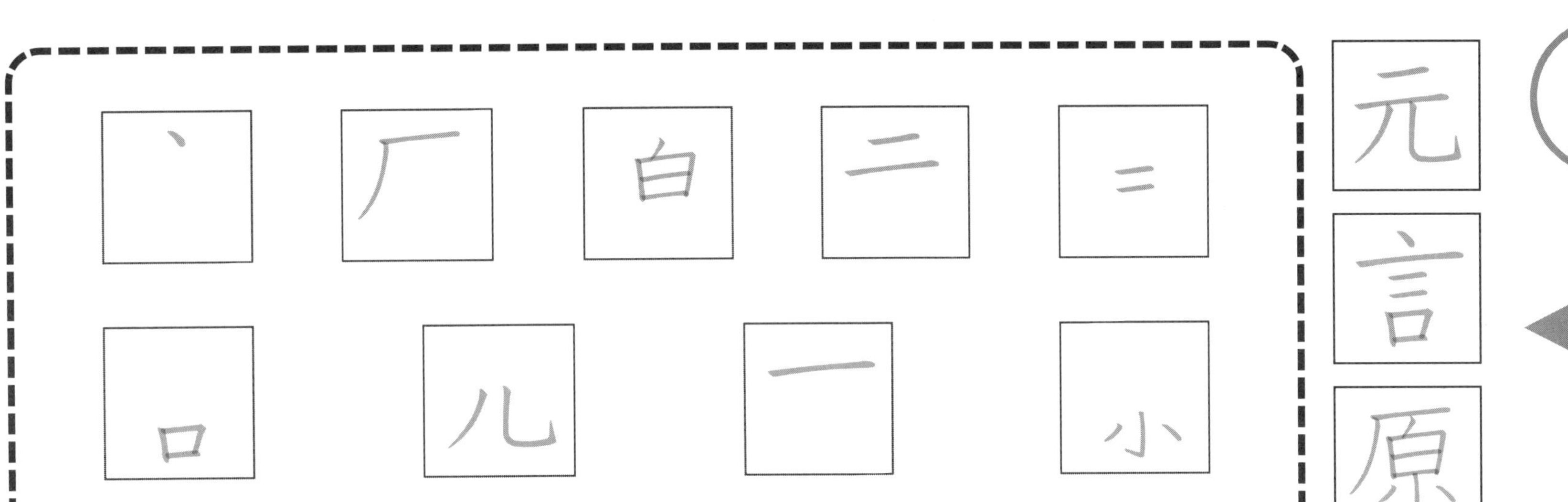

できる　かん字の　よみ

げん　□＋□ → □

いう　□＋□＋□＋□ → □

はら　□＋□＋□ → □

日にち

名まえ

ぶぶん（ぶひん）で　おぼえよう

★上の［　］から、下の　よみに　なる　かん字の　ぶぶんを　えらんで　□に　書き、たして　できる　かん字を　右はしの　□に　書きましょう。

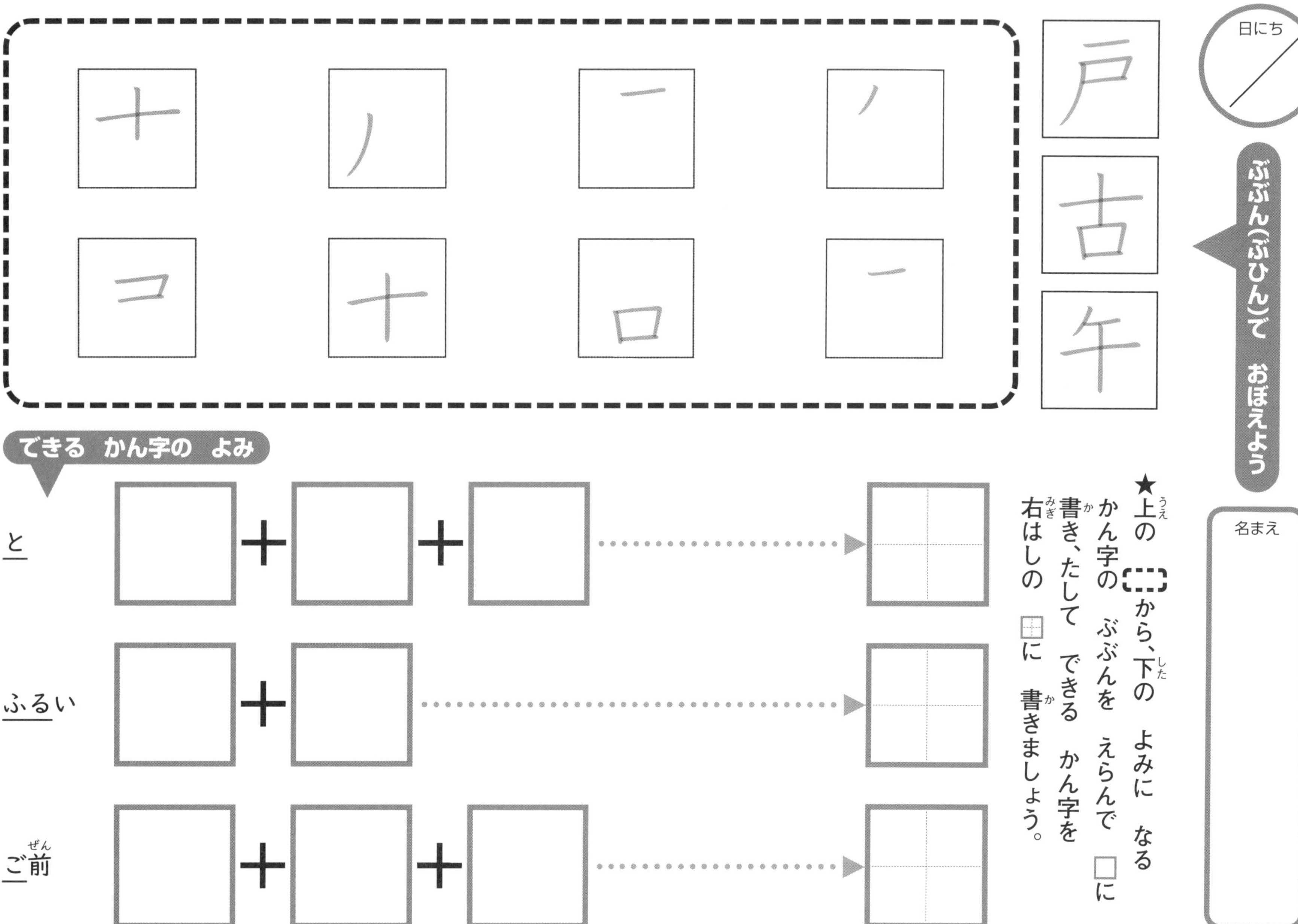

名まえ

★上の[ ]から、下の　よみに　なる　かん字の　ぶぶんを　えらんで　□に　書き、たして　できる　かん字を　右はしの　□に　書きましょう。

後　語　工

一　言　丨　彳　口
五　幺　一　夂

できる　かん字の　よみ

うしろ　□＋□＋□ ……▶ □

ご学　□＋□＋□ ……▶ □

こう事　□＋□＋□ ……▶ □

日にち

名まえ

ぶぶん(ぶひん)で　おぼえよう

★上の［点線の枠］から、下の　よみに　なる　かん字の　ぶぶんを　えらんで　□に　書き、たして　できる　かん字を　右はしの　［十字の枠］に　書きましょう。

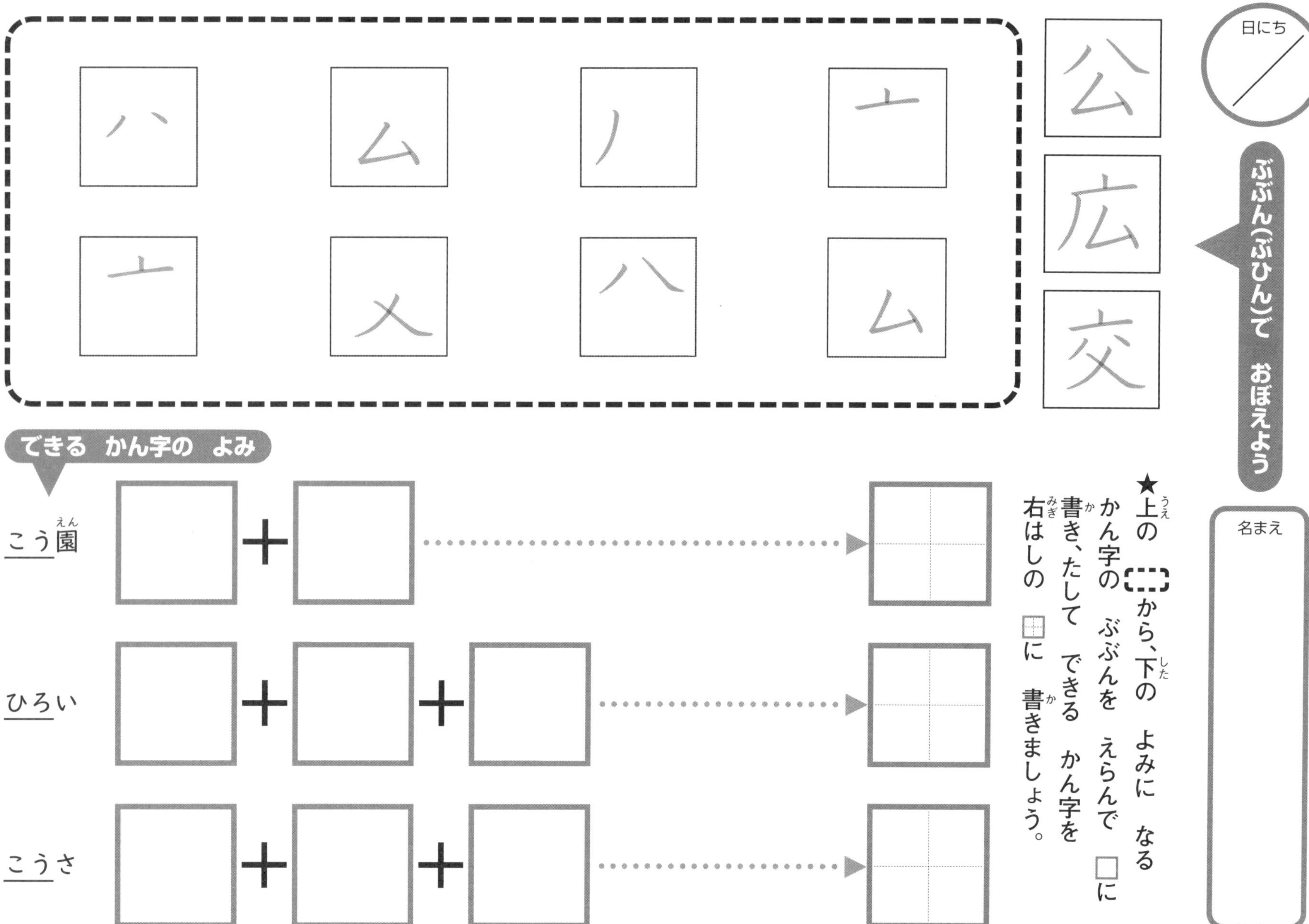

名まえ

★上(うえ)の [点線の枠] から、下(した)の よみに なる かん字の ぶぶんを えらんで □に 書(か)き、たして できる かん字を 右(みぎ)はしの ⊞に 書(か)きましょう。

光 考 行

儿 ノ 丂 ⺌ 亻 土

二 丨 亅 ノ 一

できる かん字の よみ

ひかり　□ ＋ □ ＋ □ ＋ □ → ⊞

かんがえ　□ ＋ □ ＋ □ → ⊞

いく　□ ＋ □ ＋ □ ＋ □ → ⊞

日にち

ぶぶん（ぶひん）で　おぼえよう

名まえ

★上の[ ]から、下の　よみに　なる　かん字の　ぶぶんを　えらんで　□に　書き、たして　できる　かん字を　右はしの　□に　書きましょう。

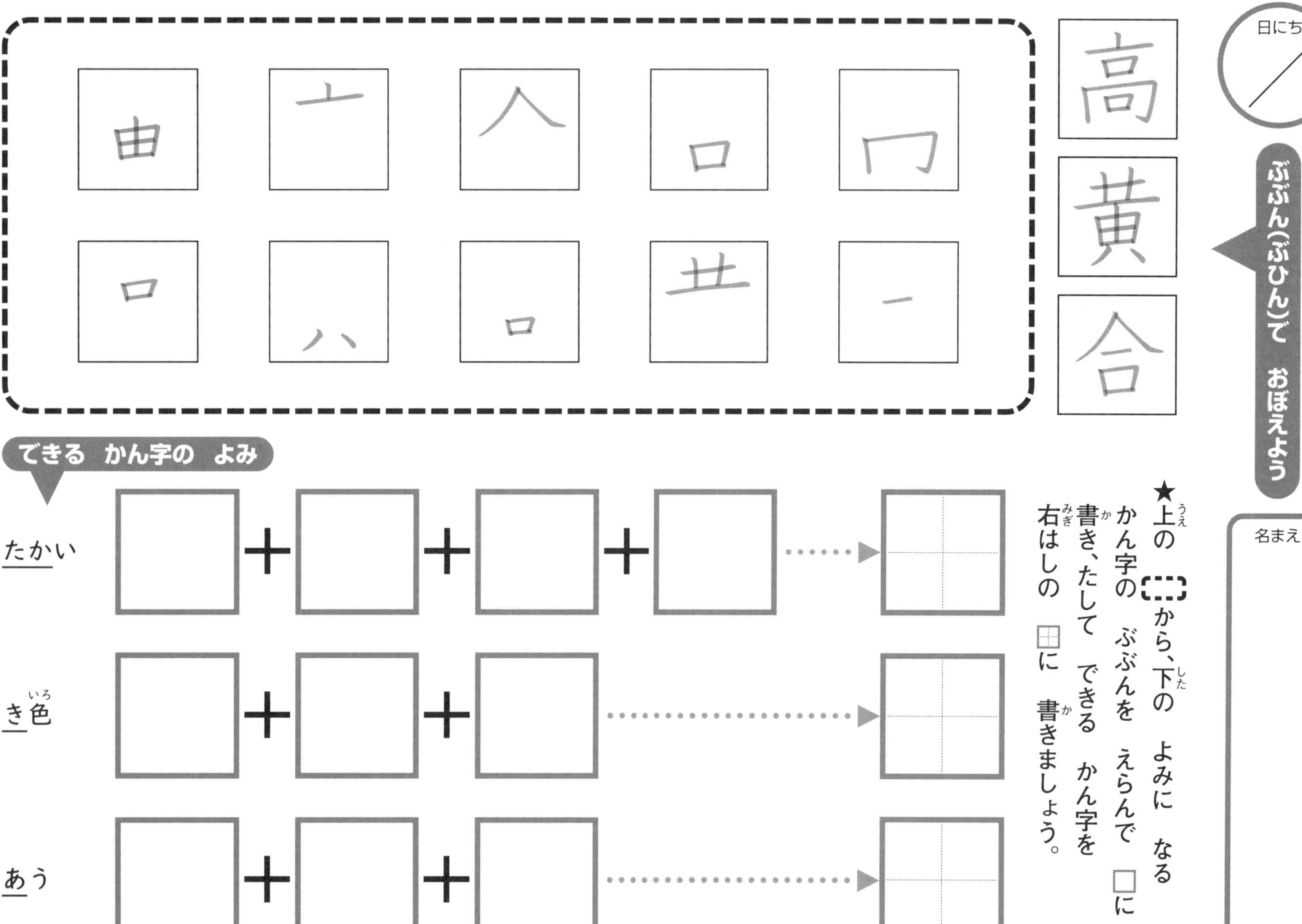

日にち　／

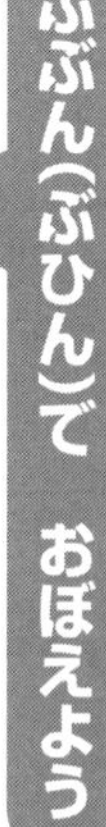

ぶぶん(ぶひん)で　おぼえよう

名まえ

谷
国
黒

灬	一	冂	丨	口
八	日	人	二	玉

★上の［　］から、下の　よみに　なる　かん字の　ぶぶんを　えらんで　□に　書き、たして　できる　かん字を　右はしの　□に　書きましょう。

できる　かん字の　よみ

たに　□＋□＋□ ……▶ □

くに　□＋□＋□ ……▶ □

くろい　□＋□＋□＋□ ……▶ □

日にち

ぶぶん（ぶひん）で　おぼえよう

名まえ

★上の［点線の枠］から、下の　よみに　なる　かん字の　ぶぶんを　えらんで　□に　書き、たして　できる　かん字を　右はしの　□に　書きましょう。

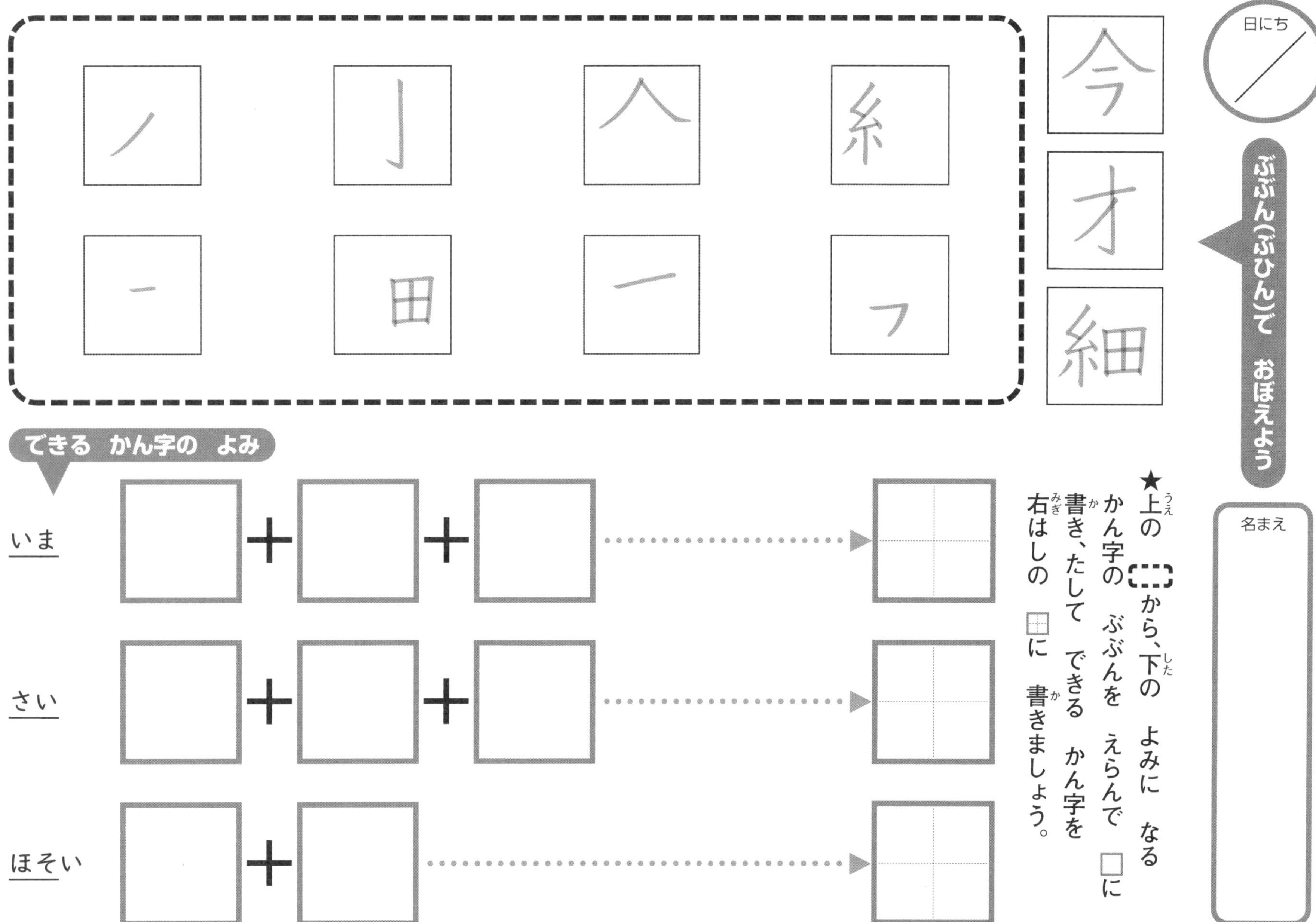

名まえ

★上の　から、下の　よみに　なる　かん字の　ぶぶんを　えらんで　に　書き、たして　できる　かん字を　右はしの　に　書きましょう。

作　算　止

ト　イ　一　⺮　＝　ㇼ

丨　目　𠂉　丨　一

できる　かん字の　よみ

つくる　□＋□＋□＋□ ……▶ □

さん　□＋□＋□＋□ ……▶ □

とまる　□＋□＋□ ……▶ □

日にち

ぶぶん（ぶひん）で　おぼえよう

名まえ

★上の（うえ）[ ]から、下（した）の　よみに　なる　かん字の　ぶぶんを　えらんで　□に　書（か）き、たして　できる　かん字を　右（みぎ）はしの　⊞に　書（か）きましょう。

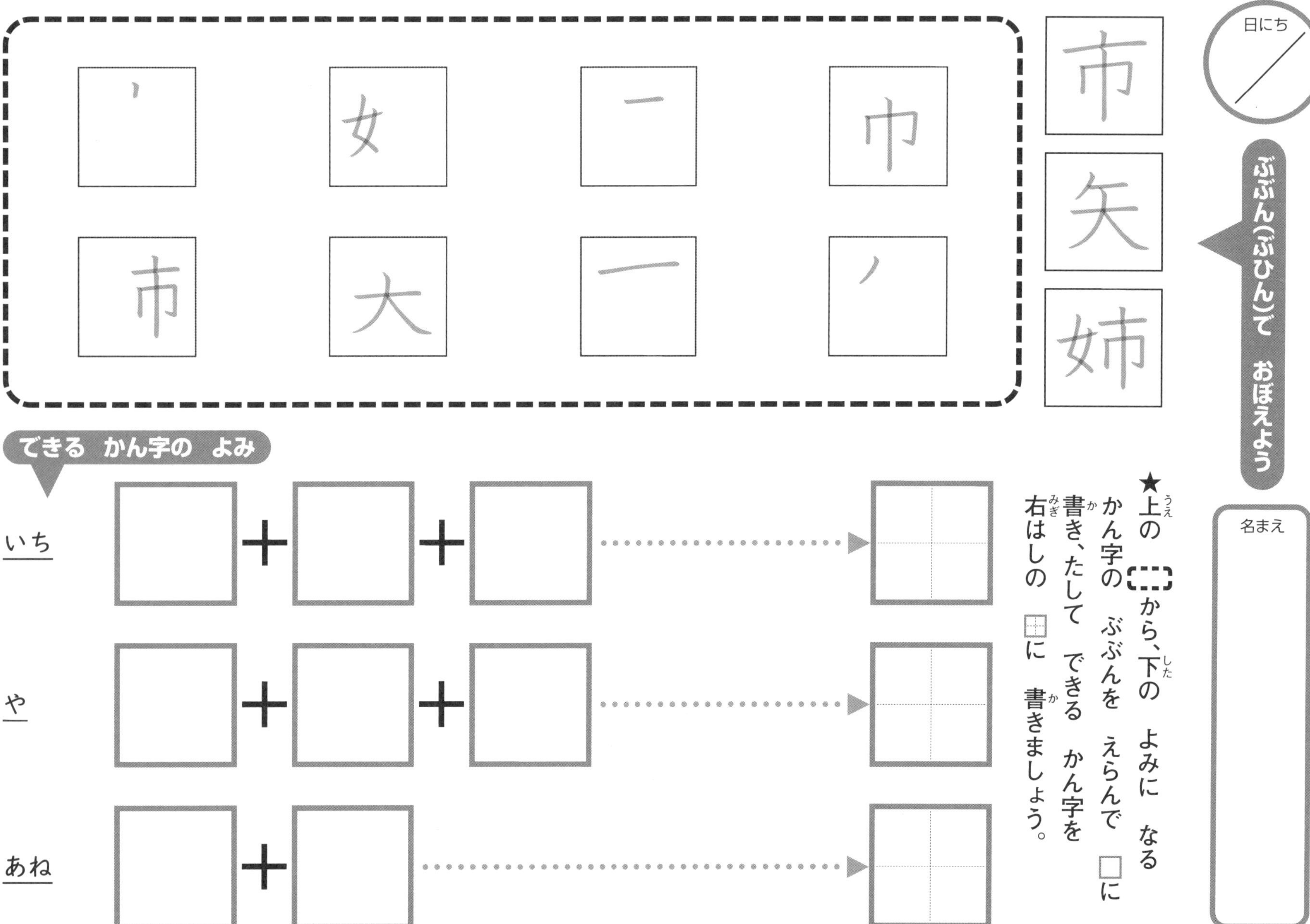

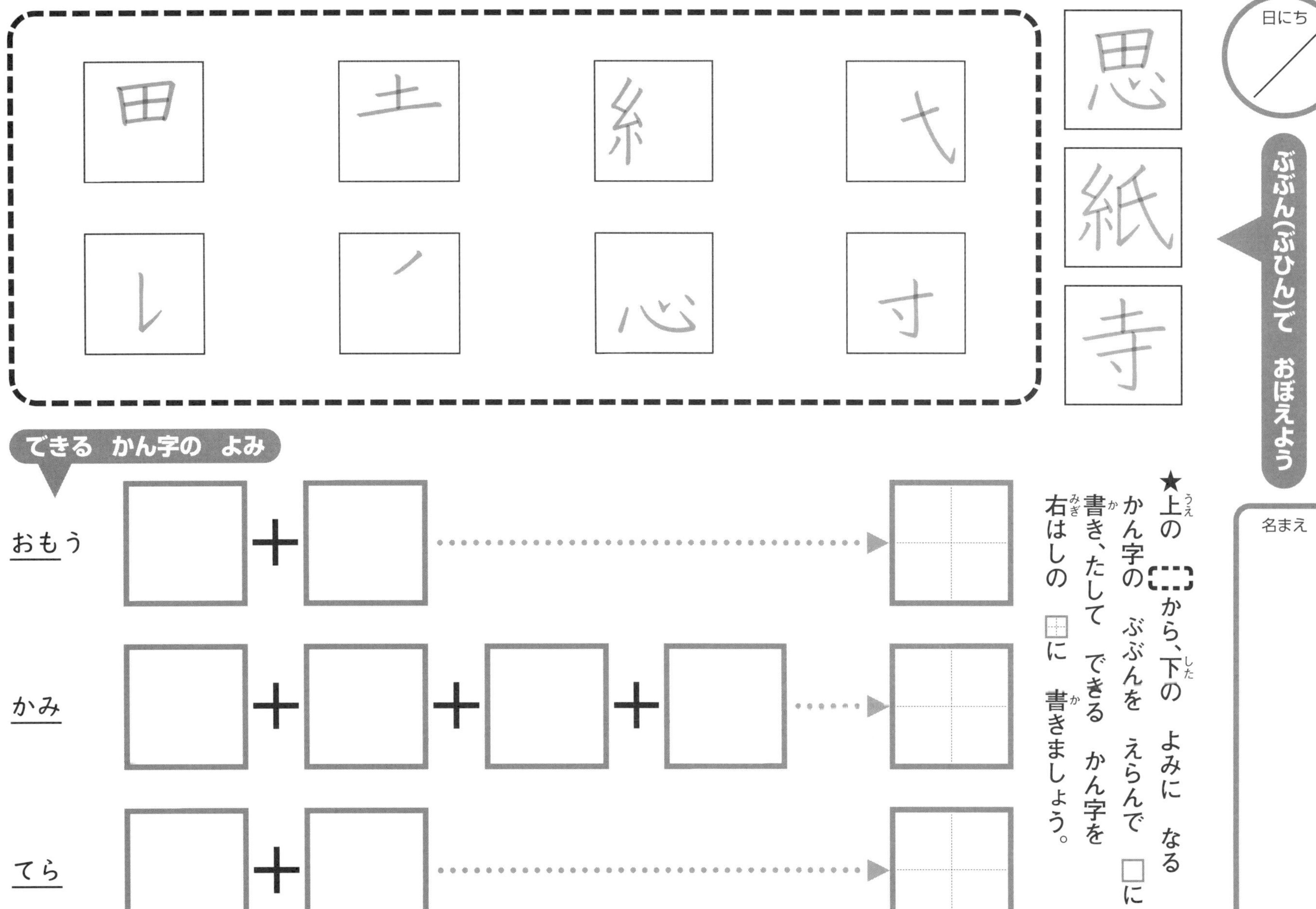
日にち
ぶぶん(ぶひん)で おぼえよう
名まえ
★上の［ ］から、下の よみに なる かん字の ぶぶんを えらんで □に 書き、たして できる かん字を 右はしの ⊞に 書きましょう。
思
紙
寺
田
土
糸
弋
レ
ノ
心
寸
できる かん字の よみ
おもう
かみ
てら

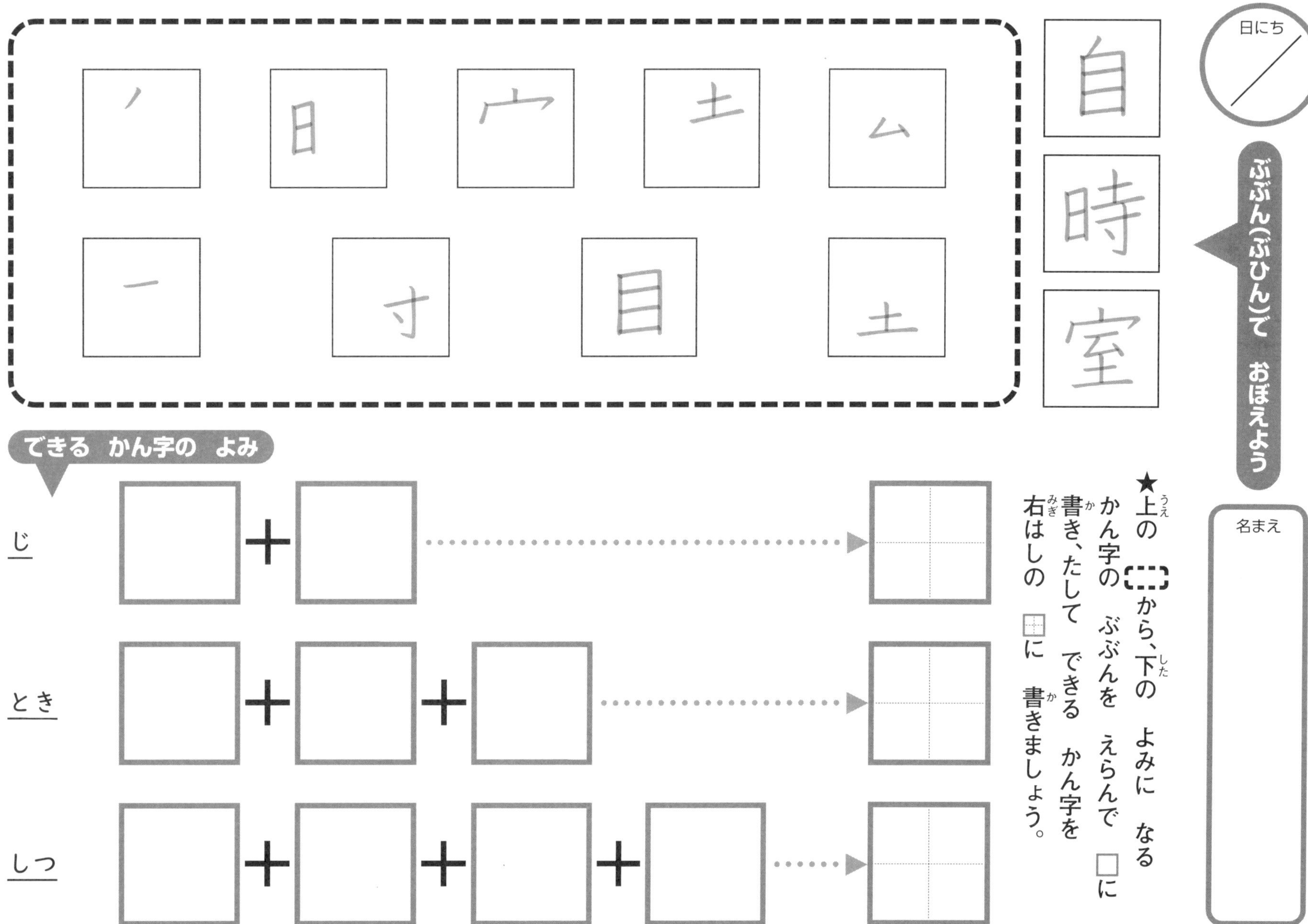
日にち
名まえ
ぶぶん(ぶひん)で　おぼえよう
★上の　から、下の　よみに　なる
かん字の　ぶぶんを　えらんで　□に
書き、たして　できる　かん字を
右はしの　□に　書きましょう。
自
時
室
ノ
日
宀
土
ム
一
寸
目
土
できる　かん字の　よみ
じ
とき
しつ

名まえ

社 弱 首

★上の［　］から、下の よみに なる かん字の ぶぶんを えらんで □に 書き、たして できる かん字を 右はしの ⊞に 書きましょう。

弓	目	丶	丷	ネ
ノ	丶	一	土	弓

できる かん字の よみ

しゃ

よわい

くび

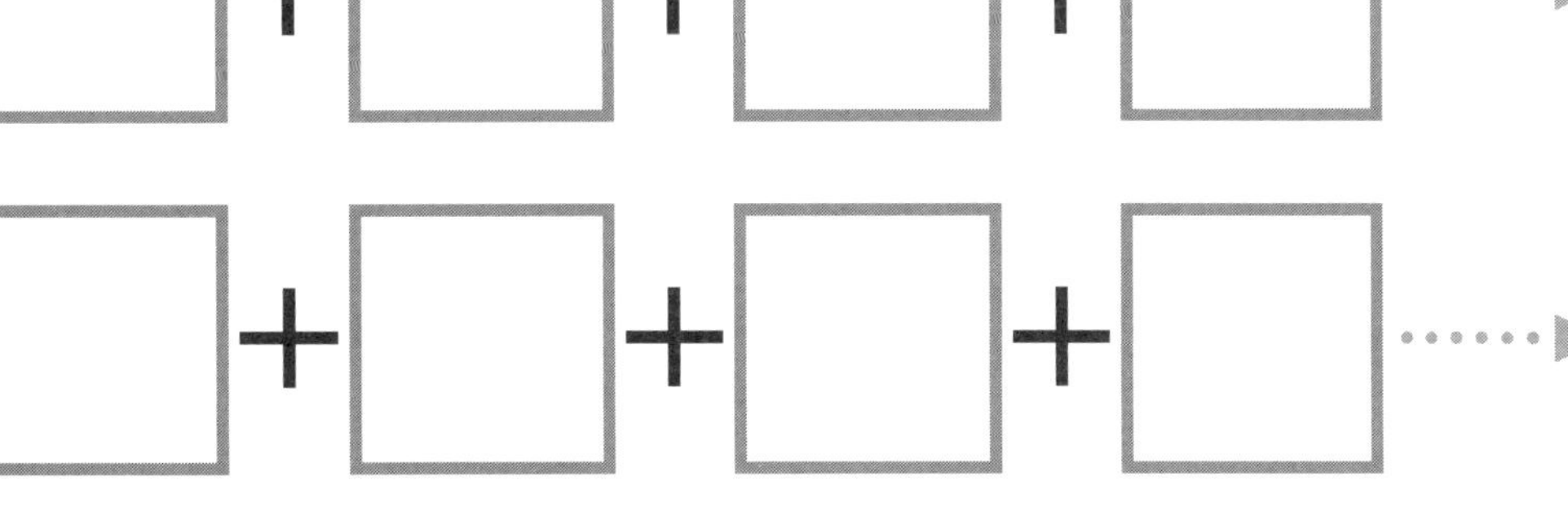

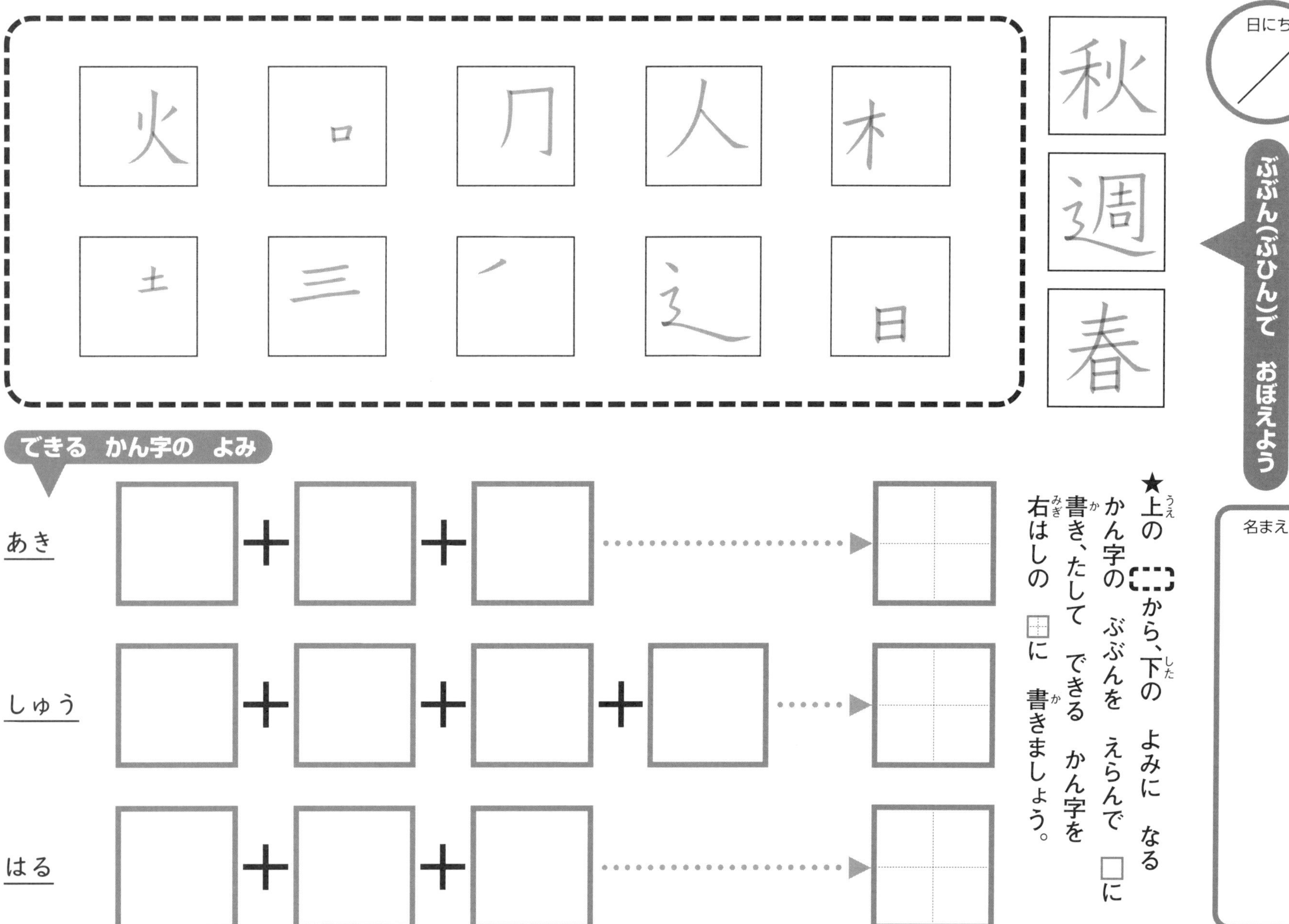

日にち
名まえ
ぶぶん(ぶひん)で　おぼえよう
★上の　から、下の　よみに　なる　かん字の　ぶぶんを　えらんで　に　書き、たして　できる　かん字を　右はしの　に　書きましょう。
秋
週
春
火
口
冂
人
木
土
三
丿
辶
日
できる　かん字の　よみ
あき
しゅう
はる

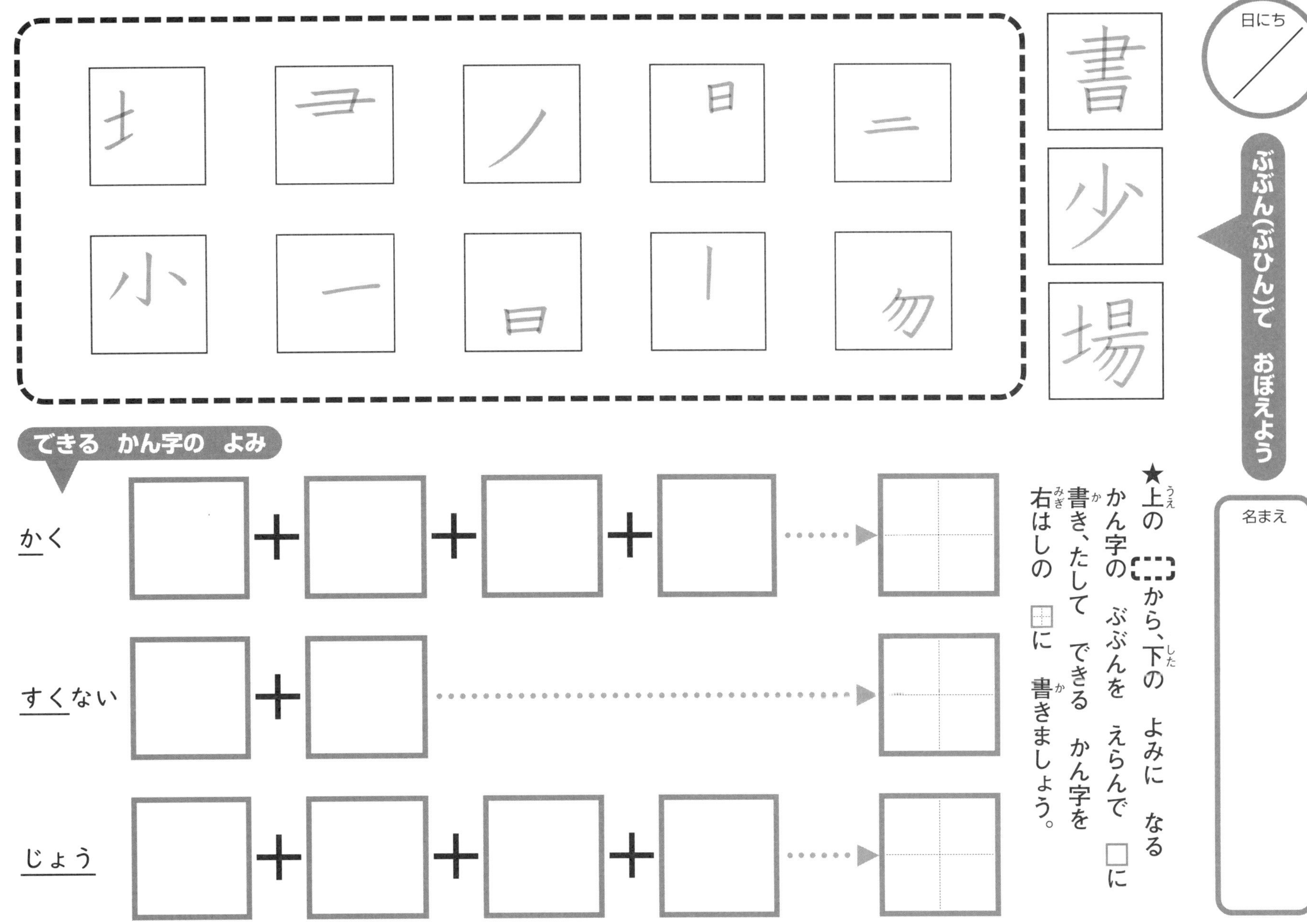
日にち
ぶぶん(ぶひん)で　おぼえよう
名まえ
書
少
場
★上の　から、下の　よみに　なる　かん字の　ぶぶんを　えらんで　に　書き、たして　できる　かん字を　右はしの　に　書きましょう。
できる　かん字の　よみ
かく
すくない
じょう

日にち

名まえ

ぶぶん(ぶひん)で　おぼえよう

★上の　から、下の　よみに　なる　かん字の　ぶぶんを　えらんで　に　書き、たして　できる　かん字を　右はしの　に　書きましょう。

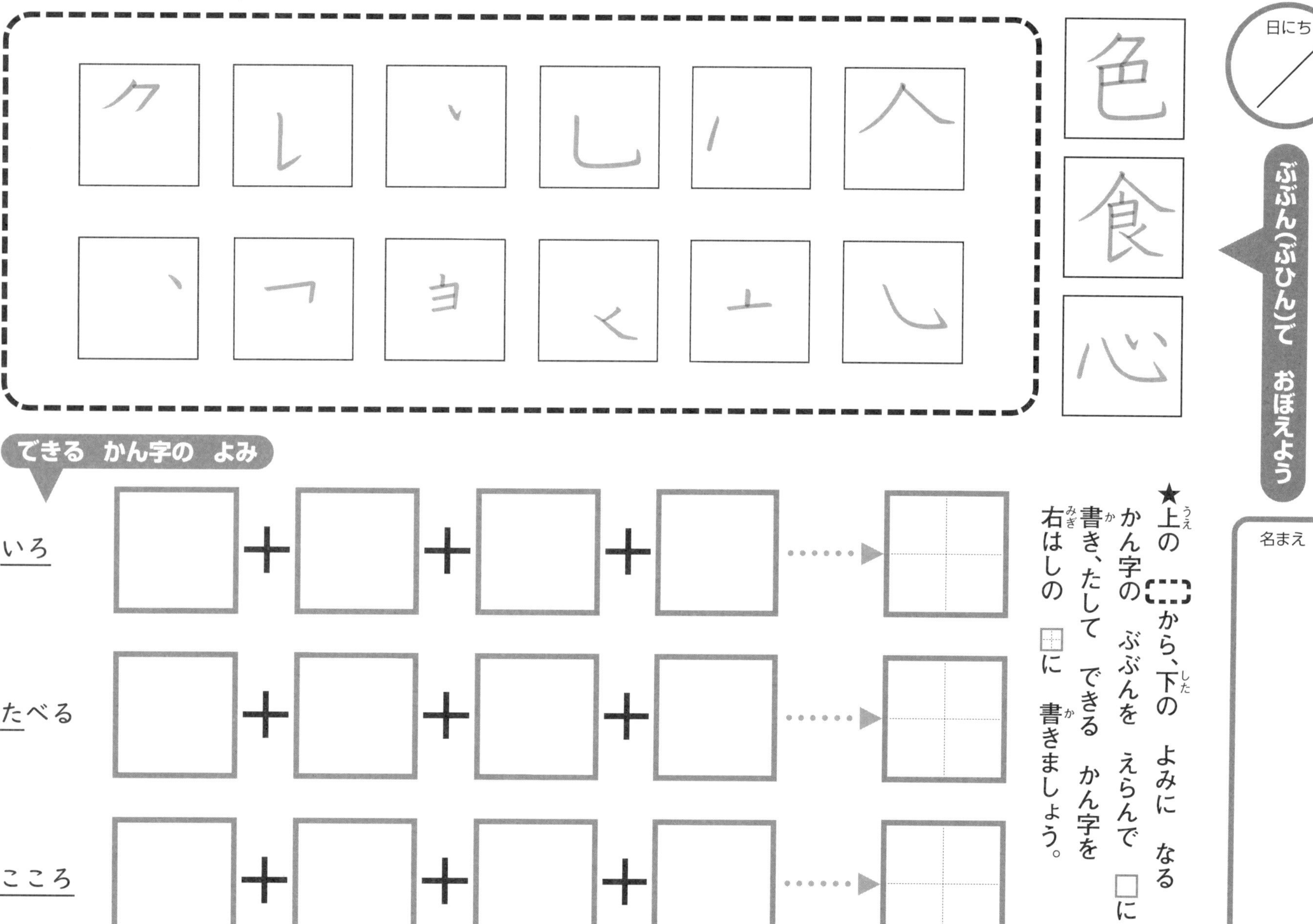

名まえ

★上の［ ］から、下の　よみに　なる　かん字の　ぶぶんを　えらんで　□に　書き、たして　できる　かん字を　右はしの　□に　書きましょう。

新　親　図

立	冂	儿	メ	𠂆	木
一	目	ｿ	木	立	丁

できる　かん字の　よみ

あたらしい　□＋□＋□＋□　…▶　□

おや　□＋□＋□＋□　…▶　□

と書　□＋□＋□＋□　…▶　□

日にち

名まえ

ぶぶん(ぶひん)で　おぼえよう

★上(うえ)の　よみに　なる　かん字の　から、下(した)の　かん字の　ぶぶんを　えらんで　に　書(か)き、たして　できる　かん字を　右(みぎ)はしの　に　書(か)きましょう。

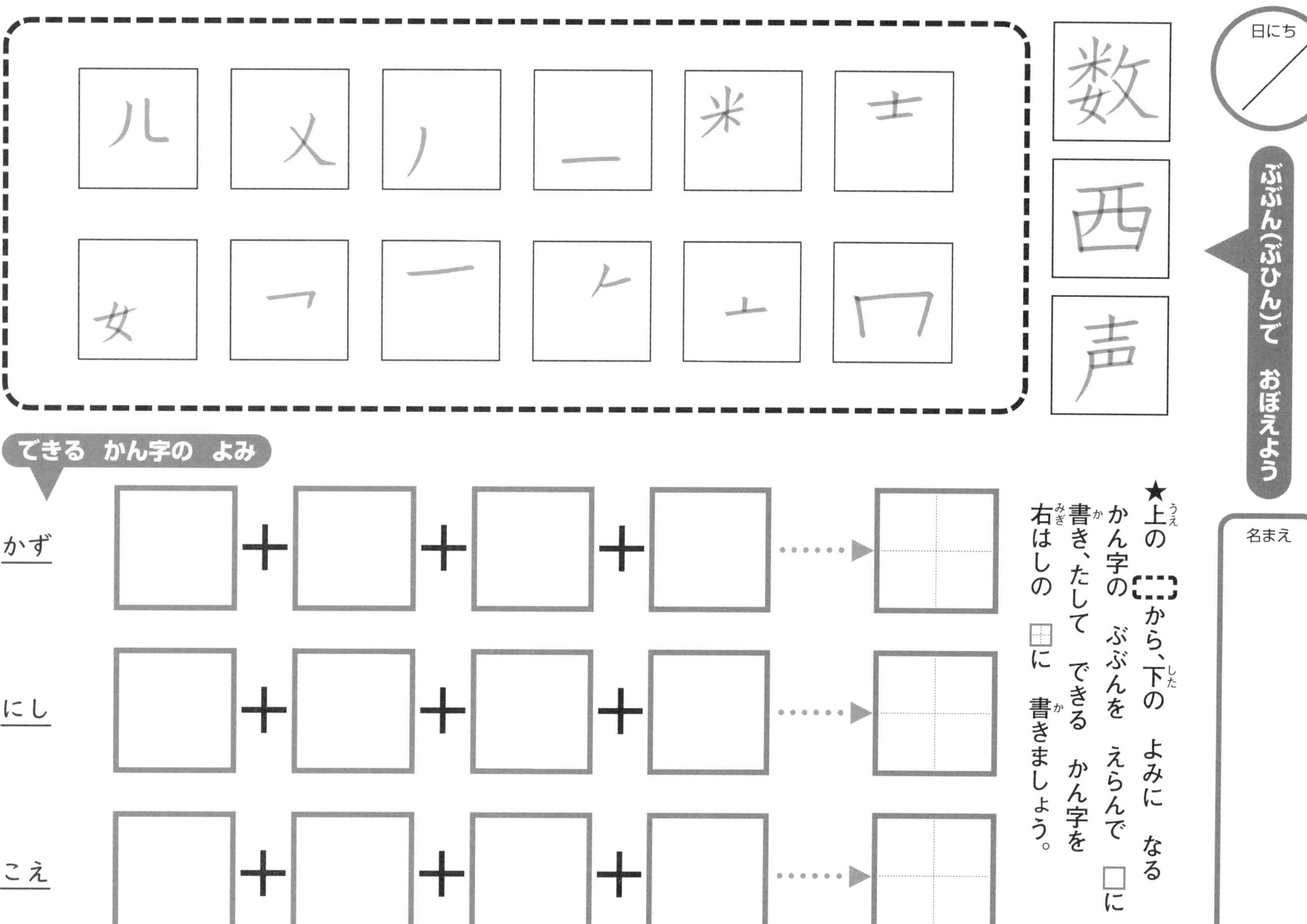

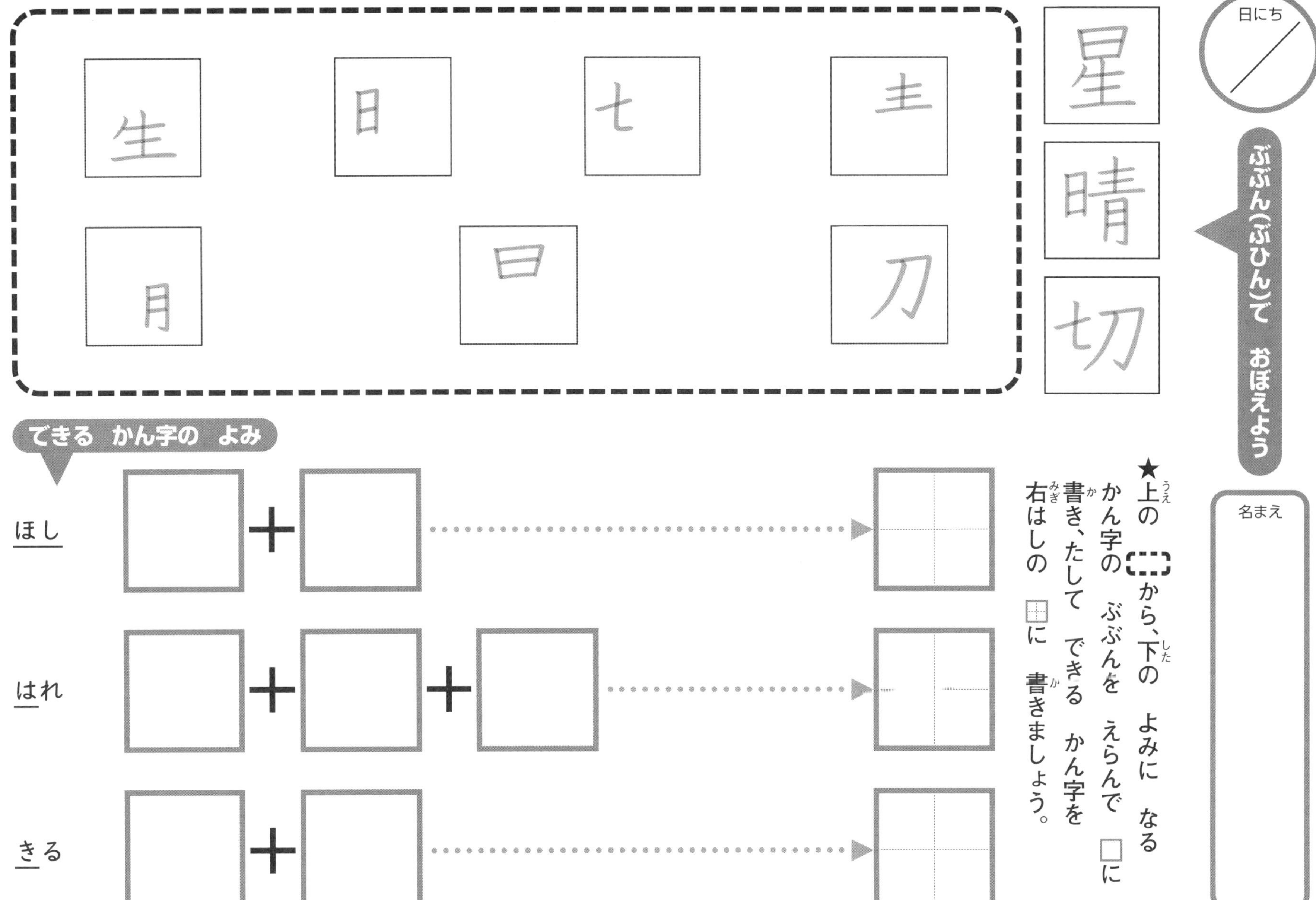
日にち
名まえ
ぶぶん(ぶひん)で おぼえよう
★上の から、下の よみに なる かん字の ぶぶんを えらんで □に 書き、たして できる かん字を 右はしの □に 書きましょう。
星
晴
切
生
日
七
圭
月
曰
刀
できる かん字の よみ
ほし
はれ
きる

日にち

名まえ

ぶぶん(ぶひん)で おぼえよう

★上の［点線の枠］から、下の よみに なる かん字の ぶぶんを えらんで □に 書き、たして できる かん字を 右はしの ⊞に 書きましょう。

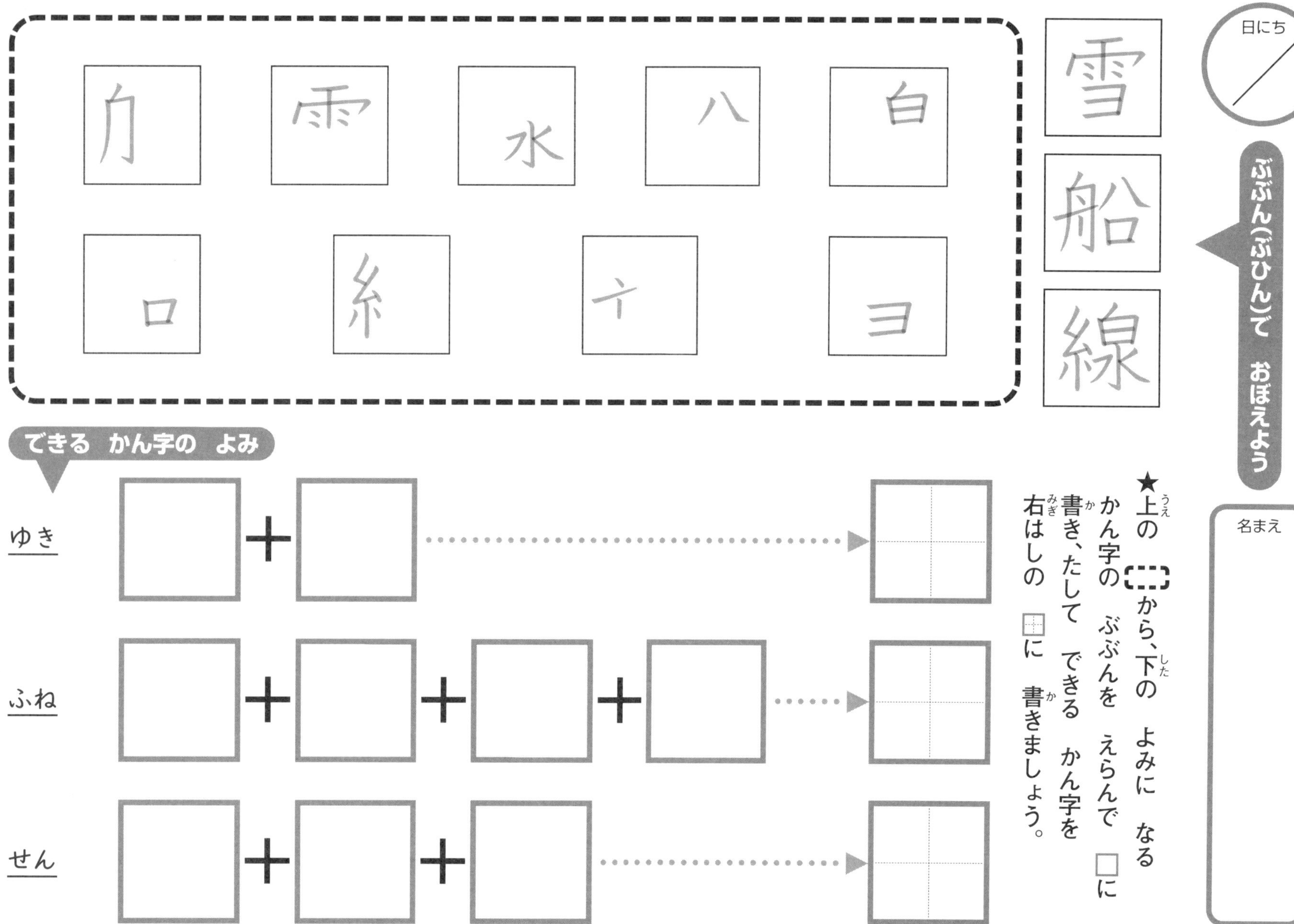

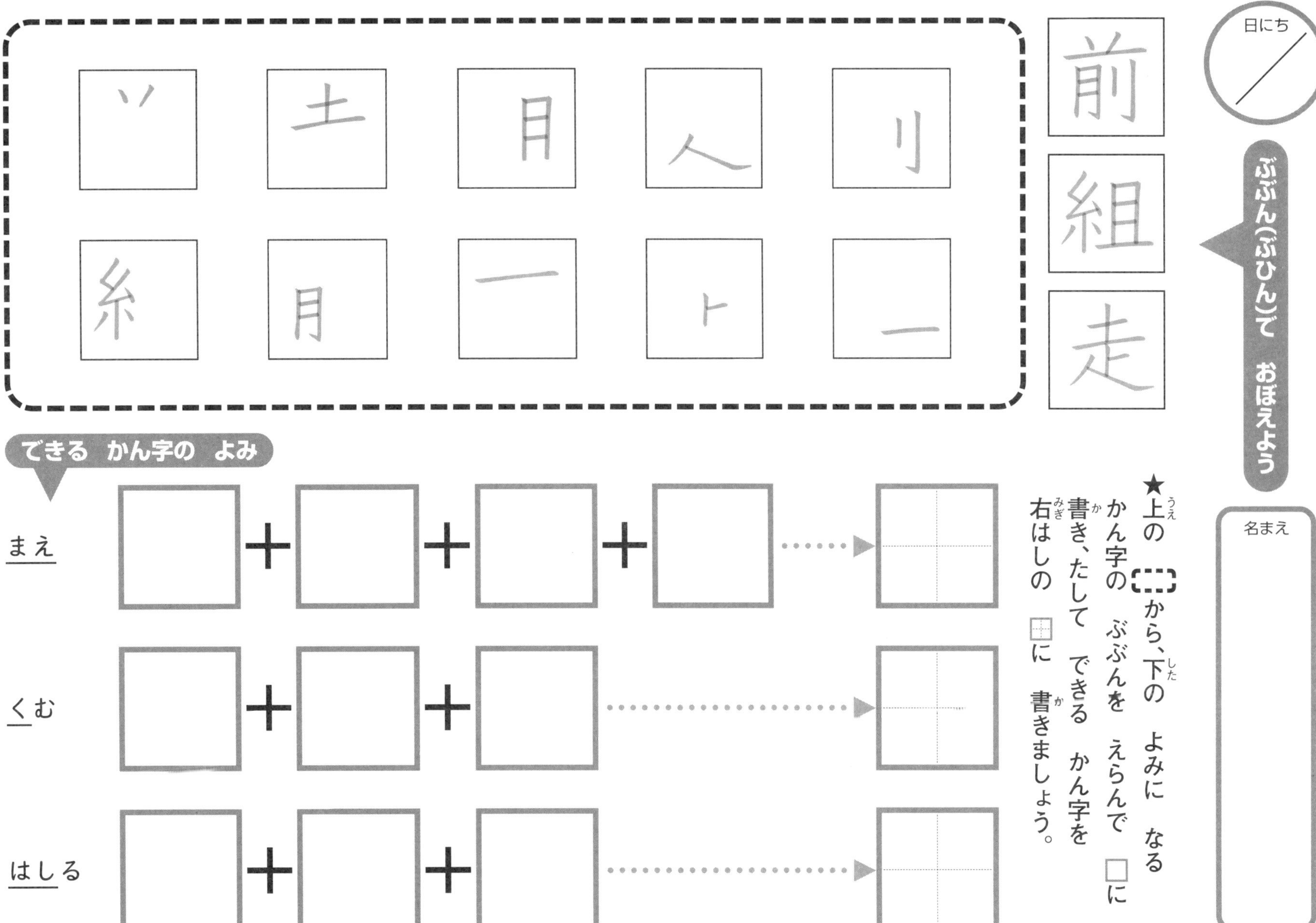
日にち
ぶぶん(ぶひん)で おぼえよう
名まえ
前
組
走
ソ
土
月
人
刂
糸
月
一
ト
一
★上の から、下の よみに なる かん字の ぶぶんを えらんで □に 書き、たして できる かん字を 右はしの □に 書きましょう。
できる かん字の よみ
まえ
くむ
はしる

日にち

名まえ

ぶぶん(ぶひん)で おぼえよう

★上の［　］から、下の よみに なる かん字の ぶぶんを えらんで □に 書き、たして できる かん字を 右はしの □に 書きましょう。

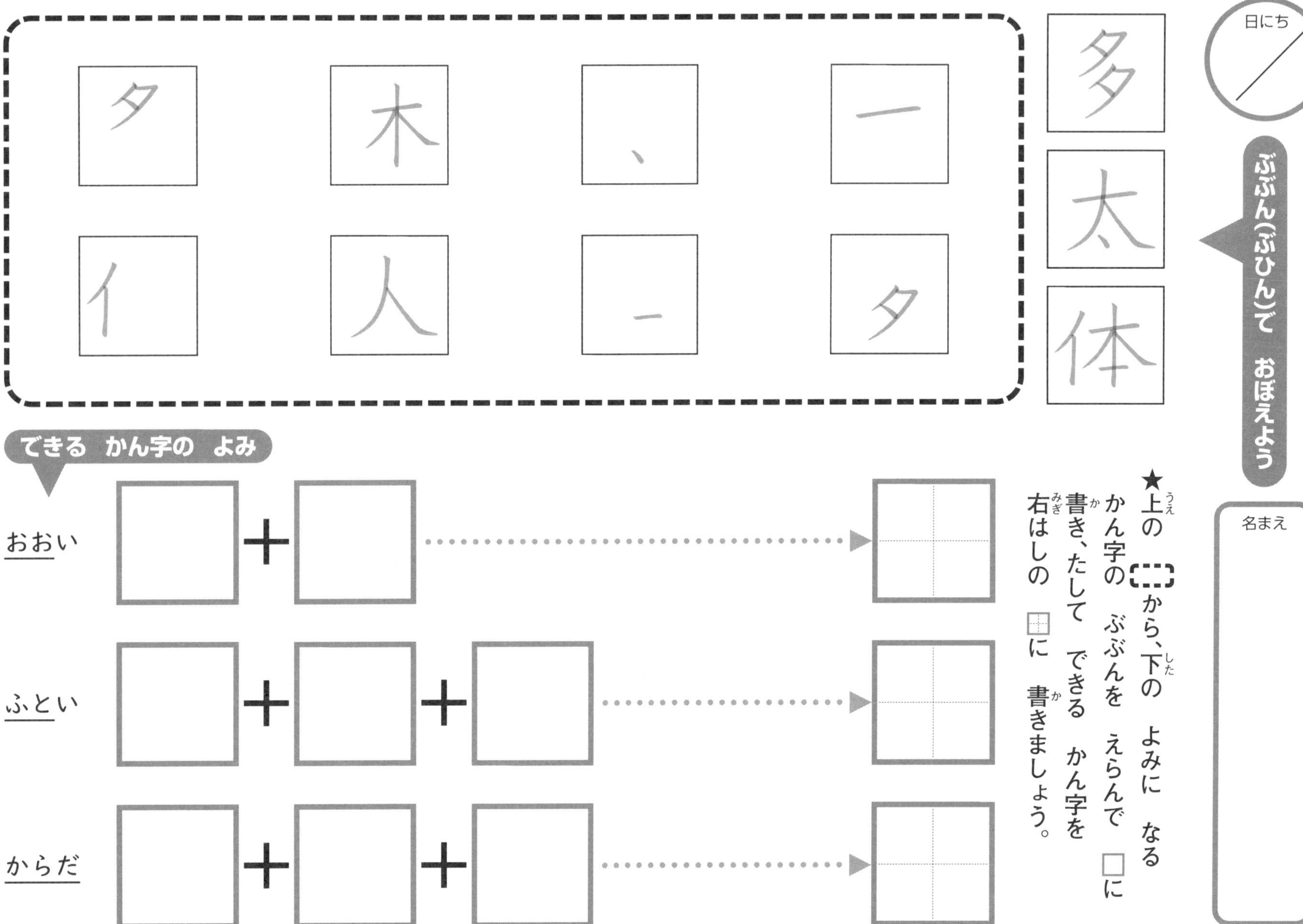

名まえ

★上の［点線の枠］から、下の　よみに　なる　かん字の　ぶぶんを　えらんで　□に　書き、たして　できる　かん字を　右はしの　□に　書きましょう。

台　地　池

口　マ　土　L　丨

L　丨　ム　氵　フ

できる　かん字の　よみ

だい　□＋□ ▶ □

ち　□＋□＋□＋□ ▶ □

いけ　□＋□＋□＋□ ▶ □

日にち

名まえ

ぶぶん（ぶひん）で　おぼえよう

★上の［ ］から、下の　よみに　なる　かん字の　ぶぶんを　えらんで　□に　書き、たして　できる　かん字を　右はしの　□に　書きましょう。

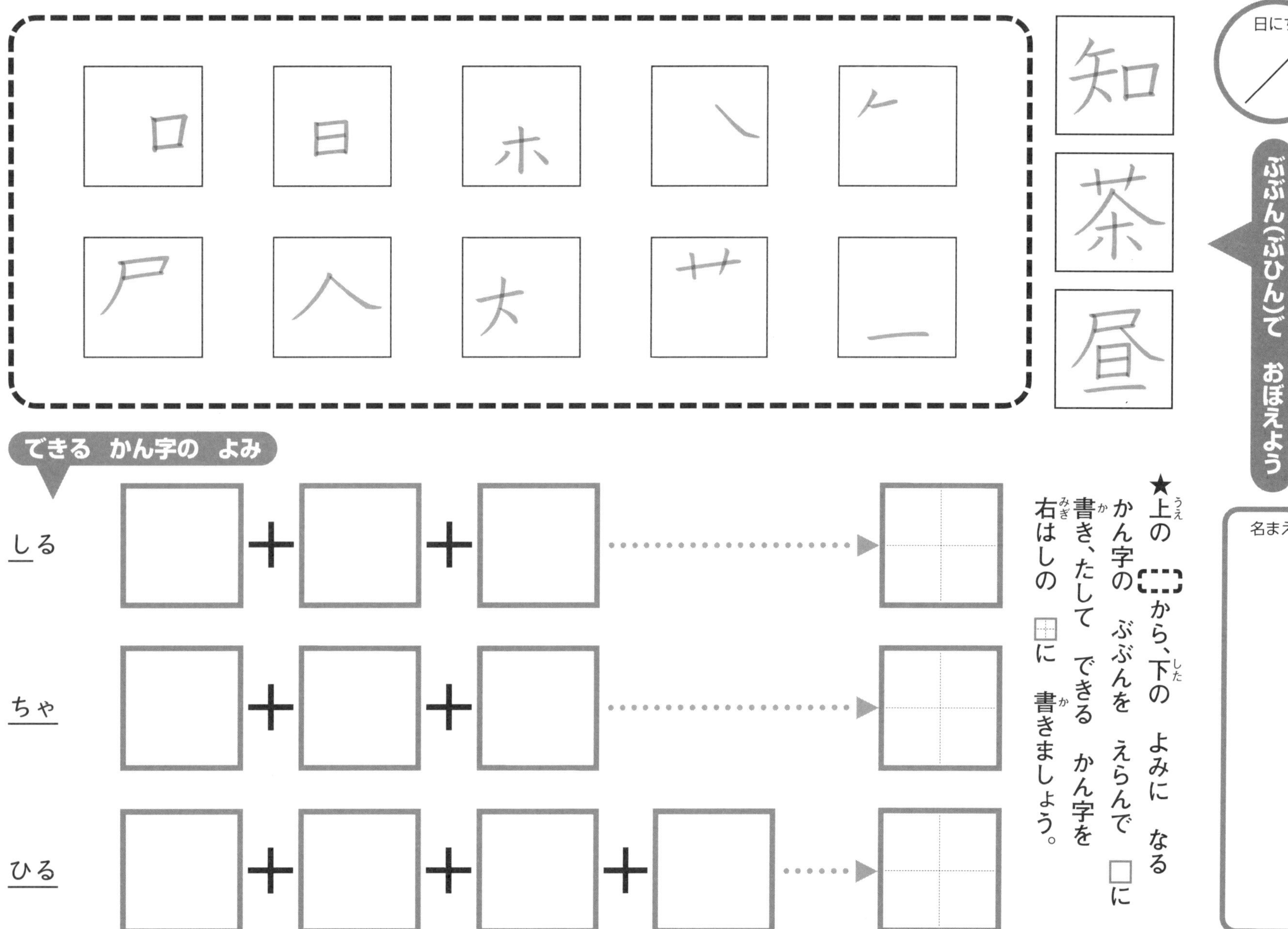

名まえ

★上の［点線の枠］から、下の　よみに　なる　かん字の　ぶぶんを　えらんで　□に　書き、たして　できる　かん字を　右はしの　□に　書きましょう。

長　鳥　朝

十	厂	灬	く	十	白
レ	一	日	つ	月	三

できる　かん字の　よみ

ながい　□＋□＋□＋□……▶□

とり　□＋□＋□＋□……▶□

あさ　□＋□＋□＋□……▶□

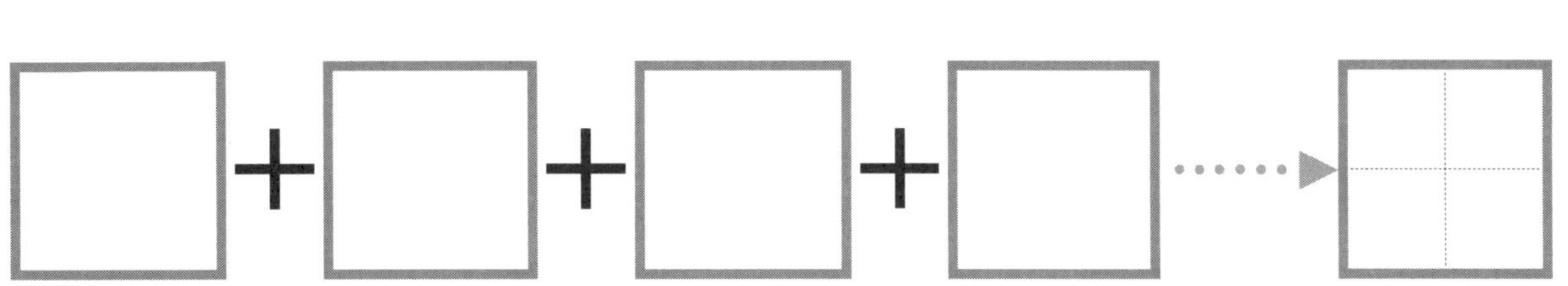

日にち

直 通 弟

ぶぶん(ぶひん)で おぼえよう

★上の かん字の から、下の よみに なる ぶぶんを えらんで に 書き、たして できる かん字を 右はしの に 書きましょう。

名まえ

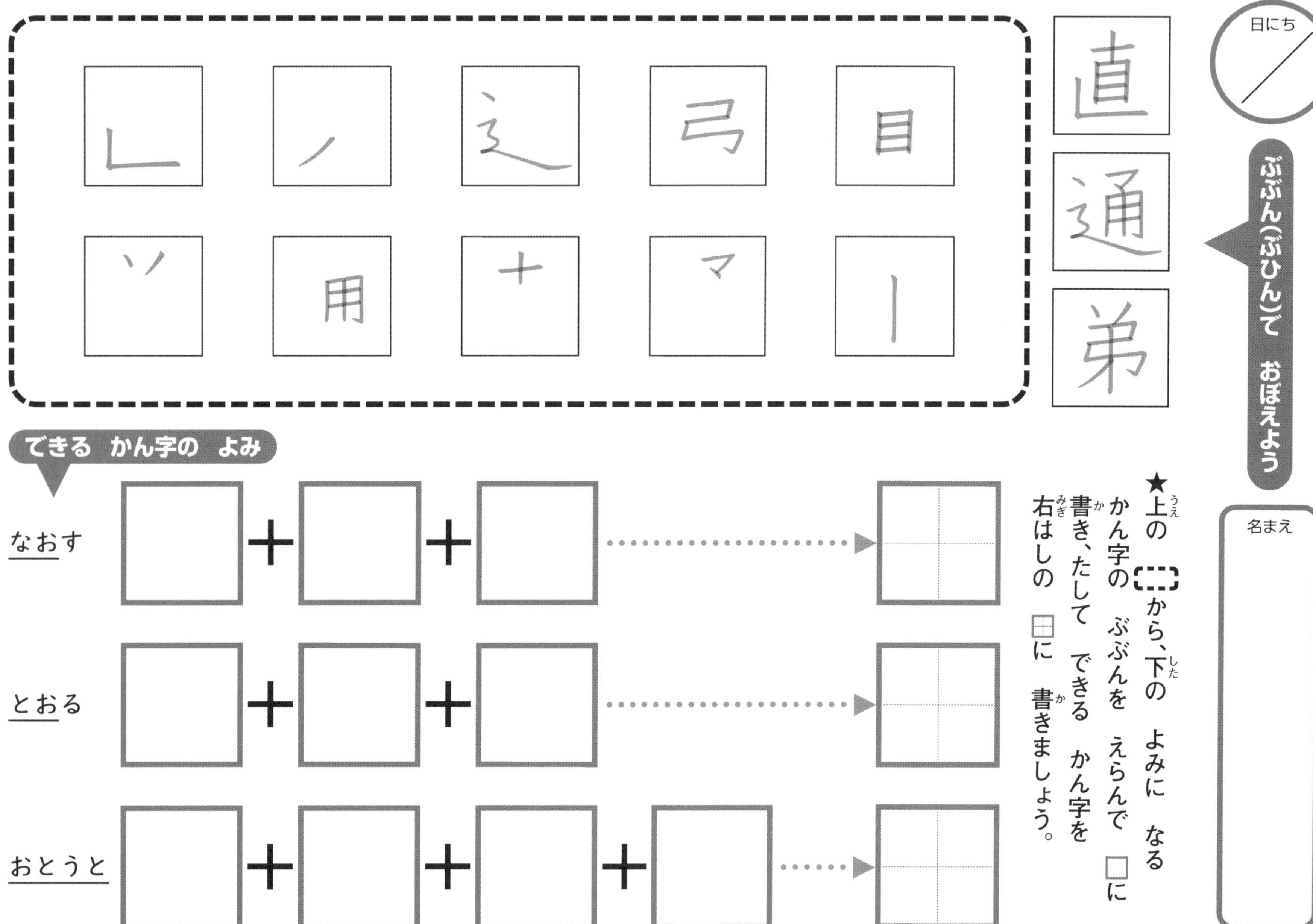

日にち

名まえ

ぶぶん（ぶひん）で おぼえよう

★上の [ ] から、下の よみに なる かん字の ぶぶんを えらんで □に 書き、たして できる かん字を 右はしの □に 書きましょう。

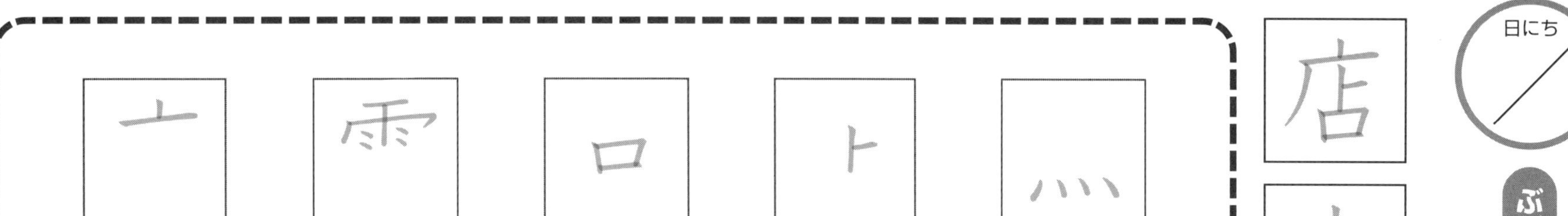

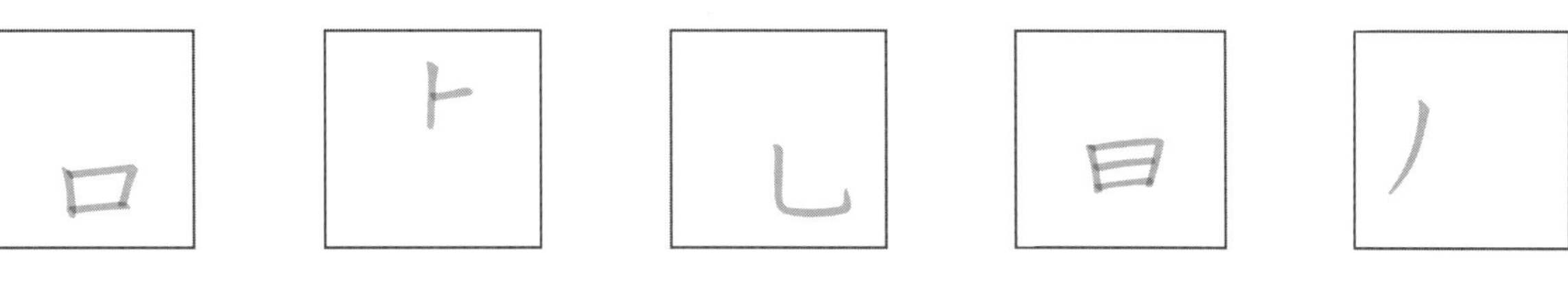

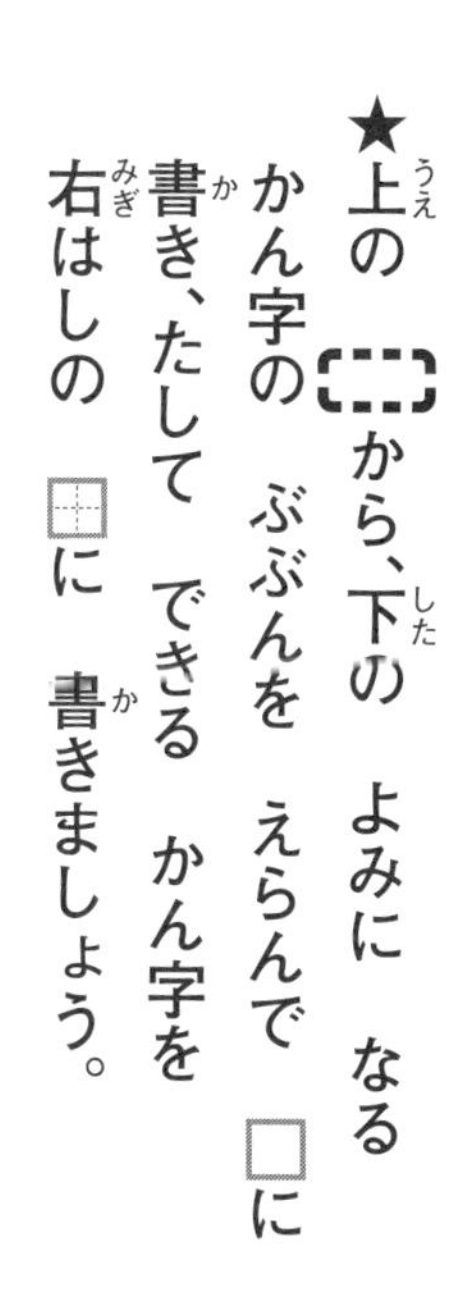

できる かん字の よみ

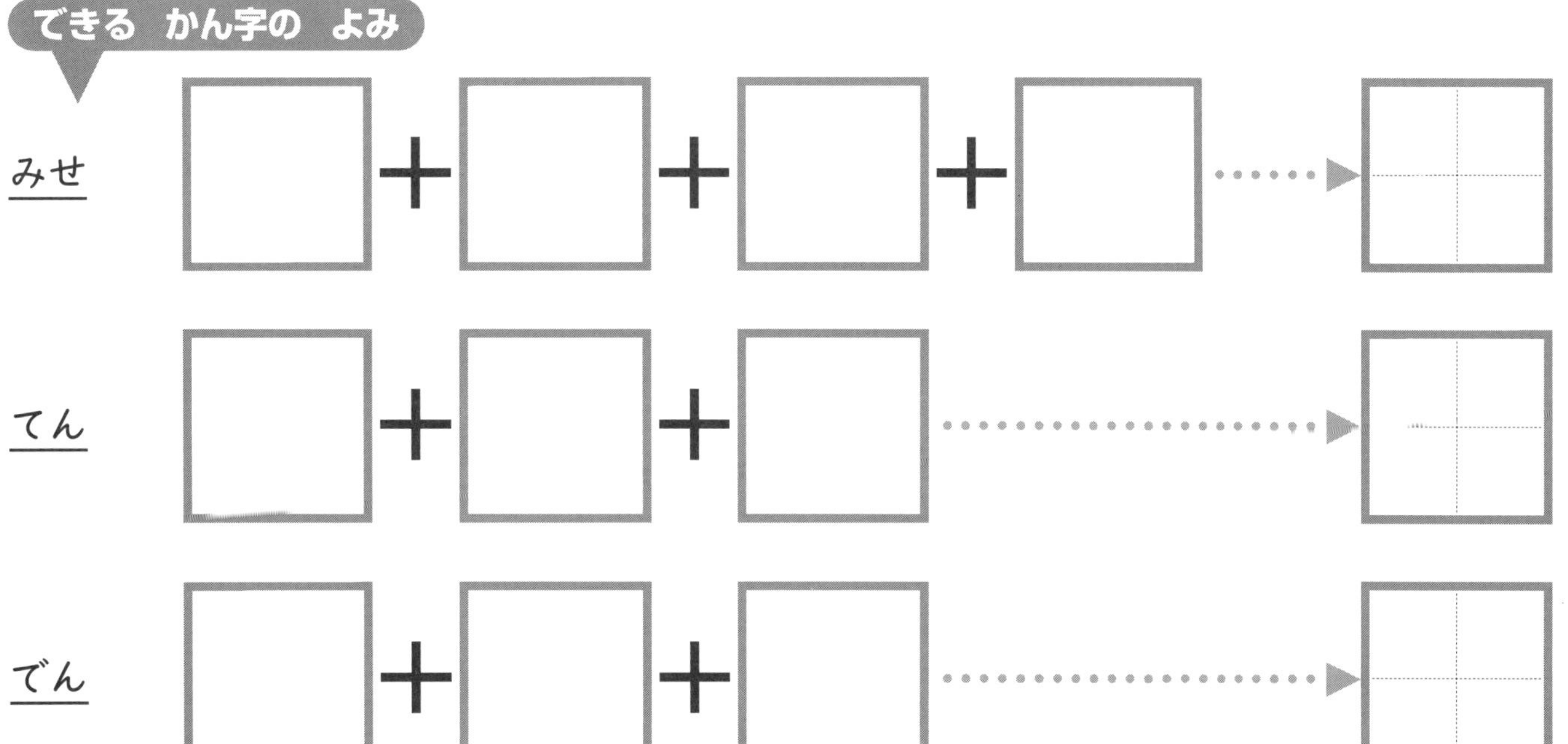

みせ □ ＋ □ ＋ □ ＋ □ ……▶ □

てん □ ＋ □ ＋ □ ……▶ □

でん □ ＋ □ ＋ □ ……▶ □

日にち

ぶぶん(ぶひん)で　おぼえよう

名まえ

★上の　から、下の　よみに　なる　かん字の　ぶぶんを　えらんで　に　書き、たして　できる　かん字を　右はしの　に　書きましょう。

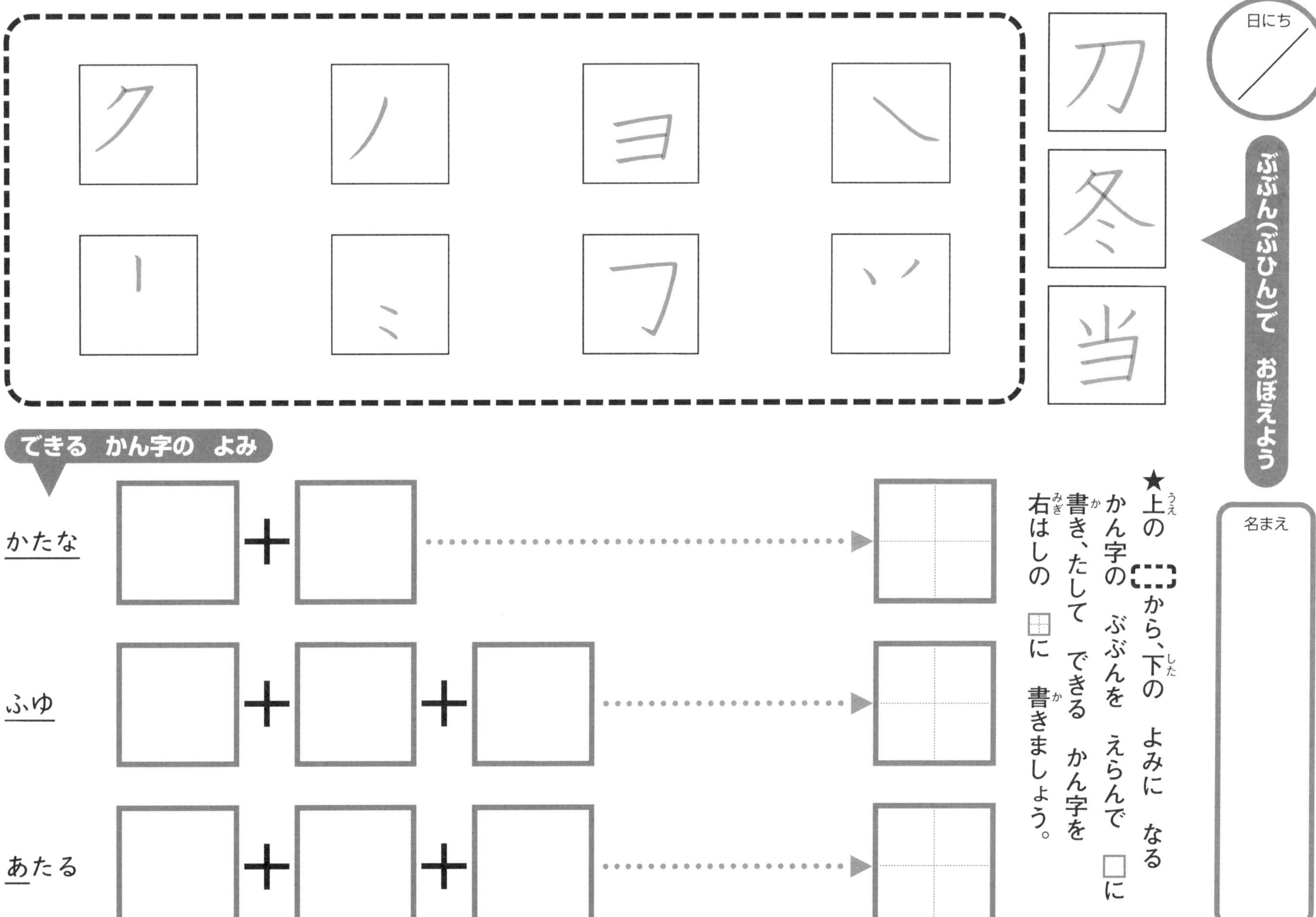

名まえ

東　答　頭

人	貝	⺮	丷	口	一
𠂉	一	丨	口	日	人

★上の┌┐から、下の　よみに　なる　かん字の　ぶぶんを　えらんで　□に　書き、たして　できる　かん字を　右はしの　⊞に　書きましょう。

できる　かん字の　よみ

ひがし　□＋□＋□＋□ ……▶ ⊞

こたえ　□＋□＋□＋□ ……▶ ⊞

あたま　□＋□＋□＋□ ……▶ ⊞

日にち　／

名まえ

ぶぶん(ぶひん)で　おぼえよう

同
道
読

冂	丷	士	辶	言	口
′	冖	一	儿	目	

★上の［　］から、下の　よみに　なる　かん字の　ぶぶんを　えらんで　□に　書き、たして　できる　かん字を　右はしの　□に　書きましょう。

できる　かん字の　よみ

おなじ　□＋□＋□ ……▶ □

みち　□＋□＋□＋□ ……▶ □

よむ　□＋□＋□＋□ ……▶ □

日にち ／

名まえ

★上の□から、下の　よみに　なる　かん字の　ぶぶんを　えらんで　□に　書き、たして　できる　かん字を　右はしの　□に　書きましょう。

内
南
肉

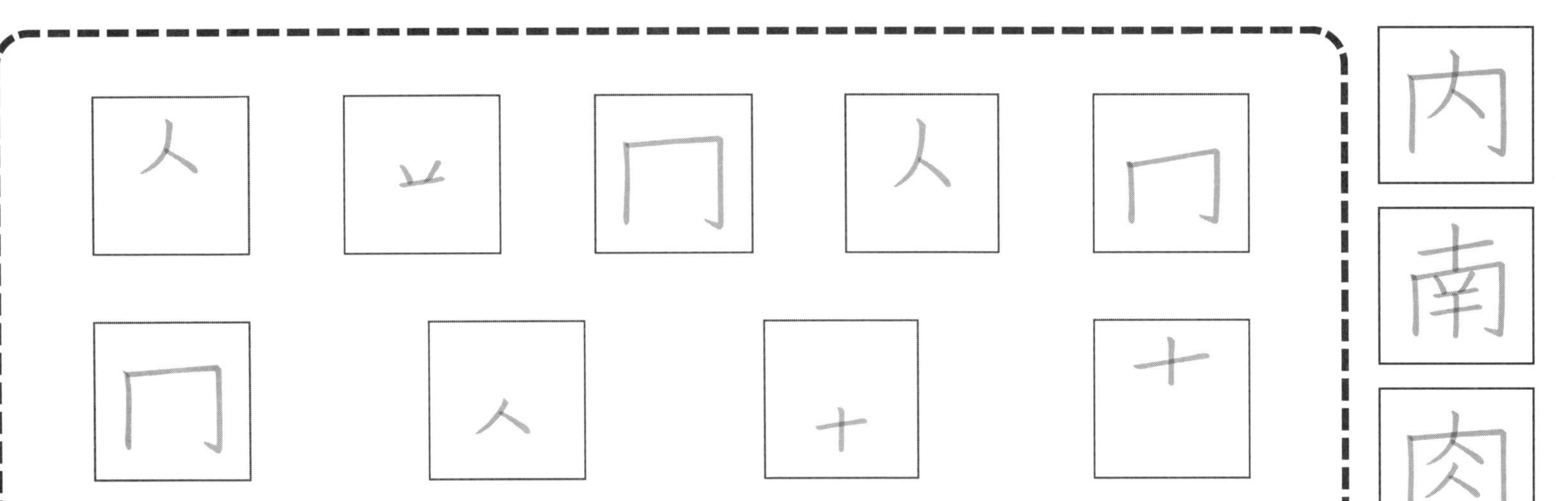

できる　かん字の　よみ

ない　□＋□ ……▶ □

みなみ　□＋□＋□＋□ ……▶ □

にく　□＋□＋□ ……▶ □

日にち

名まえ

ぶぶん（ぶひん）で　おぼえよう

★上の［　］から、下の　よみに　なる　かん字の　ぶぶんを　えらんで　□に　書き、たして　できる　かん字を　右はしの　□に　書きましょう。

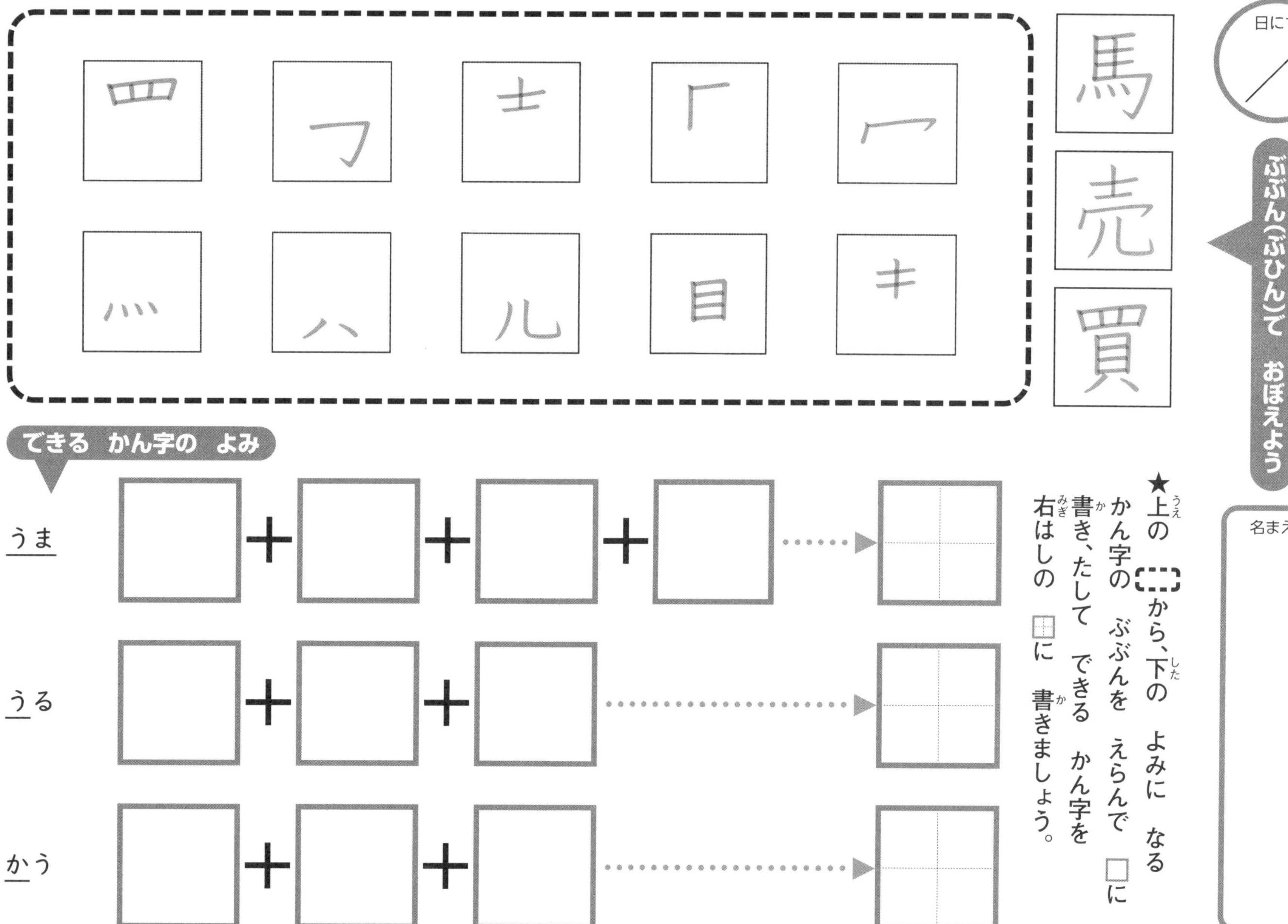

日にち

名まえ

ぶぶん(ぶひん)で　おぼえよう

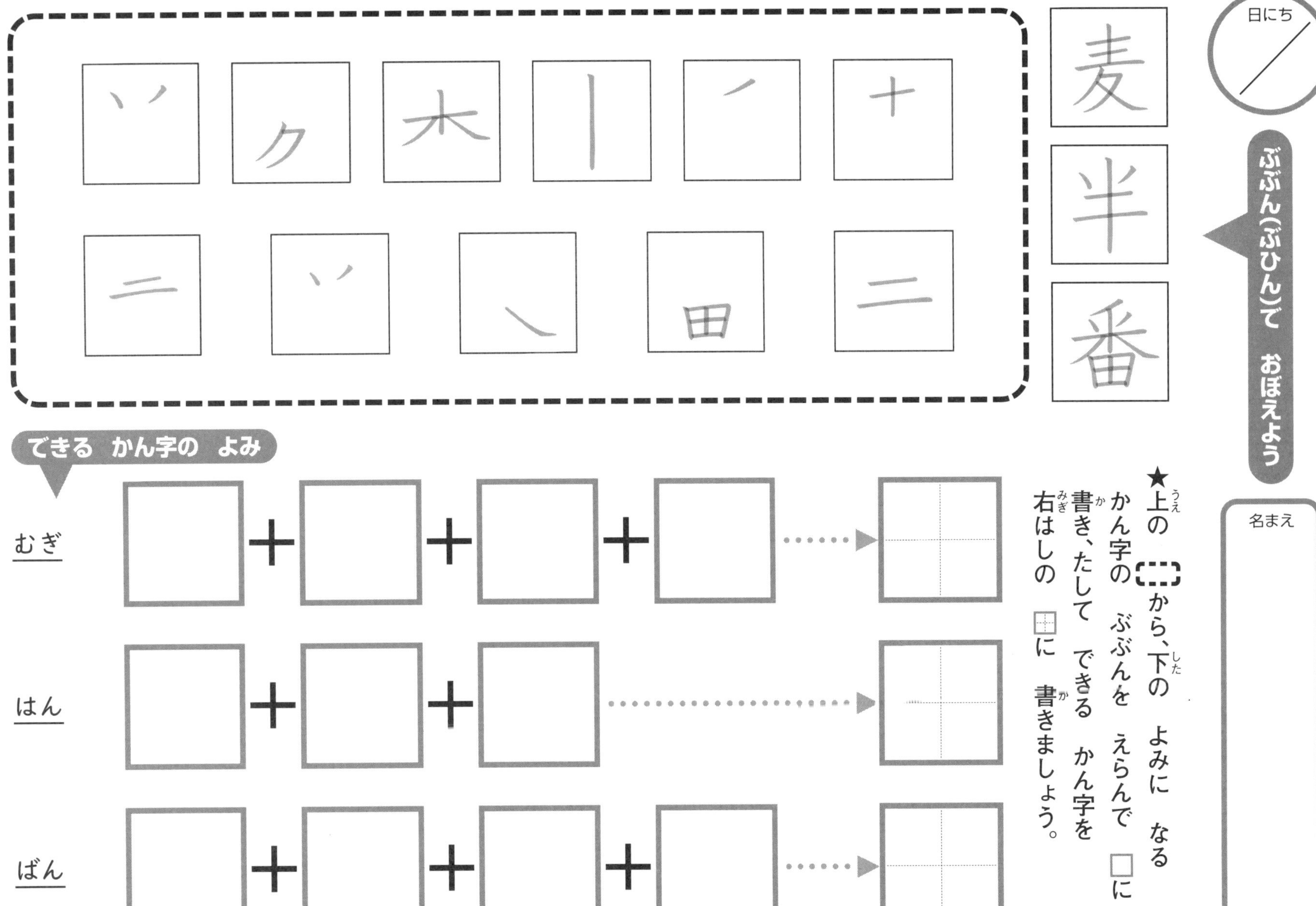

★上の から、下の　よみに　なる　かん字の　ぶぶんを　えらんで　□に　書き、たして　できる　かん字を　右はしの　に　書きましょう。

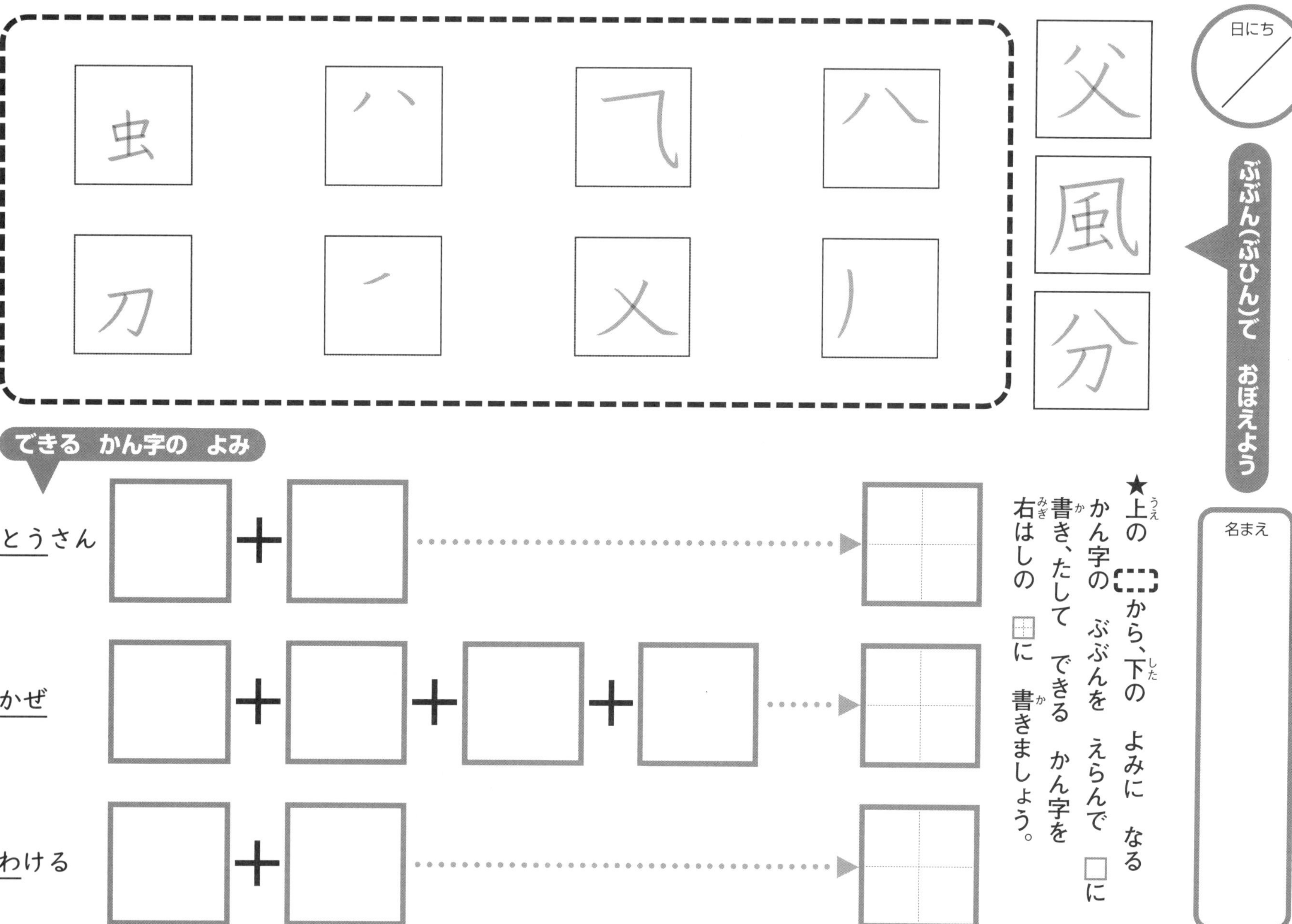
日にち
ぶぶん(ぶひん)で　おぼえよう
名まえ
★上の　から、下の　よみに　なる　かん字の　ぶぶんを　えらんで　□に　書き、たして　できる　かん字を　右はしの　□に　書きましょう。
父
風
分
虫
八
八
刀
乂
できる　かん字の　よみ
とうさん
かぜ
わける

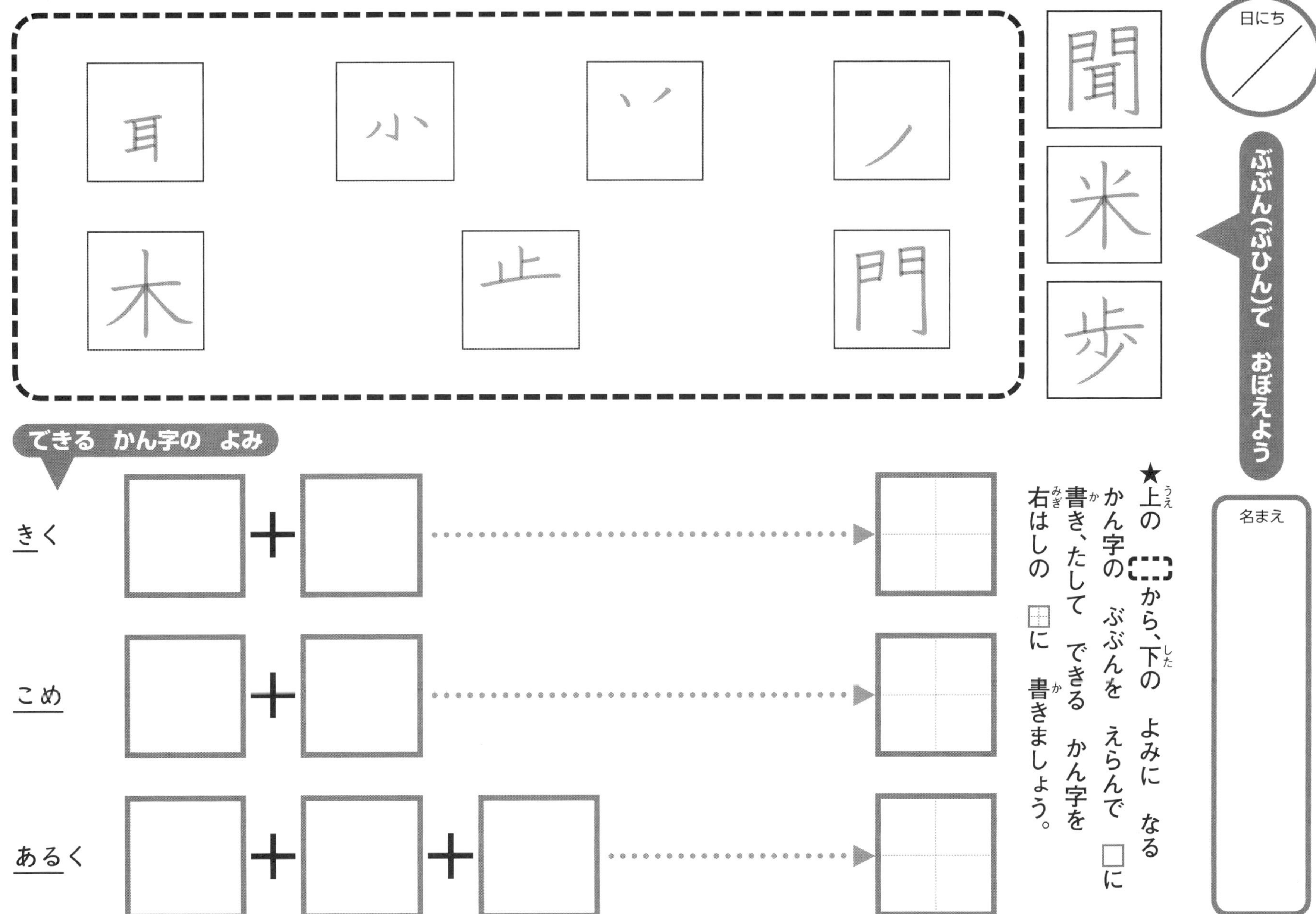

日にち
ぶぶん(ぶひん)で おぼえよう
名まえ
聞
米
歩
耳
小
丷
ノ
木
止
門
★上の [　] から、下の よみに なる かん字の ぶぶんを えらんで □に 書き、たして できる かん字を 右はしの □に 書きましょう。
できる かん字の よみ
きく
こめ
あるく

日にち

名まえ

母
方
北

★上の（点線の枠）から、下の　よみに　なる　かん字の　ぶぶんを　えらんで　□に　書き、たして　できる　かん字を　右はしの　□に　書きましょう。

ヒ　丶　一　亠　ノ　フ
一　ノ　く　丨　フ

できる　かん字の　よみ

かあさん　□＋□＋□＋□ ……▶ □

かた　□＋□＋□ ……▶ □

きた　□＋□＋□＋□ ……▶ □

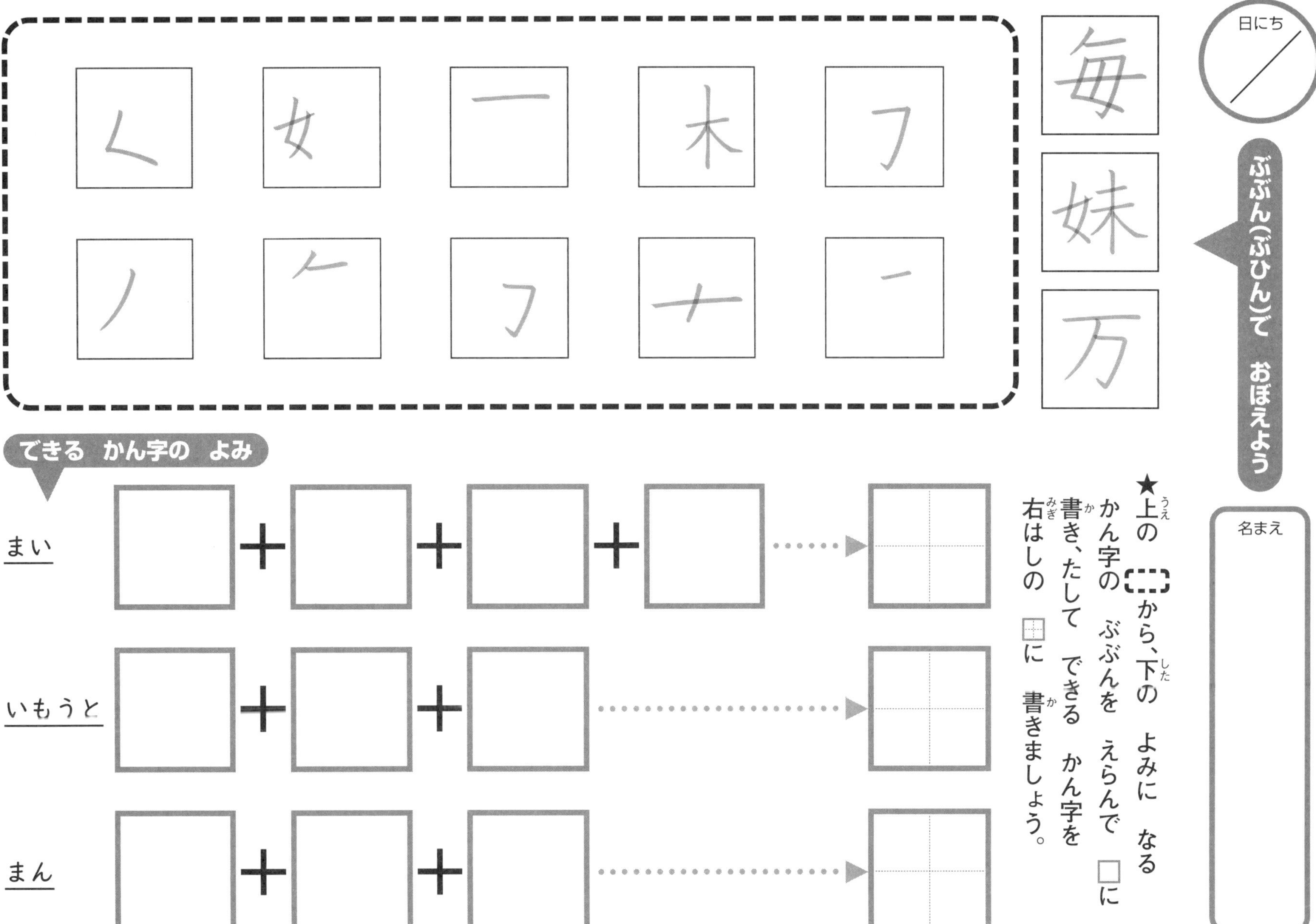
日にち
ぶぶん(ぶひん)で　おぼえよう
名まえ
毎
妹
万
★上の　から、下の　よみに　なる
かん字の　ぶぶんを　えらんで　□に
書き、たして　できる　かん字を
右はしの　に　書きましょう。
できる　かん字の　よみ
まい
いもうと
まん

日にち

名まえ

ぶぶん(ぶひん)で　おぼえよう

★上の［ ］から、下の　よみに　なる　かん字の　ぶぶんを　えらんで　□に　書き、たして　できる　かん字を　右はしの　□に　書きましょう。

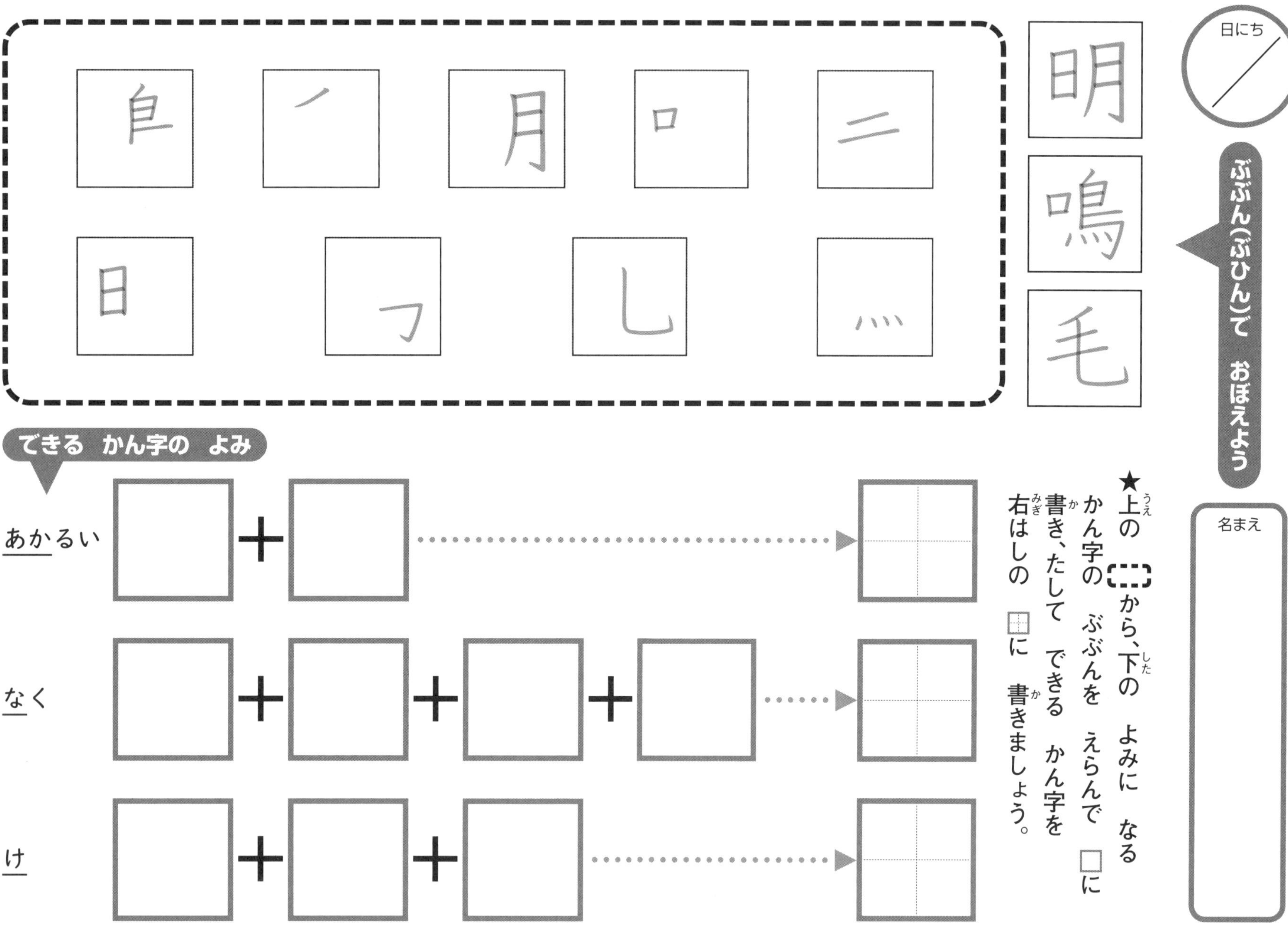

日にち

名まえ

★上の［　］から、下の　よみに　なる　かん字の　ぶぶんを　えらんで　□に　書き、たして　できる　かん字を　右はしの　□に　書きましょう。

門　夜　野

ヨ　亻　里　丨　㇏　マ
タ　冂　亠　了　＝

できる　かん字の　よみ

もん　□＋□＋□＋□ → □

よる　□＋□＋□＋□ → □

の　□＋□＋□ → □

日にち

名まえ

ぶぶん(ぶひん)で　おぼえよう

★上(うえ)の［ ］から、下(した)の　よみに　なる　かん字の　ぶぶんを　えらんで　□に　書(か)き、たして　できる　かん字を　右(みぎ)はしの　□に　書(か)きましょう。

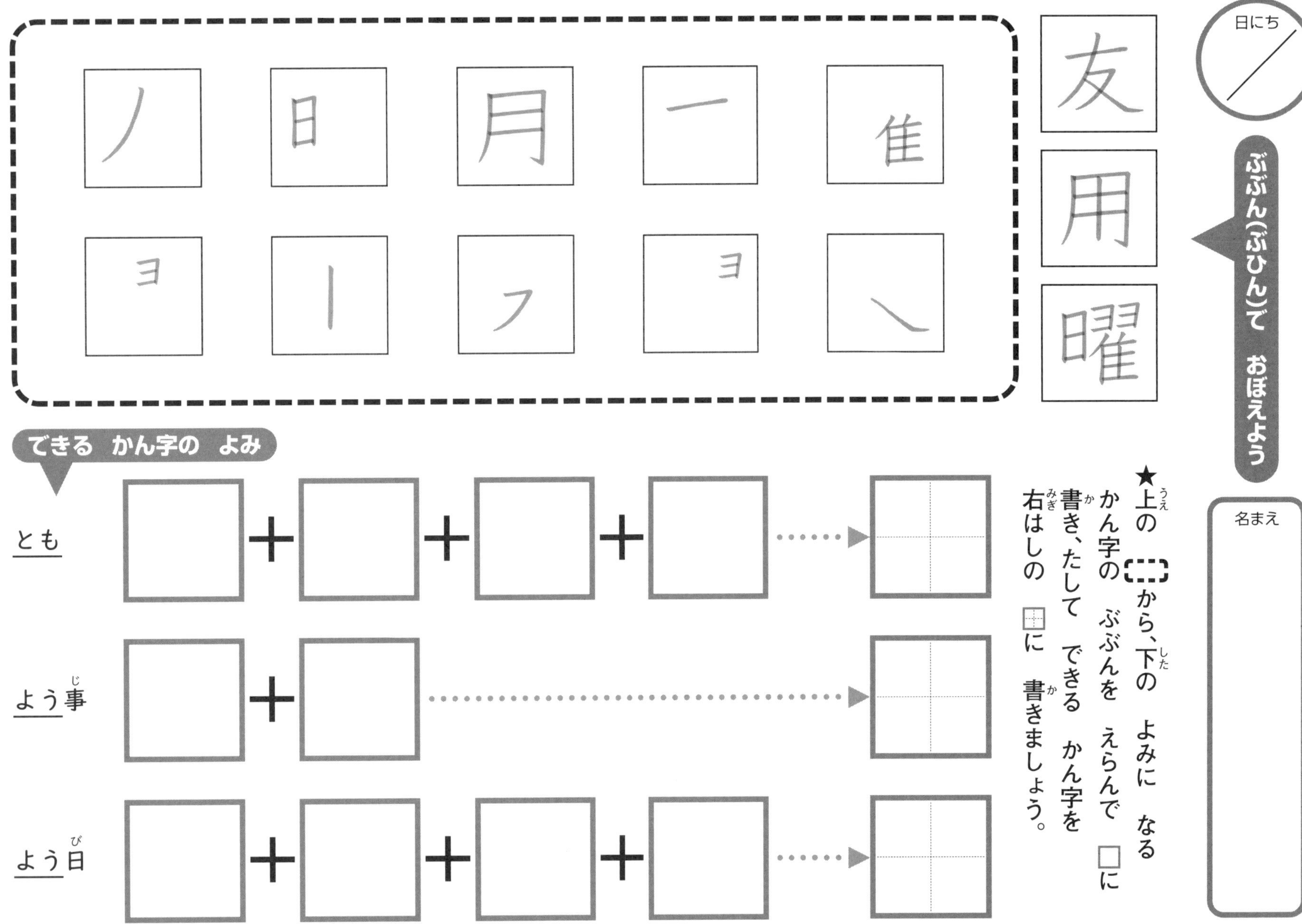

名まえ

来　里　理

★上(うえ)の［　］から、下(した)の　よみに　なる　かん字の　ぶぶんを　えらんで　□に　書(か)き、たして　できる　かん字を　右(みぎ)はしの　□に　書(か)きましょう。

日　ソ　王　丨　ニ　一

丨　日　丨　八　二

できる　かん字の　よみ

きた　□＋□＋□＋□ ……▶ □

さと　□＋□＋□ ……▶ □

り科(か)　□＋□＋□＋□ ……▶ □

日にち
ぶぶん（ぶひん）で　おぼえよう
名まえ
話
里
理
★上の［点線の囲み］から、下の　よみに　なる
かん字の　ぶぶんを　えらんで　□に
書き、たして　できる　かん字を
右はしの　□に　書きましょう。
王
十
二
口
日
丨
丿
丨
日
二
言
できる　かん字の　よみ
はなし
さと
り科

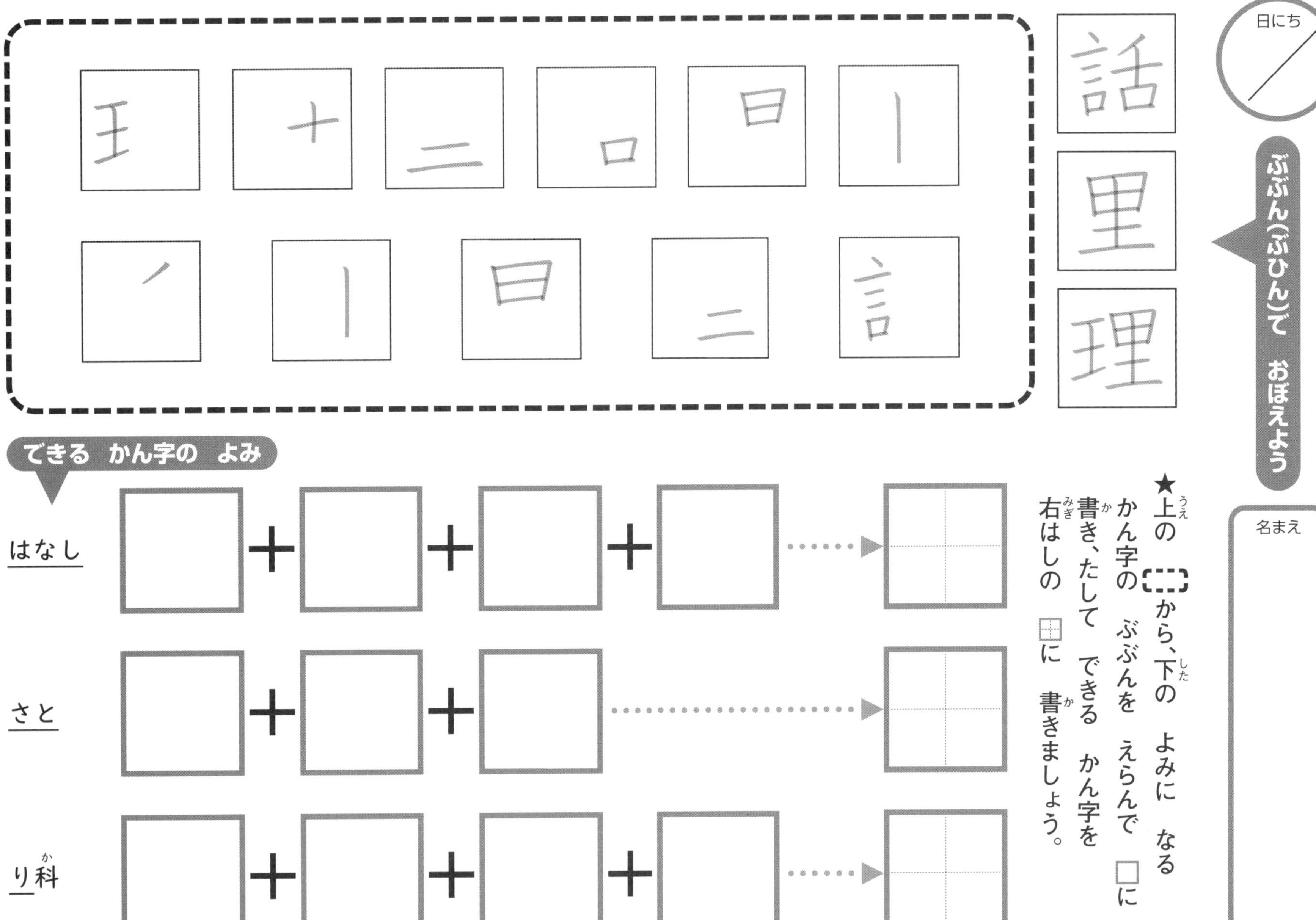

日にち

名まえ

ぐるぐる かん字・文づくり

★かん字が ゆがんでいます。□に 正しい かん字を 書きましょう。
★上の かん字を つかった 文を かんがえて 書きましょう。

〈れい〉つなを 引く。

〈れい〉鳥の 羽。

〈れい〉雲が ながれる。

〈れい〉近くの 公園。

〈れい〉遠い ところ

〈れい〉何か いる。

名まえ

ぐるぐる かん字・文づくり

★かん字が ゆがんでいます。□に 正しい かん字を 書きましょう。

★上の かん字を つかった 文を かんがえて 書きましょう。

〈れい〉生活科の 本。

〈れい〉あつい 夏。

〈れい〉じぶんの 家。

〈れい〉春の 歌。

〈れい〉図画工作

〈れい〉三十回

日にち

名まえ

ぐるぐる　かん字・文づくり

★かん字が　ゆがんでいます。□に　正しい　かん字を　書きましょう。
★上の　かん字を　つかった　文を　かんがえて　書きましょう。

〈れい〉あさの　会。

〈れい〉広い　海。

〈れい〉絵を　かく。

〈れい〉外で　あそぶ。

〈れい〉三角に　おる。

〈れい〉楽しい　話。

日にち　／

名まえ

ぐるぐる　かん字・文づくり

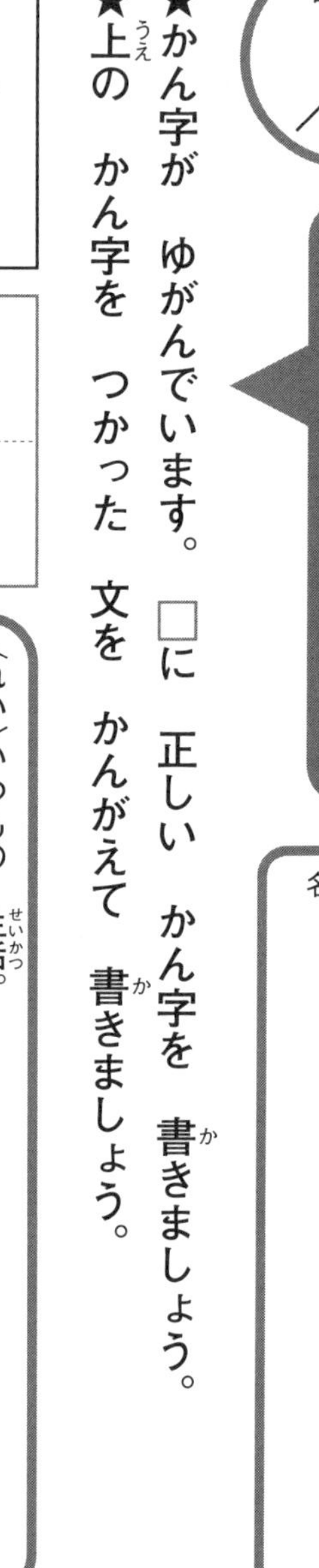

★かん字が　ゆがんでいます。□に　正しい　かん字を　書きましょう。
★上の　かん字を　つかった　文を　かんがえて　書きましょう。

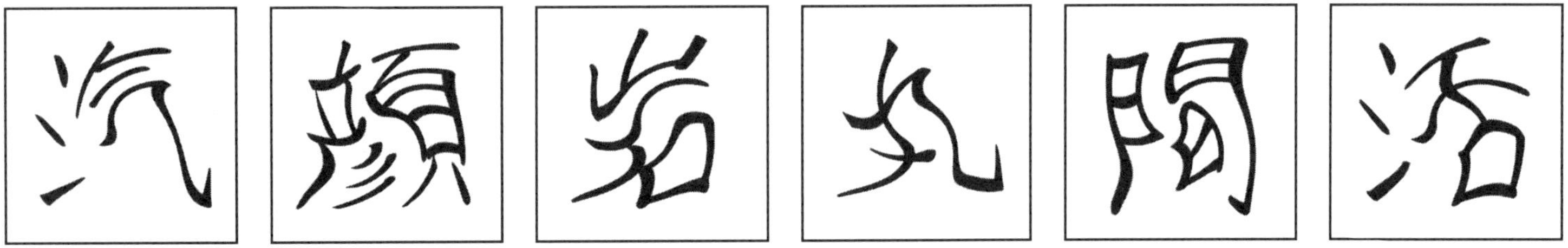

〈れい〉いつもの　生活。

〈れい〉おやつの　時間。

〈れい〉丸を　つける。

〈れい〉大きな　岩。

〈れい〉顔を　あらう。

〈れい〉汽車に　のる。

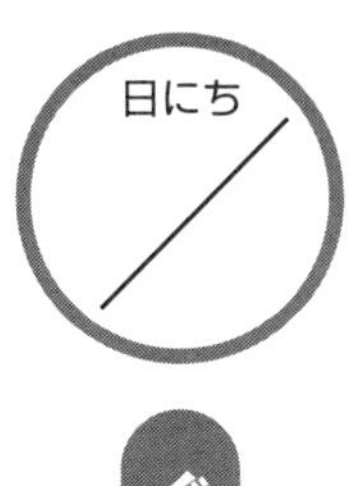

ぐるぐる　かん字・文づくり

名まえ

★かん字が　ゆがんでいます。□に　正しい　かん字を　書きましょう。
★上の　かん字を　つかった　文を　かんがえて　書きましょう。

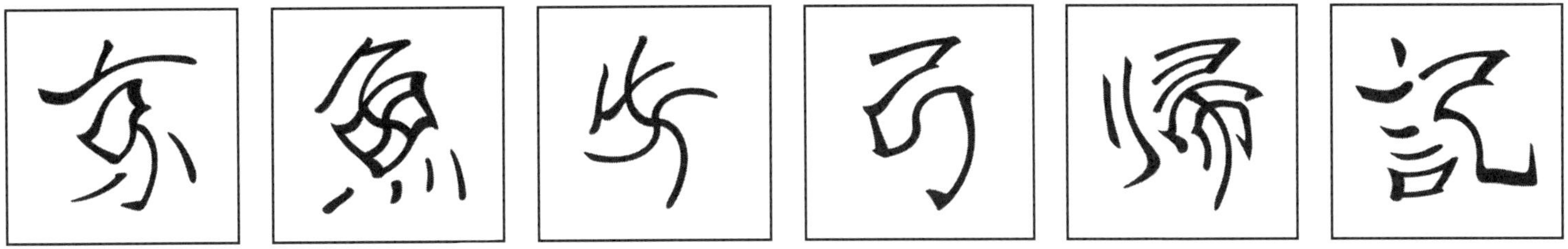

〈れい〉日記を　書く。

〈れい〉家に　帰る。

〈れい〉弓を　ひく。

〈れい〉牛が　歩く。

〈れい〉小さな　魚。

〈れい〉東京タワー

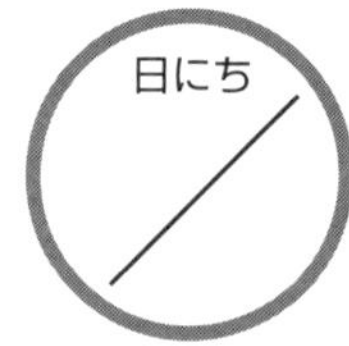
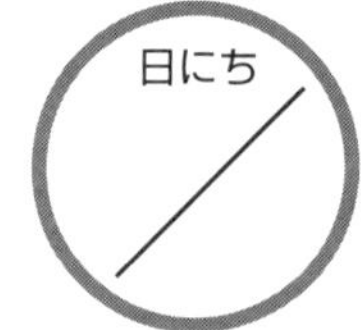

名まえ

ぐるぐる　かん字・文づくり

★かん字が　ゆがんでいます。□に　正しい　かん字を　書きましょう。
★上の　かん字を　つかった　文を　かんがえて　書きましょう。

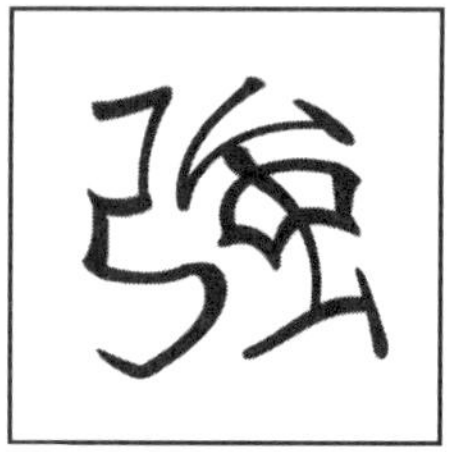

〈れい〉力が　強い。

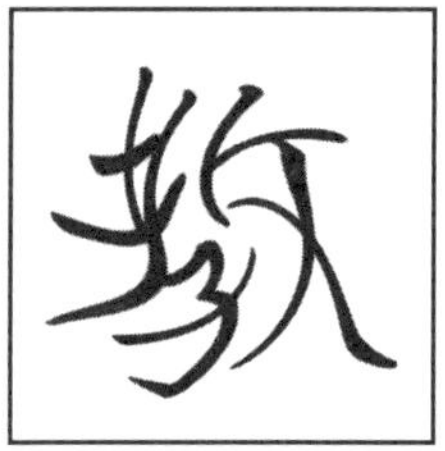

〈れい〉字を　教える。

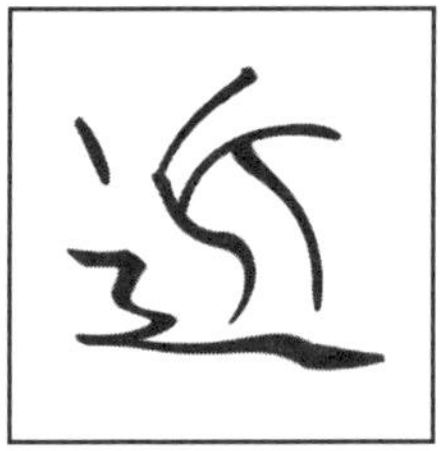

〈れい〉いえが　近い。

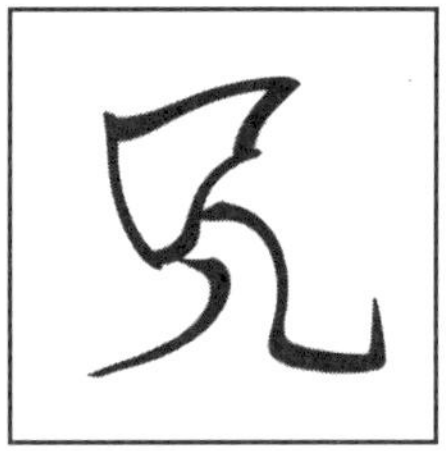

〈れい〉兄に　聞く。

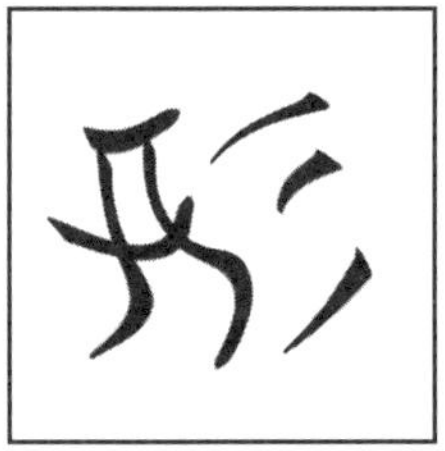

〈れい〉星の　形。

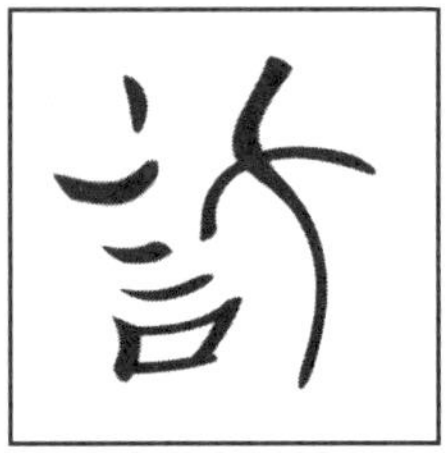

〈れい〉計画を　立てる。

日にち ／

ぐるぐる　かん字・文づくり

名まえ

★かん字が　ゆがんでいます。□に　正しい　かん字を　書きましょう。

★上の　かん字を　つかった　文を　かんがえて　書きましょう。

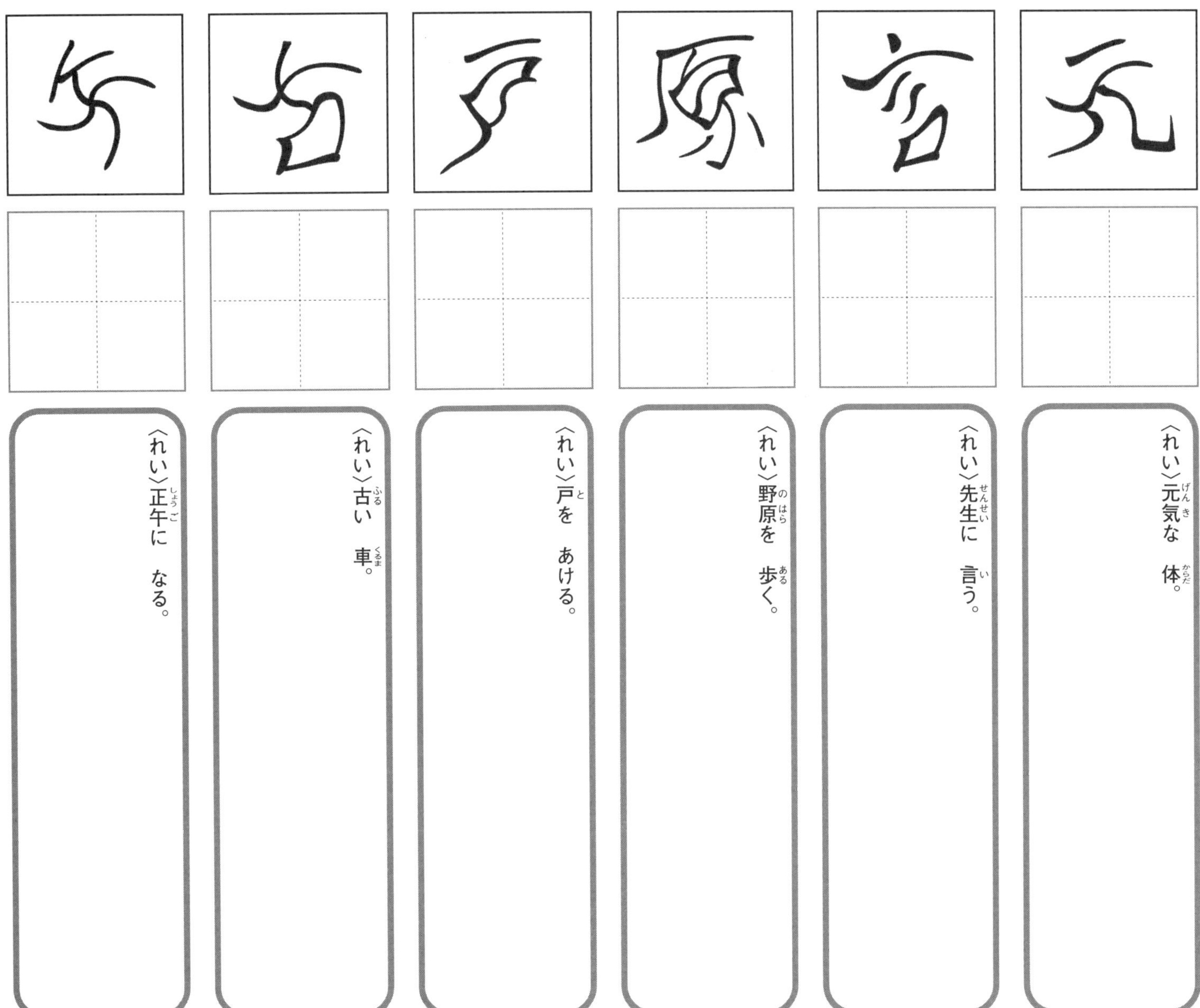

〈れい〉元気な　体。

〈れい〉先生に　言う。

〈れい〉野原を　歩く。

〈れい〉戸を　あける。

〈れい〉古い　車。

〈れい〉正午に　なる。

日にち

ぐるぐる かん字・文づくり

名まえ

★かん字が ゆがんでいます。□に 正しい かん字を 書きましょう。

★上の かん字を つかった 文を かんがえて 書きましょう。

〈れい〉しょくじの 後。

〈れい〉こく語の 本。

〈れい〉大きな 工場。

〈れい〉公園で すごす。

〈れい〉広い へや。

〈れい〉交たいで 休む。

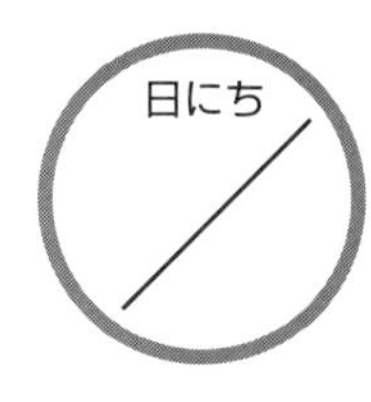

ぐるぐる　かん字・文づくり

名まえ

★かん字が　ゆがんでいます。□に　正しい　かん字を　書きましょう。
★上の　かん字を　つかった　文を　かんがえて　書きましょう。

〈れい〉光が　さす。

〈れい〉よく　考える。

〈れい〉森へ　行く。

〈れい〉高い　山。

〈れい〉黄色い　かさ。

〈れい〉目が　合う。

日にち

ぐるぐる　かん字・文づくり

名まえ

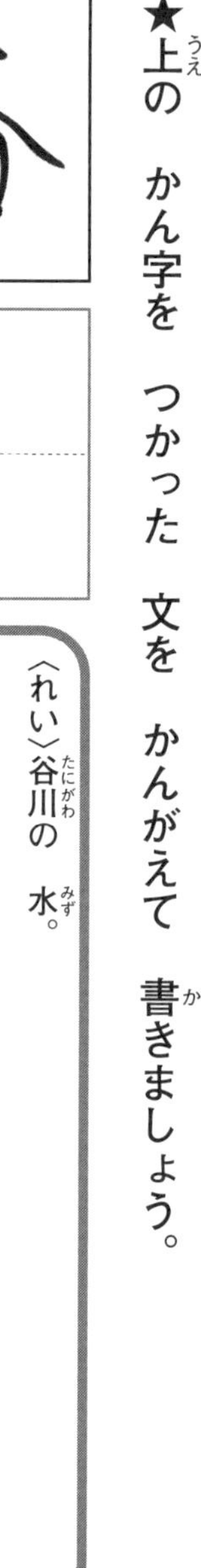

★かん字が　ゆがんでいます。□に　正しい　かん字を　書きましょう。

★上の　かん字を　つかった　文を　かんがえて　書きましょう。

〈れい〉谷川の　水。

〈れい〉外国へ　行く。

〈れい〉黒で　ぬる。

〈れい〉今月の　よてい。

〈れい〉ピアノの　天才。

〈れい〉細い　えだ。

日にち　／

ぐるぐる　かん字・文づくり

名まえ

★かん字が　ゆがんでいます。□に　正しい　かん字を　書きましょう。
★上の　かん字を　つかった　文を　かんがえて　書きましょう。

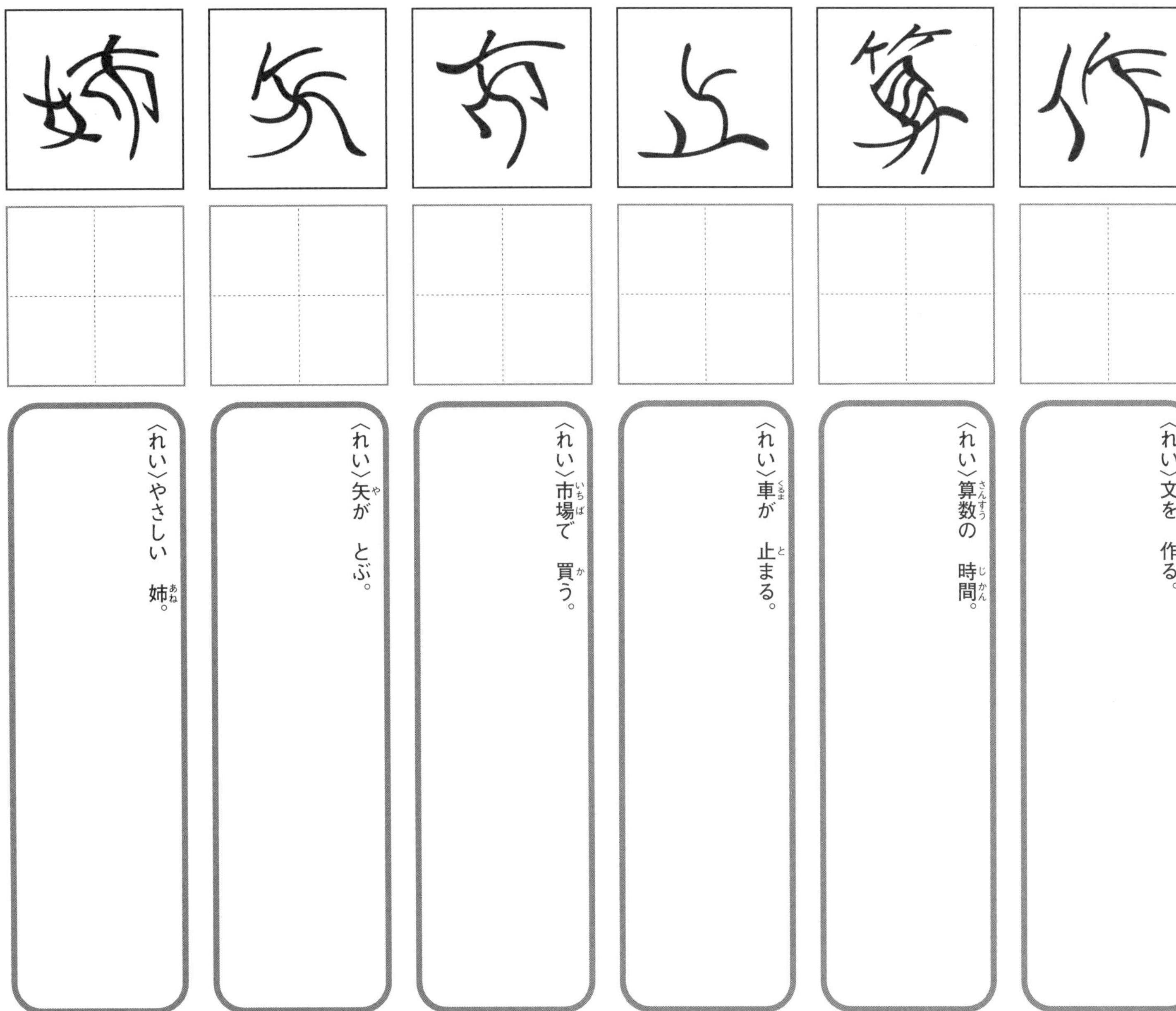

〈れい〉文を　作る。

〈れい〉算数の　時間。

〈れい〉車が　止まる。

〈れい〉市場で　買う。

〈れい〉矢が　とぶ。

〈れい〉やさしい　姉。

日にち

名まえ

ぐるぐる　かん字・文づくり

★かん字が　ゆがんでいます。□に　正しい　かん字を　書きましょう。

★上の　かん字を　つかった　文を　かんがえて　書きましょう。

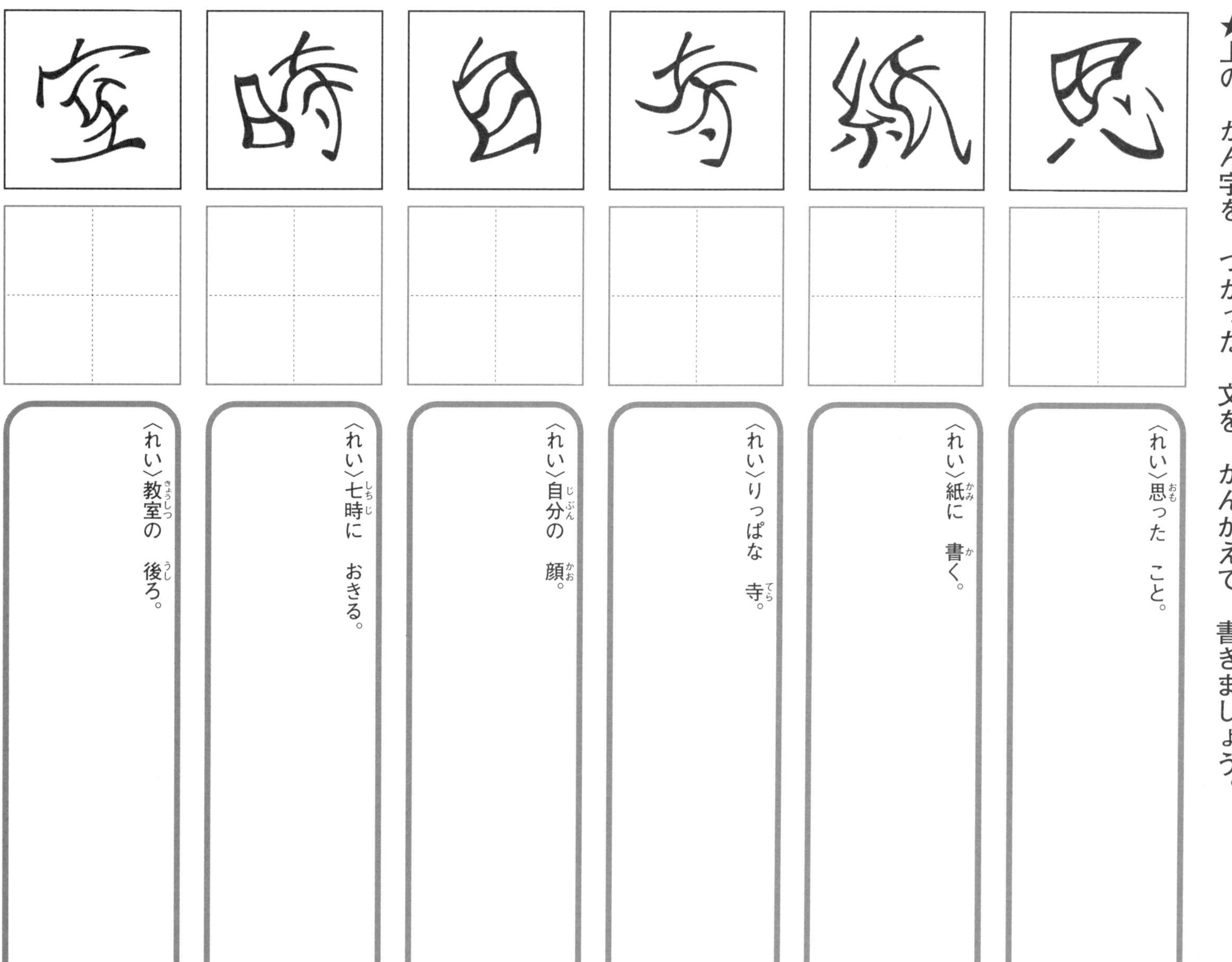

〈れい〉思った　こと。

〈れい〉紙に　書く。

〈れい〉りっぱな　寺。

〈れい〉自分の　顔。

〈れい〉七時に　おきる。

〈れい〉教室の　後ろ。

日にち ／

ぐるぐる　かん字・文づくり

名まえ

★かん字が　ゆがんでいます。□に　正しい　かん字を　書きましょう。
★上の　かん字を　つかった　文を　かんがえて　書きましょう。

社
〈れい〉会社に　行く。

弱
〈れい〉体が　弱る。

首
〈れい〉きりんの　首。

秋
〈れい〉秋晴れの　空。

週
〈れい〉今週の　天気

春
〈れい〉春が　くる。

日にち

名まえ

ぐるぐる　かん字・文づくり

★かん字が　ゆがんでいます。□に　正しい　かん字を　書(か)きましょう。

★上(うえ)の　かん字を　つかった　文を　かんがえて　書(か)きましょう。

〈れい〉文(ぶん)を　書(か)く。

〈れい〉数(かず)が　少(すく)ない。

〈れい〉しあいの　会場(かいじょう)。

〈れい〉きれいな　色(いろ)。

〈れい〉魚(さかな)を　食(た)べる。

〈れい〉心(こころ)に　のこる。

日にち

名まえ

ぐるぐる　かん字・文づくり

★かん字が　ゆがんでいます。□に　正しい　かん字を　書きましょう。
★上の　かん字を　つかった　文を　かんがえて　書きましょう。

〈れい〉新しい　車。

〈れい〉親友に　なる。

〈れい〉図書かん

〈れい〉あめの　数。

〈れい〉西へ　むかう。

〈れい〉声が　ひびく。

ぐるぐる　かん字・文づくり

名まえ

★かん字が　ゆがんでいます。□に　正しい　かん字を　書きましょう。

★上の　かん字を　つかった　文を　かんがえて　書きましょう。

〈れい〉星が　光る。

〈れい〉晴れた　空。

〈れい〉野さいを　切る。

〈れい〉雪が　つもる。

〈れい〉船に　のる。

〈れい〉線を　引く。

日にち

ぐるぐる かん字・文づくり

名まえ

★かん字が ゆがんでいます。□に 正しい かん字を 書きましょう。

★上の かん字を つかった 文を かんがえて 書きましょう。

〈れい〉前と 後ろ。

〈れい〉かたを 組む。

〈れい〉はやく 走る。

〈れい〉りょうが 多い。

〈れい〉体が 太る。

〈れい〉ぞうの 体。

日にち

ぐるぐる かん字・文づくり

名まえ

★かん字が　ゆがんでいます。□に　正しい　かん字を　書きましょう。

★上の　かん字を　つかった　文を　かんがえて　書きましょう。

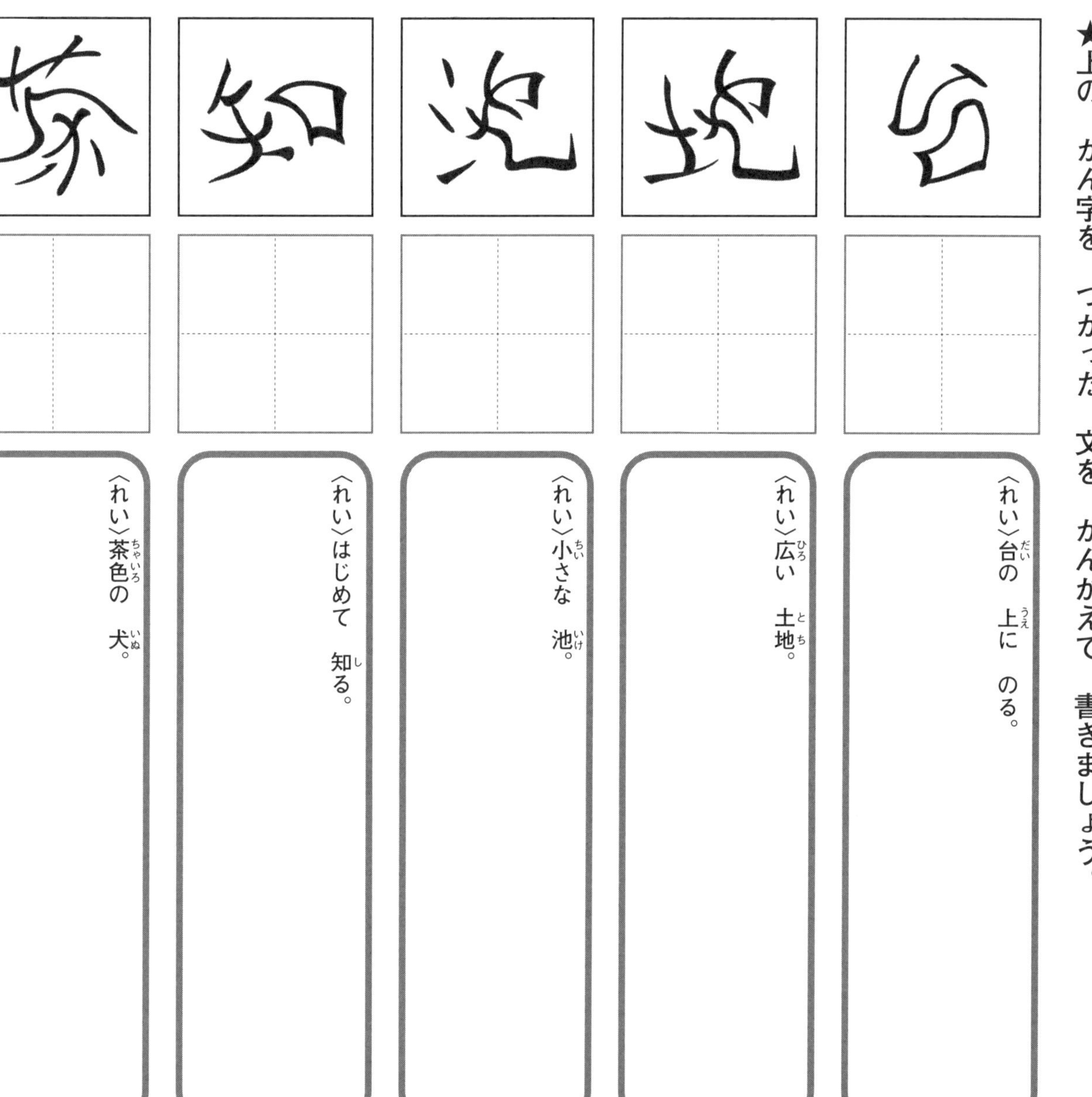

〈れい〉台の　上に　のる。

〈れい〉広い　土地。

〈れい〉小さな　池。

〈れい〉はじめて　知る。

〈れい〉茶色の　犬。

〈れい〉昼ねを　する。

日にち

名まえ

ぐるぐる　かん字・文づくり

★かん字が　ゆがんでいます。□に　正しい　かん字を　書きましょう。

★上の　かん字を　つかった　文を　かんがえて　書きましょう。

〈れい〉長い　マフラー。

〈れい〉鳥が　なく。

〈れい〉朝の　さんぽ。

〈れい〉作文を　見直す。

〈れい〉ねこが　通る。

〈れい〉兄と　弟。

日にち

ぐるぐる かん字・文づくり

名まえ

★かん字が ゆがんでいます。□に 正しい かん字を 書きましょう。
★上の かん字を つかった 文を かんがえて 書きましょう。

〈れい〉店に 入る。

〈れい〉点を うつ。

〈れい〉電話を かける。

〈れい〉古い 刀。

〈れい〉冬の くらし。

〈れい〉くじが 当たる。

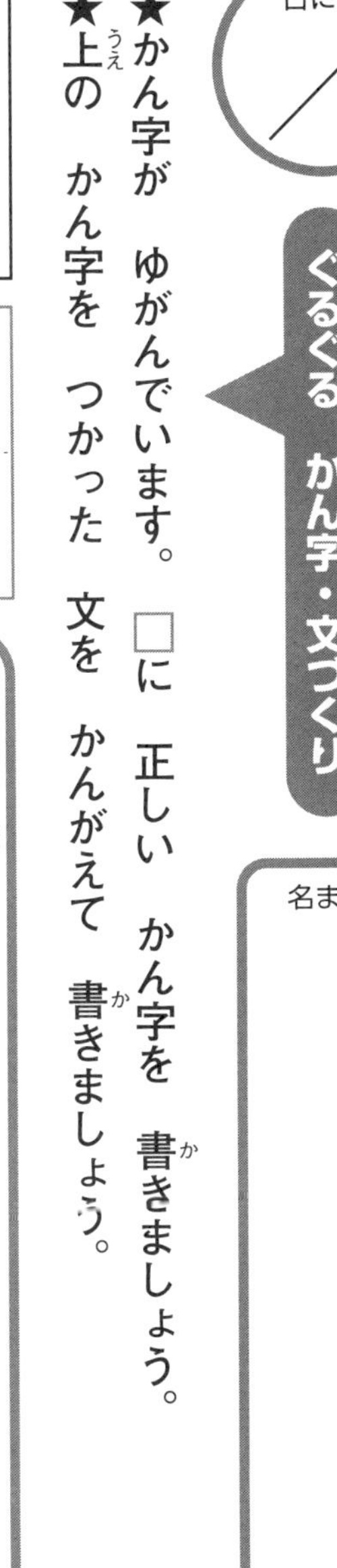

日にち

名まえ

ぐるぐる　かん字・文づくり

★かん字が　ゆがんでいます。□に　正しい　かん字を　書きましょう。

★上の　かん字を　つかった　文を　かんがえて　書きましょう。

〈れい〉かん東へいや

〈れい〉といに　答える。

〈れい〉丸い　頭。

〈れい〉同じ　クラス。

〈れい〉山道を　歩く。

〈れい〉音読を　する。

日にち

ぐるぐる かん字・文づくり

名まえ

★かん字が ゆがんでいます。□に 正しい かん字を 書きましょう。

★上の かん字を つかった 文を かんがえて 書きましょう。

〈れい〉町内を 歩く。

〈れい〉南の まど。

〈れい〉肉を 食べる。

〈れい〉白い 馬。

〈れい〉魚を 売る。

〈れい〉パンを 買う。

日にち

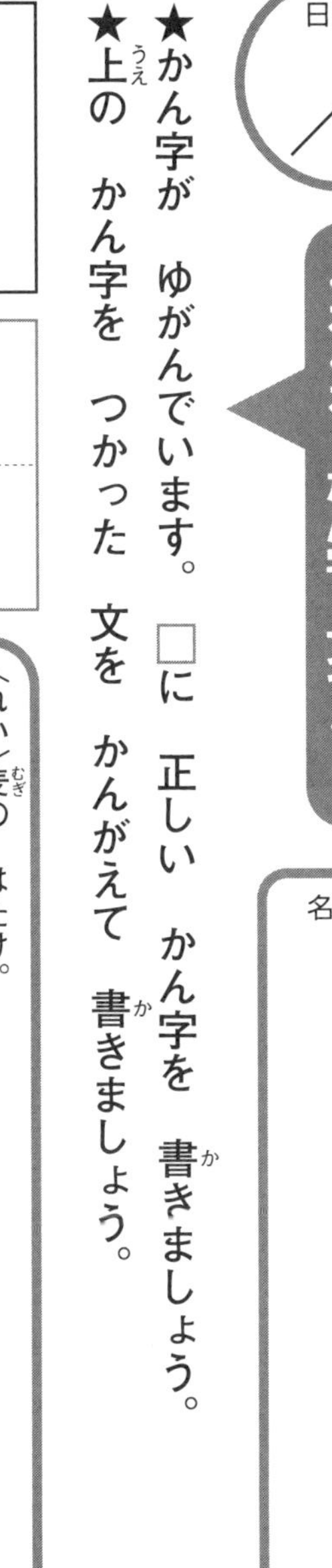

ぐるぐる かん字・文づくり

名まえ

★かん字が ゆがんでいます。□に 正しい かん字を 書きましょう。
★上の かん字を つかった 文を かんがえて 書きましょう。

〈れい〉麦の はたけ。

〈れい〉一時半ごろ

〈れい〉るす番を する。

〈れい〉父と 子。

〈れい〉風が ふく。

〈れい〉よく 分かる。

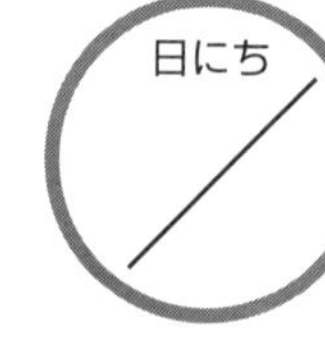

日にち

ぐるぐる かん字・文づくり

名まえ

★かん字が ゆがんでいます。□に 正しい かん字を 書きましょう。

★上の かん字を つかった 文を かんがえて 書きましょう。

〈れい〉話を 聞く。

〈れい〉米を とぐ。

〈れい〉犬が 歩く。

〈れい〉母が わらう。

〈れい〉字の 書き方。

〈れい〉北の 大地。

日にち

ぐるぐる　かん字・文づくり

名まえ

★かん字が　ゆがんでいます。□に　正しい　かん字を　書きましょう。
★上の　かん字を　つかった　文を　かんがえて　書きましょう。

〈れい〉毎日　会う。

〈れい〉妹の　くつ。

〈れい〉一万円さつ

〈れい〉夜が　明ける。

〈れい〉音が　鳴る。

〈れい〉わた毛が　とぶ。

日にち

ぐるぐる かん字・文づくり

名まえ

★かん字が ゆがんでいます。□に 正しい かん字を 書きましょう。
★上の かん字を つかった 文を かんがえて 書きましょう。

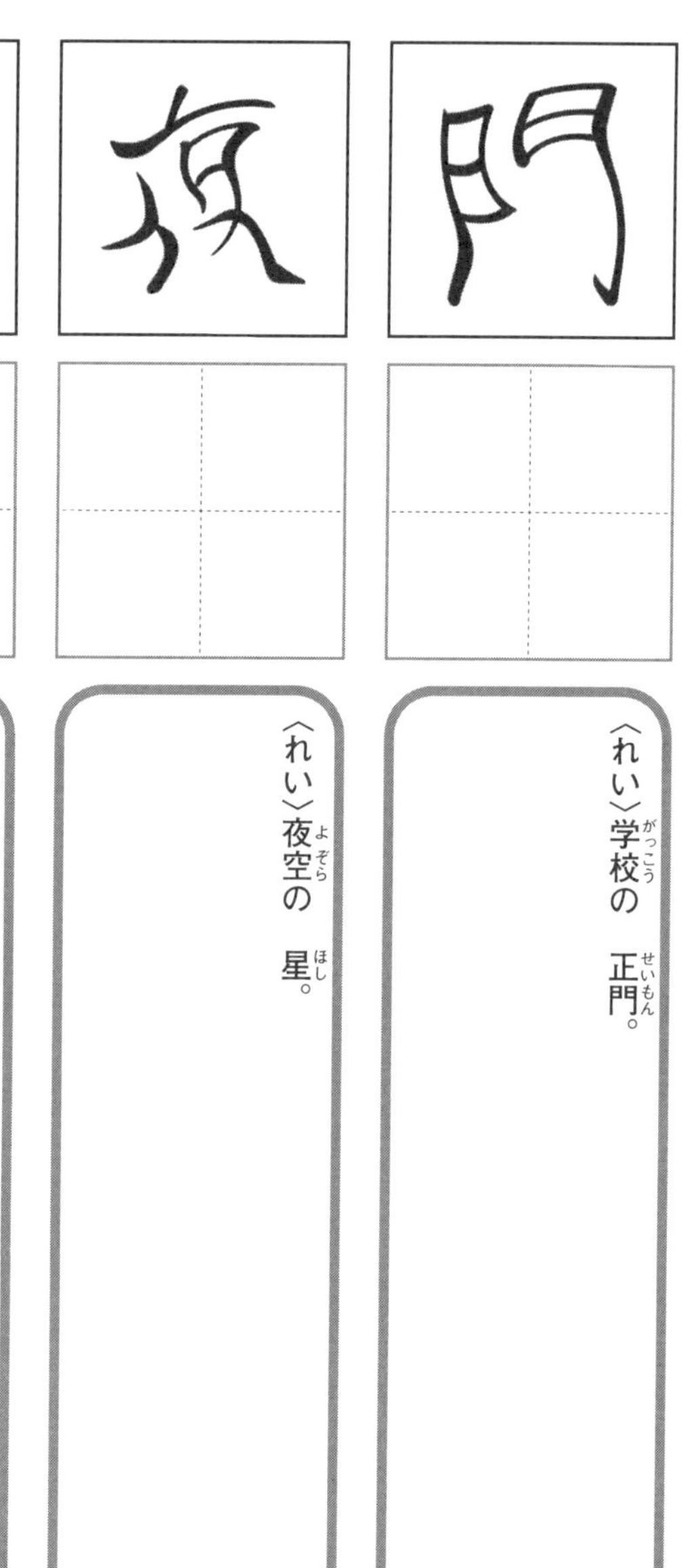

〈れい〉学校の 正門。

〈れい〉夜空の 星。

〈れい〉野山を かける。

〈れい〉友だちの 本。

〈れい〉もんだい用紙

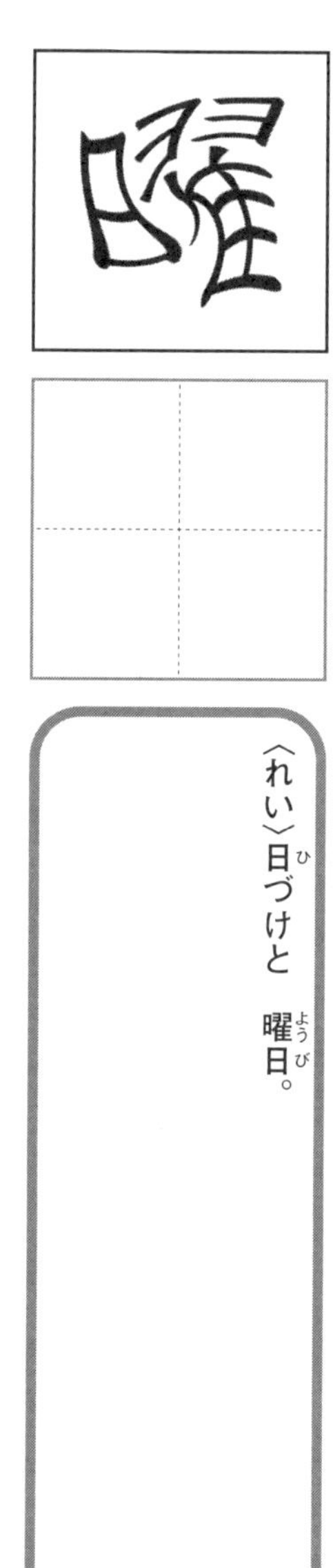

〈れい〉日づけと 曜日。

日にち

名まえ

ぐるぐる かん字・文づくり

★かん字が ゆがんでいます。□に 正しい かん字を 書きましょう。

★上の かん字を つかった 文を かんがえて 書きましょう。

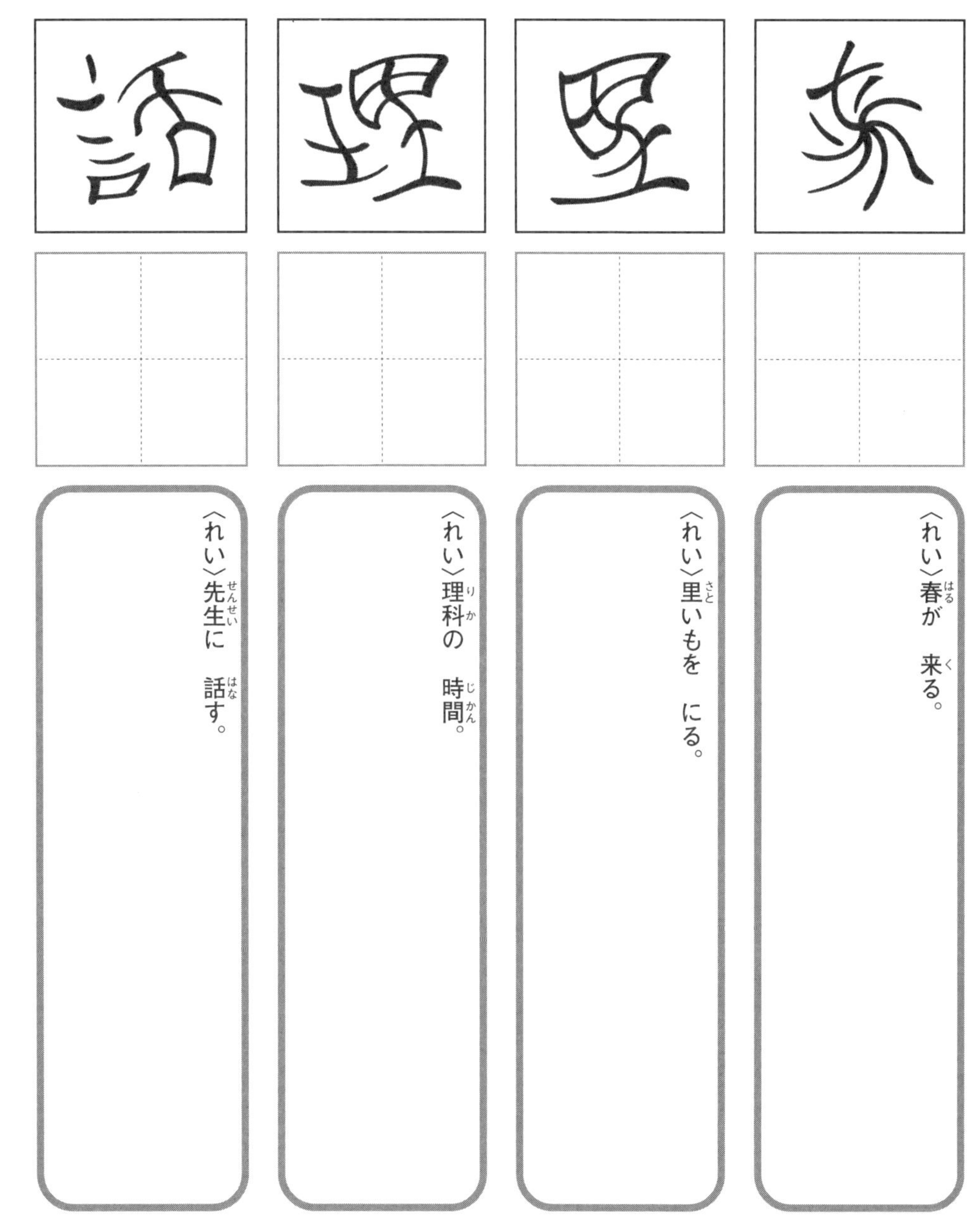

【監　修】

小池 敏英（こいけ・としひで）

尚絅学院大学教授。東京学芸大学名誉教授。博士（教育学）。

ＮＰＯ法人スマイル・プラネット理事（特別支援担当）。

1976 年，東京学芸大学教育学部を卒業。同大学大学院教育学研究科修士課程，東北大学教育学研究科博士課程を修了。

東京学芸大学教育学部講師，助教授をへて 2000 年より教授に。

専門はＬＤの子の認知評価と学習支援，発達障害の子や重症心身障害の子のコミュニケーション支援。読み書きが苦手な子の相談を受け，支援を実践している。ＬＤ，ディスレクシアに関する研修や講演で講師歴多数。主な書籍に『“遊び活用型”読み書き支援プログラム 学習評価と教材作成ソフトに基づく統合的支援の展開』（図書文化社，共編著）など。

【共　著】
ＮＰＯ法人スマイル・プラネット
すべての子どもたちが，笑顔で自分らしく成長していくためには，学校教育を通して，生涯教育の基礎を身につけていくことが必要です。ＮＰＯ法人スマイル・プラネットは，特別支援が必要な児童が“学びの基礎”を身につけるサポート，また，夢・キャリア教育を通した子どもたちの学習意欲の向上や学習習慣の定着のサポートを中心に事業を展開しています。

▶認知特性別プレ漢字プリント教科書準拠版（光村・東書）
▶プレ漢字プリント標準版（１～３年）
▶読み書きスキル簡易アセスメント
などのダウンロードプリント教材を，Web サイトより無償提供。
https://www.smileplanet.net/

読み書きが苦手な子どもに漢字を楽しむ１冊を！
プレ漢字ワーク２年
© Koike Toshihide　2021

2021 年 6 月 1 日　第 1 版第 1 刷発行
監　修　小池敏英
共　著　ＮＰＯ法人スマイル・プラネット
発行者　長谷川知彦
発行所　株式会社　光文書院
〒 102-0076　東京都千代田区五番町 14
電話　03-3262-3271（代）
https://www.kobun.co.jp/
表紙デザイン　株式会社エイブルデザイン

2021 Printed in Japan ISBN978-4-7706-1127-7
＊落丁・乱丁本は，送料小社負担にて，お取り替えいたします。